普通高等教育“十一五”国家级规划教材（高职高专教育）
PUTONG GAODENG JIAOYU SHIYIWU GUOJIAJI GUIHUA JIAOCAI

GONGYONGDIAN WANGLUO JI SHEBEI

供用电网络及设备

（第二版）

主　编　李　俊　遇桂琴
编　写　齐忠玉　杜京武
主　审　庞振峰　刘　伟

中国电力出版社
CHINA ELECTRIC POWER PRESS

内 容 提 要

本书为普通高等教育“十一五”国家级规划教材（高职高专教育）。

本书共十一章，主要内容包括供用电网络基础、供用电网络的计算、供用电系统短路电流计算、供用电网络的电压调整、低压开关电器、熔断器、高压开关电器、互感器、供配电站的主接线及配电装置、电力线路的基本结构、电器设备选择等，并在书后附有相关电器设备的技术参数及特性。

本书可作为高职高专电力技术类专业主干课程的教材，还可作为电力行业及其他有关供电、变电、配电等工程技术人员的培训教材。

图书在版编目（CIP）数据

供用电网络及设备/李俊，遇桂琴主编．—2 版．—北京：中国电力出版社，2007.3（2024.7 重印）
普通高等教育“十一五”国家级规划教材．高职高专教育
ISBN 978 - 7 - 5083 - 5190 - 2

Ⅰ．供…　Ⅱ．①李…　②遇…　Ⅲ．①供电－电力系统－高等学校：技术学校－教材②电力系统－设备－高等学校：技术学校－教材　Ⅳ．TM72

中国版本图书馆 CIP 数据核字（2007）第 011880 号

出版发行：中国电力出版社
地　　址：北京市东城区北京站西街 19 号（邮政编码 100005）
网　　址：http://www.cepp.sgcc.com.cn
责任编辑：雷　锦（010 - 63412530）
责任校对：黄　蓓　王小鹏
装帧设计：赵姗姗
责任印制：吴　迪

印　　刷：三河市航远印刷有限公司
版　　次：2005 年 8 第一版　2007 年 3 第二版
印　　次：2024 年 7 月北京第十四次印刷
开　　本：787 毫米×1092 毫米　16 开本
印　　张：18.25
字　　数：443 千字
定　　价：40.00 元

前　言

随着我国国民经济建设的快速发展，电力科学技术发展十分迅猛，电工类产品的更新速度也在不断加快，新技术、新工艺、新材料、新方法在供用电技术领域不断出现，电力生产运行过程中的技术规程与规范也随之发生了一些变化。前一时期进行的城乡电网改造工程中，大量使用了先进的设备装备和技术，其中也包括很多我国自行设计、制造的新产品。为了适应供用电技术领域的发展状况，结合全国部分电力类高职高专电力技术类专业的设置情况、教学计划与教学安排等，本书在编写过程中注意了电力职业技术教育的要求，同时对于目前很少采用或淘汰的技术和装置内容进行了删减，力求概念准确清晰、讲解深入浅出，充分反映供电企业、工矿企业、城镇和农村供用电技术工作的实际。

本教材共十一章。为方便课堂练习和设备选择的需要，在附录中选编了部分设备的技术参数。本书在第一版基础上，结合读者意见，对局部内容做了调整。

本教材由哈尔滨电力职业技术学院李俊、遇桂琴，黑龙江电力职工大学齐忠玉，黑龙江电力科学研究院杜京武共同编写。其中第七、八、九、十、十一章由哈尔滨电力职业技术学院李俊编写，第二、三章由哈尔滨电力职业技术学院遇桂琴编写，第一、四章由黑龙江电力职工大学齐忠玉编写，第五、六章由黑龙江电力科学研究院杜京武编写。全书由李俊、遇桂琴统稿，哈尔滨煤矿机械研究所高级工程师庞振峰、哈尔滨电力职业技术学院副教授刘伟担任主审。

本教材在编写过程中得到中国电力科学研究院何凤军高级工程师、黑龙江电力科学研究院刘欣凯高级工程师、哈尔滨电业局张滨高级工程师的大力协助，提出了很多意见和建议，在此一并表示感谢。

对于本教材中编写的缺点与错误，恳请广大读者批评指正。

编　者

目　录

第一章 供用电网络基础

能源是发展社会生产和提高人民生活水平不可缺少的重要物质基础，而电力是现代工农业生产、交通运输及人民生活等各个领域中广泛应用的主要能源与动力。离开了电力，要想实现人类社会的物质文明与精神文明是不可能的。没有足够的电力，要实现我国小康社会的目标也是难以达到的。电力之所以能够获得如此广泛的应用，是因为有其自身的特点，在与其他形式能源相比时，电能有着巨大的优越性。首先电能易于生产，现代电力生产技术的发展，可以较容易地将其他形式的能源，如机械能、热能、化学能转变为电能；其次是便于传输，由于能源的产地与消费地区通常相距较远，故传输便是个重要的问题，而电能可以经高压输电线路进行远距离传输。另外电能还有使用方便的特点，如电能很容易转变为机械能、热能、光能与化学能等，而且便于控制和实现自动化，此外还有利用率高和没有污染等优点。

本章主要介绍电力系统的发展过程、电力系统运行的技术要求、电力的生产过程、电气设备的额定参数、供用电网络的接线、供用电系统中性点的运行方式等。

第一节 电力工业的发展

一、电力系统发展简史

1831 年英国物理学家法拉第发现电磁感应定律，这是电学发展史上光辉的里程碑。这项伟大的发现，为后来发电机等电气设备的发明奠定了理论基础，使人类从此跨入了一个崭新的时代。1856 年英国科学家麦克斯韦将当时所发现的全部电磁现象描绘成一个定性的概念，并采用一系列的关系式来表达，即麦克斯韦电磁场方程，这是电学发展史上又一个光辉的里程碑。

在电磁学理论的基础上，很快出现了原始的交流发电机、直流发电机和直流电动机。由于当时发电机发出的电能只用于电化学工业和电弧灯，而电动机所需电能又来自蓄电池，所以电机制造和电力输送技术的发展最初集中于直流电。原始的电力线路使用的就是 100～400V 低压直流电。由于输电电压低，输送的功率不可能大，输送的距离也不可能远。

第一次高压输电出现于 1882 年。法国人德普勒将水电厂发出的电输送到 57km 外的慕尼黑，用以驱动水泵。当时采用的电压是直流 1500～2000V，输送功率约 2kW。这个输电系统虽很小，却可认为是世界上第一个电力系统，因为它具备了电力系统的所有重要组成部分。

生产的发展对输电功率和输电距离提出了进一步要求，直流输电已不能适应。于是，1885 年在制成变压器的基础上实现了单相交流输电。1891 年在制成三相异步电动机、三相变压器的基础上又实现了三相交流输电。

1891 年在法兰克福举行的国际电工技术展览会上，俄国人多里沃·多勃列沃列斯基展出的输电系统奠定了近代输电技术的基础。这个系统从拉芬镇到法兰克福全长175km。设在拉芬镇的水轮发电机组功率为230kV·A，电压为95V，转速为150 r/min。升压变压器将电压升高到15200V，电功率经直径为4mm的铜线输送至法兰克福。在法兰克福，用两台降压变压器将电压降低到112V。其中一台变压器供电给白炽灯，另一台供电给异步电动机，电动机又驱动一台功率为75kW的水泵。显然这已是近代电力系统的雏形。这个系统的建成标志着电力系统的发展取得了重大突破。

随着电力技术的发展，三相交流制的优越性很快显示出来。运用三相交流制的发电厂迅速发展，直流制很快被淘汰。汽轮发电机组不久便代替了以蒸汽机为原动机的发电机组。发电厂之间出现了并列运行。输电功率、输电电压、输电距离日益增大，最高交流输电电压已达到1000kV。

目前，大型的电力系统不断涌现，数十年间，在一些国家中甚至出现了全国性和国际性的电力系统，如前苏联的统一电力系统其装机总容量达31000万kW；覆盖美国、加拿大和墨西哥一部分的联合电力系统，由四个同步电网组成，总装机8亿kW以上。在交流输电和电力系统大力发展的同时，从20世纪50年代开始，又发展了高压直流输电技术，奠定了当今高压交直流电力系统的基础。

二、我国电力工业的发展

1882年，英国人在上海建设的12kW发电机组，是中国电力工业的开端。到1949年，全国没有一个统一的电压标准，输电电压低，机组容量小，全国的发电容量只有185万kW，年发电量43亿kW·h，分别列世界第21位和25位。

1952年苏联援建的辽宁阜新发电厂第一台2.5万kW汽轮发电机组投产，1957年，我国自行设计、制造、建设的第一座水电站新安江水电站开工建设，标志着我国电力工业开始进入了崭新的阶段。

我国的电力装机容量在1987年跨上了1亿kW之后，到1997年底，装机容量达到2.54亿kW，年发电量超过1.1万亿kW·h。从1997年起，在发电量和装机容量方面稳居世界第二位。2003年装机容量达到3.8亿kW，发电量达到1.9万亿kW·h。预计“十一五”期间每年装机容量平均达到3300万kW。

目前，我国最大的火力发电厂装机容量300万kW（北仑港电厂，5×600MW）；最大的水力发电厂330万kW（二滩水电厂）；最大的核电厂200万kW（岭澳核电厂，2×1000MW）；最大的抽水蓄能电厂240万kW（广东抽水蓄能电厂，8×300MW），也是世界上最大的抽水蓄能电厂。

华东、华北、东北和华中四大电力系统的容量均超过4000万kW。

举世瞩目的三峡工程已于1997年完成大江截流，2005年以前实现左岸14台机组全部发电，至2009年实现右岸12台机组全部发电，总计26台700MW机组，总装机1820万kW，年发电量847亿kW·h。电网建设也取得显著的成就，2000年新建330kV及以上输电线路5020km，变电容量1248kV·A。已形成东北、华北、华中、华东、西北、川渝等跨省区域性电力系统。葛洲坝到上海的直流500kV输电线路于1989年投入运行。“西电东送”工程使西北的电力送到京津唐、华北和山东等地，第一个750kV的输变电工程已在2005年投入运行。我国电力发展现已开始进入跨省、跨大区联网的新阶段。

第二节 电力系统概述

一、电力系统、电力网的概念

电能生产的特点是发电、变电、送电及用电在同一时刻完成。由发电机、各类变电站、输配电线路和电力用户的电气装置连接成的整体，称为电力系统。电力系统加上热力发电厂中的热能动力装置、热能用户和水电厂的水能动力装置，也就是电力系统加上锅炉、汽轮机、水库、水轮机以及核电厂的反应堆等，统称为动力系统。电力系统中各种电压的变电站及输配电线路组成的统一体，称为电力网。电力网的主要任务是输送与分配电能，并根据需要改变电压。图 1-1 所示为动力系统、电力系统和电力网的示意图，图中用单线表示三相导体。

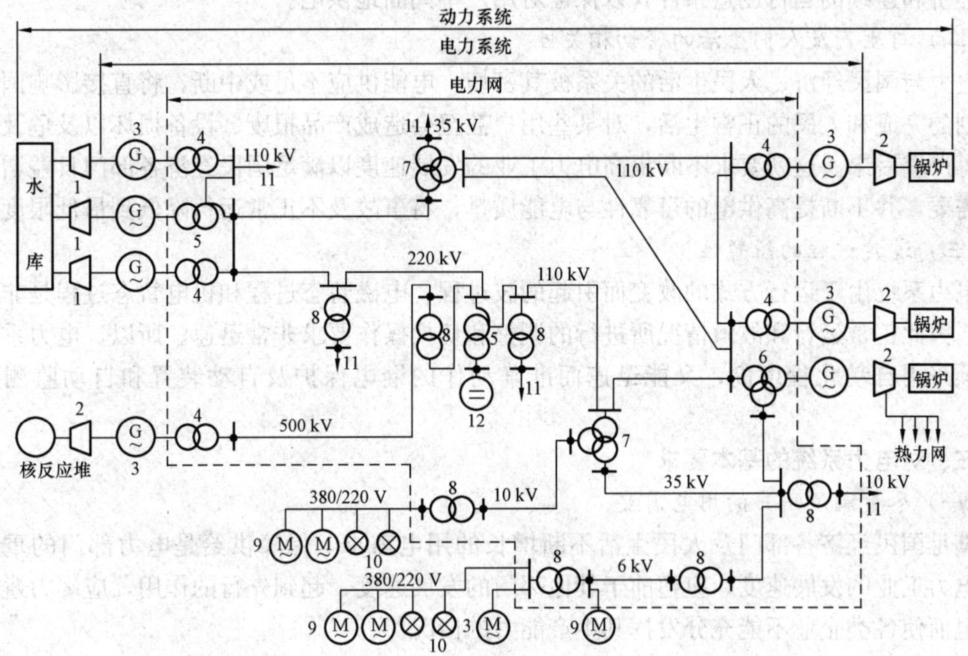

图 1-1 动力系统、电力系统、电力网的示意图

1—水轮机；2—汽轮机；3—发电机；4—升压双绕组变压器；5—升压自耦变压器；6—升压三绕组变压器；7—降压三绕组变压器；8—降压双绕组变压器；9—电动机；10—电灯；11—负荷；12—调相机或无功补偿装置

从研究与计算方面考虑，可将电力网分为地方网、区域网、远距离输电网三类。电压为 110kV 以下的电力网，电压较低，输送功率小，线路距离短，主要供电给地方负荷，称为地方网；电压在 220kV 及以上的电力网，电压较高，输送功率大，线路距离长，主要供电给大型区域性变电站，称为区域网；输电线路长度超过 300km，电压在 330kV 及以上的电力网，称为远距离输电网。电压为 110kV 的电力网属于地方网还是区域网，主要应从它在电力系统中的作用考虑。

按电压的高低可将电力网分为低压网、中压网、高压网、超高压网及特高压网等类。电压在 1kV 以下的称为低压网；电压为 3～63kV 的称为中压网；电压为 110～220kV 的称为高压网；电压在330～750kV的称为超高压网；交流电压为1000kV及以上称为特高压网。按电力网的接线方式区分，可将电力网分为一端电源供电的电力网（又称为开式网）；两端电源供电的电力网及多端电源供电的电力网三类（后两类又称为闭式网）。按电力网在电力系统中的作用可分为系统联络网（又称网架）与供用电网络两类。系统联络网主要为系统运行调度服务，供用电网络主要为用户服务。

二、电力系统运行的特点

（一）电能的生产输送及使用的连续性

目前电能还不能大量地储存，发电、输电、变电、配电及用电是在同一时刻完成的，每时每刻的发电量取决于同一时刻用户的用电量和输送过程的损耗，其中的任一环节出现故障，都会影响电力系统的运行。因此，应该努力提高系统各环节的可靠性，为电力系统安全、经济和连续的运行创造条件，以保证对用户不间断地供电。

（二）与生产及人们生活的密切相关性

电力与国民经济、人民生活的关系极其密切，电能供应不足或中断，将直接影响国民经济计划的完成和人民的正常生活，对某些用户甚至会造成产品报废、设备损坏以及危及人身安全等严重后果。这就要求不断提高电力工业的发展速度以满足国民经济各部门日益增长的用电需要，并不断提高供电的可靠性与电能质量，将事故及不正常运行降低到最低限度。

（三）过渡过程的短暂性

电力系统由于运行方式的改变而引起的波过程、电磁暂态过程和机电暂态过程是非常短暂的，因此正常运行和故障情况所进行的调整和切换操作要求非常迅速。所以，电力系统运行必须采用自动化程度高，又能迅速而准确动作的继电保护及自动装置和自动监测控制设备。

三、对电力系统的基本要求

（一）尽量满足用户的用电需要

满足国民经济各部门及人民生活不断增长的用电需求，保障供给是电力部门的重要任务。电力工业的发展速度，应超前于其他部门的发展速度，起到先行的作用，应竭力避免由于缺电而使各类企业不能充分发挥其生产能力的情况。

（二）安全可靠的供电

电力生产的方针是“安全第一，预防为主”。这就要求加强电力系统各元件和设备的管理，经常进行监测与维护，并定期进行预防性试验和检修，定期更新设备，使设备处于完好的运行状态；提高工作人员素质，严格执行各项规章制度，不断提高运行水平，防止事故的发生。一旦发生事故，应能迅速地妥善处理，防止事故扩大，做到快速恢复供电。因为供电中断将使工农业生产停顿，人们生活秩序混乱，甚至危及人身和设备的安全，造成十分严重的后果。突然停电给国民经济造成的损失远远超过电网本身的损失。因此，首先要确保安全可靠的供电。

（三）保证良好的电能质量

良好的电能质量指标是指电力系统中交流电的频率正常（50±0.1～50±0.5Hz）、电压不超过额定值的±5%～±10%和波形正常（正弦波）。电能质量合格，用电设备能正常工作并具有最佳的技术经济效果；如果变动范围超过允许值，虽然尚未中断供电，但已严重影响到产品质量和数量，甚至会造成人身和设备故障，同时对电力系统本身的运行也有危险。因此，必须通过调频及调压措施来保证频率和电压的稳定。

（四）保证电力系统运行的经济性

电能生产的规模很大，在其生产、输送和分配过程中，本身消耗的能源占国民经济能源中的比例相当大。因此，最大限度地降低每生产 1kW·h 电能所消耗的能源和降低输送、分配电能过程的损耗，是电力部门的一项极其重要的任务。电能成本的降低不仅意味着能源的节省，还将降低各用电部门成本，对整个国民经济带来很大的好处。

现在最广泛的做法是实行电力系统的经济运行。按照最优化原则分配各发电厂、发电机组之间的发电出力及输电和配电路径，充分利用水力资源，尽可能采取节能降耗措施，争取获得电力系统最大的、综合的经济效益。

第三节　发电厂变电站及电力用户

一、发电厂的类型

发电厂是把其他形式的能量，如燃料的化学能、水流的位能和动能、核能等转变成电能的场所。目前电力生产中的发电厂类型，按使用能源的不同，其主要类型有火力发电厂、水力发电厂、核电厂、风力发电厂，此外还有太阳能发电厂、潮汐发电厂和地热发电厂等。

（一）火力发电厂

火力发电厂简称火电厂，是利用燃料所蕴藏的化学能转变为电能的发电厂。燃料在锅炉中燃烧时释放出热能，将水加热成一定温度和压力的蒸汽，然后利用蒸汽推动汽轮机旋转，带动发电机发电，使一部分热能转换为电能。在汽轮机中作过功的蒸汽，经过凝汽器冷却凝结成水，再送入锅炉。目前我国电力系统中仍以火电厂为主，所占比例约为 70%。

火电厂所用的燃料主要有煤、石油和天然气三种。当前我国火力发电厂的燃料大多数是煤，并且尽量燃用劣质煤。

图 1-2 所示为火电厂生产过程。火电厂又分为凝汽式电厂和热电厂两种。

凝汽式电厂仅向用户提供电能。一般情况下，在煤矿附近建设大容量的凝汽式电厂，用高电压将电能输送给远方用户，比把凝汽式电厂建在城市或用户附近，而从远方运煤要经济合理得多。因此，我国在各煤炭基地或其附近，建设很多千兆瓦以上的大容量凝汽式电厂，一般称为坑口电厂，也称区域性火电厂。

热电厂不仅向用户供电，同时还向用户供蒸汽或热水。在热电厂中，将汽轮机的中段抽出一部分蒸汽，直接供给用户；或把抽出的蒸汽引到加热器中将水加热，给用户提供热水。这样，可以大大减少进入凝汽器中的蒸汽量，提高热效率。目前 300MW 及以上的大机组的热效率仅为 37%～40%，中小型凝汽式机组的热效率为 25%～30%，而热电机组热效率则高达 60%～70%。由于供热距离有限，所以热电厂多建在城市和用户附近。我国热电厂容量多为数十至数百兆瓦的中小容量电厂。热电机组的发电出力与热力用户的用热情况有关，当用热量多时，热电机组必须相应多发电；用热量少时，发电出力也相应减少。因此，热电机组在电力系统中运行时，不如凝汽式机组灵活。

有些火力发电厂的原动机为燃气轮机。燃气轮机发电的生产流程为：将大气中的空气吸入压气机中压缩到不低于 0.3MPa 的压力，温度相应升高到 100℃以上，然后送入燃烧室，与喷火的燃料（油或天然气）在一定压力下混合燃烧，产生 600℃以上的高温燃气，流入燃

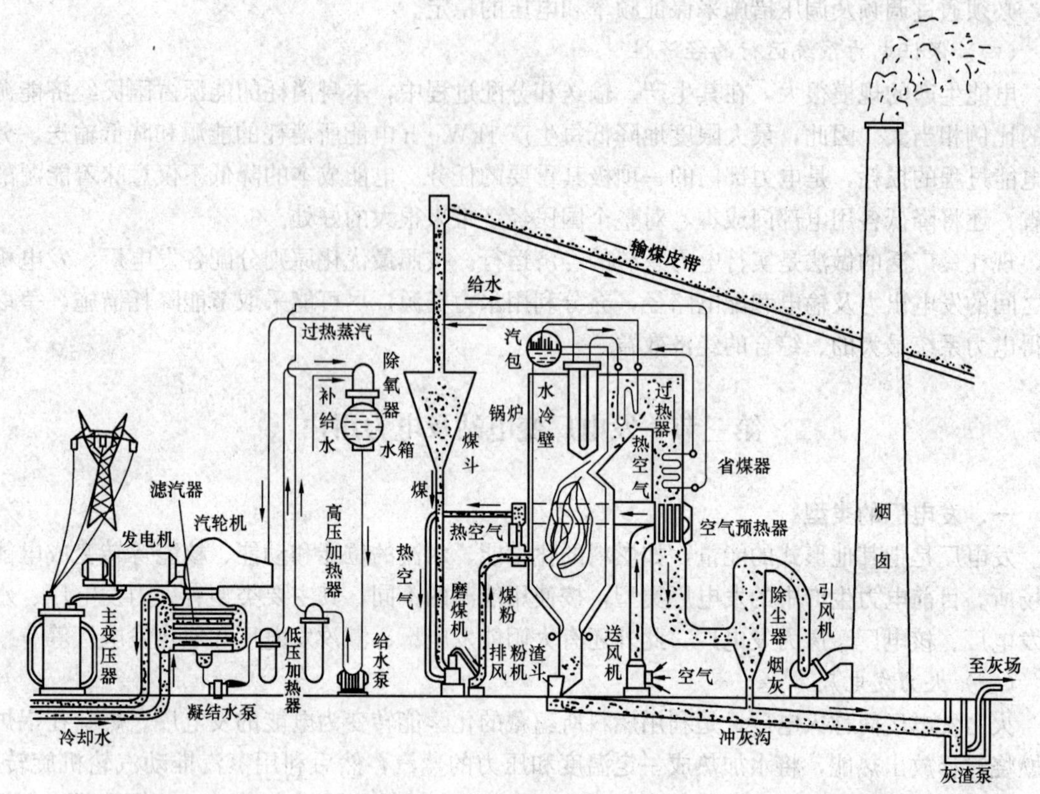

图 1-2 火电厂生产过程示意图

气轮机中膨胀作功，直接带动发电机发电，作功后的燃气最后排入大气。燃气轮机具有体积小、起动快、不需要大量用水、运行维护简便、机动性大、造价和运行费用低的优点，近年来在电力工业中发展较快。

（二）水力发电厂

水力发电厂简称水电厂，是利用江河的水从上游流到下游时位能的变化，将水能变为电能的发电厂。水电厂中发电机的原动机是水轮机，河水冲动水轮机旋转，带动发电机发电。水电厂的出力，与水的流量和上下游水位落差的乘积成正比。按照取水方式，水电厂可分为坝式水电厂、引水式水电厂、混合式水电厂和抽水蓄能电厂等。

图 1-3 为水力发电厂的生产过程示意图。

（1）坝式水电厂。在河流上选择地质条件较好的适当位置，修建拦河坝，形成水库，抬高上游水位，使坝的上下游水位形成较大的集中落差，引水发电。坝式水电厂又分为坝后式和河床式两种。坝后式水电厂的厂房建筑在拦河坝的后面，不承受水的压力，适于水头高于20～30m 的高水头水电厂。河床式水电厂的厂房与拦河坝相接，成为坝的一部分，故适用于水头低于 30～35m 的低水头水电厂。我国水电厂多为坝后式水电厂，如刘家峡水电厂、葛洲坝水电厂等。

（2）引水式水电厂。其水头由引水道形成，具有较长的引水道，如天生桥二级水电厂，设计水头 176m，引水隧洞长 9555m。

（3）混合式水电厂。其水头由坝和引水道共同形成。这类电厂除坝具有一定高度外，其余与引水式水电厂相同。

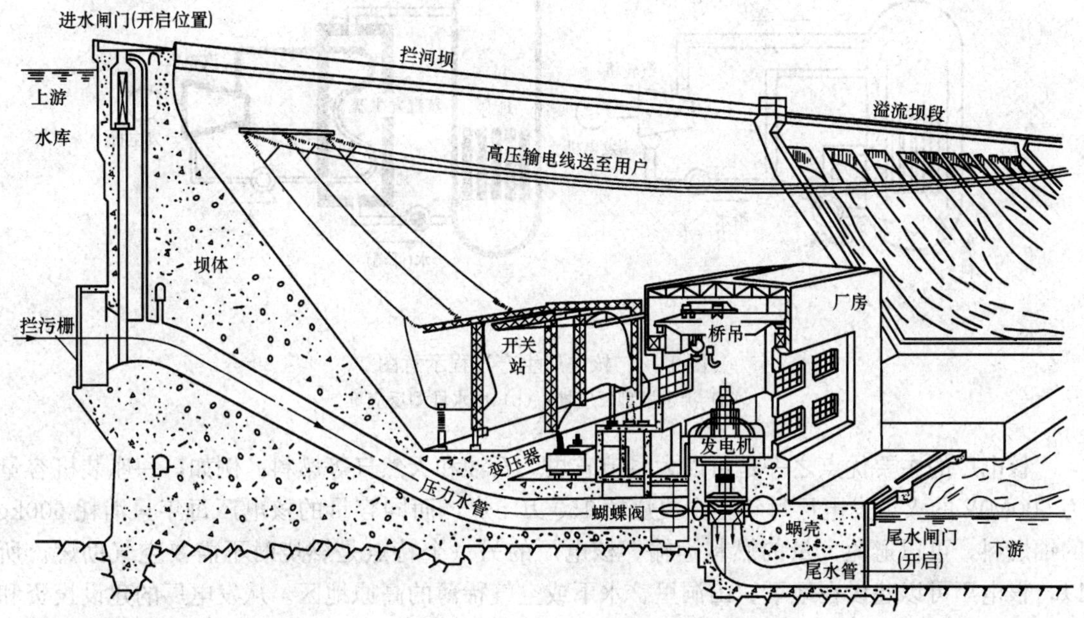

图 1-3 水力发电厂生产过程示意图

（三）核电厂

核能的利用是现代科学技术的一项重大成就。从 20 世纪 40 年代原子弹的出现起，原子能就逐渐被人们所掌握并陆续被用于工业和交通等许多部门，从而为人类提供了一种新的巨大的能源。

一些资源贫乏的发达国家由于受到“能源危机”的冲击，迫使他们不得不走核电的道路，这是促使核电厂迅速发展的主要原因。

由于自然界中煤、石油和天然气等燃料的储量有限，它们又是重要的化工原料，一些国家的水能资源已基本开发殆尽，因此从 20 世纪 50 年代起某些国家就转向研究核能发电。从 1954 年世界上第一个核电厂建成至今，全世界已有几十个国家先后建成总共 200 多个核电厂，总装机容量已超过 1 亿 kW。正在建设或已定货的核电厂的总容量更大。

核电的基本原理是把原子核裂变所产生的原子能转变为热能，将水加热为蒸汽，然后同一般火力发电厂一样，用蒸汽推动汽轮机，再带动发电机发电。核电厂与火力发电厂在构成上的主要区别是：前者用核蒸汽发生系统（反应堆、蒸汽发生器、泵和管道）来代替后者的蒸汽锅炉。

根据原子反应堆型式不同，核电厂可分为几种类型。图 1-4 为目前使用较为广泛的轻水堆型（包括沸水堆和压水堆）核电厂的生产过程示意图。

这种反应堆是用水作为载热剂。在沸水堆内，水被直接变成蒸汽，它的系统构成较为简单，但有可能使汽轮机等设备受到放射性污染，使这些设备的运行、维护和检修复杂化。为了避免这个缺点，可采用压水堆型反应堆。这里，增设了一个蒸汽发生器，从反应堆里引出的高温水在蒸汽发生器内将热量传给另一个独立回路的水，将之加热成高温蒸汽以推动汽轮发电机组旋转。由于在蒸汽发生器内两个回路的水是完全隔离的，所以就不会造成对汽轮机等设备的放射性污染。

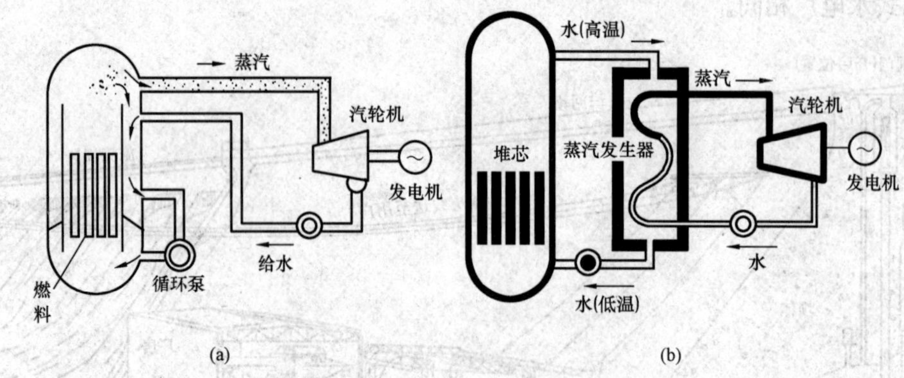

图 1-4 核电厂生产过程示意图

(a) 沸水堆型反应堆；(b) 压水堆型反应堆

核电厂的主要优点之一是可以大量节省煤、石油和天然气等燃料。例如，一座装机容量为 500MW 的火力发电厂每年至少要烧掉 150 万 t 煤，而同容量的核电厂每年只消耗 600kg 的铀燃料，可以避免大量的燃料运输。核电厂的另一个特点是燃烧时不需要空气助燃。所以，核电厂可以建设在地下、山洞里、水下或空气稀薄的高原地区。从发电厂的建设投资和发电成本来看，核电厂所需的固定投资虽较火力发电厂要高，但长年的燃料费和维护费则比火力发电厂要低，它的规模愈大则生产每千瓦时电能的投资费用下降愈多。

核电厂的主要问题是放射性污染。尽管在发电厂建设时已采取了相应的措施，但放射性污染事故仍不断发生，有的还比较严重。例如，美国的西西里核电站事故、前苏联的切尔诺贝利核电站事故。显然，只有更好地解决了污染的防护问题以及放射性废弃物的处理问题，核电厂的建设才可能得到更大的发展。我国在建设核电厂方面也取得了可喜的成果，浙江秦山核电厂、广东大亚湾核电厂均已建成投产，岭澳核电厂正在建设过程中。

目前，尽管世界上对核电厂的建设（主要是其安全性）存在着争论，但是在“能源危机”的冲击下，对一些资源贫乏的发达国家来说，别无其他的选择，唯有继续执行建设核电厂的计划。因此，预计在今后相当一段时间内，对核电的有关技术、措施的研究，仍将继续是人们所关注的中心课题之一。

二、变电站的类型

变电站是电力生产与应用中的一个重要的中间环节，它的作用是改变电压，接受和分配电能。根据变电站在电力生产过程中的地位与作用将变电站分为枢纽变电站、中间变电站、地区变电站、企业和终端变电站等。

（1）枢纽变电站。一般枢纽变电站电压等级为 330～500kV 或 220kV，是特别重要的变电站。在电力系统中见图 1-1，枢纽变电站在系统中处于枢纽地位，连接系统的高压和中压的几个部分，汇集多个大电源和大容量联络线。其主要特点是电压等级高，变电容量大，出线数目多。如果出现全所停电，将引起系统解列，造成大面积停电。

（2）中间变电站。中间变电站一般设在高压和超高压主要环形线路或系统主要干线的接口处，高压侧有系统功率穿越通过，也可降压给附近地区供电，但出线数目一般不多。

（3）地区变电站。地区变电站主要给所属地区供电，是一个地区或中等城市的主要变电站。

(4) 企业变电站。企业变电站是工矿企业专用变电站。大中型企业的总变电站电压多为220kV；一般企业变电站，电压多为110kV。

(5) 终端变电站。终端变电站大多数为1～2回线路接入，接线简单，位于负荷中心，电压一般为110kV。

三、电力用户

使用电能的单位称为电力用户。用电的类型很多，主要分为工业用电、农业用电与生活用电等。工业用电集中、用电量大、设备利用率高，对供电可靠性要求高；农业用电分散、用电量小，与气候及季节有关，平时对供电可靠性要求较低，灾害天气时对供电可靠性要求高；人民生活用电面广，形式多样，随着生产的发展和生活水平的提高，用电量愈来愈大，对供电可靠性要求也愈来愈高。

电力用户的负荷按其对供电可靠性的要求可分为三级。

(1) 一级负荷。如果对这类负荷中断供电，将会造成恶劣的政治和社会影响，将会带来人身危险及设备损坏，除生产大量废品外，还将使生产秩序长期不能恢复，人民生活发生混乱，给国民经济带来巨大的损失。如医院的手术室、大量人员集中的公共场所、重要的交通通信枢纽、生产中的事故照明等负荷。

(2) 二级负荷。如果对这类负荷中断供电，将会造成大量减产，城市公用事业和人民生活受到影响。如交通枢纽、大型体育场、纺织厂等负荷。

(3) 三级负荷。不属于一、二级负荷的其他用户，短时中断供电不会带来严重后果。如工矿企业的附属车间和居民的用电等负荷。

第四节　供用电网络接线

一、供用电网络的基本接线

供用电网络的接线形式随用户的要求而异，其基本接线形式按照有无备用分为两类。

(一) 无备用接线形式

对于无备用接线，用户只能从一个方向取得电源。这类接线分为单回路放射式、干线式、链式和树枝式，如图1-5所示。

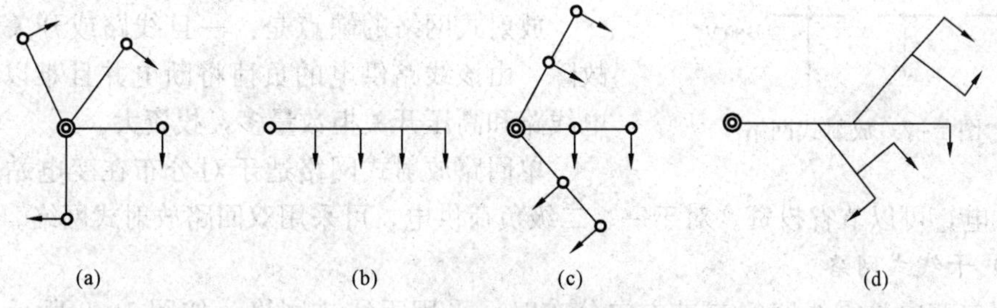

图1-5　无备用接线形式

(a) 放射式；(b) 干线式；(c) 链式；(d) 树枝式

(二) 有备用接线形式

有备用接线形式分为双回路放射式、双回路干线式、环式、两端供电式和多端供电式等，如图1-6所示。

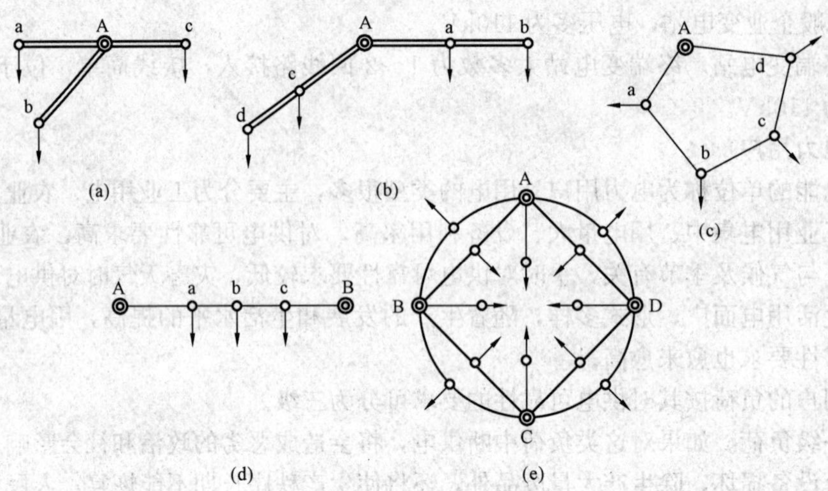

图 1-6 有备用接线形式

（a）双回路放射式；（b）双回路干线式；（c）环式；（d）两端供电式；（e）多端供电式

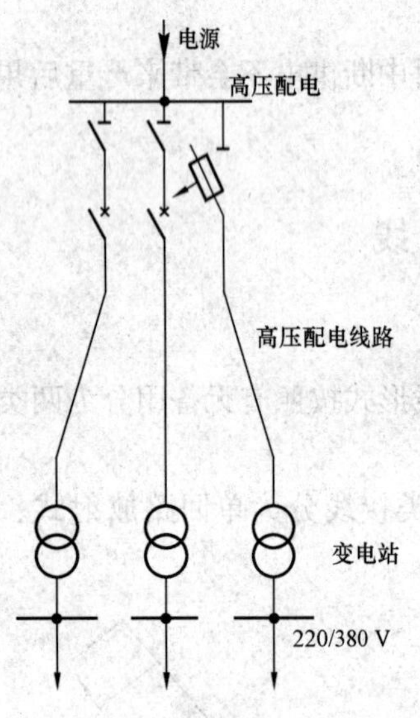

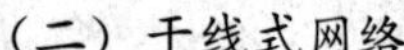

图 1-7 放射式网络

二、高压配电网的接线方式

高压配电网是指采用 10、35、63kV 或 110kV 电压作为配电电压的网络，其网络接线应根据负荷的分布和负荷的类别来确定。

（一）放射式网络

如图 1-7 所示，线路终端不装设高压断路器，只装设带接地开关的隔离开关，为提高供电的可靠性，可装设能自动重合的开关装置，如自动重合闸或重合器等。

放射式网络的优点是：供电可靠性较高，故障发生后影响范围小；保护装置简单易于整定；便于实现自动化；运行简单，切换操作方便。

放射式网络的缺点是：一旦线路或开关设备发生故障，由该线路供电的负荷将断电并且难以恢复；配电线路和高压开关柜数量多，投资大。

单回路放射式网络适于对分布在变电站周围的三级负荷供电，可以节省投资。对于一、二级负荷供电，可采用双回路放射式网络。

（二）干线式网络

各用户变电站沿线路的前进方向分布时，采用干线式网络，如图 1-8 所示。其优点是变配电站的馈出线回路数少、投资小，结构简单。缺点是当任一段线路故障时，会导致所有变电站停电，即可靠性差，线路故障影响范围大。因此，只能对三级负荷供电。为减少干线故障时的停电范围，每条线路连接的变压器台数不宜超过 5 台，总容量不超过 3000kV·A。

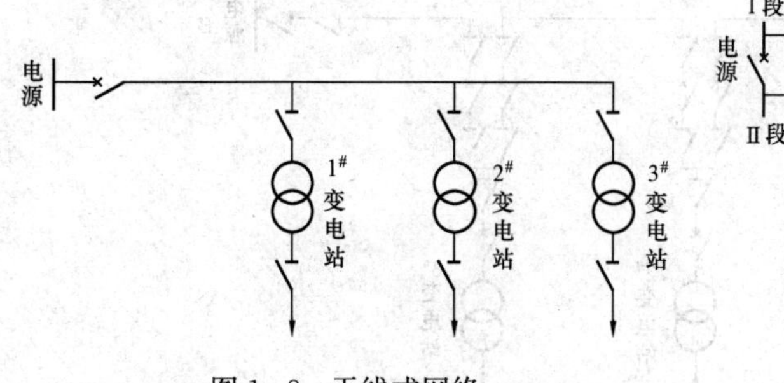

图 1-8 干线式网络

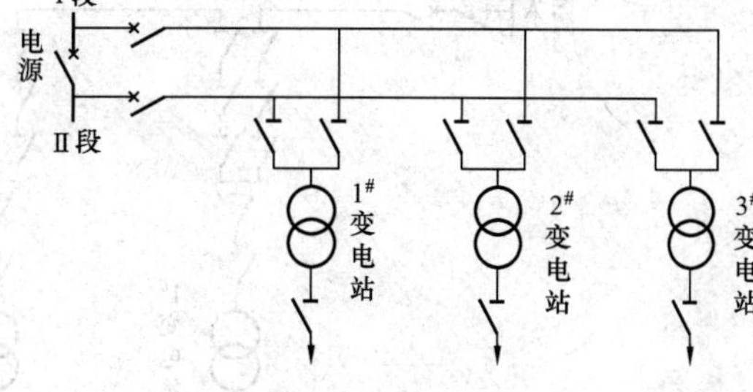

图 1-9 双干线式网络

当要求提高干线式网络供电的可靠性以满足二级负荷时，可采用双干线式网络，如图 1-9 所示。在正常工作时，每个变电站只允许与一条干线连接，当这一条干线故障时，可切换到另一条干线上去，负荷只短时停电。

（三）链式网络

图 1-10 所示为“一进一出”的单链式网络，当变电站后面的线路发生故障时，由于断路器自动断开，不影响前段线路的供电，这比单干线式网络的可靠性高。

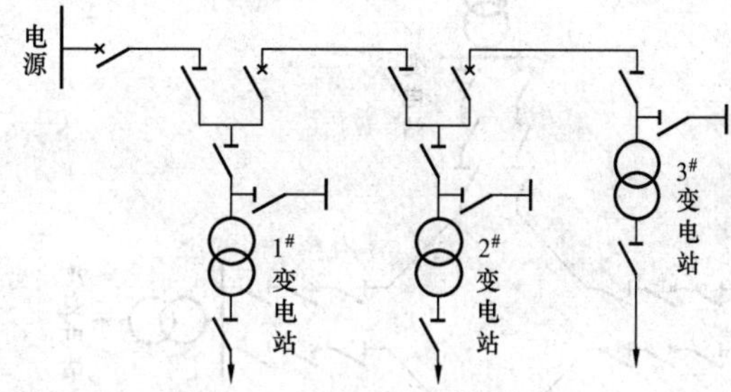

图 1-10 单链式网络

为了进一步提高供电的可靠性，采用图 1-11 所示的“双进双出”双链式网络，适用于供给一、二级重要负荷。这种网络的缺点是断路器数量多、投资大。

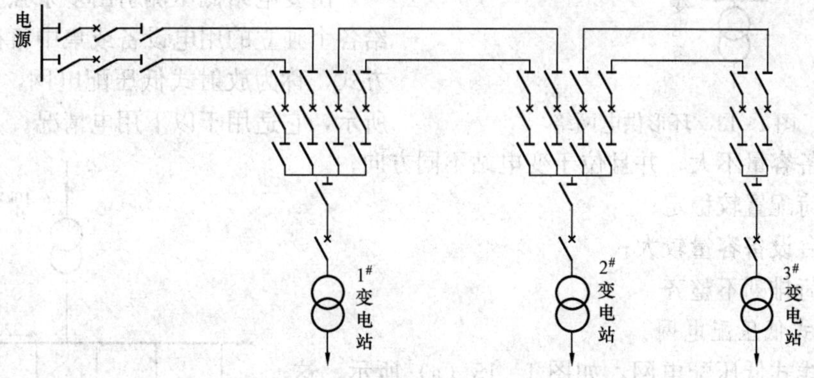

图 1-11 双链式网络

（四）两端供电网络

当线路两侧均有电源时，用两端供电的链式网络，如图 1-12 所示。这种网络的可靠性很高，任何一段线路故障都不会造成任一变电站停电，可用于一、二级负荷，其缺点是继电保护装置复杂。

（五）环形供电网络

电源在不同的方向均有负荷分布时，采用环形供电网络较好，如图 1-13 所示。这种接

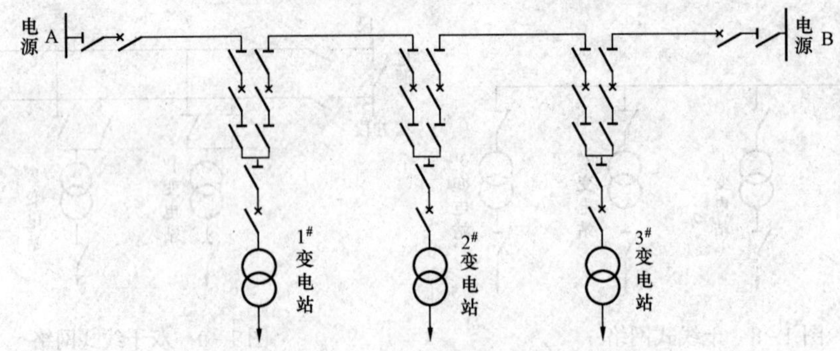

图 1-12 两端供电链式网络

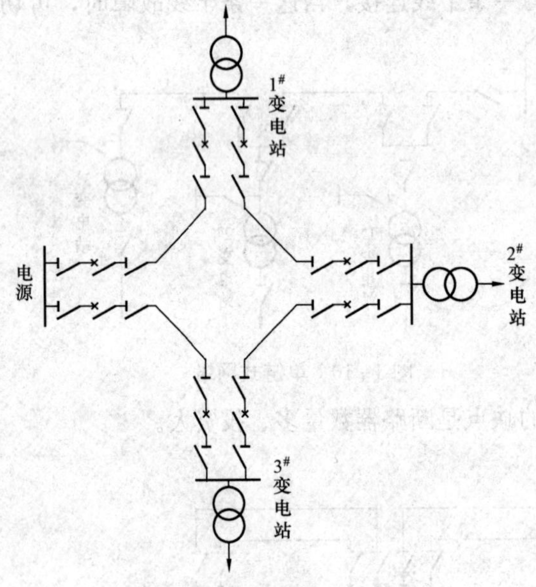

图 1-13 环形供电网络

线供电可靠，适用于一、二级负荷，缺点和两端供电网络的缺点相同。

三、低压配电网的接线方式

低压配电网是指额定电压为 380/220V 的电网。

（一）开式低压配电网

由单侧电源采用放射式、干线式或链式供电，投资小、接线简单、安装维护方便，但缺点是电能损耗大、电压质量差、供电可靠性差以及负荷发展较困难。

1. 放射式低压配电网

由变电站低压侧引出多条独立线路，供给各个独立的用电设备或集中负荷群的接线方式，称为放射式低压配电网，如图 1-14 所示，它适用于以下用电情况。

（1）设备容量不大，并且位于变电站不同方向；

（2）负荷配置较稳定；

（3）单台设备容量较大；

（4）负荷排列不整齐。

2. 干线式低压配电网

（1）干线式低压配电网，如图 1-15（a）所示。这种电网不必在变电站低压侧设置低压配电盘，直接从低压侧引出线经低压断路器和负荷开关引接，因而减少了电气设备的使用量。这种接线适用于数量较多，而且排列整齐的用电设备，或对供电可靠性要求不高的用电设备，如机械加工、铆焊、铸焊、铸工和热处理等。

（2）变压器—干线配电，如图 1-15（b）所示为变压器—干线配电系统，主干线由变电站引出，沿线

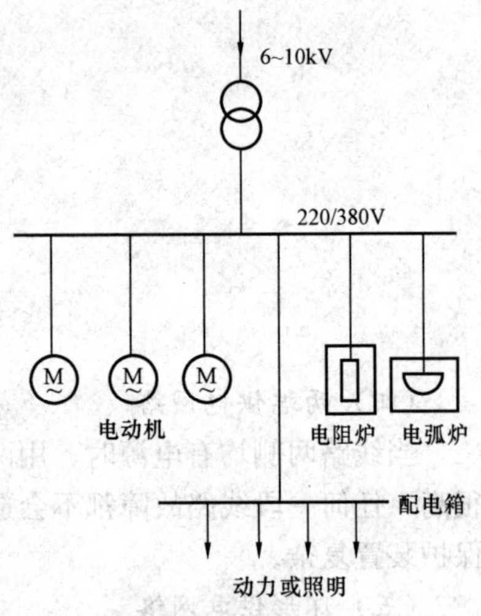

图 1-14 放射式低压配电网

敷设，再由主干线引出支干线对用电设备供电。这种网络比一般干线式配电网所需配电设备更少，从而使变电站结构大为简化，投资大为降低。一般在生产厂房宜采用干线式配电系统，动力站则采用放射式配电系统。同时，根据供电系统需要，常将两种形式混合使用。

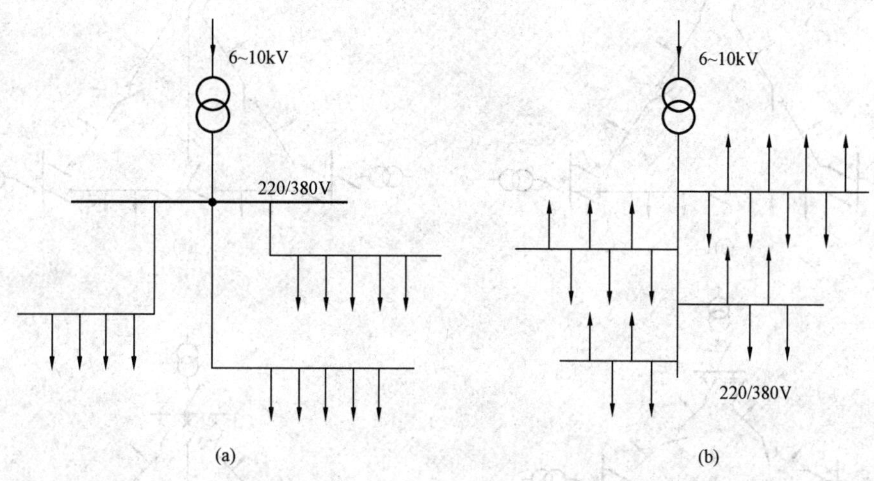

图 1 - 15　干线式低压配电网络

(a) 一般干线式低压配电网络；(b) 变压器—干线配电系统

3. 链式低压配电网

图 1 - 16 所示为链式低压配电网。链式低压配电网接线的特点与干线式基本相同，适于彼此相距很近、容量较小的用电设备，链式相连的设备一般不宜超过 5 台，链式相连的配电箱不宜超过 3 台，且总容量不宜超过 10kW。

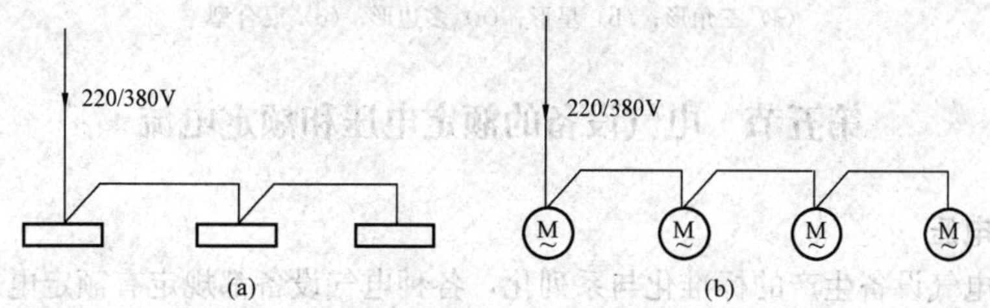

图 1 - 16　链式低压配电网

(a) 连接配电箱；(b) 连接电动机

(二) 闭式低压网络

简单闭式低压网络有三角形、星形、多边形及其他混合形等几种接线，如图 1 - 17 所示。简单闭式低压网络接线的主要特点是：高压侧由多回路供电，电源可靠性较高；充分利用线路和变压器的容量，不必留出很大的备用容量；在联络干线端和干线中部都装有熔断器。

对简单闭式低压网络接线的要求是：各对应边的阻抗应尽可能相等，以保证熔断器能有选择性的断开；连在一起的变压器容量比不宜大于 1∶2，短路电压比不宜大于 10%；如从不同的电源引出，还应考虑相位和相序。

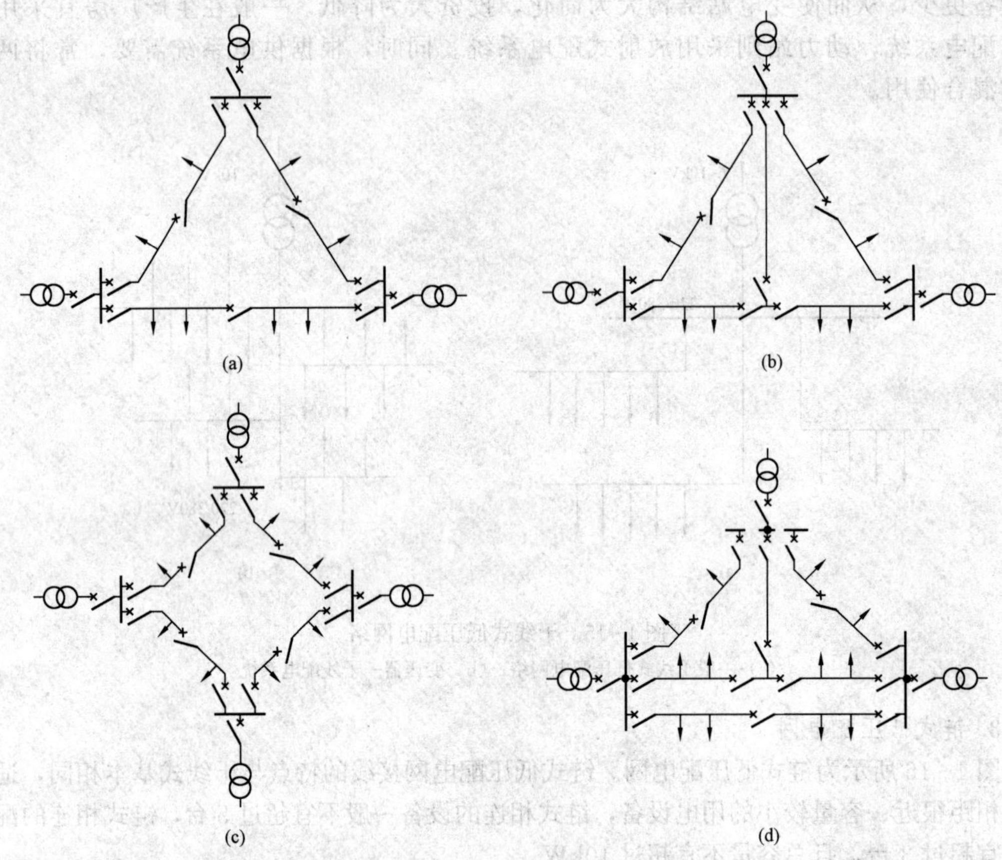

图 1 - 17　简单闭式低压网络

（a）三角形；（b）星形；（c）多边形；（d）混合型

第五节　电气设备的额定电压和额定电流

一、额定电压

为了实现电气设备生产的标准化与系列化，各种电气设备都规定有额定电压。当电气设备在额定电压下长期工作时，其技术与经济性能最佳。额定电压等级是根据国民经济的发展需要、技术经济的合理性和工业水平等因素确定的。我国标准规定的各种电气设备的额定电压按电压高低可分为三类。

第一类额定电压为 100V 以下，主要用于安全照明、蓄电池及开关设备的操作电源。直流为 6、12、24、48V；交流为单相 12、36V；三相为（线电压）36V。

第二类额定电压高于 100V，低于 1000V，见表 1 - 1。这类电压主要用于低压三相电动机及照明设备。

表 1-1　　第二类额定电压　　单位：V

用电设备			发电机		变压器			
直流	三相交流		直流	三相交流	三相		单相	
	线电压	相电压			一次绕组	二次绕组	一次绕组	二次绕组
110	(127)		115	(113)	(127)	(133)	(127)	(133)
220	220	127	230	230	220	230	220	230
440	380	220	400	400	380	400	380	

注　括号内的电压，只用于矿井下或其他安全条件要求较高处。

第三类额定电压高于 1000V，见表 1-2。这类电压主要用于发电机、变压器、输配电线路和用电设备。

表 1-2　　第三类额定电压　　单位：kV

用电设备	交流发电机	变压器		用电设备	交流发电机	变压器	
		一次绕组	二次绕组			一次绕组	二次绕组
3	3.15	3 及 3.15*	3.15 及 3.3	35		35	38.5
6	6.3	6 及 6.3*	6.3 及 6.6	(63)		(63)	(69)
10	10.5	10 及 10.5*	10.5 及 11	110		110	121
	13.8	13.8		(154)		(154)	(169)
	15.75	15.75		220		220	242
	18	18		330		330	363
	20	20		500		500	550
	22	22		750		750	800
	24	24					

注　1. 表中所列均为线电压。

2. 括号内的电压仅用在特殊地区。

3. 水轮发电机允许采用非标准额定电压。

* 适用于升压变压器。

同一电压等级下设备的额定电压并不相同，如图 1-18 所示。设发电机在额定电压下工作，给电力网 AB 部分供电。因为线路有电压损失，所以负荷 1～5 点所受电压不同，线路首端电压 U_A 大于末端电压 U_B。如负荷沿线路均匀分布，则电压沿线路长度的变化情况大致如图 1-18 中斜线 ab 所示。而用电设备的额定电压不可能按上述斜线变化的电压制造，而且电力网中各点电压也是经常变化的，所以用电设备的额定电压只能力求接近于实际工作电压。为使设备生产标准化，通常采用该线路首端电压和末端电压的算术平均值 $\frac{U_A+U_B}{2}$ 作为电力网的额定电压，用电设备的额定电压等于电力网的额定电压。

我国电力网的额定电压有：0.22、0.38、3、6、10、35、63、110、220、330、500、750kV 等。一般城市或大工业企业配电，采用 6、10kV 电压等级的网络。35、63、110、220、330、500、750kV 电压等级，多用于远距离输电。大功率电动机的额定电压用 3、6kV 或 10kV，小功率电动机的额定电压用 380/220V。照明采用 380/220V 三相四线制网络，电灯接在相线和中线之间的 220V 相电压上。电压为 110V 或 220V 的直流网络，广泛

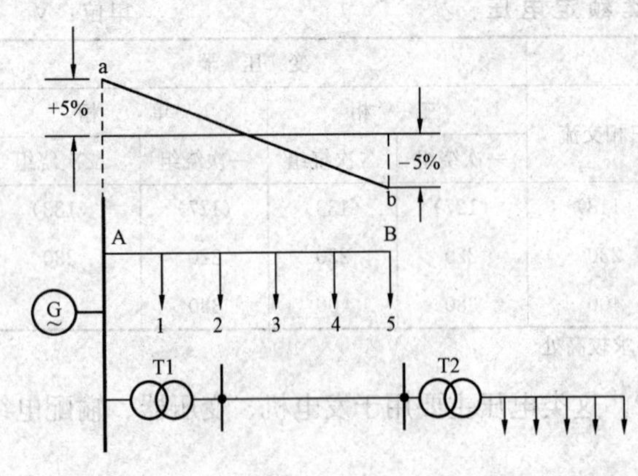

图 1-18 额定电压的解释图

应用在发电厂和变电站中，供电给继电保护、控制和信号设备等。

对电力用户而言，当要求供给的功率和与供给电能的电源点之间的距离确定后，供电线路的电压高则电流小，在线路和变压器中的功率损耗、电能损耗和电压损失也小，可以采用较小截面的导线以节约有色金属。但是，供电线路电压高时，线路的绝缘强度要求高，线路绝缘子就用得多，导线之间的距离和导线对地的距离都大，因而线路杆塔的几何尺寸也大。这样，杆塔材料消耗多，线路投资大。同时，线路两端的升、降压变电站内的变压器和开关电器等电气设备的投资也大。故供电线路的电压高低，要根据供电功率和供电距离由技术经济比较确定，见表 1-3。

表 1-3 各级电压架空输电线路的合理输送功率及输电距离

额定电压 (kV)	输送功率 (MW)	输电距离 (km)	额定电压 (kV)	输送功率 (MW)	输电距离 (km)
0.38	<0.1	<0.25	110	10～50	50～100
3	0.1～1.0	1～3	220	100～500	100～300
6	0.1～1.2	4～5	330	200～300	200～600
10	0.2～2.0	6～20	500	400～1500	150～850
35	2～10	20～50	750	800～2200	500～1200
63	3.5～30	30～100			

供电线路除采用架空线路外，在城镇中还大量采用电缆线路，电缆线路的额定电压与输送功率大小和输送距离远近的关系，如表 1-4 所示。

表 1-4 电缆线路的合理输送功率及输电距离

额定电压 (kV)	输送功率 (MW)	输电距离 (km)
0.38	<0.175	<0.35
6	<3	<8
10	<5	<10

发电机的额定电压比电力网的额定电压高 5%，见表 1-1 和表 1-2。这是考虑一般电力网的电压损失为 10%，如果首端电压比电力网的额定电压高 5%，则末端电压比电力网的额定电压低 5%，从而保证用电设备的工作电压偏移均不会超出允许范围±5%。

通常容量为 750～3000kW 的发电机额定电压可采用 3.15kV；容量为 750～50000kW 的发电机额定电压可采用 6.3kV；容量为 12～100MW 的发电机额定电压采用 10.5kV；容量为 40～100MW 的水轮发电机及 125MW 的汽轮发电机额定电压采用 13.8kV；容量为 110～225MW 的水轮发电机及 200MW 的汽轮发电机额定电压采用 15.75kV；容量为 300MW 的发电机额定电压可采用 18kV 或 20kV；容量

为 600MW 的发电机额定电压可采用 20kV。

变压器一次绕组的额定电压，升压变压器和降压变压器有所不同。因为升压变压器一般是与发电机电压母线或与发电机直接连接，如图 1 - 18 所示电路中的 T1，所以升压变压器一次绕组的额定电压与发电机相同，见表 1 - 2 中有“*”的数字。降压变压器相当于电力网的用电设备，如图 1 - 18 所示电路中的 T2，其一次绕组的额定电压等于电力网的额定电压。

变压器二次绕组的额定电压，是指变压器空载时的电压值，考虑变压器满载时到线路和变压器的电压损失而比电力网的额定电压高 5%～10%。对于二次侧线路较短、高压侧电压在 35kV 及以下、短路电压在 7.5%及以下的变压器，采用 5%，否则采用 10%。

二、额定电流

电气设备的额定电流是指在一定的基准环境温度下，允许长期连续通过设备的最大工作电流，并且此时设备的绝缘和载流部分被长期加热的最高温度不超过所规定的允许值。我国采用的基准环境温度如下：

电力变压器和电器（周围空气温度）	40℃
发电机（冷却空气温度）	35～40℃
裸导线、绝缘导线和裸母线（周围空气温度）	25℃
电力电缆：空气中敷设	30℃
直埋敷设	25℃

对于发电机和变压器等，还规定了它们的额定容量，其条件与额定电流相同。因为发电机的原动机只提供有功功率，所以发电机的额定容量一般用有功功率（kW 或 MW）和功率因数来表示。变压器的额定容量是指二次绕组为额定电压时的容量，用视在功率（kV·A）表示。

第六节　供用电系统中性点运行方式

在电力系统中，通常把发电机或变压器的中性点作为电力系统的中性点。

我国电力系统中性点常用的接地方式有四种，即中性点直接接地、中性点经消弧线圈（消弧电抗器）接地、中性点经电阻接地、中性点不接地。其中，中性点经电阻接地，按接地电阻大小又分为高阻接地和低阻接地两种。

通常把上述四种接地方式归结为两类接地系统，即中性点有效接地系统和中性点非有效接地系统。

中性点直接接地或经低值阻抗接地的系统，称为有效接地系统。通常该系统的零序阻抗与正序阻抗的比值$\frac{X_0}{X_1}\leqslant 3$，零序电阻与正序电抗的比值$\frac{R_0}{X_1}<1$。该系统也称为大接地电流系统。

中性点不接地、经高值阻抗接地或消弧线圈接地，称为中性点非有效接地系统。通常该系统的零序电抗与正序电抗的比值$\frac{X_0}{X_1}>3$，零序电阻与正序电抗的比值$\frac{R_0}{X_1}>1$。该系统也称为小接地电流系统。

电力系统的接地方式是一个综合性的技术问题，它与系统的供电可靠、人身安全、设备安全、绝缘水平、过电压保护、通信干扰（电磁环境）及接地装置等问题有密切的关系。

一、中性点不接地系统

中性点不接地系统的供电可靠性较高。在这种系统中发生单相接地故障时，不构成短路回路，接地相电流不大，不必切除接地相，但这时非接地相的对地电压却升高为相电压的$\sqrt{3}$倍，因此对绝缘水平要求高。

（一）中性点不接地系统的正常运行

图 1-19（a）为简化的中性点不接地三相系统正常运行情况的示意图，图中断路器 QF 正常运行时处于合闸状态。正常运行时，三相电源的相电压分别为 $\dot{U}_U$、$\dot{U}_V$、$\dot{U}_W$，并且三相对称，中性点的电位 $\dot{U}_N$为零。三相导线之间电容较小，忽略不计；各相导线对地之间的分布电容，分别用集中的等效电容 C_U、C_V 和 C_W 代替。当三相导线经过完全换位后，各相对地电容相等，即 $C_U=C_V=C_W$，各相对地电容电流 $\dot{I}_{CU}$、$\dot{I}_{CV}$、$\dot{I}_{CW}$大小相等、相位差 120°，如图 1-19（c）所示，各相对地电容电流的相量和为零，所以对地电流为零，大地中并无电流。各相电源电流等于各相负荷电流与对地电容电流的相量和，如图 1-19（b）所示，图中仅画出 U 相情况，$\dot{I}_{CU}=\dot{I}_{LU}+\dot{I}_{CU}$。

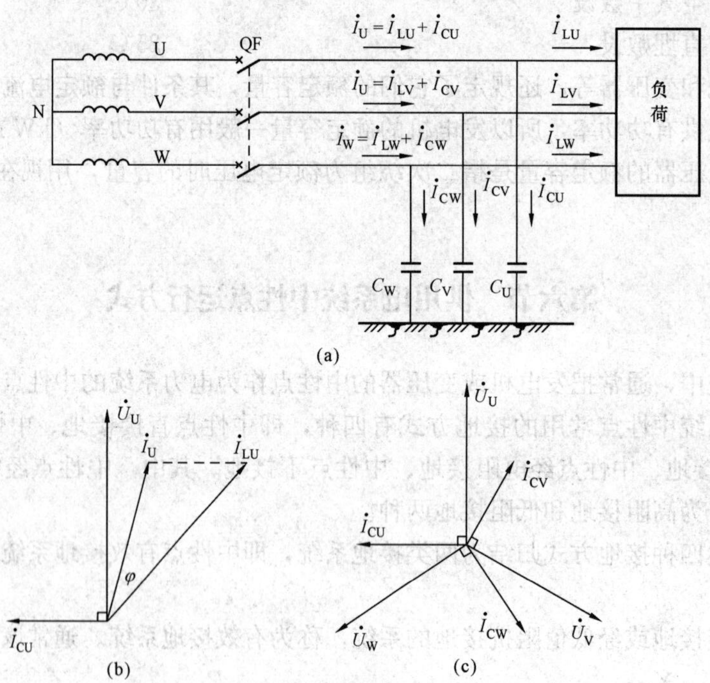

图 1-19 中性点不接地系统正常运行情况

（a）等值电路；（b）电流相量图；（c）电压相量图

实际上，由于架空线路的导线排列不对称、换位不完全等原因，各相对地电容是不会完全相等的；此外，负荷也不会绝对平衡，中性点的电位不为零，会产生中性点对地电位偏移的现象，但位移电压较小，可以忽略不计。

（二）单相接地故障

1. 故障相完全接地（金属性接地）

当某一相导线与地之间的绝缘受到破坏，称为单相接地故障，若接地处的阻抗近似等于零，称为完全接地或金属性接地，否则称为不完全接地。图 1-20 所示为 W 相 k 点发生完全接地故障的情况。此时故障相对地电压 $\dot{U}'_{W}$为零；中性点对地电压将不再为零，而是上升到相电压，且与故障相相电压方向相反，即为$-\dot{U}_{W}$；而非故障相对地电压分别为

U 相对地电压 $\dot{U}'_{U}=\dot{U}_{U}+\dot{U}_{N}=\dot{U}_{U}-\dot{U}_{W}$；

V 相对地电压 $\dot{U}'_{V}=\dot{U}_{V}+\dot{U}_{N}=\dot{U}_{V}-\dot{U}_{W}$。

图 1-20（b）为 W 相发生完全接地时的相量图。由图可见 $\dot{U}'_{U}$和 $\dot{U}'_{V}$之间的夹角为 60°，非故障相对地电压数值升高$\sqrt{3}$倍，即升高到线电压。三相系统的线电压大小及相位均不变，用线电压工作的用户将不受影响。

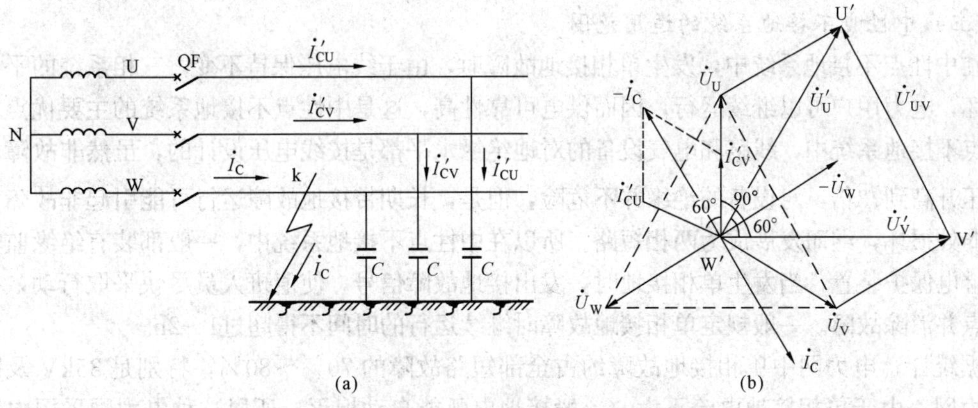

图 1-20 中性点不接地系统单相接地

(a) 电路图；(b) 相量图

W 相接地后，由于 U、V 两相对地电压升高，则非故障相对地的电容电流也增大$\sqrt{3}$倍，由于 W 相接地，该相对地电容电流为零，这时三相对地电容电流之和不再为零，大地中将有电流流过，并通过接地点成为回路，如图 1-20（a）所示，则接地处的电容电流（即接地电流）为 $\dot{I}_{C}=-(\dot{I}'_{CU}+\dot{I}'_{CV})$，$\dot{I}_{C}$超前故障相电压 $\dot{U}_{W}$90°，其有效值为

$$I_{C}=3\omega CU_{ph}\quad(A)\tag{1-1}$$

式中 U_{ph}——电源的相电压，V；

ω——角频率，rad/s；

C——相对地电容，F。

式（1-1）表明，在中性点不接地系统中，单相接地电流等于正常运行时单相对地电容电流的 3 倍。其值与网络的电压、频率和相对地电容的大小有关，而相对地电容又与线路的结构（电缆或架空线路）和长度有关。实际中 I_{C}可采用直接测量法、间接测量法或计算法得到。

对于架空线路可按以下经验公式计算

$$I_{C}=(2.7\sim3.3)Ul\times10^{-3}\quad(A)\tag{1-2}$$

式中 U——电网的线电压，kV；

l——相同电压等级的，具有电联系的所有线路总长度，km。

式（1-2）适用于木杆线路，当线路有无避雷线时，系数分别为3.3与2.7。对于水泥杆及金属杆塔的架空线路，电容电流需要增大10%～12%。

对于电缆线路可参照厂家提供的技术数据或按照以下经验公式计算

$$I_C = \frac{95 + 1.44S}{2200 + 0.23S} Ul \quad (A) \tag{1-3}$$

式中　S——电缆芯线截面积，mm^2。

若某一中性点不接地系统中，既有架空线路，又有电缆线路，则应首先分别计算两种线路的电容电流，它们的和即为故障点总的电容电流。

2. 故障相不完全接地（非金属性接地）

当发生的是不完全接地，即故障点经过一定的电阻接地，此时接地相对地电压大于零而小于相电压，未接地相对地电压大于相电压而小于线电压，中性点电压大于零而小于相电压，线电压仍保持不变，接地电流比完全接地时要小。

（三）中性点不接地系统的适用范围

在中性点不接地系统中，发生单相接地故障时，由于线电压保持不变，三相系统的平衡没有破坏，电力用户可以继续运行，因而供电可靠性高，这是中性点不接地系统的主要优点。在中性点不接地系统中，线路和电气设备的对地绝缘水平都是按线电压设计的，虽然非故障相对地电压升高到$\sqrt{3}$倍，对设备的绝缘并不危险，但是，长期带接地故障运行可能引起非故障相绝缘薄弱处损坏，继而发展成为两相短路。所以在中性点不接地系统中，一般都装有绝缘监察装置或继电保护装置，当发生单相接地时，发出接地故障信号，使值班人员尽快采取行动，查找故障点并消除故障。一般规定单相接地故障时继续运行的时间不得超过1～2h。

据统计，电力网中单相接地故障约占全部短路故障的70%～80%，特别是35kV及以下的电力网，由于单相接地电流不大，一般接地电弧能自动熄灭，所以这种电力网采用中性点不接地方式最为合适。但当接地电流较大（大于30A）时，将产生稳定燃烧的电弧，形成持续性的电弧接地，电弧的大小与接地电流成正比，强烈的电弧将会损坏设备，甚至导致相间短路；当接地电流小于30A而大于5A时，有可能产生间歇性电弧，出现间歇性过电压，其幅值可达2.5～3倍相电压，足以危及整个网络的绝缘。考虑到故障点可能形成间歇电弧或稳定电弧的因素，中性点不接地系统的适用范围是：

（1）1200V以下的三相三线制系统；

（2）3～10kV电网中单相接地电容电流不大于30A；

（3）20～63kV电网中单相接地电容电流不大于10A。

二、谐振接地系统（中性点经消弧线圈接地）

中性点经过消弧线圈接地的系统，也称为谐振接地系统。在我国，电压为20～63kV的系统，当接地电流大于10A，或3～10kV系统接地故障电流大于30A时，将系统中性点经过消弧线圈接地，形成谐振接地系统，如图1-21（a）所示。我国也有个别110kV的电力系统中性点是经过消弧线圈接地的。

（一）消弧线圈的工作原理

系统中性点与地之间接入消弧线圈后，当发生单相接地故障时，接地处的接地电流就可以减小。消弧线圈是一个具有铁芯的电感线圈，线圈的电阻很小，电抗很大。铁芯和线圈均

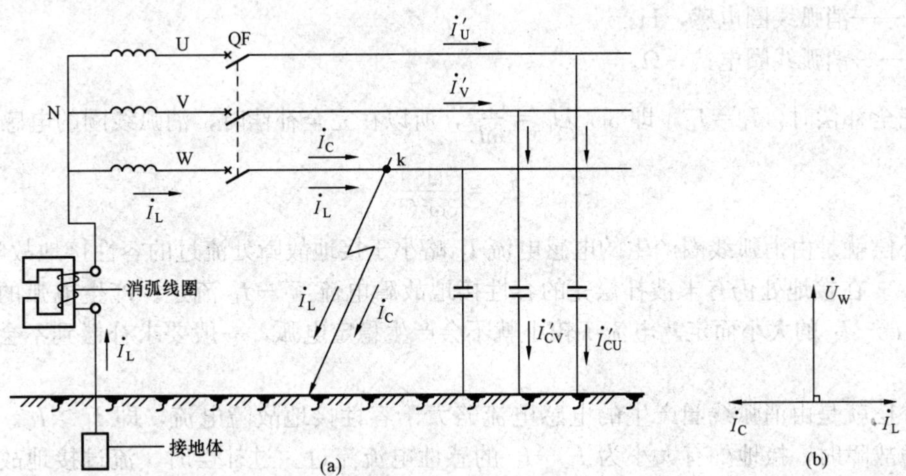

图 1-21 谐振接地系统

(a) 谐振接地系统示意图；(b) 接地相电压电流示意图

浸在变压器油中，外形和单相变压器相似。消弧线圈的铁芯留有间隙，填以绝缘纸板，以避免磁饱和。它的线圈有分接头，可以调整匝数，以改变其电抗的大小。

中性点经消弧线圈接地的系统在正常工作时，中性点的电位为零。消弧线圈两端没有电压，所以没有电流通过消弧线圈。当某相（如 W 相）发生金属性接地时，消弧线圈一端与中性点相接，另一端通过大地和接地故障点与相线接通，两端所受电压正是故障相的电压 $\dot{U}_W$，这时消弧线圈中有电感电流 $\dot{I}_L$通过。电流 $\dot{I}_L$经电源的故障相、接地点、大地、消弧线圈、电源的中性点形成回路，如图 1-21（a）所示。这样，在接地点就同时有接地故障电流 $\dot{I}_C$与 $\dot{I}_L$流过。$\dot{I}_C$与 $\dot{I}_L$规定的正方向相同。接地故障电流 $\dot{I}_C$超前故障相电压 $\dot{U}_W$90°，$\dot{I}_L$滞后 $\dot{U}_W$90°，两者相互抵消（相互补偿）如图 1-21（b）所示。

如果适当选择消弧线圈的匝数，使消弧线圈的电感电流 $\dot{I}_L$和接地点的对地电容电流 $\dot{I}_C$大致相等，就可使流过接地点的接地故障电流变得很小，从而减轻了电弧的危害。

中性点经消弧线圈接地的系统，当发生了一相完全接地时，其电压的变化和中性点不接地系统完全一样，故障相对地的电压变为零，非故障相对地的电压值升高到$\sqrt{3}$倍。因此，中性点经消弧线圈接地系统各相对地的绝缘水平也应按线电压考虑。因为线电压之间关系无变化，不影响用户的工作，所以可以继续运行 1～2h，以便值班人员寻找接地点，并加以消除。

（二）消弧线圈的补偿方式

在单相接地故障时，根据消弧线圈产生的电感电流对容性的接地故障电流补偿的程度，可分为三种补偿方式，即完全补偿、欠补偿和过补偿。

完全补偿是消弧线圈产生的电感电流刚好等于容性的接地电容电流，在接地故障处的电流等于零，不会产生电弧。接地故障电流，$I_C=3\omega CU_{ph}$，而消弧线圈在系统发生单相完全接地故障时承受的电压为相电压 U_{ph}。设消弧线圈为纯电感，则此时产生的电流 I_L 的数值为

$$I_L=\frac{U_{ph}}{X_L}=\frac{U_{ph}}{\omega L}\quad(\text{A}) \tag{1-4}$$

式中 L——消弧线圈电感，H；

X_L——消弧线圈电抗，Ω。

在完全补偿时，$I_L=I_C$，即 $3\omega CU_{ph}=\frac{U_{ph}}{\omega L}$，所以在完全补偿时，消弧线圈的电感应为

$$L=\frac{1}{3\omega^2 C} \tag{1-5}$$

欠补偿就是由消弧线圈产生的电感电流 I_L 略小于接地故障处流过的容性接地故障电流，即 $I_L<I_C$。在接地处仍有未被补偿完的容性接地故障电流 I_C-I_L 流过。产生电弧的情况由电流 $I=I_C-I_L$ 的大小而定。电流 I 较小就不会产生稳定电弧，一般要求补偿到不会产生电弧为止。

过补偿就是由消弧线圈产生的电感电流略大于容性接地故障电流，即 $I_L>I_C$。在发生完全接地故障时，接地处有大小为 I_L-I_C 的感性电流流过。过补偿时，流过接地故障处的电流也不大，一般也要求补偿到不会产生电弧为止。

中性点经消弧线圈接地系统在运行时，实际上都不采用完全补偿运行方式，也不采用欠补偿运行方式，而采用过补偿运行方式。若采用完全补偿方式运行，正如这种接地方式的名称所示，在发生单相接地时，是一个谐振接地系统。完好相的电容与消弧线圈的电感形成串联谐振回路。串联谐振是电压谐振，谐振过电压不但危及系统的对地绝缘，也对消弧线圈形成威胁。因此一般谐振接地系统都不采用完全补偿的运行方式。

谐振接地系统在运行时，一般情况下也不采用欠补偿运行方式，而采用过补偿运行方式。因为若采用欠补偿运行方式，当发生单相接地时 $I_L<I_C$。这时若系统运行方式改变，切除部分线路时，整个网络的对地电容减少，容抗变大，I_C 减小，便有可能满足条件 $I_L=I_C$，达到完全补偿的条件，从而产生不能容许的谐振过电压。采用过补偿运行时 $I_L>I_C$，虽切除部分线路使 I_C 减小了，也不会产生串联谐振。只要在选择消弧线圈时，使其额定电流（容量）留有一定裕度，那么在线路增加、接地故障电流增大后，也不会有串联谐振的问题了。

在讨论谐振接地系统的补偿问题时，时常使用补偿度和脱谐度两个概念。补偿度以 K 表示，$K=\frac{I_L}{I_C}$。脱谐度以 v 表示，$v=1-K=\frac{I_C-I_L}{I_C}$。完全补偿时，$I_L=I_C$，补偿度 $K=1$，脱谐度 $v=0$；欠补偿时，$I_L<I_C$，补偿度 $K<1$，脱谐度 $v>0$；过补偿时，$I_L>I_C$，补偿度 $K>1$，脱谐度 $v<0$。

当谐振接地系统发生单相接地故障时，线电压之间关系不改变，因此不影响用户的工作，可以继续运行，这个优点是主要的。缺点主要有系统中性点接入消弧线圈后，需要调整线圈的匝数以改变电感和改变补偿度；消弧线圈及有关的全部装置费用较贵，使投资增大；系统中各并联回路的单相接地保护装置也较为复杂，要实现有选择性的接地保护比较困难。

目前，在谐振接地系统中，除了对消弧线圈合理调谐、正确动作和适当的运行维护外，还采用了自动跟踪补偿装置。它能够避免人工调节消弧线圈的诸多麻烦，不会使电网的部分或全部在调谐过程中暂时失去补偿，能够保证调谐的精度，不仅提高了消弧线圈动作的成功率，同时还能限制弧光接地过电压和谐振过电压。

自动跟踪补偿装置一般由驱动式消弧线圈和自动测控系统配套构成，自动完成跟踪测量和跟踪补偿。当补偿电网的运行方式改变时，该装置便自动跟踪测量电网的电容电流，将消

弧线圈调谐到合理的补偿状态；或者当电网发生单相接地故障时，迅速将消弧线圈调谐到接近谐振点的位置运行，使接地电弧瞬间熄灭。

（三）消弧线圈的容量、台数与型式选择

消弧线圈的容量选择，应以现行电网的电容电流为主要依据，同时考虑 5～10 年的发展，并计算确定如下

$$Q = KI_C \frac{U}{\sqrt{3}} \tag{1-6}$$

式中　Q——消弧线圈容量，kV·A；

K——容量储备系数，一般为 1.25～1.35；

I_C——系统对地电容电流，A；

U——系统额定电压，kV。

K 值应结合消弧线圈的台数和电网规划综合考虑确定。若选得过小，会给运行带来不便，投入不久便需增容并花费二次投资；若选得过大，又会造成容量积压，而且在系统发展初期，可能对消弧线圈的合理调谐带来困难。由于消弧线圈在平时的空载损耗甚小，故选用标准容量的消弧线圈时，根据计算的结果选择上限的标准容量。

在谐振接地系统中，一般应当避免只用一台消弧线圈。这样，可以扩大补偿电流的范围，提高调谐的精度，方便系统分区运行和增加电网运行的灵活性等（单元发电机中性点的消弧线圈例外）。

当电网的电容电流超过 50A 时，应当考虑采用两台消弧线圈。电容电流更大时，则应采用多台，并分散安装在谐振接地系统的各结点变电站，其益处远远超过选择大容量的消弧线圈。

例如，一台 35kV、1100kV·A 的消弧线圈，5 个分接头对应的补偿电流分别为 25、30.8、40、46.5、50A，其调整范围为 1∶2，调谐误差不大于 18.4%。若选用容量相等的两台 550kV·A 的消弧线圈，同样为 5 个分接头，其对应的补偿电流分别为 12.5、15、18.4、21.4、25…50A，电流调整范围为 1∶4，调谐误差不大于 7.2%。而两者的补偿电流，前者仅有 5 个值，后者就有 25 个。当进行消弧线圈的调谐试验时，前者往往不能作出曲线，后者却方便易行，这样便为估算电容电流创造了条件。当电网分区运行时，两部分电网均可得到补偿，增加了运行的灵活性。如果采用不同容量的三台消弧线圈，仍然可取得良好效果，补偿电流的调整范围更大，分接头调整粗细搭配，调谐可更加方便。自动跟踪补偿的消弧线圈，情况与此相似。

对于小电网及发展初期的电网，安装一台消弧线圈既能满足运行要求，在经济上也较合理，则可不受此限。只是这一台消弧线圈应安装在节点变电站内，并选用自动跟踪补偿型式。

为了提高消弧线圈的动作成功率，并减轻运行人员的操作负担，应当优先选用自动跟踪补偿的消弧线圈。虽然投资有所增加，但可以对运行带来许多方便，适应无人值班变电站的发展需要，而且还能显著提高电网的供电连续性。

若电网中预计有多台消弧线圈并联运行，则只需少量台数作为自动调谐，便可满足运行方式改变时电网对自动跟踪补偿的要求，具体台数可根据电网可能分区运行的情况来确定。

此外，也可配合小容量的消弧变压器单元，直接安装在线路上进行分散补偿，使之在一定程度上接近自动跟踪补偿的效果。

三、中性点有效接地系统

63kV 及以下电压等级的高压系统，由于绝缘材料费用占总投资的比例较小，相对地的绝缘按线电压考虑，对总投资的影响不是很大，而发生单相接地后还能继续运行，所以在我国绝大多数都是采用中性点不接地或中性点经消弧线圈接地。在 110kV 及以上的电力网中，变压器等电器的造价大约与其绝缘水平成正比，降低绝缘水平具有重大的经济意义。所以 110kV 及以上的电力网都把中性点直接与地连接，称为中性点有效接地系统，也称大接地电流系统或中性点直接接地系统，如图 1-22 所示。这种系统的中性点的电位固定为地的电位，某一相与地之间的绝缘损坏，该相的电源经过损坏处与地短接，形成单相短路。由于中性点的电位固定为零，单相短路时，非故障相对地电压不升高，因而各相对地的绝缘水平决定于相电压，这就大大降低了电力网的造价。网络的电压等级愈高，其经济效益愈显著，这就是中性点有效接地系统的优点。

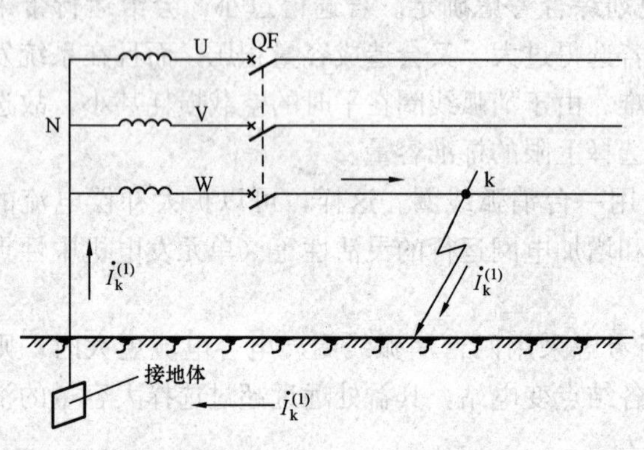

图 1-22 中性点有效接地系统

当中性点有效接地系统发生单相短路时，短路电流 $I_k^{(1)}$ 很大，危害严重，事故线路不能继续运行，并在继电保护作用下，事故线路被切除，供电连续性中断。在中性点直接接地的电力网中，只将一部分中性点接地，可以减小单相短路电流，同时在输电线路上装设自动重合闸装置（ARE）。当发生单相短路事故时，继电保护使断路器自动断开，经一定时间，自动重合闸装置又使断路器自动重新合闸。如果故障为瞬时性的，则线路接通后，继续正常运行。如果故障为永久性的，则继电保护再次使断路器跳闸中断供电。

中性点经低值电阻或低值电抗接地，主要应用于大容量发电机中性点，能够限制单相接地电流，也属于有效接地范围，目前已不适用。

在我国，220kV 及以上系统和绝大部分的 110kV 系统都属于中性点直接接地的运行方式。

习　题

1-1　电能有哪些优点？电能生产的特点是什么？

1-2　电力系统运行的基本要求是什么？

1-3　什么是电力系统、电力网？

1-4　衡量电能质量的指标有哪些？

1-5　发电厂有哪些类型？简述各类发电厂的生产过程。

1-6　电力用户按照供电可靠性要求分哪几级？

1-7　变电站的作用是什么？按照其在电力系统中的地位和作用分哪几种类型？

1-8　供用电网络接线方式有哪些种类？

1-9　画出干线式和双干线式网络的接线，比较两种接线的特点。

1-10　画出单链式和双链线式网络的接线，比较两种接线的特点。

1-11　为什么规定电气设备的额定电压？我国对电力网、用电设备、发电机和变压器的额定电压是如何规定的？

1-12　我国电力系统中性点运行方式有哪几种？其各自的应用范围如何？

1-13　画出中性点不接地系统发生单相完全接地时，各电压和电流的相量图。

1-14　中性点谐振接地的工作原理是什么？消弧线圈的补偿方式有哪几种？

1-15　某63kV系统架空线路采用水泥杆，有避雷线，总长度为420km，该系统是否需要装设消弧线圈？

1-16　某10kV系统电缆线路，电缆芯线截面积185mm²，总长度为35km，该系统是否需要装设消弧线圈？

1-17　某10kV系统中，电缆线路芯线截面积240mm²，总长度为15km；架空线路采用水泥杆，总长度90km。试确定其系统中性点运行方式。

1-18　中性点有效接地系统与非有效接地系统单相接地故障时，保护方式有什么不同？

1-19　试比较各种中性点运行方式的优缺点。

第二章　供用电网络的计算

本章主要讲述电力线路、变压器的等值电路和参数计算；供用电网络元件的电压降落和功率损耗的计算；开式电力网和简单闭式电力网潮流分布计算的方法；电力负荷的计算。

第一节　供用电网络的等值电路和参数计算

供用电网络的元件包括电力线路和电力变压器。电力线路和电力变压器都是三相对称的电气元件，所以只需研究其中一相，并计及另外两相对其影响后的等值电路和其参数即可。

一、电力线路的参数及其等值电路

电力线路的参数主要有电阻、电抗、电导和电纳四个参数。电力线路包括架空线路和电缆线路。电缆线路的参数难以用公式计算，可根据厂家提供的数据或通过实测求得，本节只介绍架空线路的参数计算及其等值电路。电缆线路与架空线路的等值电路相同。

（一）架空线路的参数

1. 电阻 R

电阻是表征导线通过电流时产生的有功功率损耗效应的参数。导线每相单位长度的电阻 r_0 为

$$r_0 = \frac{\rho}{S} \quad (\Omega/\text{km}) \tag{2-1}$$

式中　S——导线载流部分的截面，mm^2；

ρ——导线的电阻率，$\Omega \cdot \text{mm}^2/\text{km}$。

在供用电网络计算中，导线材料电阻率的取值为：铝 $\rho=31.5$（$\Omega \cdot \text{mm}^2/\text{km}$）；铜 $\rho=18.8$（$\Omega \cdot \text{mm}^2/\text{km}$）。

若线路全长为 L（km），则线路每相的总电阻为

$$R = r_0 L \quad (\Omega) \tag{2-2}$$

实际应用中，导线单位长度的电阻也可以从产品目录或手册中查得。产品目录或手册中给出的各种型号导线的电阻数值是在环境温度为20℃时的电阻值。当线路实际温度为 t℃时，电阻值应为

$$R_t = R_{20}[1+\alpha(t-20)] \tag{2-3}$$

式中　R_t、R_{20}——t℃、20℃时的电阻值，Ω；

α——电阻的温度系数，铜导线为 3.82×10^{-3}（1/℃）、铝导线为 3.6×10^{-3}（1/℃）。

2. 电抗 X

电抗是用来表征导线通过交流电时产生磁场效应的参数。线路的电抗即线感抗，其大小与导线的半径、三相导线的排列方式、相间距离、导线对地高度及电流的频率有关，对于工

频为 50Hz 的三相交流架空线路，经过整循环换位后，每相导线单位长度的电抗可计算为

$$x_0 = 0.1445\lg\frac{D_{av}}{r} + 0.0157 \quad (\Omega/\text{km}) \tag{2-4}$$

式中　r——导线的半径，mm；

D_{av}——三相导线间的几何平均距离，简称几何均距，mm。

当三相导线相间距离分别为 D_{UV}、D_{VW}、D_{WU}时，$D_{av} = \sqrt[3]{D_{UV}D_{VW}D_{WU}}$ 。当导线为边长 D 的正三角形排列时，几何均距 $D_{av}=D$；当导线为水平排列时，几何均距 $D_{av}=1.26D$。

在近似计算中，35kV 及以上电压的线路可取 $x_0=0.4\Omega/\text{km}$，6～10kV 线路可取 $x_0=0.36\Omega/\text{km}$，380V 线路可取 $x_0=0.33\Omega/\text{km}$。

在实际工程计算中，导线的电抗也可以从产品目录或手册中查得。

若线路长度为 L(km)，每相导线的电抗为

$$X = x_0L \quad (\Omega) \tag{2-5}$$

3. 电导 G

电导是表征架空线路泄漏电流和电晕所产生有功损耗的参数。通常空气介质的绝缘良好，泄漏电流很小，可以忽略不计，所以主要考虑电晕所引起的有功损耗的大小。

当线路运行电压超过电晕临界电压时将产生电晕。若已知三相线路的电晕损耗为 ΔP_g(MW/km)，线路的线电压为 U（kV），则每相等值电导为

$$g_0 = \frac{\Delta P_g}{U^2} \quad (\text{S/km}) \tag{2-6}$$

35kV 及以下电压的线路，因电压低不会发生电晕。按规程设计的架空线路，在晴天时不会发生电晕现象。所以，架空线路的电导可忽略不计。

4. 电纳 B

电纳是表征导线之间和导线对地的电容效应的参数。若三相导线对称排列或是经过整循环换位后，则每相导线单位长度的电纳计算公式（各符号的意义与感抗计算公式中的相同）为

$$b_0 = \frac{7.58}{\lg\dfrac{D_{av}}{r}} \times 10^{-6} \quad (\text{S/km}) \tag{2-7}$$

实际计算中，b_0 亦可从产品目录或手册中查得。

若线路全长为 L，则线路每相的电纳值为

$$B = b_0L \quad (\text{S}) \tag{2-8}$$

（二）线路的等值电路

实际工程中，供用电网络架空线路常采用 Π 形等值电路，如图 2-1（a）所示。110kV 以下的架空线路和 10kV 及以下的电力电缆线路，等值电路可简化为一字形，如图 2-1（b）所示。

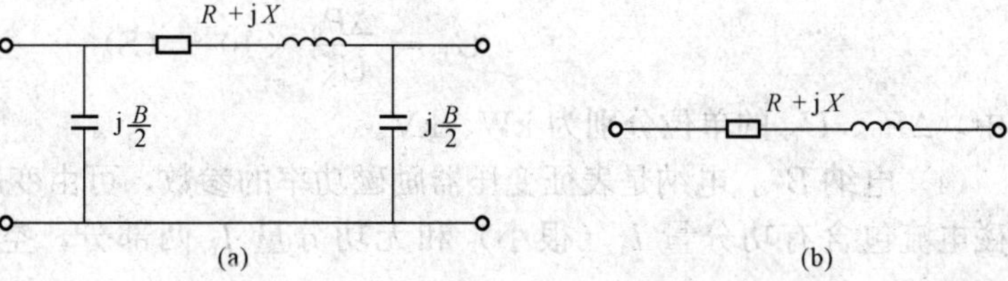

图 2-1　线路的等值电路

（a）Π 形等值电路；（b）一字形等值电路

【例 2-1】　某 110kV 的双回路电路，线路长度为 100km，$r_0=0.17\Omega/\text{km}$，

$x_0=0.409\Omega/\text{km}$，$b_0=2.79\times10^{-6}\text{S/km}$。试求线路的等值电路。

解 (1) 计算线路参数：线路由于是双回路电路，所以求两条线路并联后的等值参数

$$R=\frac{1}{2}\times r_0L=\frac{1}{2}\times0.17\times100=8.5\ (\Omega)$$

$$X=\frac{1}{2}\times x_0L=\frac{1}{2}\times0.409\times100=20.45\ (\Omega)$$

$$B=2\times b_0L=2\times2.79\times10^{-6}\times100=5.58\times10^{-4}\ (\text{S})$$

线路的电容功率即充电功率为

$$Q_C=U_N^2B=110^2\times5.58\times10^{-4}=6.76\ (\text{Mvar})$$

(2) 画出线路的等值电路如图 2-2 所示。

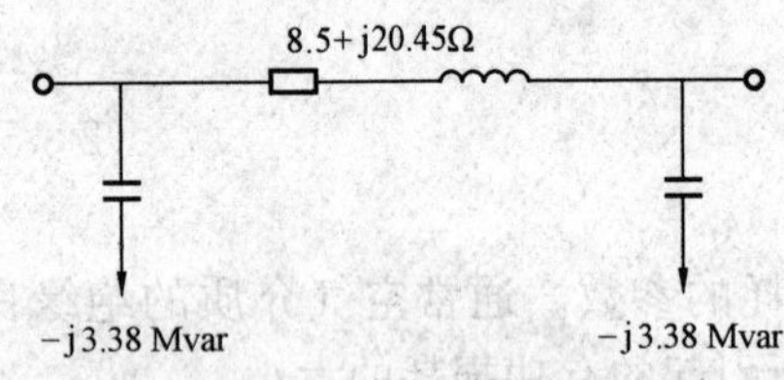

图 2-2 ［例 2-1］等值电路图

二、电力变压器的参数计算及等值电路

(一) 双绕组变压器的参数及等值电路

1. 双绕组变压器的参数

电力变压器的参数可由变压器的短路试验数据和空载试验数据求得。

(1) 电阻 R_T。电阻是表征变压器绕组中铜损耗的参数，可由变压器的短路损耗 ΔP_k 求得。

短路损耗包括铁损耗和铜损耗两部分。因为短路电压小，可近似认为短路损耗等于铜损耗，即 $\Delta P_k\approx3I_N^2R_T$。实际应用中，常用变压器的额定容量 S_N、额定电压 U_N 表示其额定电流 I_N，因此，电阻的计算公式为

$$R_T=\frac{\Delta P_kU_N^2}{S_N^2}\times10^3\ (\Omega)\tag{2-9}$$

其中，ΔP_k、U_N、S_N 的单位分别为 kW、kV、kV·A。

(2) 电抗 X_T。电抗是表征变压器绕组中电压损耗的参数，可由短路电压百分比 $u_k\%$ 求得。对于大、中容量的变压器，X_T 远远大于 R_T，则 $X_T\approx Z_T$，由短路电压百分比定义式可得

$$u_k\%=\frac{\sqrt{3}I_NZ_T}{U_N}\times100$$

$$X_T=\frac{u_k\%U_N^2}{S_N}\times10\ (\Omega)\tag{2-10}$$

其中，U_N、S_N 的单位分别为 kV、kV·A。

(3) 电导 G_T。电导是表征变压器铁芯损耗的参数，可由变压器的空载有功损耗 ΔP_0 求得，电导计算公式为

$$G_T=\frac{\Delta P_0}{U_N^2}\times10^{-3}\ (\text{S})\tag{2-11}$$

其中，ΔP_0、U_N 的单位分别为 kW、kV。

(4) 电纳 B_T。电纳是表征变压器励磁功率的参数，可由变压器空载试验数据 $I_0\%$求得。励磁电流包含有功分量 I_a（很小）和无功分量 I_r 两部分，空载电流近似等于无功分量。则有

$$I_0\%=\frac{I_0}{I_N}\times100\approx\frac{I_r}{I_N}\times100=\frac{U_NB_T}{\sqrt{3}I_N}\times100$$

$$B_T = \frac{I_0\%}{100}\frac{\sqrt{3}I_N}{U_N} = \frac{I_0\%}{100}\frac{S_N}{U_N^2}$$

当 S_N、U_N 的单位分别为 kV·A、kV 时，B_T 的计算公式为

$$B_T = \frac{I_0\%}{100}\frac{S_N}{U_N^2}\times 10^{-3} \quad (S) \tag{2-12}$$

电纳 B_T 也可以用其对应的励磁功率来表示

$$\Delta Q_0 = U_N^2 B_T = \frac{I_0\%}{100}S_N \quad (kvar) \tag{2-13}$$

其中，S_N、U_N 的单位分别为 kV·A、kV。

2. 双绕组变压器的等值电路

将变压器 T 形等值电路中的励磁支路移到电源侧，励磁支路用励磁导纳或其励磁功率损耗表示，即可得到双绕组变压器的Γ形等值电路，如图 2-3（a）、（b）所示。用导纳表示时，常用于计算机算法；用功率表示时，常用于经典算法即解析手算法。对于 35kV 及以下电压等级的变压器，因其励磁功率损耗较小，可忽略不计，采用简化的一字形等值电路，如图 2-3（c）所示。

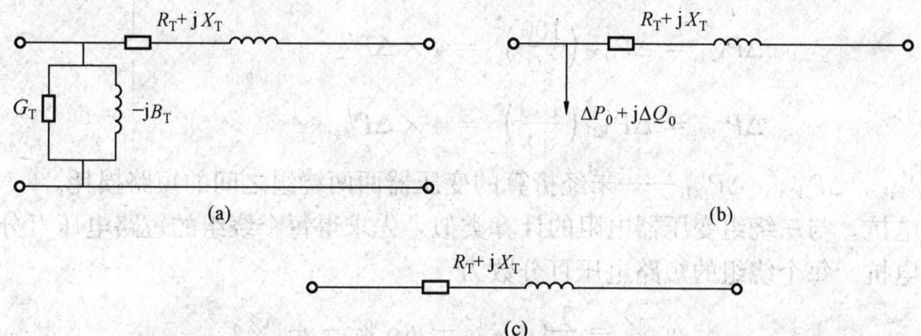

图 2-3 双绕组变压器的Γ形等值电路及简化等值电路

（a）励磁支路用导纳表示；（b）励磁支路用功率表示；（c）略去励磁支路

（二）三绕组变压器的参数和等值电路

1. 参数计算

（1）电阻。三绕组变压器的短路试验是在两两绕组之间进行的，试验得到的短路损耗为 ΔP_{k12}、ΔP_{k23}、ΔP_{k31}。因为

$$\left.\begin{aligned} \Delta P_{k12} &= \Delta P_{k1} + \Delta P_{k2} \\ \Delta P_{k23} &= \Delta P_{k2} + \Delta P_{k3} \\ \Delta P_{k31} &= \Delta P_{k3} + \Delta P_{k1} \end{aligned}\right\} \tag{2-14}$$

由此解得三绕组变压器每个绕组的短路损耗为

$$\left.\begin{aligned} \Delta P_{k1} &= \frac{1}{2}(\Delta P_{k12} + \Delta P_{k31} - \Delta P_{k23}) \\ \Delta P_{k2} &= \frac{1}{2}(\Delta P_{k12} + \Delta P_{k23} - \Delta P_{k31}) \\ \Delta P_{k3} &= \frac{1}{2}(\Delta P_{k31} + \Delta P_{k23} - \Delta P_{k12}) \end{aligned}\right\} \tag{2-15}$$

三绕组变压器各绕组的电阻为

$$\left.\begin{aligned}R_{T1}&=\frac{\Delta P_{k1}U_N^2}{S_N^2}\times10^3\quad(\Omega)\\R_{T2}&=\frac{\Delta P_{k2}U_N^2}{S_N^2}\times10^3\quad(\Omega)\\R_{T3}&=\frac{\Delta P_{k3}U_N^2}{S_N^2}\times10^3\quad(\Omega)\end{aligned}\right\}\tag{2-16}$$

三绕组变压器电阻的计算还与三个绕组的容量比有关。目前国产三绕组变压器三个绕组的容量按高、中、低压绕组的顺序有100/100/100、100/100/50、100/50/100三种。三绕组变压器的额定容量是指容量最大的绕组的容量。对于容量比为100/100/100的变压器，可以直接应用式（2-16）计算。对于第二、三种容量比的变压器，短路试验受到较小容量绕组的限制。制造厂提供的短路损耗是两个绕组中容量较小的绕组达到其额定电流时的值。计算其电阻前，应先将短路损耗折算为三绕组变压器额定容量下的值。对于容量比为100/100/50的变压器，需要将$\Delta P'_{k23}$、$\Delta P'_{k31}$进行归算；对于容量比为100/50/100的变压器，需要将$\Delta P'_{k12}$、$\Delta P'_{k23}$进行归算，然后按上述方法计算电阻。归算公式为

$$\left.\begin{aligned}\Delta P_{k12}&=\Delta P'_{k12}\left(\frac{S_N}{S_{2N}}\right)^2=\Delta P'_{k12}\left(\frac{100}{50}\right)^2=4\Delta P'_{k12}\\\Delta P_{k23}&=\Delta P'_{k32}\left(\frac{100}{50}\right)^2=4\times\Delta P'_{k23}\\\Delta P_{k31}&=\Delta P'_{k31}\left(\frac{100}{50}\right)^2=4\times\Delta P'_{k31}\end{aligned}\right\}\tag{2-17}$$

式中 $\Delta P'_{k12}$、$\Delta P'_{k23}$、$\Delta P'_{k31}$——未经折算的变压器两两绕组之间的短路损耗。

（2）电抗。与三绕组变压器电阻的计算类似，先求得每个绕组的短路电压百分数，再求各绕组的电抗。每个绕组的短路电压百分数为

$$\left.\begin{aligned}u_{k1}\%&=\frac{1}{2}(u_{k12}\%+u_{k31}\%-u_{k23}\%)\\u_{k2}\%&=\frac{1}{2}(u_{k12}\%+u_{k23}\%-u_{k31}\%)\\u_{k3}\%&=\frac{1}{2}(u_{k23}\%+u_{k31}\%-u_{k12}\%)\end{aligned}\right\}\tag{2-18}$$

不论三绕组变压器的容量比如何，厂家提供的短路电压百分比已经折算到变压器的额定容量下，可以按式（2-18）直接进行计算，不再进行折算。

另外，各绕组等值电抗的大小还与三个绕组在铁芯上的排列方式有关。高压绕组因绝缘的要求高，一般都排在外侧，中压绕组或低压绕组均可以排在中层。排在中层的绕组由于外层绕组和里层绕组对其互感作用很强，甚至抵消了其自感，所以其电抗较小，甚至为数值不大的负数。在参数计算时可按零值来处理。

（3）导纳G_T-jB_T及功率损耗。三绕组变压器导纳G_T和B_T的计算与双绕组变压器的计算相同。

2. 等值电路

三绕组变压器采用励磁支路移到电源侧的Γ形—星形等值电路，如图2-4所示。

【例2-2】 某降压变电站有两台型号为SFL1-20000/110的变压器，变比为110/11。铭牌给出的实验数据为：$\Delta P_k=135$kW，$\Delta P_0=22$kW，$u_k\%=10.5$，$I_0\%=0.8$。试求两台变压器并联

运行时折算到高压侧的参数，并画出等值电路。

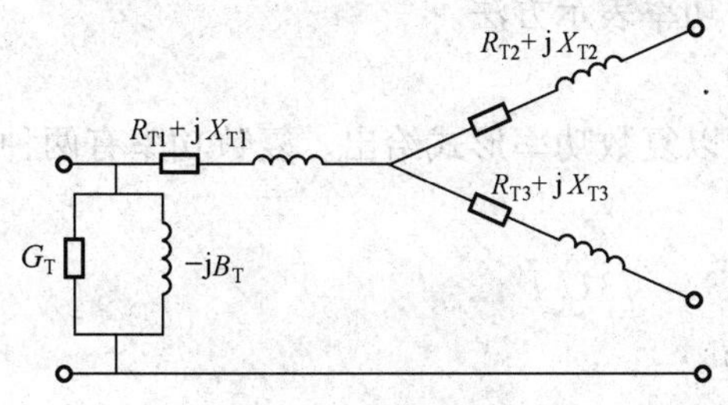

图 2-4 三绕组变压器的等值电路

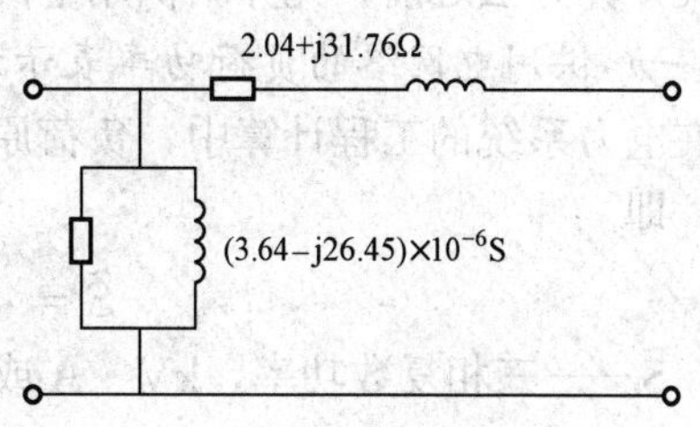

图 2-5 例 2-2 等值电路

解 (1) 计算参数

$$R_T = \frac{1}{2}\times\frac{\Delta P_k U_N^2}{S_N^2}\times 10^3 = \frac{1}{2}\times\frac{135\times 110^2}{20000^2}\times 10^3 = 2.04 \ (\Omega)$$

$$X_T = \frac{1}{2}\times\frac{u_k\% U_N^2}{100 S_N}\times 10^3 = \frac{1}{2}\times\frac{10.5\times 110^2}{100\times 20000}\times 10^3 = 31.76 \ (\Omega)$$

$$G_T = 2\times\frac{\Delta P_0}{U_N^2}\times 10^{-3} = 2\times\frac{22}{110^2}\times 10^{-3} = 3.64\times 10^{-6} \ (S)$$

$$B_T = 2\times\frac{I_0\% S_N}{100 U_N^2}\times 10^{-3} = 2\times\frac{0.8\times 20000}{100\times 110^2}\times 10^{-3} = 26.45\times 10^{-6} \ (S)$$

(2) 作等值电路图，如图 2-5 所示。

第二节 供用电网络的潮流计算

电力系统中的电流或功率在电源电动势激励之下，从电源通过系统各元件流入负荷，分布于电力网各处，称为潮流分布。由于负荷的随机性变化，电力网的接线方式和电源运行状态的变化，通过各元件的潮流也随之改变，电力网中各点电压也随之变化。供用电网的潮流计算，主要计算供用电网中各点的电压以及通过各元件功率的大小和方向。电力网潮流计算的目的主要有：

(1) 在电力系统规划、设计中用于选择接线方式，电气设备及导线截面；

(2) 为确定电力系统运行方式、制订检修计划、确定调整电压的措施提供依据；

(3) 提供继电保护、自动化操作的设计与整定的数据。

电力网的潮流计算，可以采用解析法手算，也可以用电子计算机计算。手算是利用电路计算的基础知识，结合专业的特殊情况进行计算的一种基本方法，这种计算方法比较原始繁琐，但物理概念清晰，只适合于简单系统，也是计算的基础。对于复杂的电力系统，现已广泛采用计算机进行计算。由于本书限于供配电系统且篇幅有限，故在此不介绍计算机算法。

本节所讨论的，均指系统在稳定运行状态下的潮流分布计算。

一、供用电网络的功率损耗与电压计算

供用电网络在输送电能时，在线路与变压器等元件内要产生功率损耗。有功功率损耗由发电机供给，因而要增加发电设备的容量及能源消耗；无功功率损耗则大部分由发电机供给，其余部分由无功电源补偿设备供给，这也要增加系统的设备费用与运行费用。

供用电网络中的功率损耗、电压损耗都与供用电网络的参数、负荷功率有关，在讨论功率损耗计算方法之前，先介绍供用电网络的负荷功率表示方法。

（一）供用电网络的负荷功率表示方法

在电力系统的工程计算中，负荷原始数据常以复数功率形式给出。复数功率有两种表示方法，即

$$\widetilde{S}=\sqrt{3}\dot{U}\overset{*}{I} \text{ 或 } \widetilde{S}=\sqrt{3}\overset{*}{U}\dot{I}$$

式中 $\widetilde{S}$——三相复数功率，kV·A 或 MV·A；

$\dot{U}$、$\overset{*}{U}$——线电压相量及其共轭相量，kV；

$\dot{I}$、$\overset{*}{I}$——线电流相量及其共轭相量，A 或 kA。

两种方法目前都有采用，本书采用国际电工委员会推荐的第一种表示方法。

当负荷为感性负荷时，电压、电流相量如图 2-6 所示。复功率计算式为

$$\begin{aligned}\widetilde{S}&=\sqrt{3}\dot{U}\overset{*}{I}=\sqrt{3}Ue^{j\varphi_u}Ie^{-j\varphi_i}=\sqrt{3}UIe^{j\varphi}\\&=S(\cos\varphi+j\sin\varphi)=P+jQ\end{aligned}$$

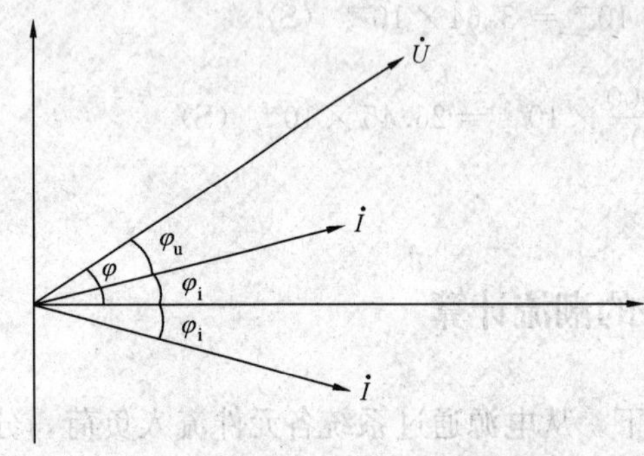

图 2-6 感性负荷电压与电流的相量图

按照这种表示方法，感性无功负荷为正，容性无功负荷为负，因为容性负荷电流相量超前于电压相量，其复功率表示为 $\widetilde{S}=P-jQ$。

（二）供用电网络中功率损耗的计算

供用电网络在传输功率的过程中要产生功率损耗。功率损耗可分为两种：一种是在输电线路和变压器阻抗上的损耗，随传输负荷功率的变化而变动，一般称这部分损耗为变动损耗，是供用电网络损耗的主要部分；另一种是输电线路和变压器并联导纳上的损耗，可近似认为只与电压有关，而与传输的负荷功率无关，由于运行中电压变化范围较小，由电压变化而引起这部分损耗的变化可忽略不计，一般称这部分损耗为固定损耗。

1. 电力线路中的功率损耗

（1）阻抗中的损耗。在图 2-7 所示的等值电路中，流入阻抗的功率 $\widetilde{S}_1$ 与流出阻抗的功率 $\widetilde{S}_2$ 不相等，$\widetilde{S}_1$ 与 $\widetilde{S}_2$ 的差值就是线路阻抗中的功率损耗。线路阻抗中的有功功率损耗、无功功率损耗分别为

$$\Delta P=3I_1^2R=3I_2^2R=\frac{P_1^2+Q_1^2}{U_1^2}R=\frac{P_2^2+Q_2^2}{U_2^2}R$$

$$\Delta Q=3I_1^2X=3I_2^2X=\frac{P_1^2+Q_1^2}{U_1^2}X=\frac{P_2^2+Q_2^2}{U_2^2}X$$

阻抗中的功率损耗为

$$\Delta\widetilde{S}=\Delta P+j\Delta Q=\frac{P_1^2+Q_1^2}{U_1^2}(R+jX)=\frac{P_2^2+Q_2^2}{U_2^2}(R+jX) \tag{2-19}$$

应用式（2-19）计算时应注意：①式（2-19）对三相电路和单相电路均适用。只是电压分别为线电压和相电压，但无论三相或单相电路，阻抗均为一相参数。如不作特别说明，均指三相电路的计算。②公式中各量的单位为 MW、Mvar、MV·A、kV、Ω，则功率损耗

单位为 MW、Mvar；若公式中单位为 kW、kvar、Ω，则功率损耗单位为 W、var。这点在以下分析中也是成立的。③公式中功率和电压应取自同一点，近似计算时可用额定电压代替实际电压。

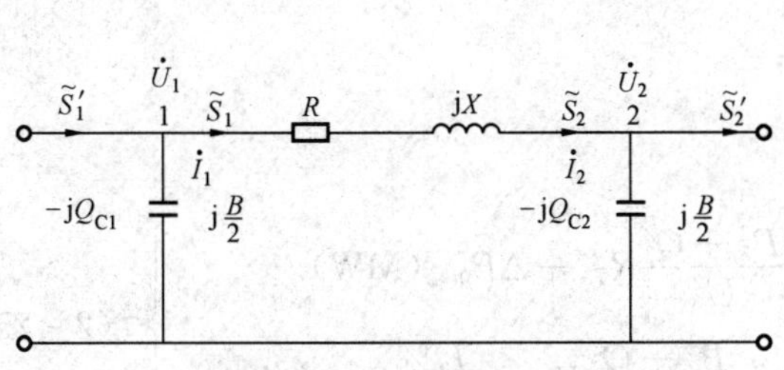

图 2-7 计算线路功率损耗的等值电路

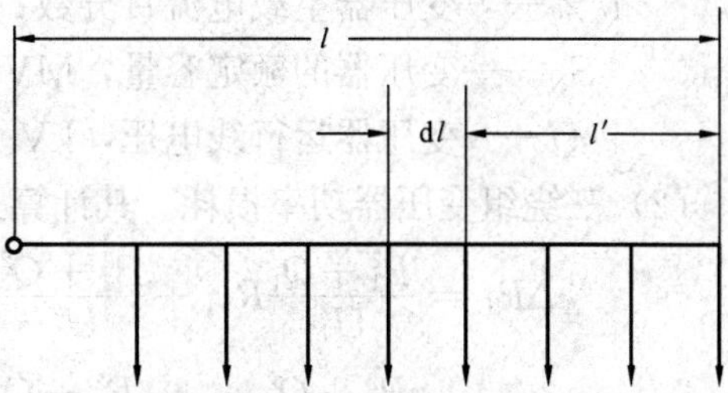

图 2-8 负荷均匀分布的线路

(2) 导纳中的损耗。由于电力线路中电导 $G\approx 0$，故并联支路有功损耗忽略不计。线路电纳中产生的无功功率损耗是容性的，其值计算如下

$$\left.\begin{aligned} Q_{C1} &= \frac{1}{2}U_1^2 B \approx \frac{1}{2}U_N^2 B \quad (\text{Mvar}) \\ Q_{C2} &= \frac{1}{2}U_2^2 B \approx \frac{1}{2}U_N^2 B \quad (\text{Mvar}) \end{aligned}\right\} \tag{2-20}$$

(3) 具有均匀分布负荷的线路的功率损耗。对于某些城市配电网、平原地区农村配电网以及路灯负荷等，可以近似地认为负荷沿线路均匀分布（简称均匀分布负荷），如图 2-8 所示。

设该线路上总负荷功率对应的电流为 I，线路长度为 l，则线路上单位长度负荷电流为 $\frac{I}{l}$，若线路单位长度的电阻为 r_0，则线路总电阻为 $R = r_0 l$。线路三相总的有功功率损耗为

$$\Delta P = \int_0^l 3\left(\frac{I}{l}x\right)^2 r_0 \mathrm{d}x = \int_0^l \frac{3I^2}{l^2} r_0 x^2 \mathrm{d}x = I^2 r_0 l = I^2 R \tag{2-21}$$

同理，若线路总电抗为 X，该线路三相总的无功功率损耗为

$$\Delta Q = I^2 X \tag{2-22}$$

将式 (2-21)、式 (2-22) 中的负荷电流用功率表示时，功率损耗计算公式变为

$$\Delta \widetilde{S} = \Delta P + \mathrm{j}\Delta Q = I^2 R + \mathrm{j}I^2 X = \frac{1}{3} \times \frac{P^2 + Q^2}{U^2}(R + \mathrm{j}X) \tag{2-23}$$

式中 P、Q——均匀分布总负荷对应的三相总的有功功率、无功功率；

U——运行线电压。

2. 变压器的功率损耗

变压器阻抗中的功率损耗与电力线路完全相同。导纳中的功率损耗只与电压和变压器容量有关，因为运行电压变化不大，基本上等于空载损耗。

(1) 双绕组变压器的功率损耗。其计算式为

$$\left.\begin{aligned} \Delta P_T &= \frac{P^2 + Q^2}{U^2} R_T + \Delta P_0 \quad (\text{MW}) \\ \Delta Q_T &= \frac{P^2 + Q^2}{U^2} X_T + \frac{I_0\%}{100} S_N \quad (\text{Mvar}) \end{aligned}\right\} \tag{2-24}$$

式中 P、Q——流过变压器的三相有功功率、无功功率，MW、Mvar；

R_T、X_T——变压器每相电阻、电抗，Ω；

ΔP_0——变压器空载有功功率损耗，MW；

$I_0\%$——变压器空载电流百分数；

S_N——变压器的额定容量，MV·A；

U——变压器运行线电压，kV。

(2) 三绕组变压器功率损耗。其计算式为

$$\left.\begin{aligned}\Delta P_T &= \frac{P_1^2+Q_1^2}{U_1^2}R_{T1}+\frac{P_2^2+Q_2^2}{U_2^2}R_{T2}\frac{P_3^2+Q_3^2}{U_3^2}R_{T3}+\Delta P_0 \quad (\mathrm{MW})\\ \Delta Q_T &= \frac{P_1^2+Q_1^2}{U_1^2}X_{T1}+\frac{P_2^2+Q_2^2}{U_2^2}X_{T2}+\frac{P_3^2+Q_3^2}{U_3^2}X_{T3}+\frac{I_0\%}{100}S_N \quad (\mathrm{Mvar})\end{aligned}\right\} \tag{2-25}$$

其中，各量的意义与双绕组变压器相同。下角标 1、2、3 分别表示三绕组变压器高压、中压、低压绕组，U_1、U_2、U_3 分别为高、中、低压侧各点电压折算到高电压侧的值。

（三）网络元件的电压降落与电压损耗

1. 电压降落

所谓电压降落是指供用电网络元件首、末两端电压的相量差。

在如图 2-8 所示的网络元件阻抗支路的等值电路中，$\dot{U}_1$ 和 $\dot{U}_2$ 为支路首、末端的线电压相量，该支路的电压降落为

$$\dot{U}_1-\dot{U}_2=\sqrt{3}\dot{I}_1(R+\mathrm{j}X)=\sqrt{3}\dot{I}_2(R+\mathrm{j}X) \tag{2-26}$$

(1) 已知末端电压 $\dot{U}_2$ 及末端功率 $\widetilde{S}_2$ 求首端电压 $\dot{U}_1$。由式 (2-26) 可得

$$\dot{U}_1=\dot{U}_2+\sqrt{3}\dot{I}_2(R+\mathrm{j}X) \tag{2-27}$$

取 $\dot{U}_2$ 为参考轴，则 $\dot{U}_2=U_2\angle 0°$。因为 $\widetilde{S}_2=\sqrt{3}\dot{U}_2\overset{*}{I}_2=P_2+\mathrm{j}Q_2$，所以有

$$\dot{I}_2=\left(\frac{P_2+\mathrm{j}Q_2}{\sqrt{3}\dot{U}_2}\right)^*=\frac{P_2-\mathrm{j}Q_2}{\sqrt{3}U_2} \tag{2-28}$$

将式 (2-28) 代入式 (2-27)，得

$$\begin{aligned}\dot{U}_1 &= \dot{U}_2+\sqrt{3}\times\frac{(P_2-\mathrm{j}Q_2)(R+\mathrm{j}X)}{\sqrt{3}U_2}\\ &= U_2+\frac{P_2R+Q_2X}{U_2}+\mathrm{j}\frac{P_2X-Q_2R}{U_2}\\ &= U_2+\Delta U_2+\mathrm{j}\delta U_2=U_1\angle\delta\\ U_1 &= \sqrt{(U_2+\Delta U_2)^2+(\delta U_2)^2}\\ \delta &= \mathrm{anctan}^{-1}\frac{\delta U_2}{U_2+\Delta U_2}\end{aligned} \tag{2-29}$$

式中 ΔU_2——电压降落纵分量 $\Delta\dot{U}_2$ 的量值，$\Delta\dot{U}_2$ 与 $\dot{U}_2$ 同相位；

δU_2——电压降落横分量 $\delta\dot{U}_2$ 的量值，$\delta\dot{U}_2=\mathrm{j}\delta U_2$，与 $\dot{U}_2$ 垂直；

δ——$\dot{U}_2$ 与 $\dot{U}_2$ 的相角差。

(2) 已知首端电压 $\dot{U}_1$ 及首端功率 $\widetilde{S}_1$ 求末端电压 $\dot{U}_2$。取 $\dot{U}_1$ 为参考轴，参照以上推

导，则阻抗支路末端电压 $\dot{U}_2$ 为

$$\left.\begin{aligned}\dot{U}_2 &= \dot{U}_1 - \frac{P_1R+Q_1X}{U_1} - \mathrm{j}\,\frac{P_1X-Q_1R}{U_1}\\ &= U_1-\Delta U_1-\mathrm{j}\delta U_1 = U_2\angle\delta\\ U_2 &= \sqrt{(U_1-\Delta U_1)^2+(\delta U_1)^2}\\ \delta &= \arctan^{-1}\frac{-\delta U_1}{U_1-\Delta U_1}\end{aligned}\right\} \quad (2-30)$$

式中　ΔU_1——电压降落纵分量 $\Delta\dot{U}_1$ 的量值，$\Delta\dot{U}_1$ 与 $\dot{U}_1$ 同相位；

δU_1——电压降落横分量 $\delta\dot{U}_1$ 的量值，$\delta\dot{U}_1=\mathrm{j}\delta U_1$，与 $\dot{U}_1$ 垂直。

值得注意的是由于参考轴选取的不同，即使是同一个电压降落，其两个分量也不同，即 $\Delta U_1 \neq \Delta U_2$，见图 2-9 所示。

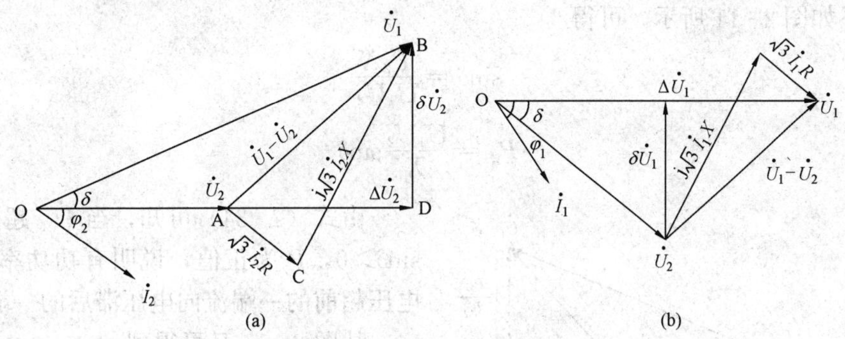

图 2-9　阻抗支路电压降落相量图
(a) 已知支路末端数据；(b) 已知支路首端数据

2. 电压损耗

所谓电压损耗是指供用电网络元件首、末两端电压的有效值差，用 ΔU 表示，如图 2-10 所示的$\overline{\mathrm{AD}}$，即为电压损耗 $\Delta U_{12}=U_1-U_2$。电压损耗常以电网额定电压百分数表示，即

$$\Delta U\% = \frac{U_1-U_2}{U_\mathrm{N}}\times 100 \quad (2-31)$$

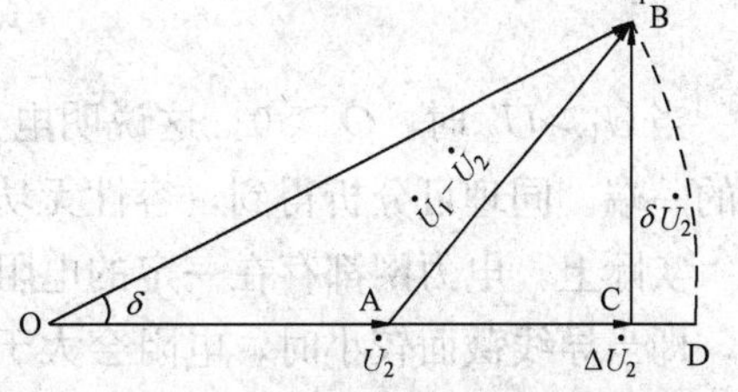

图 2-10　电压降落和电压损耗示意图

分析图 2-10 可知，当 $\dot{U}_1$ 与 $\dot{U}_2$ 的相角差 δ 不大时，AC 与 AD 的长度相差不大，可近似认为电压降落纵分量与电压损耗的数值相等。在具体计算时，110kV 及以下电压等级电力网的电压损耗计算可作如此处理。元件两端电压的幅值差主要由电压降落的纵分量决定，而电压降落的横分量主要影响两端电压的夹角 δ。

3. 电压偏移

所谓电压偏移，是指供用电网络中某点的实际电压与额定电压的数值差。电压偏移常用额定电压的百分数表示。若某点的实际电压为 U，额定电压为 U_N，则电压偏移的百分数为

$$m\% = \frac{U-U_\mathrm{N}}{U_\mathrm{N}}\times 100 \quad (2-32)$$

在分析供用电网络的电压水平时，电压损耗和电压偏移是两个重要的指标。因为电压的高低对用户的工作有影响，而相位对用户没有什么影响。

4. 电压调整

所谓电压调整，是指线路末端在空载与负载时的电压的数值差。由于输电线路的电容效应，线路越长、电压等级越高，在空载时线路末端电压上升越大。电压调整通常用百分数表示。若线路末端电压空载时为 U_{20}、负载时为 U_2，则

$$\text{电压调整}\ \% = \frac{U_{20} - U_2}{U_{20}} \times 100 \tag{2-33}$$

（四）电力网中功率的流向

对于高压电力网络，因为其电抗远大于电阻，可近似取 $R=0$，由式（2-29）可得

$$\dot{U}_1 = U_2 + \Delta U_2 + \mathrm{j}\delta U = U_2 + \frac{Q_2 X}{U_2} + \mathrm{j}\,\frac{P_2 X}{U_2}$$

其相量关系如图 2-11 所示，可得

$$\sin\delta = \frac{P_2 X}{U_1 U_2}$$

则

$$P_2 = \frac{U_1 U_2}{X}\sin\delta \tag{2-34}$$

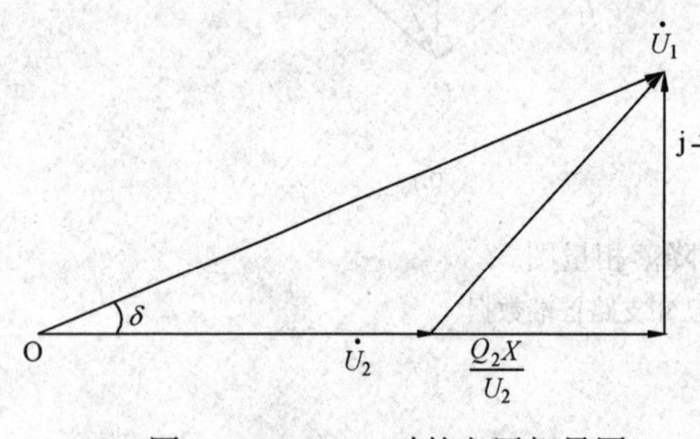

图 2-11　$R=0$ 时的电压相量图

由式（2-34）可知，当 $\dot{U}_1$ 超前 $\dot{U}_2$ 时，$\sin\delta>0$，P 为正值，说明有功功率的方向从电压超前的一端流向电压滞后的一端。

从图 2-11 又可得到

$$\cos\delta = \frac{U_2^2 + Q_2 X}{U_1 U_2}$$

由于电力系统稳定性的要求 δ 角一般很小，令 $\cos\delta=1$，则

$$Q_2 \approx \frac{U_1 U_2 - U_2^2}{X} \tag{2-35}$$

当 $U_1>U_2$ 时，$Q_2>0$。这说明电力网中感性无功功率是从电压较高的一端流向电压较低的一端。同理可分析得到，容性无功功率是从电压低的一端流向电压高的一端。

实际上，电力网都存在一定的电阻，而且电阻随着导线截面的减小而增加的幅度超过电抗，即当导线截面较小时，电阻会大于电抗。考虑电阻的影响时，会使电压降落纵分量的数值有所增加，电压降落横分量的数值有所减少。

二、开式网的潮流计算

开式网是指网络中每个负荷仅能由一个方向获取电能的电力网。开式网络的潮流分析，主要是求取供电支路首端功率、电压和末端功率、电压四个量，根据已知原始条件不同，计算的方法也不同。在电力网的实际计算中，主要有以下类型：

（1）已知同一端的电压和功率。这类问题求解比较简单，可根据功率损耗和电压降落的计算公式由已知端向未知端推算出各点的功率和电压。

（2）已知不同端的电压和功率。这类问题求解略为复杂。此类问题最常见的是已知量为

末端负荷功率和首端供电点的电压，待求量是首端送出的功率和末端电压。因为功率损耗及电压降落计算要求使用同一点的电压和功率，故不能直接求取。在近似计算时，可用末端负荷功率和电力网的额定电压，由末端向首端推算出各段功率分布，再用首端已知的电压与推算出的功率，由首端向末端推算出各点的电压（即一次迭代）。若需要精确计算时，可重复上述计算过程，直到求出的首端电压与末端功率和上一次求出的结果相等或误差在允许范围之内为止，即多次迭代法。

（一）运算负荷和电源运算功率

实际电力网供电支路纵横交错，等值电路比较复杂，要进行潮流计算，通常先用节点运算负荷将电路化简为只有元件阻抗和集中负荷的简化等值电路，然后再计算。

所谓节点运算负荷（又称为计算负荷），实质是该节点从系统吸收的等值功率。如图 2-12（b）和图 2-12（c）所示，它等于变电站低压侧的负荷功率加上变压器的功率损耗，再加上变电站高压母线相连线路对地电容功率的一半。

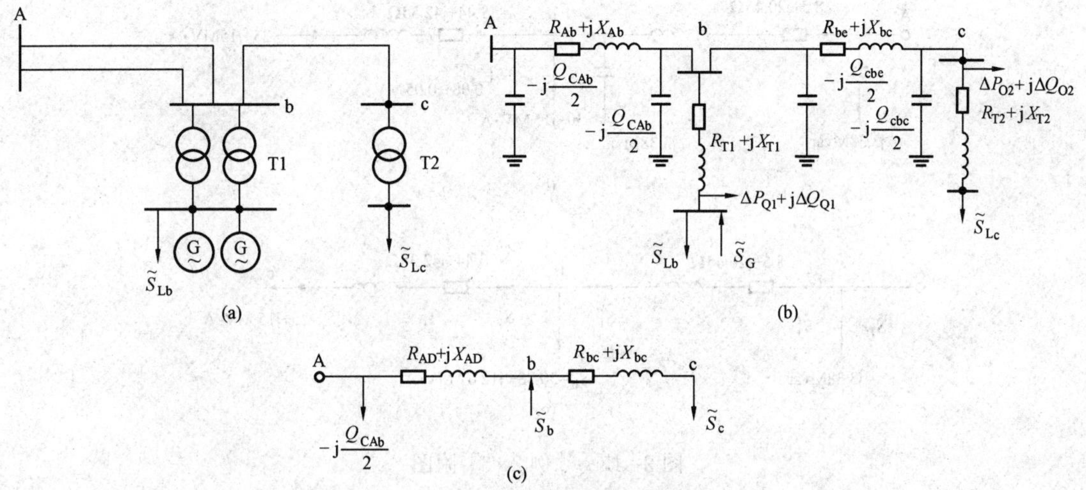

图 2-12 用运算负荷和电源运算功率简化电路

（a）电力网接线图；（b）电力网等值电路图；（c）简化等值电路

所谓电源运算功率（又称为计算功率），是指发电厂高压母线输入系统的等值功率。它等于发电机发出的功率，减去发电机电压母线的负荷功率，减去变压器的功率损耗，再减与发电厂高压母线相连线路对地电容功率的一半。由图 2-12（b）可见，运用了节点运算负荷和电源运算功率，等值电路去掉了变压器等值电路和线路的并联导纳，仅保留了元件串联阻抗，使等值电路大为简化。

（二）开式网的潮流分析

1. 开式区域网的潮流计算

简单开式区域供电网潮流计算，通常遇到的情况是已知首端的电源电压、末端负荷功率，求首端电源供电的功率及末端负荷点的电压。其计算方法为：首先，全网在额定电压下，计及网络元件的功率损耗，由末端向首端逐段推出功率分布；再利用求得的功率分布和已知的电源电压，从首端向末端逐段计算线路阻抗的电压降落纵分量、横分量数值，然后再求得各节点电压（即一次迭代法，迭代初值选取的是电网额定电压）。

【例 2-3】 某简单开式电力网，如图 2-13（a）所示，变压器变比为 110/11kV，归算到 110kV 侧的等值电路如图 2-13（b）所示，负荷功率 $\tilde{S}_{Lb}=30+j15$MV·A，$\tilde{S}_{Lc}=25+j15$MV·A，首端电压为 118kV。试求其潮流分布。

解　（1）计算各元件参数（计算过程略）并画等值电路如图 2-13（b）所示。

简化等值电路。将节点 b 的负荷与该处的电容功率、变压器的励磁功率合并成 b 点的运算负荷 $\tilde{S}_b$，将等值电路化简成图 2-13（c）。

$$\tilde{S}_b=30+j15+(-j3.38)+0.08+j1.05=30.08+j12.67(\text{MV·A})$$

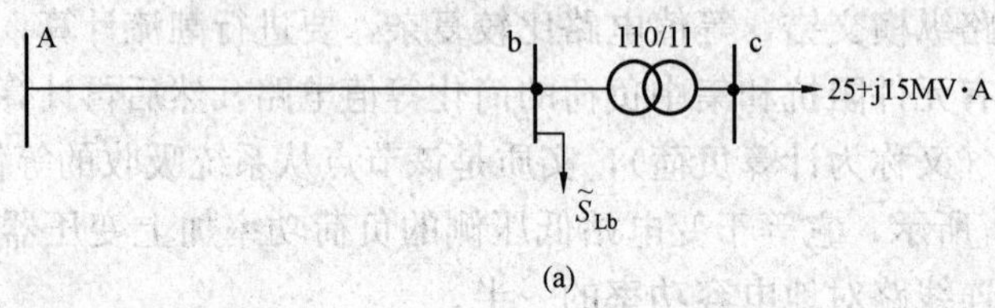

(a)

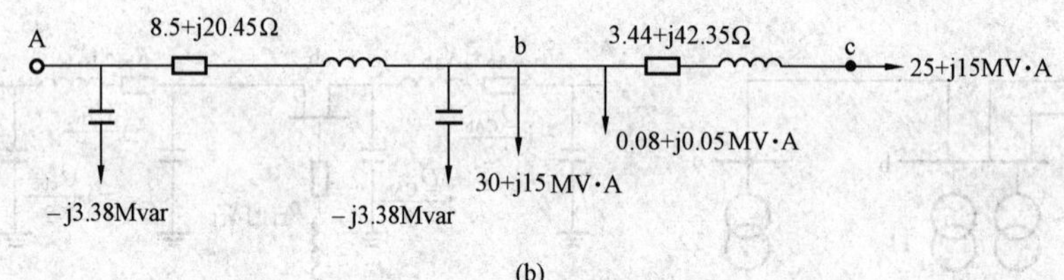

(b)

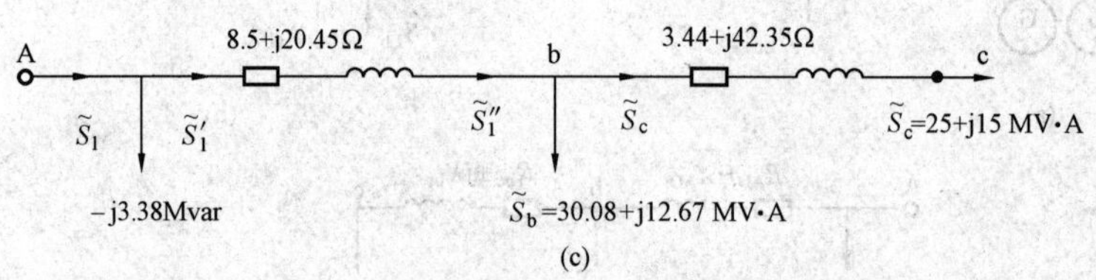

(c)

图 2-13　[例 2-3] 附图

（a）电力网接线图；（b）等值电路；（c）简化等值电路

（2）计算功率。因为末端电压未知，可用电网额定电压代替，从末端负荷向首端推算功率。

变压器阻抗中的功率损耗 $\Delta\tilde{S}_T=\dfrac{25^2+15^2}{110^2}(3.44+j42.35)=0.24+j2.98$（MV·A）

变压器阻抗支路首端功率 $\tilde{S}'_T=25+j15+0.24+j2.98=25.24+j17.98$（MV·A）

线路阻抗支路末端功率 $\tilde{S}''_l=25.24+j17.98+30.08+j12.67=55.32+j30.65$（MV·A）

线路阻抗支路功率损耗 $\Delta\tilde{S}_l=\dfrac{55.32^2+30.65^2}{110^2}(8.5+j20.45)=2.81+j6.76$（MV·A）

线路阻抗支路首端功率 $\tilde{S}'_l=55.32+j30.65+2.81+j6.76=58.13+j37.41$（MV·A）

（3）计算电压。用首端电压和首端功率，从首端向末端推算各节点的电压。

线路的电压降落 $\Delta U_l=\dfrac{58.13\times8.5+37.41\times20.45}{118}=10.67$（kV）

$$\delta U_l=\frac{58.13\times20.45-37.41\times8.5}{118}=7.38\ (\text{kV})$$

线路末端电压　$U_b=\sqrt{(118-10.67)^2+7.38^2}=107.58$（kV）

变压器的电压降落$\Delta U_T=\frac{25.24\times3.44+17.98\times42.35}{107.58}=7.89$（kV）

$$\delta U_T=\frac{25.24\times42.35-17.98\times3.44}{107.58}=9.36\ (\text{kV})$$

变压器低压归算到高压侧的电压 $U'_c=\sqrt{(107.58-7.89)^2+9.36^2}=100.13$（kV）

变压器低压母线的实际电压 $U_c=100.13\times\frac{11}{110}=10.01$（kV）

若忽略电压降落的横分量，各点电压是

$$U_b=118-10.67=107.33(\text{kV})$$

$$U'_c=107.33-\frac{25.24\times3.44+17.98\times42.35}{107.33}=99.43(\text{kV})$$

$$U_c=99.43\times\frac{11}{110}=9.94(\text{kV})$$

比较上面计及和忽略电压降落横分量数值的计算结果，误差很小。因此，在电压为110kV及以下的电力网中，计算电压损耗时可以忽略电压降落横分量。

2. 开式地方网的潮流计算

35kV及以下的地方电力网，由于电压较低、线路较短、输送功率较小，在计算潮流时可以采取以下的简化措施：

（1）线路及双绕组变压器的等值电路用一字型（即电阻、电抗串联）；

（2）不计阻抗中的功率损耗；

（3）不计电压降落的横分量；

（4）在计算电压损耗时，可用额定电压代替实际电压。

采取上述的简化措施后，开式地方网的潮流计算可概括为以下两步：

（1）不计元件阻抗的功率损耗，由负荷末端向首端推算功率分布；

（2）不计电压降落的横分量，并用电网的额定电压代替实际电压，由首端向末端计算各段支路的电压损耗，然后计算各点的电压偏移。

下面通过两个例题分别介绍具有集中负荷与具有均匀分布负荷的开式地方网的潮流计算方法。

1. 具有集中负荷的开式地方网

【例2-4】 有一10kV的配电网，向四个负荷点供电，各点负荷的功率因数为$\cos\varphi=0.8$，其他已知数据标于图2-14（a）中。试求：（1）配电网的最大电压损耗；（2）若$U_A=10.5$kV时各负荷点的实际电压和电压偏移百分数。

解 （1）计算功率分布。由于各点的功率因数$\cos\varphi=0.8$，则无功功率$Q=P\tan\varphi$，各点负荷的复数功率如图2-14（b）所示。

由于不计各段的功率损耗，各段线路的功率分布为

$$\tilde{S}_{bc}=\tilde{S}_c=120+j90\ (\text{kV}\cdot\text{A})$$

$$\tilde{S}_{bd}=\tilde{S}_d=100+j75\ (\text{kV}\cdot\text{A})$$

$$\tilde{S}_{ab}=\tilde{S}_d+\tilde{S}_b+\tilde{S}_c=380+j285\ (\text{kV}\cdot\text{A})$$

$$\tilde{S}_{Aa}=\tilde{S}_{ab}+\tilde{S}_a=580+j435\ (\text{kV}\cdot\text{A})$$

（2）计算最大电压损耗及各点的实际电压与电压偏移，即

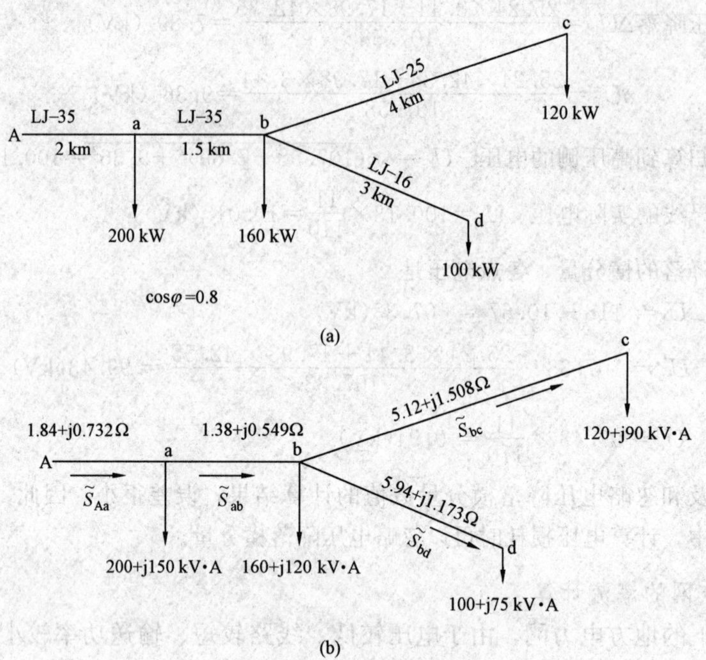

图 2-14 ［例 2-4］附图

（a）接线图；（b）参数与潮流分布

$$\Delta U_{Aa}=\frac{P_{Aa}R_{Aa}+Q_{Aa}X_{Aa}}{U_N}=\frac{580\times1.84+435\times0.732}{10}=138.6\ \text{(V)}$$

$$\Delta U_{ab}=\frac{P_{ab}R_{ab}+Q_{ab}X_{ab}}{U_N}=\frac{380\times1.38+285\times0.549}{10}=68.1\ \text{(V)}$$

$$\Delta U_{bc}=\frac{P_{bc}R_{bc}+Q_{bc}X_{bc}}{U_N}=\frac{120\times5.12+90\times1.508}{10}=75\ \text{(V)}$$

$$\Delta U_{bd}=\frac{P_{bd}R_{bd}+Q_{bd}X_{bd}}{U_N}=\frac{100\times5.94+75\times1.173}{10}=68.2\ \text{(V)}$$

由于 $\Delta U_{bc}>\Delta U_{bd}$，负荷点 c 为此配电网络的电压最低点，最大电压损耗为电网中最高点电压与最低点电压的代数差，即从 A 点到 c 点各段支路电压损耗之和。其值为

$$\Delta U_{Ac}=\Delta U_{Aa}+\Delta U_{ab}+\Delta U_{bc}=138.6+68.1+75=281.7=0.282\ \text{(kV)}$$

$$\Delta u_{Ac}\%=\frac{\Delta U_{Ac}}{U_N}\times100=\frac{0.282}{10}\times100=2.82$$

当 $U_A=10.4$kV 时，各负荷点的实际电压与电压偏移为

$$U_a=U_A-\Delta U_{Aa}=10.4-0.139=10.26\ \text{(kV)},m\%=\frac{10.26-10}{10}\times100=2.6$$

$$U_b=U_a-\Delta U_{ab}=10.26-0.068=10.19\ \text{(kV)},m_b\%=\frac{10.19-10}{10}\times100=1.9$$

$$U_c=U_b-\Delta U_{bc}=10.19-0.075=10.115\ \text{(kV)},m_c\%=\frac{10.115-10}{10}\times100=1.15$$

$$U_d=U_b-\Delta U_{bd}=10.19-0.068=10.122\ \text{(kV)},m_d\%=\frac{10.122-10}{10}\times100=1.22$$

对于低压配电网，一般缺少调压设备，线路最大电压损耗和负荷点的电压偏移是两个比较

重要的运行参数，可用于确定调压措施、选择导线截面等。

2. 具有均匀分布负荷的开式地方网

对于具有均匀分布负荷（简称匀布负荷）的线路功率损耗计算，在本课题的前面部分已涉及，在此只介绍电压损耗的计算。

在图 2-15 中，线路 bc 上有匀布负荷。假设线路单位长度的负荷为 $p+\mathrm{j}q$（kV·A/km），单位阻抗为 $r_0+\mathrm{j}x_0$（Ω/km）。

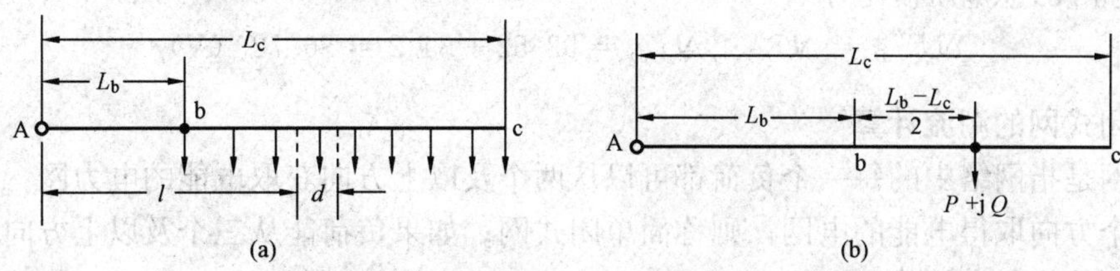

图 2-15　负荷均匀分布的线路

(a) 具有匀布负荷的线路；(b) 计算电压损耗的等值电路

$\mathrm{d}l$ 线段中的负荷在 Ac 段线路上产生的电压损耗为

$$\mathrm{d}(\Delta U)=\frac{p(\mathrm{d}l)r_0l+q(\mathrm{d}l)x_0l}{U_\mathrm{N}}=\frac{pr_0+qx_0}{U_\mathrm{N}}l\mathrm{d}l$$

匀布总负荷在 Ac 段线路上产生的电压损耗为

$$\begin{aligned}\Delta U_{\mathrm{Ac}}&=\int_{L_b}^{L}\mathrm{d}(\Delta U)=\frac{pr_0+qx_0}{U_\mathrm{N}}\int_{L_b}^{L_c}l\mathrm{d}l=\frac{pr_0+qx_0}{U_\mathrm{N}}\times\frac{l^2}{2}\Bigg|_{L_b}^{L_c}\\&=\frac{pr_0+qx_0}{U_\mathrm{N}}\times L_{\mathrm{bc}}\times\left(L_{\mathrm{Ab}}+\frac{L_{\mathrm{bc}}}{2}\right)=\frac{pr_0+Qx_0}{U_\mathrm{N}}\left(L_{\mathrm{Ab}}+\frac{L_{\mathrm{bc}}}{2}\right)\end{aligned}\tag{2-36}$$

式中　P、Q——匀布线路的总有功、无功功率。

式（2-36）表明，计算匀布负荷线路的电压损耗时，可用一个位于均匀分布负荷中心、大小与匀布总负荷相等的集中负荷来代替，如图 2-15（b）所示。

【例 2-5】　有一条 380V 的电力线路，$r_0+\mathrm{j}x_0=1.26+\mathrm{j}0.377\Omega/\mathrm{km}$，负荷分布如图2-16所示，求此线路的电压损耗。

解　计算线路电压损耗。匀布负荷化成复功率形式为

$$\begin{aligned}p+\mathrm{j}q&=\sqrt{3}U_\mathrm{N}I_0(\cos\varphi_0+\mathrm{j}\sin\varphi_0)\\&=\sqrt{3}\times0.38\times0.2\times(1+\mathrm{j}0)\\&=0.132\ (\mathrm{kW/m})\end{aligned}$$

集中负荷化成复功率形式为

$$\begin{aligned}P_\mathrm{D}+\mathrm{j}Q_\mathrm{D}&=\sqrt{3}U_\mathrm{N}I_\mathrm{D}(\cos\varphi_\mathrm{D}+\mathrm{j}\sin\varphi_\mathrm{D})\\&=\sqrt{3}\times0.38\times20\times(0.8+\mathrm{j}0.6)\\&=10.53+\mathrm{j}7.9\ (\mathrm{kV\cdot A})\end{aligned}$$

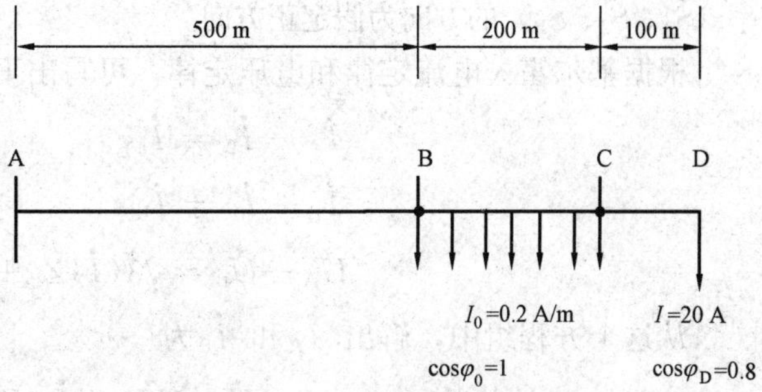

图 2-16　［例 2-5］附图

1）仅考虑匀布负荷时，线路 AC 的电压损耗为

$$\Delta U_{\mathrm{AC}}=\frac{Pr_0+Qx_0}{U_\mathrm{N}}\left(L_{\mathrm{AB}}+\frac{L_{\mathrm{BC}}}{2}\right)$$

$$= \frac{0.132 \times 200 \times 1.26}{0.38} \times \left(0.5 + \frac{0.2}{2}\right) = 52.52 \text{ (V)}$$

2）仅考虑D点的集中负荷时，线路AD的电压损耗为

$$\Delta U_{AD} = \frac{P_D r_0 + Q_D x_0}{U_N} \times L_{AD}$$

$$= \frac{10.53 \times 1.26 + 7.9 \times 0.377}{0.38} \times 0.8 = 34.2 \text{ (V)}$$

3）线路AD总电压损耗为

$$\Delta U'_{AD} = \Delta U_{AC} + \Delta U_{AD} = 52.52 + 34.2 = 86.72 \text{ (V)}$$

三、闭式网的潮流计算

闭式网是指网络中的每一个负荷都可以从两个及以上方向获取电能的电力网。如果负荷只能从两个方向取得电能的电网，则称简单闭式网；如果负荷能从三个及以上方向取得电能的电网，则称为复杂闭式网。

闭式网的潮流计算，避免不了要进行复数方程的迭代计算，这对于手算极为不便。因此，在工程上广泛采用近似的计算方法，这种近似的方法只适用于简单的闭式网络。对于复杂闭式网，首先通过网络等值变换将复杂网化成简单闭式网，进行潮流计算，然后通过网络还原算出原网络的功率分布。

简单闭式网包括两端供电网和环网两种基本形式。环网实质上就是电源电压相量相等的两端供电网。

（一）两端供电网的初步功率分布

两端供电网的潮流计算一般分为两步，首先求出不计阻抗功率损耗时的功率分布，称之为初功率分布，找出功率分点，在功率分点处将网络分拆为两个开式网；然后，再计入功率损耗求出最终功率分布、计算电压分布。

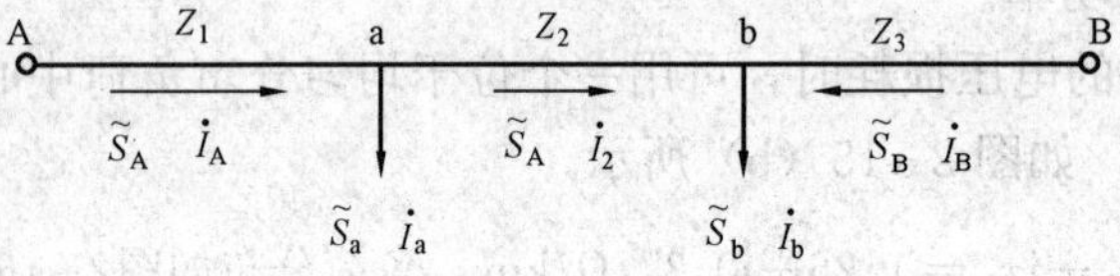

图2-17 两端供电网

在图2-17所示的两端供电网中，电源A、B的电压分别为$\dot{U}_A$、$\dot{U}_B$，负荷a、b的集中负荷电流分别为$\dot{I}_a$、$\dot{I}_b$，集中负荷功率分别为$\tilde{S}_a$、$\tilde{S}_b$。图中各段线路功率（$\tilde{S}_A$、$\tilde{S}_2$、$\tilde{S}_B$）的方向为假定正方向。

根据基尔霍夫电流定律和电压定律，可写出下列方程

$$\left.\begin{aligned} &\dot{I}_A - \dot{I}_2 = \dot{I}_a \\ &\dot{I}_B + \dot{I}_2 = \dot{I}_b \\ &\dot{U}_A - \dot{U}_B = \sqrt{3}(\dot{I}_A Z_1 + \dot{I}_2 Z_2 + \dot{I}_B Z_3) \end{aligned}\right\} \tag{2-37}$$

从这个方程组中，解出$\dot{I}_A$和$\dot{I}_B$为

$$\left.\begin{aligned} &\dot{I}_A = \frac{\dot{U}_A - \dot{U}_B}{\sqrt{3}Z_{AB}} + \frac{\dot{I}_a(Z_2 + Z_3) + \dot{I}_b Z_3}{Z_{AB}} \\ &\dot{I}_B = \frac{\dot{U}_B - \dot{U}_A}{\sqrt{3}Z_{AB}} + \frac{\dot{I}_a Z_1 + \dot{I}_b(Z_1 + Z_2)}{Z_{AB}} \end{aligned}\right\} \tag{2-38}$$

在电力网的实际计算中，各负荷点的已知量一般是功率而不是电流，因此必须把它化成

功率形式，并以 $\dot{U}_{\mathrm{N}}$ 为参考相量，则得

$$\left.\begin{aligned}\widetilde{S}_{\mathrm{A}}&=\left[\frac{\dot{U}_{\mathrm{A}}-\dot{U}_{\mathrm{B}}}{Z_{\mathrm{AB}}}\right]^{*}U_{\mathrm{N}}+\frac{\sum\limits_{i=1}^{2}\widetilde{S}_{i}Z_{i\mathrm{B}}^{*}}{Z_{\mathrm{AB}}^{*}}\\ \widetilde{S}_{\mathrm{B}}&=\left[\frac{\dot{U}_{\mathrm{B}}-\dot{U}_{\mathrm{A}}}{Z_{\mathrm{AB}}}\right]^{*}U_{\mathrm{N}}+\frac{\sum\limits_{i=1}^{2}\widetilde{S}_{i}Z_{i\mathrm{A}}^{*}}{Z_{\mathrm{AB}}^{*}}\end{aligned}\right\}\tag{2-39}$$

若两端供电网中有 m 个运算负荷时，则电源提供的功率为

$$\left.\begin{aligned}\widetilde{S}_{\mathrm{A}}&=\left[\frac{\dot{U}_{\mathrm{A}}-\dot{U}_{\mathrm{B}}}{Z_{\mathrm{AB}}}\right]^{*}U_{\mathrm{N}}+\frac{\sum\limits_{i=1}^{m}\widetilde{S}_{i}Z_{i\mathrm{B}}^{*}}{Z_{\mathrm{AB}}^{*}}\\ \widetilde{S}_{\mathrm{B}}&=\left[\frac{\dot{U}_{\mathrm{B}}-\dot{U}_{\mathrm{A}}}{Z_{\mathrm{AB}}}\right]^{*}U_{\mathrm{N}}+\frac{\sum\limits_{i=1}^{m}\widetilde{S}_{i}Z_{i\mathrm{A}}^{*}}{Z_{\mathrm{AB}}^{*}}\end{aligned}\right\}\tag{2-40}$$

式中　$\widetilde{S}_{\mathrm{A}}$、$\widetilde{S}_{\mathrm{B}}$——分别为电源 A、B 向电网送出的功率；

$\widetilde{S}_{i}$——第 i 个运算负荷；

$Z_{i\mathrm{A}}^{*}$、$Z_{i\mathrm{B}}^{*}$——分别为第 i 个负荷点到电源点 A、B 之间的复阻抗共轭值；

Z_{AB}^{*}——A、B 电源之间复阻抗的共轭值。

式（2-40）即为两端供电网电源输出功率的一般表达式。可见，每个电源点送出的功率都包含两部分。第一部分与负荷无关，只与两端电源电压差和网络阻抗有关，称之为循环功率，循环功率只在电源之间进行交换。计算时，可将原网络中的负荷全部去掉，电源电压为实际电压，可求出循环功率。第二部分与负荷功率和网络阻抗有关，称为电源的供载功率。供载功率即是电源向负载提供的功率。计算时，令两端电源电压相等（循环功率为零），负荷为实际负荷，可求出供载功率。用式（2-40）计算供载功率分布要进行复数的加减乘除四则运算，通常称这种计算方法为复功率法。下面介绍供载功率的两种简化计算方法。

1. 均一网络法

如果网络中各段线路的材料、截面和几何均距都相同，这种电力网称为均一网。对于均一网，各段线路单位长度的阻抗相等，因而有

$$\widetilde{S}_{\mathrm{A}}=\frac{\sum\limits_{i=1}^{m}\widetilde{S}_{i}Z_{i\mathrm{B}}^{*}}{Z_{\mathrm{AB}}^{*}}=\frac{(r_{0}-\mathrm{j}x_{0})\sum\limits_{i=1}^{m}\widetilde{S}_{i}L_{i\mathrm{B}}}{(r_{0}-\mathrm{j}x_{0})L_{\mathrm{AB}}}=\frac{\sum\limits_{i=1}^{m}\widetilde{S}_{i}L_{i\mathrm{B}}}{L_{\mathrm{AB}}}\tag{2-41}$$

因为 $\widetilde{S}_{\mathrm{A}}=P_{\mathrm{A}}+\mathrm{j}Q_{\mathrm{A}}$，$\widetilde{S}_{i}=P_{i}+\mathrm{j}Q_{i}$ 将其代入式（2-41），并将实部、虚部分开可列出以下的方程组

$$\left.\begin{aligned}P_{\mathrm{A}}&=\frac{\sum\limits_{i=1}^{m}P_{i}L_{i\mathrm{B}}}{L_{\mathrm{AB}}}\\ Q_{\mathrm{A}}&=\frac{\sum\limits_{i=1}^{m}P_{i}L_{i\mathrm{B}}}{L_{\mathrm{AB}}}\end{aligned}\right\}\tag{2-42}$$

式中　$L_{i\mathrm{B}}$——第 i 个负荷到电源 B 的线路长度；

L_{AB}——电源 A、B 两点间线路的长度。

2. 网络拆开法

实际上线路均一的电力网情况很少，较多的情况是各段线路导线的材料相同，几何均距近似相等，导线截面相差不超过 2～3 个标准截面等级，称这种电力网为近似均一网。近似均一网可采用如下所述的网络分拆法计算供载功率，计算公式为

$$\left.\begin{aligned} P_A &= \frac{\sum_{i=1}^{m} P_i X_{iB}}{X_{AB}} \\ Q_A &= \frac{\sum_{i=1}^{m} Q_i R_{iB}}{R_{AB}} \end{aligned}\right\} \tag{2-43}$$

式中 R_{iB}、X_{iB}——第 i 个负荷到电源 B 的电阻和感抗；

P_{AB}、X_{AB}——电源 A、B 之间的总电阻和总感抗。

网络分拆法的意义是：将具有复数阻抗输送复功率的电力网，分拆成两个电力网，一个只有感抗只输送有功功率；另一个只有电阻只输送无功功率，分别计算功率分布后再叠加得到供载功率分布。网络分拆法是一种近似求解功率分布的方法，但它能满足一般工程计算的准确度要求。

在求闭式网的初步功率分布时，由于大多数线路的实际功率方向未知，必须先假设其功率方向，在求出任一个电源向网络输出的功率后，再运用基尔霍夫电流定律求出各段线路上的功率。如果求得线路的功率为正值，则表明其实际方向与假设方向一致；否则，与假设的相反。在闭式网中，有的节点功率由左右两个方向流入，此类节点称为功率分点，用符号▼标示。功率分点是网络中电压最低点，也就是网络最终端。

有时有功功率分点和无功功率分点出现在不同的节点上，这时，有功分点用符号▼标示，无功分点用符号▽标示。一般情况下，无功功率分点电压低于有功功率分点，可将网络在无功分点处分拆。但在 35kV 以下的配电网中，无功功率分点不一定是电压最低点。当 $PR/U > QX/U$ 时，有功分点电压最低；反之，无功分点电压最低。

【例 2-6】 某 110kV 的简单环网，如图 2-18 所示。变电站 b、c 的计算负荷与各线路长度标于图中，线路 Ab 和 Ac 单位长度阻抗 $r_0 + jx_0 = 0.33 + j0.429\ \Omega/km$，线路 bc 单位长度阻抗 $r_0 + jx_0 = 0.45 + j0.44\ \Omega/km$，求该网络的初步功率分布。

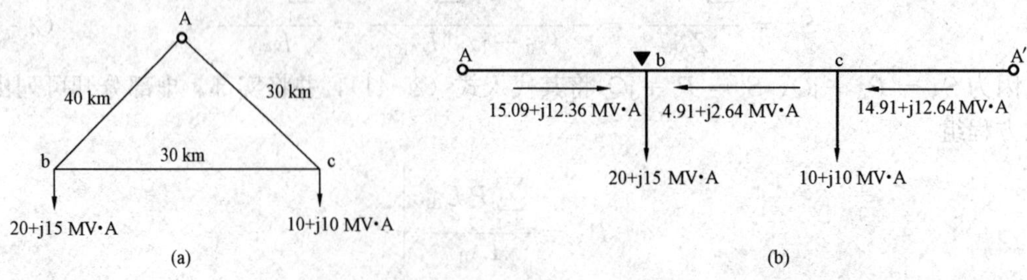

图 2-18 ［例 2-6］附图

（a）简单环网接线图；（b）环网解开成两端网

解 假设各线路的功率方向如图 2-18（b）所示。该电力网属于近似均一网，可用简化方法

求供载功率。在此，同时用复功率法和网络分拆法求解初步功率分布，以作比较。

(1) 计算线路参数。此时有

$$Z_{bA'}=Z_{bc}+Z_{cA'}=(0.45+j0.44)\times 30+(0.33+j0.429)\times 30$$
$$=23.4+j26.07\ (\Omega)$$
$$Z_{cA'}=(0.33+j0.429)\times 30=9.9+j12.87\ (\Omega)$$
$$Z_{AA'}=Z_{Ab}+Z_{bc}+Z_{cA'}=(0.33+j0.429)\times(40+30)$$
$$+(0.45+j0.44)\times 30=36.6+j43.23\ (\Omega)$$

(2) 计算初功率分布。

1) 复功率法。电源A通过线路Ab向网络输出的功率

$$\widetilde{S}_{Ab}=\frac{\sum_{i=1}^{2}\widetilde{S}_i Z_{iA'}^{*}}{Z_{AA'}^{*}}=\frac{(20+j15)(23.4-j26.07)+(10+j10)(9.9-j12.87)}{36.6-j43.23}$$
$$=\frac{1104.98}{56.64}\angle -10.43^{\circ}-(-49.75)^{\circ}=15.09+j12.36\ (MV\cdot A)$$

通过线路A′c、cb的功率可由节点的基尔霍夫定律求得

$$\widetilde{S}_{cb}=\widetilde{S}_b-\widetilde{S}_{Ab}=20+j15-(15.09+j12.36)=49.1+j2.64\ (MV\cdot A)$$
$$\widetilde{S}_{A'c}=\widetilde{S}_b+\widetilde{S}_{cb}=10+j10+4.91+j2.64=14.91+j12.64\ (MV\cdot A)$$

据此计算结果，可作出电力网的初步功率分布如图2-18（b）所示。

2) 网络分拆法。此时有

$$P_{Ab}=\frac{P_b X_{bA'}+P_c X_{cA'}}{X_{AA'}}=\frac{20\times 26.07+10\times 12.87}{43.23}=15.04\ (MW)$$
$$Q_{Ab}=\frac{Q_b R_{bA'}+Q_c R_{cA'}}{R_{AA'}}=\frac{15\times 23.4+10\times 9.9}{36.6}=12.3\ (Mvar)$$
$$\widetilde{S}_{Ab}=P_{Ab}+jQ_{Ab}=15.04+j12.3\ (MV\cdot A)$$
$$\widetilde{S}_{cb}=\widetilde{S}_b-\widetilde{S}_{Ab}=20+j15-(15.04+j12.3)=4.96+j2.7\ (MV\cdot A)$$
$$\widetilde{S}_{A'c}=\widetilde{S}_b+\widetilde{S}_{cb}=10+j10+4.96+j2.7=14.96+j12.7\ (MV\cdot A)$$

从以上计算结果可知，b点的有功、无功功率是由线路左右两个方向汇合而成的，是有功、无功功率分点。而且用这两种方法计算所得的结果相差很小，因而对近似均一网，可采用网络分拆法来简化计算。

【例2-7】 有一额定电压为110kV的两端供电网，全线采用LGJ-95导线，其单位长度阻抗 $r_0+jx_0=0.33+j0.429\ \Omega/km$，各段线路长度和各点负荷均已标于图2-19（a）中。$\dot{U}_A=115.5\angle 0^{\circ}kV$，$\dot{U}_B=115\angle 0^{\circ}kV$，求该网络的初步功率分布。

解 假定各线路功率的正方向如图2-19（a）所示。

(1) 计算供载功率。因为网络均一，所以用均一网络法计算电源向网络送出的供载功率。此时有

$$P_{Aa}=\frac{\sum_{i=1}^{2}P_i L_{iB}}{L_{AB}}=\frac{P_a L_{aB}+P_b L_{bB}}{L_{AB}}=\frac{15\times(30+40)+20\times 40}{30+30+40}=18.5\ (MW)$$
$$Q_{Aa}=\frac{\sum_{i=1}^{2}Q_i L_{iB}}{L_{AB}}=\frac{Q_a L_{aB}+Q_b L_{bB}}{L_{AB}}=\frac{12\times(30+40)+13\times 40}{30+30+40}=13.6\ (MV\cdot A)$$

$$\widetilde{S}_{ab}=\widetilde{S}_{Aa}-\widetilde{S}_{a}=18.5+j13.6-(15+j12)=3.5+j1.6\ (MV\cdot A)$$

$$\widetilde{S}_{Bb}=\widetilde{S}_{b}-\widetilde{S}_{ab}=20+j13-(3.5+j1.6)=16.5+j11.4\ (MV\cdot A)$$

供载功率分布如图 2-19（b）所示。

（2）计算循环功率。由于$\dot{U}_A\neq\dot{U}_B$，此电网存在循环功率。

线路总阻抗为

$$Z_{AB}=(r_0+jx_0)L_{AB}=(0.33+j0.429)\times100=33+j42.9\ (\Omega)$$

循环功率为

$$\widetilde{S}_h=\frac{(\overset{*}{\dot{U}}_A-\overset{*}{\dot{U}}_B)}{\overset{*}{Z}_{AB}}U_N=\frac{115.5-115}{33-j42.9}\times110=0.62+j0.81\ (MV\cdot A)$$

循环功率分布如图 2-19（c）所示。

（3）计算实际的初功率分布。将供载功率和循环功率叠加便得到线路实际的初功率分布

$$\widetilde{S}'_{Aa}=\widetilde{S}_{Aa}+\widetilde{S}_h=18.5+j13.6+0.62+j0.81=19.12+j14.41\ (MV\cdot A)$$

$$\widetilde{S}'_{ab}=\widetilde{S}_{ab}+\widetilde{S}_h=3.5+j1.6+0.62+j0.81=4.12+j2.41\ (MV\cdot A)$$

$$\widetilde{S}'_{Bb}=\widetilde{S}_{Bb}-\widetilde{S}_h=16.5+j11.4-(0.62+j0.81)=15.88+j10.59\ (MV\cdot A)$$

作出该供电网的初功率分布如图 2-19（d）所示。

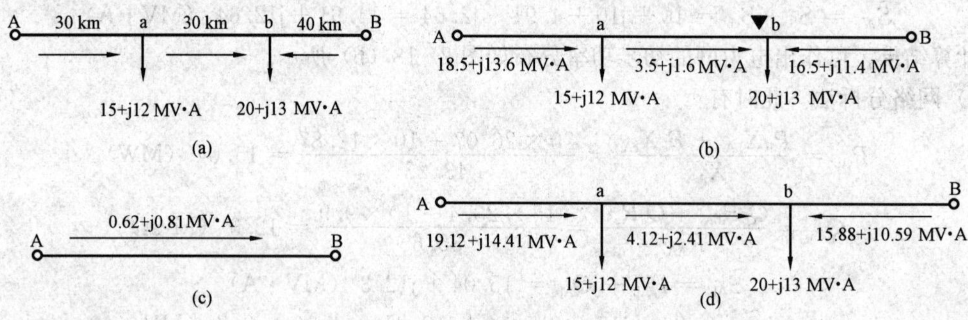

图 2-19 例 2-7 附图

（a）网络接线图；（b）供载功率分布图；（c）循环功率分布图；（d）初功率分布图

（二）多级电压环网的初步功率分布

在供用电系统中，由几个电压等级组成的环网，称为多级环网。在多级环网内，必然有串联变压器接入，因此，又之为电磁环网。在这样的多级电压环网中，若串入的变压器变比不匹配时，在环网中就会产生附加电动势，形成循环功率。计算多级环网的功率分布时，需先将电力网各元件的参数归算到同一电压等级，然后再求供载功率与循环功率。多级环网的供载功率分布的计算方法与普通两端供电网求供载功率的方法相同，这里不再重复。以下讨论多级环网循环功率的计算方法。

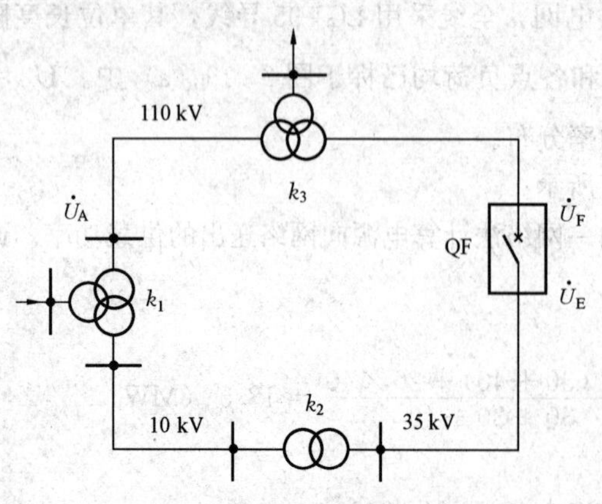

图 2-20 多级电压环网

以图 2-20 所示的三级电压环网为例，设已知电压为 $\dot{U}_A$，环内变压器变比分别为 k_1、

k_2、k_3，断路器 QF 断开，不计算供载功率，并可将线路电容功率及变压器导纳中功率损耗归并到运算负荷之中，所以，各线路及变压器中无电流通过，也就没有电压降落。因此，可以得到如下关系式

$$\dot{U}_F=\frac{\dot{U}_A}{k_3},\dot{U}_E=\dot{U}_B=\frac{k_2\dot{U}_A}{k_1}$$

所以，断路器触头间的电压为

$$\dot{U}_{FE}=\dot{U}_F-\dot{U}_E=\frac{\dot{U}_A}{k_3}-\frac{k_2\dot{U}_A}{k_1}=\left(\frac{k_1}{k_2k_3}-1\right)\frac{k_2\dot{U}_A}{k_1}$$

$$=\frac{k_2\dot{U}_A}{k_1}(k_\Sigma-1)=\dot{U}_E(k_\Sigma-1)$$

式中　k_Σ——多级电压环网的等值变比。

等值变比可以用下述方法确定，在环网中任选一环绕方向，按所选方向在环网中环行一周，遇到顺环绕方向起升压作用的变压器时，乘以变比；遇到顺环绕方向起降压作用的变压器时，除以变比，即可求得等值变比 k_Σ。

断路器 QF 闭合以后，环网内在 $\dot{U}_{FE}$电压作用下产生的循环电流和对应的循环功率分别为

$$\dot{I}_h=\frac{\dot{U}_E(k_\Sigma-1)}{\sqrt{3}Z_\Sigma}\approx\frac{U_N(k_\Sigma-1)}{\sqrt{3}Z_\Sigma} \tag{2-44}$$

$$\widetilde{S}_h=\left[\frac{\dot{U}_E(k_\Sigma-1)}{\sqrt{3}Z_\Sigma}\right]^*U_N\approx\left[\frac{k_\Sigma-1}{Z_\Sigma}\right]^*U_N^2 \tag{2-45}$$

式中　Z_Σ——折算在对应于电压 $\dot{U}_E$ 下环网一周的总阻抗，Ω。

从式（2-44）、式（2-45）中看出，若等值变比 $k_\Sigma=1$，则循环电流与循环功率为零；若 $k_\Sigma>1$，则有循环电流与循环功率，其方向与环绕方向相同；若 $k_\Sigma<1$，则方向与环绕方向相反。

【例 2-8】　如图 2-20 所示的多级环网，归算到 35kV 电压侧的总阻抗 $Z_\Sigma=9.63+j3.2\Omega$，串入环网中变压器的变比 $k_1=121/11$，$k_2=40.4/11$，$k_3=104.5/36.6$。试计算断路器 QF 闭合后的循环电流与循环功率。

解　选顺时针方向为环绕方向，从 A 点算起等值变比为

$$k_\Sigma=\frac{k_1}{k_2k_3}=\frac{\frac{121}{11}}{\left(\frac{40.4}{11}\times\frac{104.5}{36.6}\right)}=1.05$$

因为归算后的 A 点实际电压未知，可用额定电压代替作近似计算。

循环电流　$\dot{I}_h=\frac{(k_\Sigma-1)}{\sqrt{3}Z_\Sigma}U_N=\frac{(1.05-1)35}{\sqrt{3}(9.63+j30.2)}=0.032\angle-72.3^\circ$ (kA)

循环功率　$\widetilde{S}_h=\left[\frac{(k_\Sigma-1)}{Z_\Sigma}\right]^*U_N^2=\left[\frac{1.05-1}{9.63+j30.2}\right]^*\times35^2=0.59+j1.85$ （MV·A）

循环电流或功率的方向，与所选绕向相同。

（三）两端供电网的最终功率分布

所谓两端网的最终功率分布，是指在计及网络的功率损耗和电压降落时的功率分布。两端网的最终功率分布必须在完成初步功率分布后进行。作初步功率分布的目的在于确定两端

网的功率分点（也就是网络的电压最低点），然后在功率分点处把两端网分拆成两个开式网络，同时功率分点处的负荷也被分成两部分，分别挂在两个开式网的末端，然后按照开式网功率计算的方法计算被分拆为两个开式网的功率分布和各点电压，最后将两个开式网的末端连在一起，便得到原两端网的最终功率分布和各点电压。

对于有功分点和无功分点不重合的情况，一般在无功分点处分拆，因为在高压供电网络中无功分点往往是电压的最低点。

第三节 负荷曲线与电力负荷的计算

电力负荷的确定，为选择变电站变压器容量、电气主接线、电气设备以及供电网络接线和导线型号等提供依据。负荷确定得是否正确合理，直接影响到电气设备和导线的选择是否经济合理。若负荷确定得过大，将使电器和导线选择过大，造成投资增大和有色金属的浪费；若负荷确定得过小，又将使电器和导线运行时增加电能损耗，并产生过热，加速电气设备的绝缘老化，降低设备的使用寿命，影响供电系统的安全性、可靠性。因而必须正确进行电力负荷的计算。

在讲述电力负荷计算之前，首先介绍有关电力负荷的基本概念。

一、电力负荷的分类

用电设备的用途、类型很多，容量相差悬殊，运行特性各不相同，可分为以下几类：

（1）电动机类，工厂广泛使用水泵、油泵、通风机、空气压缩机、搅拌机、金属切削机床、起重机等，一般均用三相交流电动机。这些设备多数在正常情况下一般均为连续运行且负荷基本稳定，从供电系统取用功率的需要系数（在计算负荷的确定中将专题论述）及功率因数均较高。但若需要调速和增加变流环节，则其需要系数和功率因数稍低些。

（2）工业用电炉，分为电阻炉、感应电炉和电弧炉 3 种。电阻炉多用于加热金属或对金属进行热处理，负荷性质比较稳定，相当于电阻性负载，需用系数和功率因数很高；感应电炉分为中频（5000～8000Hz）和高频（10^5～10^8Hz）两种，由变频装置供电，熔炼时由于炉料的变化将引起负荷的波动，需要系数高但功率因数很低；电弧炉通过专用的电炉变压器供电，在起始熔炼期，由于原料堆积不均匀及熔融差别等影响，每相负荷波动很大，但负荷性质比较稳定，基本上为阻性负载，需要系数较高，功率因数也很高。

（3）电焊设备类，分为交流电焊设备和直流电焊设备两种，都是利用大电流通过被焊接工件的接触处产生很大热量使工件部分熔化，或产生电弧使工件部分熔化而实现焊接。交流电焊机实际上是一种特殊变压器，属于间隙工作，功率因数低，需要系数也不高。直流电焊机有采用电动机发电机组和半导体整流器产生直流电的方式，后者没有转动部分，效率高、造价低，是目前使用最广泛的直流电焊机。直流电焊机设备工作时功率因数较高。

（4）照明类，分为固定式和移动式两种，均为单相恒定的负荷，所以照明设备接入三相网络应尽量使三相系统的负荷平衡。照明负荷的功率因数较高，一般为 0.95～1，生产车间照明设备的需要系数也高，可达 0.8～1。

用电设备也可按工作制分类，可见第五章相关内容。

二、用电设备的额定容量、负荷持续率及负荷系数

（一）用电设备的额定容量

用电设备的额定容量，是指用电设备在额定电压下，在规定的使用寿命内能连续输出或

耗用的最大功率。对电动机，其额定容量指其轴上正常输出的最大功率。因此其耗用的功率即从电网吸取的功率，应为其额定容量除以其效率。对电灯和电炉等，其额定容量则是指其在额定电压下耗用的功率，而不是指其输出的功率。

对电机、电炉和电灯等设备，额定容量均用有功功率 P_N 表示，单位为 W 或kW。

对变压器、互感器和电焊机等设备，额定容量一般用视在功率 S_N 表示，单位为 V·A 或 kV·A。

对电容器类设备，其额定容量用无功功率 Q_c 表示，单位为 var 或 kvar。

必须指出：对断续周期工作制的设备来说，其额定容量是对应于一定的负荷持续率的。

（二）负荷持续率

负荷持续率，又称暂载率或相对工作时间，用 ε 表示，其定义为一个工作周期内的工作时间 t 与工作周期 T 的百分比，即

$$\varepsilon=\frac{t}{T}\times 100\%=\frac{t}{t+t_0}\times 100\% \tag{2-46}$$

式中　T——工作周期，s；

t——工作周期内的工作时间，s；

t_0——工作周期内的停歇时间，s。

同一设备，在不同的负荷持续率下运行时，其输出功率是不同的。例如某设备在 ε_1 时的设备容量为 P_1，那么该设备在 ε_2 时的设备容量 P_2 是多少呢？这应进行等效换算，即按同一周期内不同负荷（P_1 或 P_2）下造成相同的热量损耗条件来进行换算。

假设设备的内阻为 R，则电流 I 通过设备在 t 时间内产生的热量为 I^2Rt。因此在 R 不变且产生的热量相同的条件下，$I\propto 1/\sqrt{t}$；又有电压相同时，设备容量 $P\propto I$，因此 $P\propto 1/\sqrt{t}$。而由式（2-46）可知，同一周期的负荷持续率 $\varepsilon\propto t$，由此可得 $P\propto 1/\sqrt{\varepsilon}$，即设备容量与负荷持续率的平方根成反比关系，因此

$$P_2=P_1\sqrt{\frac{\varepsilon_1}{\varepsilon_2}} \tag{2-47}$$

（三）用电设备的负荷系数

用电设备的负荷系数（或称负荷率）为设备在最大负荷时输出或耗用的功率 P 与设备额定容量 P_N 的比值，即

$$k_L=\frac{P}{P_N} \tag{2-48}$$

负荷系数表征了设备容量的利用程度。负荷系数的符号有时也用 β 表示。

三、负荷曲线

由于用户用电的随机性，电力负荷是时刻在变化的，相应的电力系统的功率分布、母线电压、功率损耗以及电能损耗等也在变化。要了解负荷的变化，必须找出其随时间而变化的规律。用户、变电站、线路和供电系统的负荷随时间变化的规律，通常以负荷曲线来表示。一般用直角坐标系的横坐标表示时间，其单位为小时、日、月等；纵坐标表示有功功率、无功功率、视在功率或电流。常见的负荷曲线主要有以下几种。

（一）日负荷曲线

图 2-21 表示某用电负荷的日负荷曲线，它可由运行记录日志或自动记录仪的有关数据

给出。日负荷曲线表明电力负荷在一天 24h 的变化情况，由于用户取用有功功率的同时也取用无功功率，图中实线为有功日负荷曲线，虚线为无功日负荷曲线。两种负荷曲线形状基本相似，无功负荷曲线比有功负荷曲线平坦。

为了简化计算和便于在运行中绘制负荷曲线，常把连续变化的负荷看成在测量的那一小段时间内不变，因此，负荷曲线常被绘制成阶梯形曲线，如图 2 - 22 所示。测量时间间隔越小，越能表示出负荷变化的实际情况。一般间隔取为半小时。负荷曲线下面的面积就表示该负荷消耗的电能。

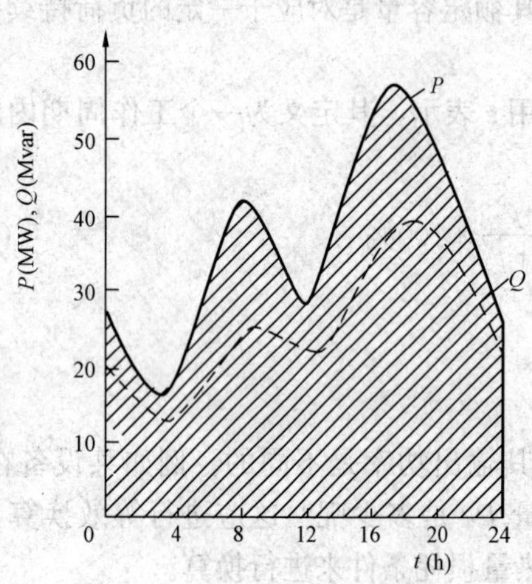

图 2 - 21　有功及无功日负荷曲线

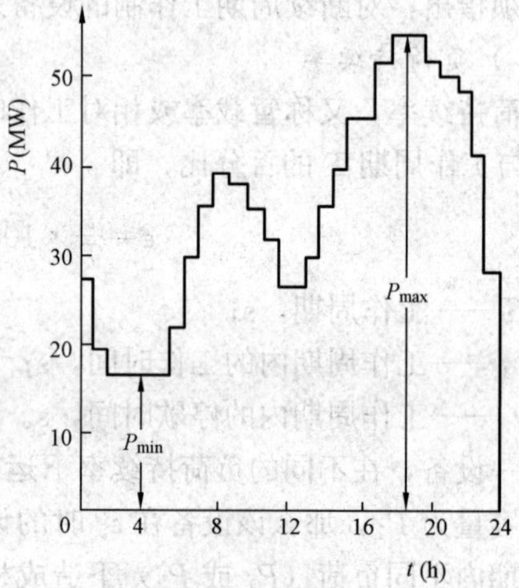

图 2 - 22　阶梯形有功日负荷曲线

常用负荷系数 K_f 来表示有功负荷的变动程度，k_f 也称为负荷率，即

$$k_f = \frac{P_{av}}{P_{max}} \tag{2-49}$$

式中　P_{av}——日负荷的平均值；

P_{max}——日最大负荷（峰荷）。

对于不同性质的用户，负荷曲线是不相同的。例如三班制企业和两班制企业的负荷曲线比较平缓。

（二）系统年最大负荷曲线

在电力系统的运行和设计中，不仅要知道一天之内负荷的变化规律，而且还要知道一年之中负荷的变化规律。最常用的是系统年最大负荷曲线。如图 2 - 23 所示，它反映了从年初至年终系统逐日（或逐月）综合最大负荷的变化规律。从图中可看到夏季负荷比较小些，但若季节性负荷如农业排灌、防暑降温等负荷较大时，也可能使夏季负荷反而增大。此曲线反映了负荷在一年中按时间顺序变化的规律，可用来安排机组的检修计划。

（三）年持续负荷曲线

如图 2 - 24 所示，年持续负荷曲线是根据一年中具有代表性的日负荷曲线制作的，按照各个不同的负荷值，在一年中的累计持续时间将负荷由大到小的顺序排列组成。年持续负荷曲线反映了全年负荷变动与不同大小的负荷持续时间的关系。

在网络规划设计中经常用到一个假想时间 T_{max}，其意义为按最大负荷 P_{max} 持续运行，经过 T_{max} 小时负荷所消耗的电能，恰好等于负荷全年实际运行所消耗的电能 W。即图 2 - 24 中

虚线与实线所括面积相等。则 T_{max}称为年最大负荷利用小时数，即

$$T_{max}=\frac{W}{P_{max}}\ (\mathrm{h})$$

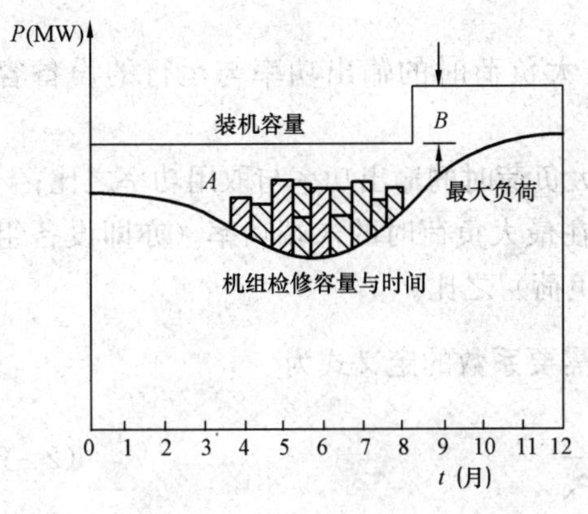

图 2-23 年最大负荷曲线

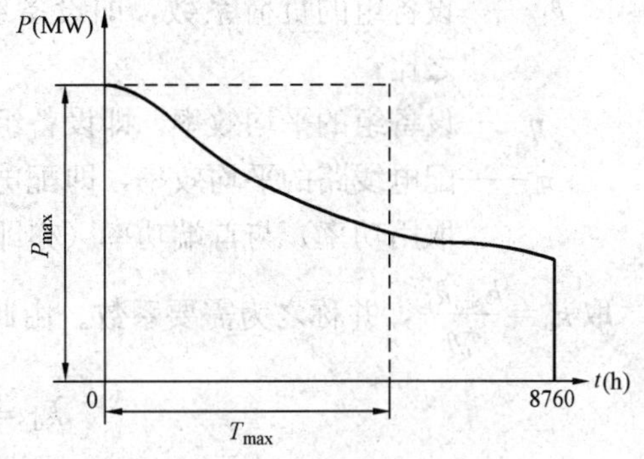

图 2-24 年持续负荷曲线

年最大负荷利用小时数的大小，在一定程度上是反映了实际负荷在一年内变化的程度。如果负荷曲线比较平坦，即负荷随时间的变化比较小，则 T_{max}的值较大；如果负荷变化剧烈，则 T_{max}的值较小。其值可查手册或根据经验值来取。一般情况下，室内照明及生活用电 T_{max}＝2000～3000h；农业用电 T_{max}＝2500～3000h；单班制企业 T_{max}＝1800～2500h；两班制 T_{max}＝3000～4500h；三班制 T_{max}＝5000～7000h。

四、计算负荷的确定

由于用电设备用电的随机性，其负荷是时刻变化的。在供配电网络中，同一时刻各用电设备不可能同时取用电能，即便同时取用电能，其最大负荷也不可能同时出现，所以电力负荷的计算十分复杂，只能力求接近实际负荷。所谓计算负荷是通过统计计算求出的，用来按发热条件选择供用电系统中各元件的负荷值。按计算负荷选择的电气设备和导线截面，如以计算负荷持续运行，其发热温度不会超过允许值，因而不会降低其使用寿命。

由于导体通过电流达到稳定温升的时间为 3～4τ，τ 为发热时间常数，而截面在 16mm^{2}以上的导体的 τ 值均在 10min 以上，也就是载流导体大约经 30min 后可达到稳定的温升值，因此通常把根据半小时（30min）平均负荷所绘制的年负荷曲线上的最大负荷作为计算负荷，用 P_c 表示。

我国目前普遍采用的确定用电设备组计算负荷的方法，通常是需要系数法和二项式法。需要系数法计算较为简便，应用范围广泛，尤其适用于变、配电站的负荷计算；二项式法应用的局限性较大，但在确定设备台数较少、设备容量差别悬殊的分支干线的计算负荷时，采用此法较为合理，且计算也比较简便。

（一）按需要系数法确定计算负荷

1. 需要系数法的基本公式及其应用

工作性质相同的一组用电设备有很多台，其中有的设备满载运行，有的设备轻载或空载运行，还有的设备处于备用或检修状态，该组用电设备的计算负荷 P_c 总是比其额定容量的总和要小得多。因此，在确定计算负荷时，需要将该组设备总容量（或称总功率）进行换算，即

$$P_{c}=\frac{k_{sim}k_{L}}{\eta\eta_{l}}\sum P_{N}$$

式中 k_{sim}——设备的同时系数，即设备组在最大负荷时运行的设备容量与全部设备容量之比；

k_{L}——设备组的负荷系数，即设备组在最大负荷时的输出功率与运行的设备容量之比；

η——设备组的平均效率，即设备组在最大负荷时的输出功率与取用功率之比；

η_{l}——配电线路的平均效率，即配电线路在最大负荷时的末端功率（亦即设备组的取用功率）与首端功率（亦即计算负荷）之比。

取 $k_{d}=\frac{k_{sim}k_{L}}{\eta\eta_{l}}$，并称之为需要系数。由此可得需要系数的定义式为

$$k_{d}=\frac{P_{c}}{\sum P_{N}} \tag{2-50}$$

即用电设备组的需要系数，是用电设备组（或用电单位）在最大负荷时需要的有功功率与其设备总的额定容量（备用设备的容量不计入）$\sum P_{N}$ 的比值。

实际上，需要系数 k_{d} 不仅与用电设备组的工作性质、设备台数、设备效率及线路损耗等有关，而且与操作人员的技能水平和生产组织等多种因素有关，因此需要系数尽可能通过实测分析确定，使之尽量接近实际。

按需要系数法确定三相用电设备组计算负荷的基本公式为

$$\left.\begin{aligned}P_{c}&=k_{d}\sum P_{N}\ (\text{kW})\\Q_{c}&=P_{c}\tan\varphi\ (\text{kvar})\\S_{c}&=\frac{P_{c}}{\cos\varphi}\ (\text{kV}\cdot\text{A})\\I_{c}&=\frac{S_{c}}{\sqrt{3}U_{N}}\ (\text{A})\end{aligned}\right\} \tag{2-51}$$

式中 I_{c}——计算电流；

U_{N}——用电设备的额定电压，kV。

附表 35 列出了用电设备组的需要系数 k_{d} 及相应的 $\cos\varphi$、$\tan\varphi$ 的值，供参考。

必须指出：附表 35 所列的需要系数值是按车间范围设备台数较多的情况来确定的，所以需要系数值一般都比较低，例如冷加工机床组的需要系数值平均只有 0.2 左右。如果所计算的用电设备台数较少，需要系数值要适当取大。如只有 1～2 台设备，宜取 $k_{d}=1$，即 $P_{c}=\sum P_{N}$。对于电动机，由于它本身损耗较大，而其额定容量 P_{N} 为输出功率，因此一台电动机的计算负荷 $P_{c}=P_{n}/\eta$，其中 η 为电动机的效率。在 k_{d} 适当取大的同时，$\cos\varphi$ 也要适当取大。

这里还要指出：需要系数值与用电设备的类别和工作状态关系极大，因此计算时首先要正确判断用电设备的类别和工作状态，否则将造成错误。例如机修车间的金属切削机床电动机，应属小批生产的冷加工机床电动机，因为金属切削就是冷加工，而机修车间不可能是大批生产。又如压塑机、拉丝机和锻锤等，应属热加工机床。再如起重机、行车、电葫芦、卷扬机等都属于吊车类。

【例 2-9】　已知某机修车间的金属切削机床组，拥有额定电压380V的三相电动机15kW的1台，11kW的3台，7.5kW的8台，4kW的15台，其他更小容量电动机的总容量35kW。试用需要系数法确定其计算负荷。

解　此机床组电动机的总容量为

$$\sum P_N = 15\times1+11\times3+7.5\times8+4\times15+35=203\ (\text{kW})$$

查附表35的小批生产的金属冷加工机床电动机一项，得 $k_d=0.16\sim0.2$（取0.2），$\cos\varphi=0.5$，$\tan\varphi=1.73$。则：

有功计算负荷　$P_c=k_d\sum P_N=0.2\times203=40.6\ (\text{kW})$

无功计算负荷　$Q_c=P_c\tan\varphi=40.6\times1.73=70.2\ (\text{kvar})$

视在计算负荷　$S_c=\dfrac{P_c}{\cos\varphi}=\dfrac{40.6}{0.5}=81.2\ (\text{kV}\cdot\text{A})$

计算电流　$I_c=\dfrac{S_c}{\sqrt{3}U_N}=\dfrac{81.2}{\sqrt{3}\times0.38}=123\ (\text{A})$

【例 2-10】　某380V配电线路给1台132kW的Y型三相电动机供电，其效率 $\eta=91\%$，功率因数 $\cos\varphi=0.9$。试确定此线路的计算负荷。

解　因为只有1台电动机，故取 $k_d=1$，由此可得：

有功计算负荷　$P_c=\dfrac{k_dP_N}{\eta}=1\times132/0.91=145.1\ (\text{kW})$

无功计算负荷　$Q_c=P_c\tan\varphi=145.1\times\tan\ (\arccos^{-1}0.9)\ =70.3\ (\text{kvar})$

视在计算负荷　$S_c=\dfrac{P_c}{\cos\varphi}=\dfrac{145.1}{0.9}=161.2\ (\text{kV}\cdot\text{A})$

计算电流　$I_c=\dfrac{S_c}{\sqrt{3}U_N}=\dfrac{161.2}{\sqrt{3}\times0.38}=244.9\ (\text{A})$

2. 设备容量的计算

计算负荷 $P_c=k_d\sum P_N$，其中的 $\sum P_N$ 为用电设备组所有运行设备（不包括备用设备）的额定容量之和，而且要注意 $\sum P_N$ 的计算与设备组的工作制有关。

(1) 长期连续工作制和短时工作制的三相设备容量。这两类三相设备组的设备容量 $\sum P_N$，取所有设备（备用设备不计）的额定容量之和。

(2) 断续周期工作制的三相设备容量。其设备总容量应为各设备在不同负荷持续率下的铭牌容量换算到一个统一的负荷持续率下的容量之和。

1) 电焊机组。一般要求设备容量统一换算到负荷持续率为 $\varepsilon_{100}=100\%$ 时的功率。设铭牌的容量为 P_N，其负荷持续率为 ε_N，对应于 ε_{100} 的设备容量为

$$P_{N100\%}=P_N\sqrt{\frac{\varepsilon_N}{\varepsilon_{100}}}=S_N\cos\varphi\sqrt{\frac{\varepsilon_N}{\varepsilon_{100}}}$$

即

$$P_{N100\%}=P_N\sqrt{\varepsilon_N}=S_N\cos\varphi\sqrt{\varepsilon_N} \tag{2-52}$$

式中　P_N、S_N——电焊机的铭牌容量，前者为有功容量，后者为视在容量，电焊机的容量大多标为后者；

ε_N——铭牌容量对应的负荷持续率，计算中换算为小数；

ε_{100}——其值为100%的负荷持续率，计算中取1；

$\cos\varphi$——铭牌规定的功率因数；

$P_{N100\%}$——铭牌的容量 P_N 统一换算到负荷持续率为 ε_{100} 时的功率。

2）吊车电动机组。一般要求设备容量统一换算到负荷持续率为 $\varepsilon_{25}=25\%$ 时的功率。设铭牌的容量为 P_N，其负荷持续率为 ε_N，对应于 ε_{25} 的设备容量

$$P_{N25\%}=P_N\sqrt{\frac{\varepsilon_N}{\varepsilon_{25}}}=2P_N\sqrt{\varepsilon_N} \tag{2-53}$$

式中 ε_N——与 P_N 对应的负荷持续率，计算中换算为小数。

（3）单相用电设备的等效三相设备容量的换算。

1）接于相电压的单相设备容量换算。按最大负荷相所接的单相设备容量 $\sum P_{N,m\varphi}$ 乘以 3 来计算其等效三相设备容量

$$\sum P_N=3\sum P_{N,m\varphi} \tag{2-54}$$

2）接于线电压的单相设备容量换算。由于容量为 $\sum P_{N,\varphi}$ 的单相设备接在线电压上产生的电流为 $I=\sum P_{N,m\varphi}/(U\cos\varphi)$，则该电流应与等效三相设备容量 $\sum P_N$ 产生的电流 $I'=\sum P_N/(\sqrt{3}U\cos\varphi)$ 相等，因此其等效三相设备容量

$$\sum P_N=\sqrt{3}\sum P_{N,\varphi} \tag{2-55}$$

3. 多组用电设备计算负荷的确定

在确定拥有多组用电设备的干线上或车间变电站低压母线上的计算负荷时，应考虑各组用电设备的最大负荷不同时出现的因素。因此在确定低压干线上或低压母线上的计算负荷时，可结合具体情况对其有功和无功计算负荷计入一个综合系数（又称同时系数或参差系数）k_Σ。

对于车间干线，可取 $k_\Sigma=0.85\sim0.95$。

对于低压母线，由用电设备组计算负荷直接相加来计算时，可取 $k_\Sigma=0.8\sim0.9$；由车间干线计算负荷直接相加来计算时，可取 $k_\Sigma=0.9\sim0.95$。

总的有功计算负荷 $$P_c=k_\Sigma\sum P_{ci} \tag{2-56}$$

总的无功计算负荷 $$Q_c=k_\Sigma\sum Q_{ci} \tag{2-57}$$

总的视在计算负荷 $$S_c=\sqrt{P_c^2+Q_c^2} \tag{2-58}$$

总的计算电流 $$I_c=\frac{S_c}{\sqrt{3}U_N} \tag{2-59}$$

式中 $\sum P_{ci}$、$\sum Q_{ci}$——所有各组设备的有功、无功计算负荷之和。

由于各组设备的 $\cos\varphi$ 不一定相同，因此总的视在计算负荷和计算电流一般不能用各组的视在计算负荷或计算电流之和乘以 k_Σ 来计算。

必须注意：在计算多组设备总的计算负荷时，为了简化和统一，各组设备的台数不论多少，各组的计算负荷均可按附表 35 所列 k_d、$\cos\varphi$ 值来计算。

【例 2-11】 某机械加工车间 380V 线路上，接有流水作业的金属切削机床组电动机 30 台共 85kW（其中较大容量电动机 11kW 的 1 台，7.5kW 的 3 台，4kW 的 6 台，其他为更小容量电动机）。另有通风机 3 台，共 5kW；电葫芦 1 个，3kW（$\varepsilon=40\%$）。试确定各组的以及总的计算负荷。

解 先求各组的计算负荷：

（1）机床组。查附表 35，得 $k_d=0.18\sim0.25$（取 $k_d=0.25$），$\cos\varphi=0.5$，$\tan\varphi=1.73$，因此

$$P_{c1}=0.25\times85=21.3\ (\text{kW})$$

$$Q_{c1}=21.3\times1.73=36.8\ (\text{kvar})$$

$$S_{c1}=\frac{21.3}{0.5}=42.6\ (\text{kV}\cdot\text{A})$$

$$I_{c1}=\frac{42.6}{\sqrt{3}\times0.38}=64.7\ (\text{A})$$

(2) 通风机组。查附表 35，得 $k_d=0.7\sim0.8$（取 $k_d=0.8$），$\cos\varphi=0.8$，$\tan\varphi=0.75$，因此

$$P_{c2}=0.8\times5=4\ (\text{kW})$$

$$Q_{c2}=4\times0.75=3\ (\text{kvar})$$

$$S_{c2}=\frac{4}{0.8}=5\ (\text{kV}\cdot\text{A})$$

$$I_{c2}=\frac{5}{\sqrt{3}\times0.38}=7.6\ (\text{A})$$

(3) 电葫芦。查附表 35 中机加车间吊车项，$k_d=0.1\sim0.15$（取 $k_d=0.15$），$\cos\varphi=0.5$，$\tan\varphi=1.73$，而 $\varepsilon=25\%$，故

$$\sum P_{N(\varepsilon=25\%)}=2\times3\times\sqrt{\frac{40}{100}}=3.79\ (\text{kW})$$

$$P_{c3}=0.15\times3.79=0.569\ (\text{kW})$$

$$Q_{c3}=0.569\times1.73=0.984\ (\text{kvar})$$

$$S_{c3}=\frac{0.569}{0.5}=1.138\ (\text{kV}\cdot\text{A})$$

$$I_{c3}=\frac{1.138}{\sqrt{3}\times0.38}=1.73\ (\text{A})$$

因此总计算负荷（取 $k_\Sigma=0.95$）为

$$P_c=0.95\times(21.3+4+0.569)=24.6\ (\text{kW})$$

$$Q_c=0.95\times(36.8+3+0.984)=38.8\ (\text{kvar})$$

$$S_c=\sqrt{24.6^2+38.8^2}=45.9\ (\text{kV}\cdot\text{A})$$

$$I_c=\frac{45.9}{\sqrt{3}\times0.38}=69.7\ (\text{A})$$

为了使人一目了然，便于审核，实际工程设计中常采用计算表格形式，如表 2-1 所示。

表 2-1　例 2-11 的电力负荷计算表（按需要系数法）

序号	用电设备名称	台数	设备容量 P_c (kW)	k_d	$\cos\varphi$	$\tan\varphi$	计算负荷			
							P_c (kW)	Q_c (kvar)	S_c (kV·A)	I_c (A)
1	机床组	30	85	0.25	0.5	1.73	21.3	36.8	42.6	64.7
2	通风机	3	5	0.8	0.8	0.75	4	3	5	7.6
3	电葫芦	1	3 ($\varepsilon=40\%$) 3.79 ($\varepsilon=25\%$)	0.15 ($\varepsilon=25\%$)	0.5	1.3	0.569	0.984	1.138	1.73
总计		—	—	—	—	—	25.9	40.8	—	—
	取 $k_\Sigma=0.95$				0.54		24.6	38.8	45.9	69.7

注　总的 $\cos\varphi=P_c/S_c=24.6/45.9=0.54$。

（二）按二项式法确定计算负荷

1. 二项式法的基本公式及其应用

二项式法的基本公式为

$$P_c=b\sum P_N+cP_x \tag{2-60}$$

式中 $b\sum P_N$——用电设备组的平均负荷，其中$\sum P_N$为用电设备组的设备总容量，其计算方法如前所述；

cP_x——用电设备组中x台大容量的设备投入运行时增加的附加负荷，其中P_x是x台大容量设备的容量总和；

b、c——二项式系数。

其余的计算负荷Q_c、P_c和I_c的计算公式与前述需要系数法相同。

二项式系数b、c及大容量的设备台数x和$\cos\varphi$、$\tan\varphi$等值，亦可查附表35。

必须注意：按二项式法确定计算负荷时，如果设备总台数$n<2x$时，则x宜相应地取小一些，建议取为$x=n/2$，且按四舍五入取为整数。如某机床组的电动机只有7台，而附表35规定$x=5$，但这里$n=7<2x=10$，因此可取$x=7/2\approx 4$来计算，即取其中4台较大容量的电动机来计算P_x。

如果用电设备组只有1～2台设备时，就可认为$P_c=\sum P_N$，即$b=1$，$c=0$。对于单台电动机，则$P_c=P_N/\eta$。在设备台数较少时，$\cos\varphi$也宜相应地适当取大。

由于二项式法确定的计算负荷，不仅考虑了用电设备组的平均最大负荷，而且考虑了少数（x台）大容量设备投入运行时对总计算负荷的附加影响。因此二项式法较之需要系数法更适于确定设备台数较少而容量差别较大的低压干线和分支线的计算负荷。

【例2-12】 试用二项式法确定例2-9所述机修车间的金属切削机床组的计算负荷。

解 由附表35查得$b=0.14$，$c=0.4$，$x=5$，$\cos\varphi=0.5$，$\tan\varphi=1.73$。而设备容量为

$$\sum P_N=203\ (\text{kW})\ （见例2-9）$$

x台大容量设备的总容量为

$$P_x=P_5=15\times1+11\times3+7.5\times1=55.5\ (\text{kW})$$

因此按式（2-57）可求得其有功计算负荷为$P_c=0.14\times203+0.4\times55.5=50.6\ (\text{kW})$

按式（2-51）可求得其无功计算负荷、视在计算负荷、计算电流分别为

$$Q_c=50.6\times1.73=87.5\ (\text{kvar})$$

$$S_c=\frac{50.6}{0.5}=101\ (\text{kV}\cdot\text{A})$$

$$I_c=\frac{101}{\sqrt{3}\times0.38}=153\ (\text{A})$$

比较例2-9和例2-12的计算结果可以看出，按二项式法计算的结果比按需要系数法计算的结果大。供电设计的经验说明，选择低压干线和分支线时，按需要系数法确定的计算负荷往往偏小，故以采用二项式法为宜。

2. 多组用电设备计算负荷的确定

按二项式法确定多组用电设备（如m组）总的计算负荷时，也应考虑各组用电设备的最大负荷不同时出现的因素。因此在确定总计算负荷时，只需考虑一组最大的有功附加负荷作为总计算负荷的附加负荷，再加上各组平均负荷的总和。总的有功和无功计算负荷分别为

$$P_c = \sum_{i=1}^{m}(b\sum P_N)_i + (cP_x)_{max} \tag{2-61}$$

$$Q_c = \sum_{i=1}^{m}(b\sum P_N \tan\varphi)_i + (cP_x)_{max}\tan\varphi_{max} \tag{2-62}$$

式中　$\sum_{i=1}^{m}(b\sum P_N)_i$——各组有功功率平均负荷之和；

$\sum_{i=1}^{m}(b\sum P_N \tan\varphi)_i$——各组无功功率平均负荷之和；

$(cP_x)_{max}$——各组中最大的一个有功附加负荷；

$\tan\varphi_{max}$——$(cP_x)_{max}$的那一组设备的正切值。

总的视在计算负荷 S_c 和总的计算电流 I_c，则分别按式（2-58）和式（2-59）计算。

必须注意：按二项式法计算多组设备总的计算负荷时，为了简化和统一，不论各组设备台数多少，各组的计算系数 b、c，台数 x 和 $\cos\varphi$ 等均按附表 35 所列数值计算。

【例 2-13】　试用二项式法确定例 2-11 所述机械加工车间 380V 线路上各组的计算负荷及总的计算负荷。

解　先求各组的 $b\sum P_N$、cP_x 及其计算负荷：

（1）机床组。查附表 35 得：$b=0.14$，$c=0.5$，$x=5$，$\cos\varphi=0.5$，$\tan\varphi=1.73$。则

$$(b\sum P_N)_1 = 0.14\times 85 = 11.9\ (\text{kW})$$

$$(cP_x)_1 = 0.5\times(11\times 1+7.5\times 3+4\times 1) = 18.8\ (\text{kW})$$

$$P_{c1} = 11.9+18.8 = 30.7\ (\text{kW})$$

$$Q_{c1} = 30.7\times 1.73 = 53.1\ (\text{kvar})$$

$$S_{c1} = \frac{30.7}{0.5} = 61.4\ (\text{kV·A})$$

$$I_{c1} = \frac{61.4}{\sqrt{3}\times 0.38} = 93.3\ (\text{A})$$

（2）通风机组。查附表 35 得 $b=0.65$，$c=0.25$，$x=5$，$\cos\varphi=0.8$，$\tan\varphi=0.75$。则

$$(b\sum P_N)_2 = 0.65\times 5 = 3.25\ (\text{kW})$$

$$(cP_x)_2 = 0.25\times 5 = 1.25\ (\text{kW})$$

$$P_{c2} = 3.25+1.25 = 4.5\ (\text{kW})$$

$$Q_{c2} = 4.5\times 0.75 = 3.38\ (\text{kvar})$$

$$S_{c2} = \frac{4.5}{0.8} = 5.63\ (\text{kV·A})$$

$$I_{c2} = \frac{5.63}{\sqrt{3}\times 0.38} = 8.55\ (\text{A})$$

（3）电葫芦。查附表 35 得：$b=0.06$，$c=0.2$，$x=3$，$\cos\varphi=0.5$，$\tan\varphi=1.73$。则

$$(b\sum P_N)_3 = 0.06\times 3.79 = 0.227\ (\text{kW})$$

$$(cP_x)_3 = 0.2\times 3.79 = 0.758\ (\text{kW})$$

$$P_{c3} = 0.227+0.758 = 0.985\ (\text{kW})$$

$$Q_{c3} = 0.985\times 1.73 = 1.70\ (\text{kvar})$$

$$S_{c3} = \frac{0.985}{0.5} = 1.97\ (\text{kV·A})$$

$$I_{c3}=\frac{1.97}{\sqrt{3}\times 0.38}=2.99\ (A)$$

比较以上各组的 cP_x 可知，机床组的 $(cP_x)_1=18.8$kW 为最大，因此总的计算负荷为

$$P_c=(11.9+3.25+0.227)+18.8=34.2\ (kW)$$

$$Q_c=(11.9\times 1.73+3.25\times 0.75+0.227\times 1.73)+18.8\times 1.73=55.9\ (kvar)$$

$$S_c=\sqrt{34.2^2+55.9^2}=65.5\ (kV\cdot A)$$

$$I_c=\frac{65.5}{\sqrt{3}\times 0.38}=99.5\ (A)$$

以上计算亦可直接列成负荷计算表，如表 2 - 2 所示。

表 2 - 2　　例 2 - 13 的电力负荷计算表（按二项式法）

序号	用电设备名称	台数 n 或 n/x	设备容量		二项式系数	$\cos\varphi$	$\tan\varphi$	计算负荷			
			$\sum P_N$ (kW)	P_x (kW)	b/c			P_c (kW)	Q_c (kvar)	S_c (kV·A)	I_c (A)
1	机床组	30/5	85	37.5	0.14/0.5	0.5	1.73	30.7	53.1	61.4	93.3
2	通风机	3	5		0.65/0.25	0.8	0.75	4.5	3.38	5.63	8.55
3	电葫芦	1	3 (ε=40%) 3.79 (ε=25%)		0.06/0.25 (ε=25%)	0.5	1.73	0.985	1.7	1.97	2.99
总计		—	—		—	0.52	—	34.2	55.9	65.5	99.5

注　总的 $\cos\varphi=P_c/S_c=34.2/65.5=0.52$。

（三）企业计算负荷确定

为了确定企业的总用电量，或者合理选择企业变、配电站的变压器容量和电气设备，以及导线、电缆的规格型号，必须先确定企业总计算负荷。

确定企业计算负荷的方法很多，这里介绍两种常用的计算方法。

1. 需要系数法

将企业用电设备的总设备容量 $\sum P_N$（不计备用设备容量）乘以一个需要系数 k_d，就得出企业的有功计算负荷，即

$$P_c=k_d\sum P_N \tag{2-63}$$

企业的无功计算负荷、视在计算负荷、计算电流，分别按式（2 - 51）计算。

各类企业的需要系数可由有关设计单位根据调查统计的资料，或参考有关设计手册来确定。企业需要系数的高低，不仅与用电设备的工作性质、设备台数、设备效率和线路损耗等因素有关，而且与企业的生产性质、工艺特点、生产班制等因素有关。所以需要系数法是一种简便实用的近似计算方法。

2. 逐级相加计算法

如图 2 - 25 所示，采用从用电端开始，逐级向电源推移计算方法。计算步骤如下：

(1) 先确定各用电设备的计算负荷，然后计算车间干线和车间变电站低压母线 1 处的计算负荷，包括电力照明。

(2) 车间变电站低压侧总计算负荷，加上车间变电站变压器 2 的损耗功率，得到车间变电站高压侧 3 处的计算负荷。

(3) 所有车间变电站高压侧的计算负荷，加上厂区高压配电线路 4 的损耗功率，就得到

企业总降压变电站低压侧 5 处的计算负荷。

（4）企业总降压变电站低压侧的计算负荷，加上主变压器 6 的损耗功率，便得到总降压变电站高压侧 7 处的计算负荷，即为企业进线处的总计算负荷。

还应当注意：①当供电系统中某个环节装设有无功功率补偿设备（如并联电容器）时，应在确定此装设地点前的计算负荷时，将无功补偿功率考虑在内。②对于一般企业供配电系统来说，由于高低压配电线路较短，所以在确定企业计算负荷时，线路损耗可忽略不计。

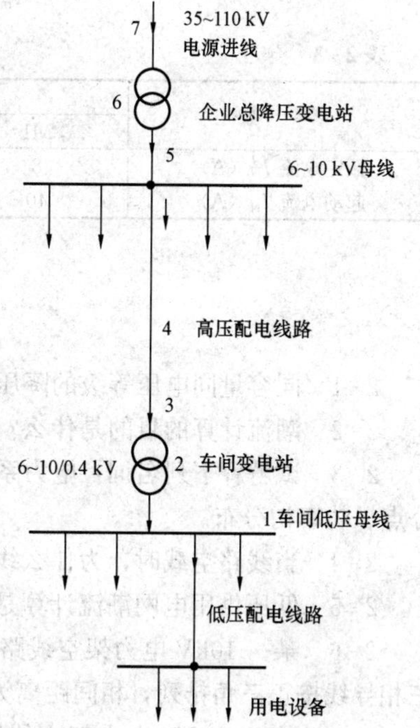

图 2-25 工厂企业供电示意图

（四）尖峰电流及其计算

1. 尖峰电流的有关概念

尖峰电流是指持续时间 1～2s 的短时最大负荷电流。

尖峰电流主要用来选择熔断器和低压断路器，整定继电保护装置和检验电动机自起动条件等。

2. 单台用电设备尖峰电流的计算

单台用电设备的尖峰电流就是其起动电流，因此尖峰电流为

$$I_{\mathrm{m}}=I_{\mathrm{st}}=k_{\mathrm{st}}I_{\mathrm{N}} \tag{2-64}$$

式中 I_{N}——用电设备的额定电流；

I_{st}——用电设备的起动电流；

k_{st}——用电设备的起动电流倍数，对笼型电动机 $k_{\mathrm{st}}=5\sim7$，绕线型电动机 $k_{\mathrm{st}}=2\sim3$，直流电动机 $k_{\mathrm{st}}\approx1.7$，电焊变压器 $k_{\mathrm{st}}\approx3$ 或稍大。

3. 多台用电设备尖峰电流的计算

当线路上有多台用电设备时，其尖峰电流计算公式为

$$I_{\mathrm{m}}=k_{\Sigma}\sum_{i=1}^{n-1}I_{\mathrm{N},i}+I_{\mathrm{st,max}} \tag{2-65}$$

$$I_{\mathrm{m}}=I_{\mathrm{c}}+(I_{\mathrm{st}}-I_{\mathrm{N}})_{\mathrm{max}} \tag{2-66}$$

式中 $I_{\mathrm{st,max}}$、$(I_{\mathrm{st}}-I_{\mathrm{N}})_{\mathrm{max}}$——分别为用电设备中起动电流与额定电流之差为最大的那台设备的起动电流及其起动电流与额定电流之差；

$\sum_{i=1}^{n-1}I_{\mathrm{N},i}$——将起动电流与额定电流之差为最大的那台设备除外的其他 $n-1$ 台设备的额定电流之和；

k_{Σ}——上述 $n-1$ 台设备的综合系数（又称同时系数），按台数多少选取，一般为 0.7～1；

I_{c}——全部设备投入运行时线路的计算电流。

【例 2-14】 有一条 380V 三相线路，供电给表 2-3 所示 5 台电动机。该线路的计算电流为 50A。试计算该线路的尖峰电流。

解 由表 2-3 可知，M4 的 $I_{\mathrm{st}}-I_{\mathrm{N}}=58-10=48$（A）为最大，因此按式（2-66）可得线路尖峰电流为

$$I_m = 50 + (58 - 10) = 98 \text{ (A)}$$

表 2-3　　例 2-14 的负荷资料

参　数	电	动	机		
	M1	M2	M3	M4	M5
额定电流 I_N（A）	8	18	25	10	15
起动电流 I_{st}（A）	40	65	46	58	36

习　题

2-1　同容量同电压等级的降压变压器与升压变压器的参数是否相同？

2-2　潮流计算的目的是什么？如何用复数表示功率？

2-3　试解释下列名词：电力系统潮流、电压降落、电压损耗、电压偏移、功率损耗、功率分点、功率初分布。

2-4　当线路空载时，为什么线路末端电压会高于始端电压？

2-5　低压供用电网潮流计算是如何简化的？

2-6　某一 10kV 电力架空线路，长 10km，使用 LGJ-70 型（计算外径 d=11.4mm）导线，三相导线按正三角排列，相间距离为 1m。试计算线路的参数并作出等值电路。

2-7　某一 110kV 电力架空线路，长 60km，使用 LGJ-120 型（计算外径 d=15.2mm）导线，三相导线按水平排列，相间距离为 4m。试计算线路的参数并作出等值电路。

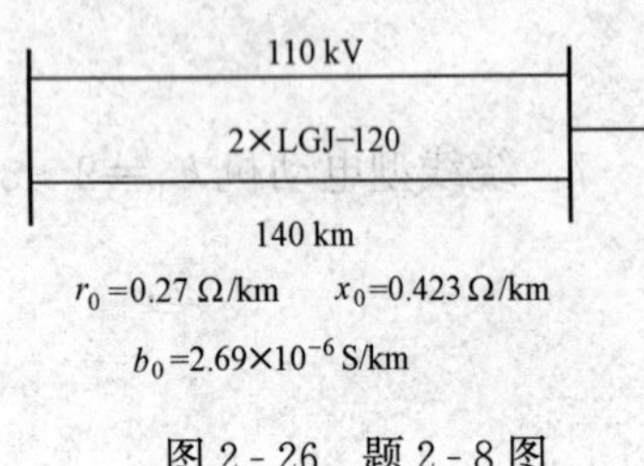

图 2-26　题 2-8 图

2-8　某 110kV 双回线路，长 140km，使用 LGJ-120 型，单位参数如图 2-26 所示。试计算线路的参数并作出等值电路。

2-9　某变电站采用两台 SFL1-31500/110 型（ΔP_k=190kW，u_k%=10.5，P_0=31.05kW，I_0%=0.7）的变压器并列运行，变比为 110/11kV，试作出归算到高压侧的等值电路。

2-10　某升压变电站采用一台 SFL1-40000/110 型（ΔP_k=200kW，u_k%=10.5，ΔP_0=42kW，I_0%=0.7）的变压器并列运行，变比为 121/10.5kV，试作出归算到高压侧的等值电路。

2-11　某变电站采用一台 SFSL1-15000/110 型（ΔP_{k12}=120kW，ΔP_{k23}=95kW，ΔP_{k31}=120kW，u_{k12}%=10.5，u_{k23}%=6，u_{k31}%=17，ΔP_0=22.7kW，I_0%=1.3）变比为 110/38.5/11kV，容量比为 100/100/100 三绕组变压器。试作出归算到高压侧的等值电路。

2-12　某变电站采用一台 SFSL1-31500/110 型（ΔP_{k12}=249.95kW，ΔP_{k23}=147.2kW，ΔP_{k31}=213.5kW，u_{k12}%=17.35，u_{k23}%=5.33，u_{k31}%=10.33，ΔP_0=79.6kW，I_0%=2.83）变比为 121/38.5/6.3kV，容量比为 100/100/100 三绕组变压器。试作出归算到高压侧的等值电路。

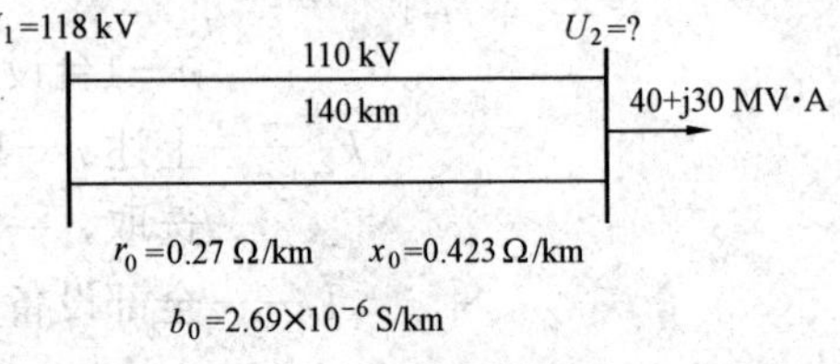

图 2-27　题 2-13 图

2-13　某电力系统接线如图 2-27 所示，有关计算数据标注于图中。试求在以下情况时的线路末端电压 U_2。

（1）线路末端负荷为 40+j30MV·A 时；

（2）线路末端空载时。

2-14 某电力系统接线及归算到高压侧的等值电路如图 2-28 所示，变压器变比为 110/11kV，线路始端电压为 110kV，试求变电站低压母线的电压。

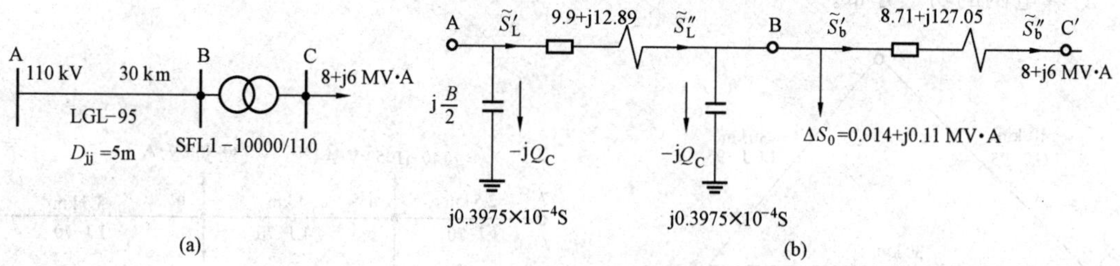

图 2-28　题 2-14 图

(a) 接线图；(b) 等值电路

2-15　某电力系统接线如图 2-29 所示，母线 A 的实际运行电压为 117kV。试求母线 C 的电压。

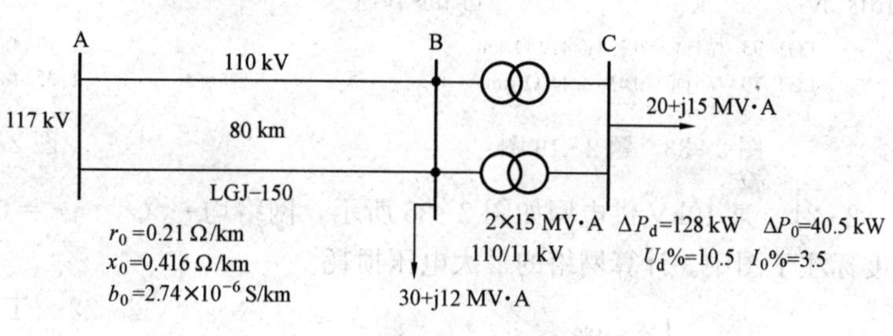

图 2-29　题 2-15 图

2-16　一条 10kV 的配电线路，给四个单位供电，已知数据示于图 2-30 中。计算线路的最大电压损耗。若 U_A＝10.4kV，试计算各负荷点的实际电压。

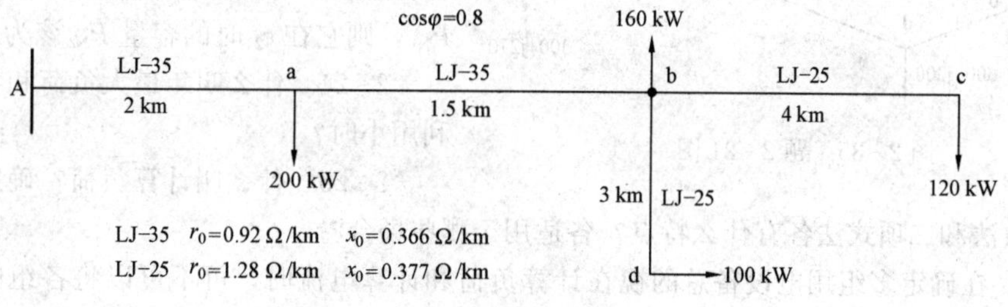

图 2-30　题 2-16 图

2-17　某 10kV 线路，已知网络均一（r_0＋jx_0＝0.3＋j0.4Ω/km），负荷、功率因数、线路长度如图3-31所示。试求线路的最大电压损耗。若 U_A＝10.4kV，试计算各负荷点的实际电压。

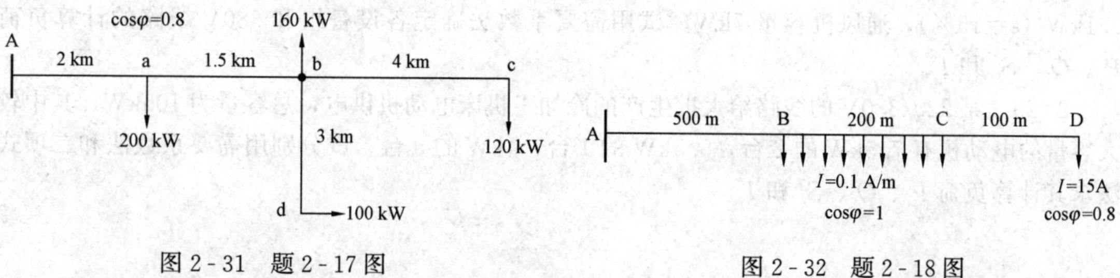

图 2-31　题 2-17 图　　　　图 2-32　题 2-18 图

2-18　某 380V 线路如图 2-32 所示，线路均一（r_0＋jx_0＝1.26＋j0.377Ω/km），试计算线

路AD的电压损耗。

2-19 某110kV环网，线路的导线型号、长度标注于图2-33中。计算电网的功率初分布。

2-20 某10kV电网，$U_A=10.5kV$，$U_B=10.4kV$，线路的导线型号、长度标注于图2-34中。计算电网的功率分布。

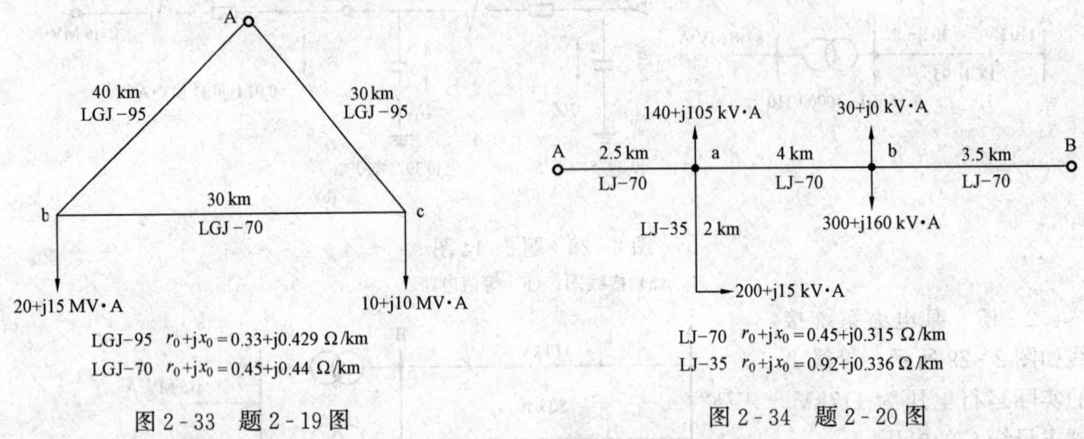

图2-33 题2-19图

图2-34 题2-20图

2-21 某10kV供电网如图2-35所示，网络均一（$r_0+jx_0=0.3+j0.4\Omega/km$），负荷、线路长度标注于图中。计算网络的最大电压损耗。

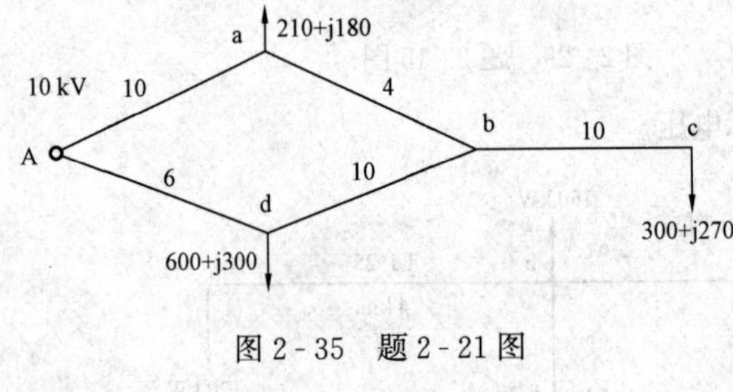

图2-35 题2-21图

2-22 工厂用电设备按工作制分哪几类？各有何工作特点？

2-23 什么叫负荷持续率？它表征哪类设备的工作特性？设某设备在ε_1时的容量为P_{N1}，则它在ε_2时的容量P_{N2}该为多少？

2-24 什么叫年最大负荷和年最大负荷利用小时？

2-25 什么叫计算负荷？确定计算负荷的需要系数法和二项式法各有什么特点？各适用于哪些场合？

2-26 在确定多组用电设备总的视在计算负荷和计算电流时，可不可以将各组的视在计算负荷和计算电流分别直接相加？为什么？

2-27 什么叫尖峰电流？尖峰电流与计算电流同为最大负荷电流，各在性质上和用途上有哪些区别？

2-28 有一条380V线路，供电给机修车间的冷加工机床电动机容量共150kW，行车容量5.1kW（$\varepsilon=15\%$），通风机容量7kW。试用需要系数法确定各设备组和380V线路的计算负荷P_c、Q_c、S_c和I_c。

2-29 某220/380V的线路给大批生产的冷加工机床电动机供电，总容量为105kW，其中较大容量的电动机有7.5kW的2台，5.5kW的1台，4kW的5台。试分别用需要系数法和二项式法求其计算负荷P_c、Q_c、S_c和I_c。

第三章　供用电系统短路电流计算

电力系统在运行过程中有时会发生故障，其中的多数故障是短路故障，而且对电力系统的危害也最为严重。本章的主要内容有采用标幺制计算各元件电抗、三相短路电流计算、不对称短路的概念及近似计算方法。

第一节　概　述

供用电系统处于正常运行状态时，电流、电压、频率等电气量均在允许范围之内。实践表明，供用电系统在运行中，难免会发生各种故障。其中短路就是常见的、危害极大的故障形式。在电力系统设计和运行中都需要短路电流的数据，然后才能确定电气主接线方案、选择电气设备和载流导体、整定和校验继电保护装置、选择限制短路电流的措施和分析电力系统的事故。

一、短路的定义

所谓短路，是指三相系统中相与相导体之间的非正常连接，如通过电弧和其他小阻抗的相间短接；此外在中性点有效接地系统或三相四线制系统中，还指单相或多相接地（或接中性线）。

在中性点非有效接地系统中，短路主要是指各种相间短路，包括不同相的多点接地；单相接地不会造成短路，仅有不大的接地电容电流流过接地处，一般情况下系统仍可继续运行1～2h，故称为接地故障，而不是称为短路。

二、短路的类型

三相系统中短路的基本类型有三相短路、两相短路、单相短路、两相接地短路。各种短路类型的示意图、表示符号与故障概率如表 3-1 所示。

表 3-1　　各种常见短路类型的示意图、表示符号与故障概率

短路类型	三相短路	单相短路	两相接地短路	两相短路
示意图	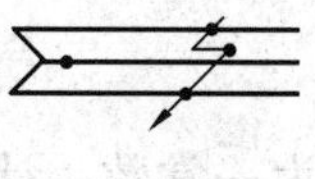		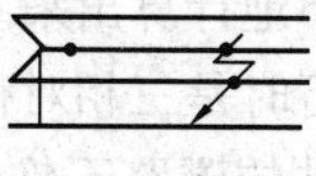	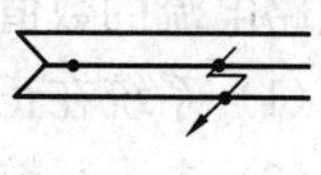
表示符号	$k^{(3)}$	$k^{(1)}$	$k^{(1,1)}$	$k^{(2)}$
故障概率	5%	70%～65%	10%～20%	10%～15%

三相短路是对称短路，因为此时三相电流和三相电压同正常运行时一样，仍然是对称的（短路回路的三相阻抗相等），只是三相电流增大、三相电压降低而已，电流和电压之间的相位角一般也较正常时增大。除三相短路外，其他几种短路都属于不对称短路，三相处于不同情况，每相电路中的电流和电压数值不相等，其间的相位角也不相同。

三相短路所占比例最小，但三相短路所造成的后果严重，而且计算三相短路电流的方法是不对称短路计算的基础。因此在本章着重介绍三相短路计算。

三、短路的原因

产生短路的原因，可分为两大类，一是内因，二是外因。所谓内因，一般是指电力系统中各元件本身的绝缘水平下降，在电网中出现过电压或雷击时，绝缘遭到破坏，而形成的短路。所谓外因，即不是电力系统中元件本身的原因，例如外力破坏（树倒砸线，吊车碰线等）、自然灾害（地震、风灾、雹灾等）、动物跨接载流部分、运行人员误操作（带负荷拉隔离开关、带地线合隔离开关等）都可能造成短路。

四、短路的危害

发生短路时，由于短路回路的阻抗减小，短路回路的电流急剧增大，此电流称为短路电流。短路电流基本上是感性电流，在数值上可能达到正常工作电流的几倍到几十倍，也可能达到几万安培甚至几十万安培，对导体、设备，以至整个电力系统都会产生极大的危害。

（1）毁坏设备。短路时在短路点会产生电弧，电弧温度极高，会烧断导体，烧毁设备；短路电流从电源流到短路点，所经之处，导体和设备都严重发热，使绝缘损坏。同时短路电流产生的电动力，会使导体弯曲变形，使设备产生机械损坏或者支架受到损坏。

（2）中断供电。三相短路时，短路点的电压为零，短路点以后的用户供电中断。同时电源与短路点间的电压突然降低，使其间的用电设备的正常工作也受到破坏。短路点距电源越近，停电范围越大。

（3）系统解列。严重的短路要影响电力系统运行的稳定性，可使并列运行的发电机失去同步，严重的情况下会造成系统解列。

（4）干扰通信。不对称短路所产生的零序电流，会严重影响通信线路工作，并且损坏设备及造成人身危害。

为了保证系统安全可靠的运行，减轻短路的影响，除在运行维护中应努力设法消除可能引起短路的一切原因外，还应尽快地切除故障部分，使系统电压在较短的时间内恢复到正常值。为此，可采用快速动作的继电保护装置和断路器，配电网中使用重合器、分段器等。此外，还应考虑采用限制短路电流的措施。

五、短路计算的基本假设

短路从起始状态到短路状态，其短路电流受各种因素的影响，变化过程非常复杂。短路电流实用计算方法，就是在满足工程准确等级要求的前提下，采用了一些必要的假设条件，将短路电流的数值较简单地计算出来。其假设条件如下：

（1）系统在正常运行时是三相对称的。

（2）电力系统各元件的磁路不饱和，即各元件的电抗为一常数，计算中可以应用叠加原理。

（3）略去变压器的励磁电流和所有元件的电容。

（4）在高压电路的短路计算中略去电阻，但在计算低压网络的短路电流时，应计及元件电阻，可以不计算复阻抗，用阻抗的绝对值 $|Z|=\sqrt{R^2+X^2}$ 进行计算。

（5）在短路过程中，发电机无摇摆现象，这主要考虑到短路的瞬间，电磁过程要比发电机摇摆的过程快的多。

（6）所有发电机电动势的相位在短路过程中都相等，频率与正常工作时相同。

第二节　标　幺　制

标幺制是一种相对单位制。短路电流的实用计算中常用到的物理量，如电流、电压、电抗和视在功率等，都是用无单位的相对数，即标幺值进行计算的，只在列出计算结果以及计算低电压电路的短路电流时，才用有名单位制。

一、标幺值

标幺值是一个物理量的实际有名值与一个预先选定的具有相同量纲物理量的基准值的比值，即

$$\text{标幺值}=\frac{\text{实际有名值}}{\text{基准值（与分子同单位）}} \tag{3-1}$$

对于任一物理量均可用标幺值表示。例如发电机电压 $U_G=10.5\text{kV}$，若选定电压的基准值 $U_b=10\text{kV}$，则发电机电压的标幺值 $U_{G*}=\frac{10.5\text{kV}}{10\text{kV}}=1.05$；若选取电压的基准值为 10.5kV，则发电机电压的标幺值 $U_{G*}=\frac{10.5\text{kV}}{10.5\text{kV}}=1$。可见，标幺值是无单位的数。实际上标幺值就是某物理量的有名值与基准值的倍数。由于选取的基准值不同，同一有名值的标幺值就不相等，所以讲到一个量的标幺值时，必须首先说明它的基准值。否则无意义。一般来说，基准值可以任意选取，但只有选取恰当，采用标幺值才能使运算量大为减少。

二、基准标幺值

以任意选取的数值作为基准值得到的标幺值，称为基准标幺值，以下角标“＊b”表示，符号＊表示该量是标幺值。

在三相系统的短路电流计算中，常用的电气量有线电压、线电流、单相电抗、三相视在功率。这四个电气量之间应满足下列关系：$S=\sqrt{3}UI$ 和 $U=\sqrt{3}IX$。在同一三相电路中，这四个量各自对应的基准值也应满足欧姆定律和功率方程式，即

$$\left.\begin{aligned}S_b&=\sqrt{3}U_bI_b\\U_b&=\sqrt{3}I_bX_b\end{aligned}\right\} \tag{3-2}$$

式（3-2）中只有两个是独立量，所以选取基准值时，只能任意选取其中的两个，另外两个必须由式（3-2）确定。通常系统的电压和功率（容量）多为已知，所以一般选取基准功率 S_b 和基准电压 U_b。基准电流 I_b 和基准电抗 X_b 由式（3-2）求得

$$I_b=\frac{S_b}{\sqrt{3}U_b} \tag{3-3}$$

$$X_b=\frac{U_b}{\sqrt{3}I_b}=\frac{U_b^2}{S_b} \tag{3-4}$$

于是 U、I、X、S 的基准标幺值为

$$\left.\begin{aligned}S_{*b}&=\frac{S}{S_b},\ I_{*b}=\frac{I}{I_b}=\frac{\sqrt{3}U_b}{S_b}\times I\\U_{*b}&=\frac{U}{U_b},\ X_{*b}=\frac{X}{X_b}=\frac{S_b}{U_b^2}\times X\end{aligned}\right\} \tag{3-5}$$

在用基准标幺值计算时，应注意以下几点：

（1）式（3-5）中每个有名值的单位取值为：电压取 kV；电流取 kA；电抗取 Ω；功率取 MV·A。

（2）在同一电路中，对于各级电压的每个元件，U_b 取值不同，但只能取一个共同的 S_b。

三、额定标幺值

三相电路中每台电气设备都有额定工作状态，并以 S_N、U_N、I_N、X_N 等额定参数表示。以额定参数作为基准值的标幺值，称为额定标幺值，以 S_{*N}、U_{*N}、I_{*N}、X_{*N}表示

$$S_{*N}=\frac{S}{S_N},\ I_{*N}=\frac{I}{I_N}=\frac{\sqrt{3}U_N}{S_N}\times I$$

$$U_{*N}=\frac{U}{U_N},\ X_{*N}=\frac{X}{X_N}=\frac{S_N}{U_N^2}\times X$$

四、百分值

发电机的各种电抗、变压器的短路电压和电抗器的电抗，在产品手册或铭牌上都以百分值的形式给出。在用标幺值计算短路电流时，要先把百分值化为额定标幺值。额定标幺值等于百分值除以 100。如某电抗百分值为 $x\%$，则

$$X_{*N}=\frac{x\%}{100}$$

标幺值和百分值一样，都是相对值，但是在短路电流计算中不用百分值，因为 8%乘以 5%，并不等于 40%，而等于 0.4%，可见两个百分值的直接乘积并不等于应得的百分值。而两个标幺值相乘，便可直接得到应得的标幺值，如 0.08×0.05＝0.004，运算比百分值简单。所以在用标幺值计算短路电流时，如遇到百分值，必须先把百分值除以 100 化为标幺值。

五、额定标幺值与基准标幺值的换算

电力系统中，各元件的电抗都是以额定参数为基准的标幺值（或以百分值）的形式给出，由于各元件的额定功率一般都不相同，因此，在进行短路电流计算时，必须把它们换算成同一基准功率下的基准标幺值。

如某元件的额定电压为 U_N，额定功率为 S_N，电抗百分值为 $x\%$，则电抗有名值为

$$X=\frac{x\%}{100}\times\frac{U_N^2}{S_N} \tag{3-6}$$

现将该电抗换算成以 U_b 为基准电压和以 S_b 为基准功率的基准标幺值，有

$$X_{*b}=X\times\frac{S_b}{U_b^2}=\frac{x\%}{100}\times\frac{U_N^2}{S_N}\times\frac{S_b}{U_b^2}=X_{*N}\times\frac{S_b}{S_N}\left(\frac{U_N}{U_b}\right)^2 \tag{3-7}$$

六、标幺值换算为有名值

标幺值在短路计算中仅作为一种工具、一个中间桥梁，它没有单位。不论是选择电气设备，还是其他一些计算，需要得到的结果必须是有名值。所以，最后必须把标幺值换算成有名值，根据式（3-5）有

$$I=I_*\times I=I_*\times\frac{S_b}{\sqrt{3}U_b}\ (\text{kA})$$

$$U=U_*\times U_b\ (\text{kV})$$

$$X=X_{*}\times X_{b}=X_{*}\times\frac{U_{b}^{2}}{S_{b}}\ (\Omega)$$

$$S=S_{*}\times S_{b}\ (\mathrm{MV\cdot A})$$

七、标幺制的特点

（1）线电压的标幺值与相电压的标幺值相等，则

$$U_{*}=\frac{U}{U_{b}}=\frac{\sqrt{3}U_{ph}}{\sqrt{3}U_{phb}}=U_{ph*}$$

（2）三相视在功率的标幺值与单相视在功率的标幺值相等，则

$$S_{*}=\frac{\sqrt{3}UI}{\sqrt{3}U_{b}I_{b}}=U_{*}I_{*}$$

（3）当$U_{*}=1$时，功率标幺值与电流标幺值相等。即当$U_{*}=1$时，$S_{*}=I_{*}$。

（4）当$U_{*}=1$时，电流的标幺值等于电抗标幺值的倒数。

因为
$$U_{*}=\frac{U}{U_{b}}=\frac{\sqrt{3}IX}{\sqrt{3}I_{b}X_{b}}=I_{*}X_{*}$$

所以
$$I_{*}=\frac{U_{*}}{X_{*}}$$

当$U_{*}=1$时，$I_{*}=\frac{1}{X_{*}}$。

标幺值也有缺点，主要是没有量纲，因而其物理概念不如有名值明确。

第三节　供用电网络各元件的电抗

短路电流实用计算中，由于3kV及以上的高压电器元件的电阻远小于电抗，所以，只考虑各主要元件的电抗，如同步发电机、电力变压器，电抗器、架空线路及电缆线路的电抗。配电装置中的母线、长度较小的连接导线、开关电器及互感器等元件的电抗都不考虑。

一、同步发电机

在三相短路电流的实用计算中，需用同步发电机在短路起始瞬间的电抗，即发电机的纵轴次暂态电抗X''_{d}。产品手册中给出同步发电机的额定线电压U_{N}、三相额定容量S_{N}和纵轴次暂态电抗的额定标幺值X''_{d*}。

二、电力变压器

产品目录中给出变压器的额定电压U_{N}、三相额定容量S_{N}和短路电压百分值$u_{k}\%$。双绕组变压器短路电压百分值等于变压器在额定电流时的电压降与其额定电压的比值的百分数，变压器电抗的额定标幺值等于短路电压百分值除以100，即$X_{T*}=u_{k}\%/100$。三绕组变压器和自耦变压

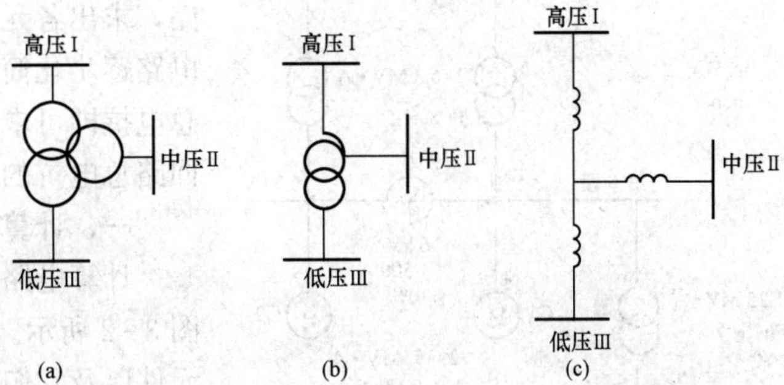

图3-1　三绕组变压器和自耦变压器及其等值电路

(a) 三绕组变压器；(b) 自耦变压器；(c) 等值电路

器各绕组间短路电压的百分值分别用 $u_{k\text{Ⅰ}-\text{Ⅱ}}\%$、$u_{k\text{Ⅱ}-\text{Ⅲ}}\%$、$u_{k\text{Ⅰ}-\text{Ⅲ}}\%$表示，Ⅰ、Ⅱ、Ⅲ分别表示高压、中压和低压。三绕组变压器各绕组额定容量不一定相同，这些值都是对变压器额定容量（即绕组容量最大的那个）的百分值。三绕组变压器和自耦变压器的等值电路如图3-1所示。各绕组电抗额定标幺值为

$$X_{\text{Ⅰ}*}=\frac{1}{200}(u_{k\text{Ⅰ}-\text{Ⅱ}}\%+u_{k\text{Ⅰ}-\text{Ⅲ}}\%-u_{k\text{Ⅱ}-\text{Ⅲ}}\%)$$

$$X_{\text{Ⅱ}*}=\frac{1}{200}(u_{k\text{Ⅰ}-\text{Ⅱ}}\%+u_{k\text{Ⅱ}-\text{Ⅲ}}\%-u_{k\text{Ⅰ}-\text{Ⅲ}}\%)$$

$$X_{\text{Ⅲ}*}=\frac{1}{200}(u_{k\text{Ⅰ}-\text{Ⅲ}}\%+u_{k\text{Ⅱ}-\text{Ⅲ}}\%-u_{k\text{Ⅰ}-\text{Ⅱ}}\%)$$

三、电抗器

电抗器是用来限制短路电流的电感线圈，其铭牌上给出额定电抗百分数 $X_L\%$、额定电压 U_N（kV）和额定电流 I_N（kA），则有

$$X_L=\frac{x_L\%}{100}\times\frac{U_N}{\sqrt{3}I_N}\ (\Omega) \tag{3-8}$$

四、线路

线路长度为 L（km），单位长度电抗为 x_0（Ω/km），则线路电抗 $X=x_0L$（Ω）。

五、系统电源电抗的标幺值

在电力系统短路电流计算中，系统电源电抗可由系统电源母线出口断路器的断流容量 S_{oc}来估算。就是将 S_{oc}看作是系统电源的短路容量 S_k（MV·A），若系统电源母线电压为 U（kV），则系统电源电抗为

$$X_S=\frac{U^2}{S_k}\ (\Omega)$$

第四节　供配电网络短路电流计算的步骤

在进行短路电流计算之前，应收集有关计算数据资料，如作为电源向用户变电站供电的系统变电站，它在不同运行方式下的等值内阻抗和各元件的技术数据等。进行计算时，首先作出计算电路图，再根据它作出各短路点的等值电路，求出各元件电抗的基准标幺值；然后将等值电路逐步化简，求出短路回路总电抗；最后根据总电抗即可求出短路电流值。下面讨论求出短路回路总电抗的方法。

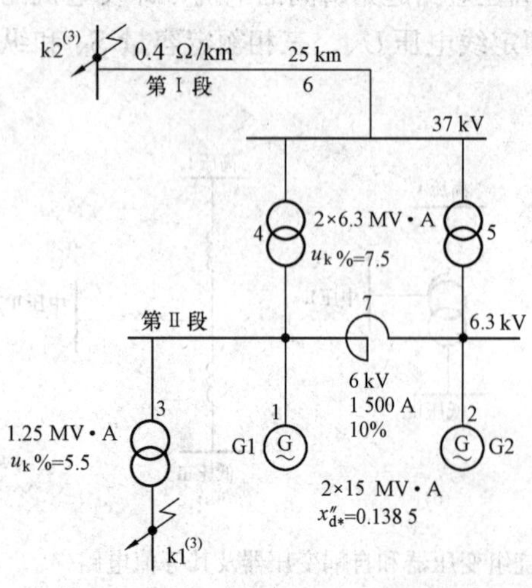

图3-2　计算电路图举例

一、计算电路图

计算电路图是一种简化了的系统单线图，如图3-2所示。图中仅画出与计算短路电流有关的元件以及它们之间的连接，注明各元件参数并按顺序编号。

计算电路图中各元件的连接方式，应根据

电气装置的运行方式和计算短路电流的目的来决定。为选择校验电气设备，必须计算可能通过被选择设备的最大短路电流值。但此值应按正常运行方式决定。如正常工作时分开运行的几台变压器，只在切换过程中才短时间并联，则计算电路图应按分开运行作出。

计算电路图中，可能有用变压器联络的几级电压。在实用计算中，各级电压都用该级电压线路的平均额定电压代替，并且标在母线上，如图 3-2 中的 37kV 和 6.3kV 母线。

平均额定电压为同一电压等级中的最高额定电压与最低额定电压的平均值，用 U_{av} 表示。由于同一电压级电网中，升压变压器绕组的额定电压与降压变压器绕组的额定电压不同，使计算复杂，应用平均额定电压计算时，可以认为凡接在同一电压等级的所有元件的额定电压都等于其平均额定电压，这样使计算大为简化，而引起的误差不大。对于电抗器则要用实际额定电压，因为电抗器的电抗通常比其他元件的电抗大得多，计算时仍用它本身的额定电压，以减少计算误差。

供用电网络部分电压等级的平均额定电压列于表 3-2。

表 3-2　各电压等级的平均额定电压　单位：kV

U_N	220	110	63	35	10	6	3	0.38	0.22
U_{av}	230	115	66	37	10.5	6.3	3.15	0.4	0.23

二、等值电路

由于短路电流是对故障点分别进行计算的，所以等值电路图可按指定的各故障点分别绘制，如图 3-3（a）、（b）所示。图中应标明各元件的序号及电抗基准标幺值，如：$\frac{2}{0.923}$的分子 2 表示元件序号（与计算电路图相对应），分母 0.923 表示该元件电抗值。

等值电路图仅画出某点短路时短路电流所通过的元件，例如图 3-2 中 $k1^{(3)}$ 点短路，短路电流仅流过两台发电机、电抗器 7 和变压器 4、5、3，不流过架空线路 6。所以 $k1^{(3)}$ 点短路时的等值电路图 3-3（a）中，仅有电抗 X_1、X_2、X_3、X_4、X_5、X_7，而不记入架空线路 6 的电抗。$k2^{(3)}$ 点短路时，因为两台发电机的参数相同，两台变压器参数也相同，则该电路对称，电抗器两端电位相等，可以直接将电抗器短接。此时短路电流不流过变压器 3 和电抗器 7，所以，$k2^{(3)}$ 点短路时的等值电路中只有电抗 X_1、X_2、X_4、X_5、X_6，如图 3-3（b）。

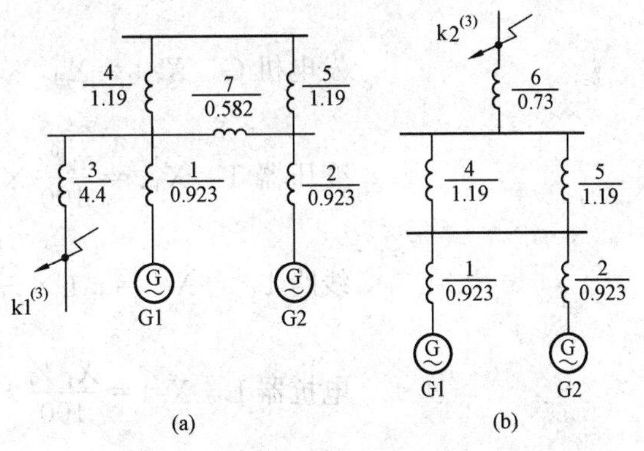

图 3-3　对应于图 3-2 的等值电路
（a）$k2^{(3)}$ 点短路等值电路；（b）$k2^{(3)}$ 点短路等值电路

在等值电路中代表各元件的电抗，是对称三相电路中任意相的数值，所以是用单相电路代替对称的三相电路。但形式上与电工基础中的单相电路不同，在电工基础中，电流从电源流出，经电抗流到短路点，再经无阻抗导线回到电源。在短路计算等值电路中，习惯上不画短路点与电源间的连线，并且认为短路电流是从电源流到短路点。

三、各元件电抗基准标幺值的计算

当某点短路，短路电流通过的元件在 n 个电压等级下时，用有名值计算必须把不同电压等级的各元件的电抗折算到同一电压等级后，才能连接成等值电路。这种折算往往给计算带来很多麻烦，但用标幺值计算时，只要恰当选择基准值，便可避免折算的麻烦。

首先讨论基准电压的选取。在不同电压级的各段电路中，变压器两侧额定电压之比为变压器的额定变比 $k_T=U_{av2}/U_{av1}$，注意此处用平均额定电压代替变压器绕组的额定电压。任意选取某一段电路的基准电压等于该段电路的平均额定电压，如图 3-2 所示电路中，任选第Ⅰ段电路的基准电压 $U_{b1}=U_{av1}=37\text{kV}$，折算到第Ⅱ段电路后，为

$$U'_{b1}=U_{b1}\times k_T=U_{av1}\times\frac{U_{av2}}{U_{av1}}=U_{av2}=6.3\ (\text{kV})$$

即等于第Ⅱ段的电路的平均额定电压。

同理，如首先选取第Ⅱ段电路的基准电压等于该电路的平均额定电压时，则折算到第Ⅰ段电路后，同样等于第Ⅰ段电路的平均额定电压。

由此得出结论，只要选取基准电压为某一段电路的平均额定电压，折算到各段电路后，便等于该段电路的平均额定电压，或者说各段电路的基准电压便等于该段电路的平均额定电压，即 $U_{b1}=U_{av1}$，$U_{b2}=U_{av2}$。这样，对各段电路来说都有 $U_b=U_{av}$。则变压器变比标幺值：$k_{T*}=k_T/k_b=\frac{U_{av2}}{U_{av1}}\Big/\frac{U_{b2}}{U_{b1}}=1/1$，整个电路是同一电压等级（可以认为是任意电压等级）的，两侧的电气量就不需进行要变比折算。这正是采用标幺值在复杂网络运算中的主要优点。

短路电流实用计算中，一般选取基准功率 $S_b=100\text{MV}\cdot\text{A}$，选取基准电压 $U_b=U_{av}$，各段电路的基准电流、基准电抗，则由基准功率和基准电压决定，并取系统电源母线电压 $U=U_{av}$，各元件基准标幺电抗值按下式计算

$$\left.\begin{aligned}
&\text{发电机 G}\quad X''_{G*}=X''_{d*}\times\frac{U_N^2}{S_N}\times\frac{S_b}{U_b^2}=X''_{d*}\times\frac{S_b}{S_N}\\
&\text{变压器 T}\quad X_{T*}=\frac{u_k\%}{100}\times\frac{U_N^2}{S_N}\times\frac{S_b}{U_b^2}=\frac{u_k\%}{100}\times\frac{S_b}{S_N}\\
&\text{线路 l}\quad X_{l*}=x_0L\times\frac{S_b}{U_{av}^2}\\
&\text{电抗器 L}\quad X_{L*}=\frac{X_L\%}{100}\times\frac{U_N}{\sqrt{3}I_N}\times\frac{S_b}{U_{av}^2}\\
&\text{系统电源}\quad X_{S*}=\frac{U_{av}^2}{S_k}\times\frac{S_b}{U_{av}^2}=\frac{S_b}{S_k}
\end{aligned}\right\}\tag{3-9}$$

式中 X_{T*}——双绕组变压器电抗。

三绕组变压器高、中、低三个绕组的基准标幺电抗计算方法与之相同，分别为

$$X_{Ⅰ*}=X_{Ⅰ*N}\times\frac{S_b}{S_N}$$

$$X_{Ⅱ*}=X_{Ⅱ*N}\times\frac{S_b}{S_N}$$

$$X_{Ⅲ*}=X_{Ⅲ*N}\times\frac{S_b}{S_N}$$

其中，功率全部为视在功率，单位为MV·A；U_{av}为电缆、架空线路和电抗器各自所在电压级的平均额定电压，电压单位全部为kV；电流单位用kA；线路长度单位为km；单位长度电抗 x_0 单位为Ω/km。

以后的短路计算中，所有电抗的标幺值都是基准标幺值，故下角标"b"可略去。

【例3-1】 试算图3-2中各元件电抗的基准标幺值。

解 选 $S_b=100$MV·A，U_b 为各级平均电压 U_{av}，则

$$X_{1*}=X_{2*}=X''_{d*}\times\frac{S_b}{S_N}=0.1385\times\frac{100}{15}=0.923$$

$$X_{3*}=\frac{u_k\%}{100}\times\frac{S_b}{S_N}=\frac{5.5}{100}\times\frac{100}{1.25}=4.4$$

$$X_{4*}=X_{5*}=\frac{u_k\%}{100}\times\frac{S_b}{S_N}=\frac{7.5}{100}\times\frac{100}{6.3}=1.19$$

$$X_{6*}=X_0 l\times\frac{S_b}{U_{av}^2}=0.4\times25\times\frac{100}{37^2}=0.73$$

$$X_{7*}=\frac{X_L\%}{100}\times\frac{U_N}{\sqrt{3}I_N}\times\frac{S_b}{U_{av}^2}=\frac{10}{100}\times\frac{6}{\sqrt{3}\times1.5}\times\frac{100}{6.3^2}=0.58$$

将计算结果填入等值电路图3-3中。

四、短路电路总电抗的计算

等值电路图体现了电源与短路点之间的所有电抗的实际连接方式。等值电路图一般是复杂的网络电路，需要逐步简化，最后简化到在电源与短路点间只有一个等值电抗，即短路电路的总电抗 $X_{\Sigma*}$，电抗值均为基准标幺值，为了方便起见，在不发生混淆的情况下，可以省略标幺值下标"*"。

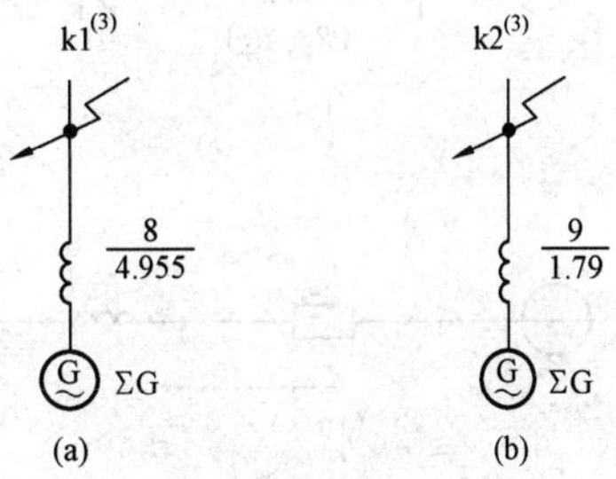

图3-4　例3-2短路等值电路的总电抗
(a) $k1^{(3)}$点短路的总电抗；
(b) $k2^{(3)}$点短路的总电抗

在等值电路中，各电抗之间一般有串联、并联与星、三角等联结关系，可按电工基础课程所学过的化简规则和公式进行电路的等值化简。

【例3-2】 试计算图3-3所示的短路等值电路的总电抗。

解 $k1^{(3)}$点短路时，其等值电路图如图3-3（a）所示，X_{4*}与X_{5*}串联后与X_{7*}并联，再与X_{2*}串联后与X_{1*}并联，再与X_{3*}串联，即为$k1^{(3)}$点短路总电抗

$$X_{1\Sigma*}=X_{8*}=\{[(X_{4*}+X_{5*})\,/\!/\,X_{7*}]+X_{2*}\}\,/\!/\,X_{1*}+X_{3*}$$
$$=\{[(1.19+1.19)\,/\!/\,0.582]+0.923\}\,/\!/\,0.923+4.4=4.955$$

$k2^{(3)}$点短路时，两台发电机的参数相同，两台变压器的参数也相同，则该电路是对称的，电抗器两端的电位相等，可以直接连接，其等值电路图如图3-3（b）所示，则化简后短路回路总电抗为

$$X_{2\Sigma*}=X_{9*}=\frac{1}{2}\times X_{1*}+\frac{1}{2}X_{4*}+X_{6*}=\frac{1}{2}\times0.923+\frac{1}{2}\times1.19+0.73=1.79$$

最后作出简化等值电路如图3-4所示。

第五节　无限大容量电源供电系统三相短路

一、无限大容量系统的概念

在电力系统中，如果电源容量很大，负荷变化时电源母线上的电压、频率保持不变。即使在线路上发生短路，母线上的电压、频率变化也不大。一个电压保持恒定的电源，它的内阻抗一定等于零。所谓无限大容量电源就是指内阻抗为零的电源，其特点是电源的频率和电压保持不变，电源内阻抗为零。实际上电源的容量不可能无限大。这里所说的无限大容量是一个相对的容量，由于工矿企业等用户的变电站容量一般不会很大，电压等级也不太高，用标幺值表示的线路与变压器的电抗数值就比较大，在同一基准值下，系统的等值内阻抗就很小。当在用户变电站中发生短路时，短路电流在电源内电抗上的电压降就很小，系统母线电压变化也很小。因此，在实用计算中，当电源的阻抗不大于短路回路总阻抗的 5%～10% 时，可将该电源系统看作是无限大容量电源系统。按这种假设所求得的短路电流虽比实际值偏大一些，但不会引起显著误差，以致影响所选设备的型号。

二、短路电流变化过程

以图 3-5 电路为例，图中电源为无限大容量系统，内阻抗为零，电源母线电压为平均额定电压 U_{av}，在短路过程中保持不变。假定 $k^{(3)}$ 点发生三相短路，R_Σ 和 X_Σ 为电源至短路点间每相各元件的总电阻和总电抗，R_L 和 X_L 为每相负荷的电阻和电抗。

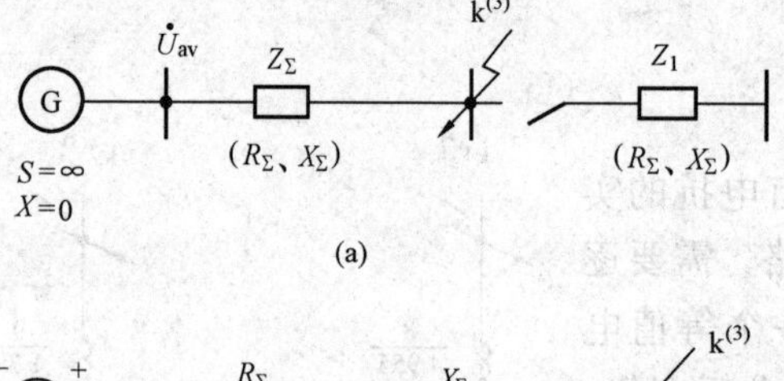

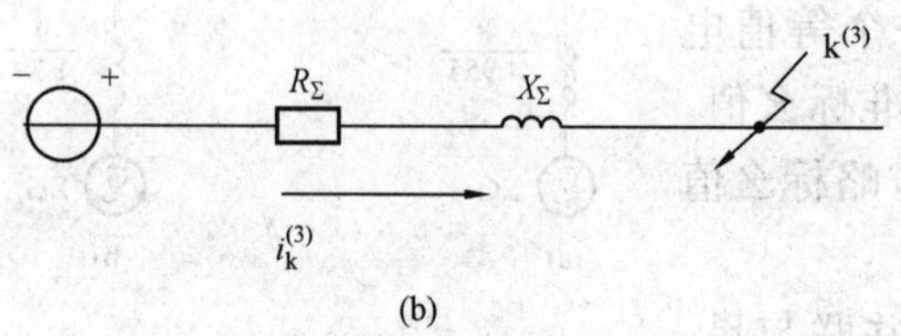

图 3-5　无限大容量系统供电电路三相短路电路图
（a）计算电路图；（b）等值电路图

电力系统在正常运行时，三相系统是对称的。可取其中一相（U 相）来分析，A 相母线电压瞬时值为

$$u_u=\frac{\sqrt{2}U_{av}}{\sqrt{3}}\sin(\omega t+\psi) \tag{3-10}$$

当上述电路在空载运行下发生三相短路时（三相系统仍然对称），相当于电阻、电感的串联电路突然与正弦电压接通，电工基础中已分析这一暂态过程。设短路发生在 $t=0$ 时

$$\begin{aligned}i_k &= i_p + i_a\\ &=\frac{\sqrt{2}U_{av}}{\sqrt{3}\sqrt{R_\Sigma^2+X_\Sigma^2}}\sin(\omega t+\psi-\varphi)+\frac{\sqrt{2}U_{av}}{\sqrt{3}\sqrt{R_\Sigma^2+X_\Sigma^2}}\sin(\psi-\varphi)e^{-\frac{t}{T_a}}\end{aligned} \tag{3-11}$$

式中　i_p——短路电流周期分量，kA；

i_a——短路电流非周期分量，kA；

ψ——相电压的初相角；

φ——短路前 R_Σ、X_Σ 的阻抗角；

T_a——短路电流非周期分量时间常数，$T_a=\frac{L_\Sigma}{R_\Sigma}$，s。

若短路发生时恰好 $\psi=0$，并忽略电阻（$\varphi=90°$），则

$$i_k=\frac{\sqrt{2}U_{av}}{\sqrt{3}X_\Sigma}\sin(\omega t-90°)+\frac{\sqrt{2}U_{av}}{\sqrt{3}X_\Sigma}e^{-\frac{t}{T_a}} \tag{3-12}$$

由式（3-12）作出短路电流曲线如图3-6所示。从图中可见，当短路发生在 $t=0$ 时，u_A 恰好过零，如图中曲线1；周期分量电流 i_p（曲线3）和非周期电流 i_a（曲线4）二者叠加就得到总的短路电流 i_k（曲线2）。

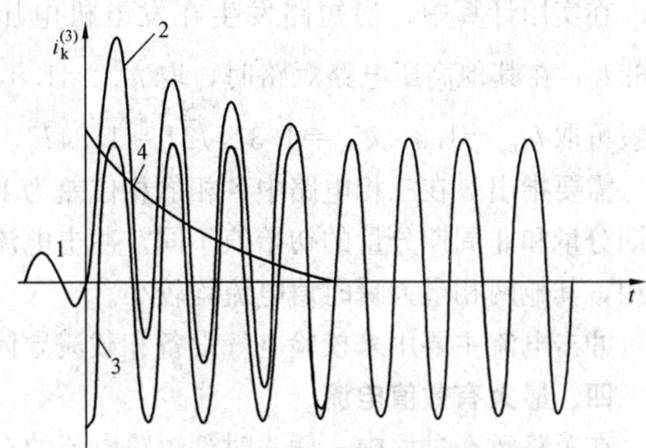

图3-6　无限大容量系统供电电路三相短路电流曲线

1—电压 u_U；2—短路电流 i_k；3—短路电流周期分量 i_p；4—短路电流非周期分量 i_a

式（3-11）和式（3-12）中的第一项为短路电流的周期分量，它是一个振幅不变的正弦电流，其数值由电源电压与短路电路的总阻抗所决定，故又叫强制分量。其有效值在忽略电阻时为

$$I_k=\frac{U_{av}}{\sqrt{3}X_\Sigma}\ (\text{kA}) \tag{3-13}$$

用标幺值表示时，将式（3-13）除以基准电流 $I_b=\frac{S_b}{\sqrt{3}U_b}=\frac{S_b}{\sqrt{3}U_{av}}$，得

$$I_{k*}=\frac{I_k}{I_b}=\frac{U_{av}}{\sqrt{3}X_\Sigma}\Big/\frac{S_b}{\sqrt{3}U_{av}}=1\Big/\frac{X_\Sigma}{U_{av}^2/S_b}=\frac{1}{X_{\Sigma*}} \tag{3-14}$$

式（3-13）和式（3-14）是无限大容量电力系统三相短路电流周期分量有效值的计算公式。三个相的周期分量电流对称，有效值相等。

式（3-11）和式（3-12）中的第二项是按指数规律衰减的非周期分量。

因短路前电路处于空载，电流等于零。由于电感电路中的电流不能突变，所以在短路的瞬间（$t=0$ 时刻）也将出现一个自由分量电流，该电流为非周期分量。其初始值等于周期分量电流的瞬时值，但两者方向相反抵消为零。非周期分量电流按时间常数 T_a 逐渐衰减，在以电感为主的高压电路中，T_a 的平均值约为0.05s。非周期分量一般在经过 $4T_a$ 即0.2s后就基本衰减完毕。在电阻较大的电路中，非周期分量衰减得更快。若用户变压器容量较小（在1000kV·A及以下），X_Σ 相对较小，R_Σ 相对较大，T_a 约为0.01s。当 $t=\infty$ 时，非周期分量早已衰减完毕，短路的暂态过程结束，进入稳态，短路全电流只剩下短路电流周期分量。此时的电流也称为稳态短路电流，习惯上常写作 I_∞（等于 I_k）。

三、冲击电流

短路电流中的最大瞬时值称为短路冲击电流。由图3-6所示短路电流 i_k 曲线2可以看出，短路后经半个周期（即0.01s），周期分量达正的最大值，短路全电流 i_k 也达到最大值，此时的电流即为短路冲击电流，记为 i_{imp}。由于非周期分量要衰减，故 i_{imp} 略小于周期分量的2倍，其值为

$$i_{imp}=\sqrt{2}I_k+\sqrt{2}I_k e^{-\frac{0.01}{T_a}}=\sqrt{2}I_k(1+e^{-\frac{0.01R}{L}})=k_{imp}\sqrt{2}I_k \tag{3-15}$$

其中 k_{imp} 为短路电流冲击系数，$k_{imp}=1+e^{-\frac{0.01R}{L}}$，表示短路冲击电流为周期分量幅值的倍数，它由 $T_a=L/R$ 决定，如果 $R=0$，电路中仅有电抗，$k_{imp}=2$，非周期分量不衰减；如

果 $X=0$，电路中仅有电阻，$k_{imp}=1$，电路中短路时不会产生非周期分量。实际电路中，$1<k_{imp}<2$。

在实用计算中，当短路发生在发电机电压母线时，取 $k_{imp}=1.9$，$k_{imp}=1.9\times\sqrt{2}I_i=2.69I_k$；在其他高压电路短路时，取 $k_{imp}=1.8$，$i_{imp}=1.8\times\sqrt{2}I_k=2.55I_k$。在低压系统中，一般可取 $k_{imp}=1.3$，$k_{imp}=1.3\times\sqrt{2}I_i=1.84I_k$。

需要指出，在三相电路中各相的相位差为120°，所以发生三相短路时，各相的短路电流周期分量和非周期分量的初始值不同。冲击电流仅发生在短路时恰好电压初相角 $\psi=0$ 的那一相，其他两相最大瞬时值电流均较小。

冲击电流主要用来校验电气设备和载流导体的电动（机械）稳定度。

四、最大有效值电流

在短路暂态过程中，任一时刻短路电流的有效值，是指以时刻 t 秒为中心的一个周期内瞬时电流的均方根值，短路全电流 i_k 的最大有效值出现在第一个周期的中心 $t=0.01$s，这时非周期分量为$\sqrt{2}I_k e^{-\frac{0.01}{T_a}}=\sqrt{2}\,(k_{imp}-1)\,I_k$，并假设其值在 0.01s 前后一个周期内不变，则最大有效值电流为

$$I_{imp}=\sqrt{\frac{1}{T}\int_{-\frac{T}{2}}^{t+\frac{T}{2}} i_k^2 \mathrm{d}t}=\sqrt{I_k^2+\left[\sqrt{2}(k_{imp}-1)I_k\right]^2}=I_k\sqrt{1+2(k_{imp}-1)^2} \quad (3-16)$$

在高压系统中，$k_{imp}=1.9$ 时，$I_{imp}=1.62I_k$；$k_{imp}=1.8$ 时，$I_{imp}=1.51I_k$。

在低压系统中，当 $k_{imp}=1.3$ 时，$I_{imp}=1.09I_k$。

当 $t=\infty$时，非周期分量早已衰减完毕，短路全电流就是短路电流周期分量，所以，短路电流的最大有效值就是周期分量有效值。

短路全电流的最大有效值主要用来校验断路器的开断能力。

五、母线残余电压

在继电保护整定计算中，有时需要计算短路点前面某一母线的残余电压（又称剩余电压）。三相短路时短路点的电压为零，网络中距短路点电抗为 X 的任意点仍有残余电压，其值等于短路电流通过该电抗时的电压降。从短路点算起，电抗为 X 的任意一点稳态时的剩余电压为

$$U_{rem*}=I_{k*}X_* \quad (3-17)$$

变成有名值为

$$U_{rem}=U_{rem*}U_b=I_{k*}X_*U_{av}\ (\text{kV}) \quad (3-18)$$

六、短路功率

三相短路功率（或称短路容量）定义为短路电流与该点短路前电压（在实用计算中取平均额定电压）乘积的$\sqrt{3}$倍，即

$$S_k=\sqrt{3}U_{av}I_k\ (\text{MV}\cdot\text{A}) \quad (3-19)$$

式中 I_k——短路电流的周期分量有效值，kA；

U_{av}——电流有名值 I_k 所在电压级的平均额定电压，kV。

短路功率是由平均额定电压而不是残余电压决定的，所以它是一个假定值。

用标幺值计算时，有

$$S_{k*}=\frac{S_k}{S_b}=I_{k*}=\frac{1}{X_*}\quad S_k=S_{k*}\times S_b=\frac{1}{X_*}\times S_b\ (\mathrm{MV\cdot A}) \tag{3-20}$$

当企业变电站的容量较大，并且与系统间的连接线路不长，在计算短路电流时，若仍不计系统内电抗，结果误差较大，这时需要计及电源系统的内电抗，为此要向电力系统的有关部门收集折算到供电母线上的电源系统内电抗数值。系统中有关部门所给的数据就是该变电站供电母线短路功率的数值。根据所给的短路功率，按式（3－20）可求出电源系统内电抗的标幺值：$X_*=1/S_{k*}=S_b/S_k$。

【例3-3】　某工厂降压变电站由系统变电站35kV母线供电，其计算电路见图3－7（a），已知系统35kV母线的短路功率为340MV·A。试求k点短路时的稳态短路电流、冲击电流和该变压站高压母线的残余电压，以及流经35kV线路的短路电流和短路功率。

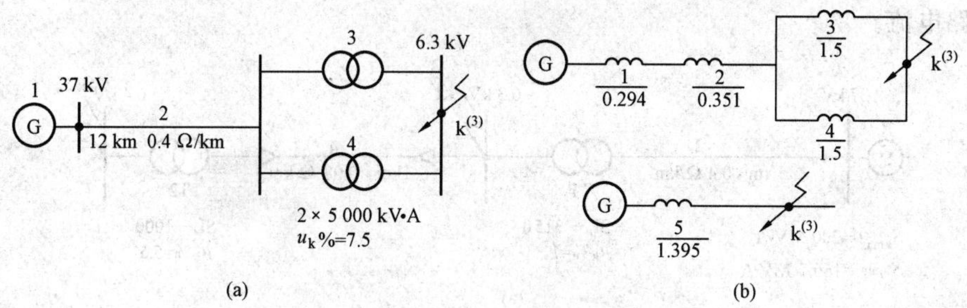

图3－7　例3－3短路电路图

（a）计算电路图；（b）等值电路图

解　选 $S_b=100\mathrm{MV\cdot A}$、$U_b=U_{av}$，并作等值电路见图3－7（b），则各元件电抗基准标幺值为

$$X_{1*}=\frac{S_b}{S_k}=\frac{100}{340}=0.294$$

$$X_{2*}=0.4\times12\times\frac{100}{37^2}=0.351$$

$$X_{3*}=X_{4*}=\frac{7.5}{100}\times\frac{100}{5}=1.5$$

$$X_{\Sigma*}=X_{5*}=0.294+0.351+\frac{1}{2}\times1.5=1.395$$

短路点的三相短路电流周期分量有效值为

$$I_{k*}=\frac{1}{X_{\Sigma*}}=\frac{1}{1.395}=0.717$$

$$I_k=I_\infty=I_{k*}\times\frac{S_b}{\sqrt{3}U_{av}}=0.717\times\frac{100}{\sqrt{3}\times6.3}=6.57\ (\mathrm{kA})$$

取 $k_{imp}=1.8$，冲击电流为

$$i_{imp}=2.55I_k=2.55\times6.57=16.75\ (\mathrm{kA})$$

最大有效值电流为

$$I_{imp}=1.51I_k=1.51\times6.57=9.97\ (\mathrm{kA})$$

短路点的短路功率为

$$S_k=\sqrt{3}\times I_kU_{av}=\sqrt{3}\times6.57\times6.3=71.7\ (\mathrm{MV\cdot A})$$

降压变电站 35kV 母线的残余电压为

$$U_{rem}=I_{k*}X_*U_{av}=0.717\times\frac{1.5}{2}\times 37=19.9\ (kV)$$

流经 35kV 架空线路的短路电流为

$$I_k=0.717\times\frac{100}{\sqrt{3}\times 37}=1.12\ (kA)$$

流经 35kV 架空线路的短路功率为

$$S_k=\sqrt{3}I_kU_{av}=\sqrt{3}\times 0.717\times\frac{100}{\sqrt{3}\times 37}\times 37=71.7\ (MV\cdot A)$$

注意：短路电流经过变压器后数值发生变化，而短路功率不变。

【例 3-4】　某供电系统如图 3-8（a）所示，相关数据均标于图中，试求 k1 和 k2 点短路时的三相短路电流。

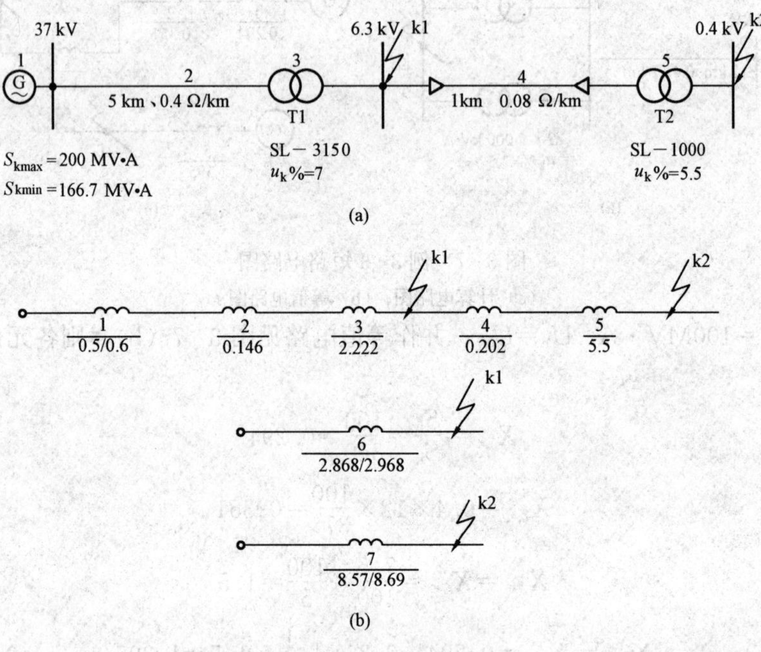

图 3-8　例 3-4 短路电路图

（a）计算电路图；（b）等值电路图

解　选取 $S_b=100MV\cdot A$，$U_b=U_{av}$

（1）计算系统各元件电抗的基准标幺值，画出等值电路，如图3-8（b）所示，图中用分数形式标出各元件的电抗标幺值（分子是序号，分母是电抗标幺值）。

$$X_{1max}=\frac{S_b}{S_{kmax}}=\frac{100}{200}=0.5$$

$$X_{1min}=\frac{S_b}{S_{kmin}}=\frac{100}{166.7}=0.6$$

$$X_2=x_0L\frac{S_b}{U_{av}^2}=0.4\times 5\times\frac{100}{37^2}=0.146$$

$$X_3=\frac{u_k\%}{100}\times\frac{S_b}{S_{NT1}}=\frac{7}{100}\times\frac{100}{31.5}=2.222$$

$$X_4 = x_0 L \frac{S_b}{U_{av}^2} = 0.08 \times 1 \times \frac{100}{6.3^2} = 0.202$$

$$X_5 = \frac{u_k\%}{100} \times \frac{S_b}{S_{NT2}} = \frac{5.5}{100} \times \frac{100}{1} = 5.5$$

(2) 求电源至短路点的总电抗。

1) k1 点最大运行方式下的总电抗

$$X_{\Sigma 1max} = X_{6max} = X_{1max} + X_2 + X_3 = 0.5 + 0.146 + 2.222 = 2.868$$

2) k1 点最小运行方式下的总电抗

$$X_{\Sigma 1min} = X_{6min} = X_{1min} + X_2 + X_3 = 0.6 + 0.146 + 2.222 = 2.968$$

3) k2 点最大运行方式下的总电抗

$$X_{\Sigma 2max} = X_{7max} = X_{\Sigma 1max} + X_4 + X_5 = 2.868 + 0.202 + 5.5 = 8.57$$

4) k2 点最小运行方式下的总电抗

$$X_{\Sigma 2min} = X_{7min} = X_{\Sigma 1min} + X_4 + X_5 = 2.986 + 0.202 + 5.5 = 8.67$$

(3) k1 点短路时：

最大运行方式下

$$I_{k1*max} = \frac{1}{X_{\Sigma 1*max}} = \frac{1}{2.868} = 0.349$$

$$I_{k1*max} = 0.349 \times \frac{100}{\sqrt{3} \times 6.3} = 3.198 \text{ (kA)}$$

$$i_{imp} = 2.55 I_k = 2.55 \times 3.198 = 8.156 \text{ (kA)}$$

$$I_{imp} = 1.51 I_k = 1.51 \times 3.198 = 4.829 \text{ (kA)}$$

$$S_{k1} = I_{k*} S_b = 0.349 \times 100 = 34.9 \text{ (MV·A)}$$

最小运行方式下

$$I_{k1*min} = \frac{1}{X_{\Sigma 1*min}} = \frac{1}{2.968} = 0.337$$

$$I_{k1min} = 0.337 \times \frac{100}{\sqrt{3} \times 6.3} = 3.088 \text{ (kA)}$$

(4) k2 点短路电流时：

最大运行方式下

$$I_{k2*max} = \frac{1}{X_{\Sigma 2*max}} = \frac{1}{8.57} = 0.117$$

$$I_{k2*max} = 0.117 \times \frac{100}{\sqrt{3} \times 0.4^2} = 16.89 \text{ (kA)}$$

$$i_{imp} = 1.3\sqrt{2} I_k = 1.84 \times 16.89 = 31.05 \text{ (kA)}$$

$$I_{imp} = 1.09 I_k = 1.09 \times 16.89 = 18.41 \text{ (kA)}$$

$$S_{k2} = I_{k2*} S_b = 0.117 \times 100 = 11.7 \text{ (MV·A)}$$

最小运行方式下

$$I_{k2*min} = \frac{1}{X_{\Sigma 2*min}} = \frac{1}{8.67} = 0.115$$

$$I_{k2min} = 0.115 \times \frac{100}{\sqrt{3} \times 0.4} = 16.65 \text{ (kA)}$$

第六节 发电机供电电路三相短路计算

在电力系统中发生三相短路时，很多情况下供电系统的母线电压是下降的。所以，在计算短路电流时，不能将短路回路的电源看成是无限大容量系统，而应看成是一个等值发电机。由发电机单独供电的电路上发生短路，其短路电流不同于由无限大电源供电的网络。在计算短路电流时，计算条件与前述相同，即短路前处于空载，某相电动势过零时发生三相短路，研究该相的短路电流。

短路后发电机的端电压或电动势在整个短路的暂态过程中是随时间变化的，由它所决定的短路电流周期分量幅值或有效值也随着时间变化。这是与无限大容量系统供电电路内发生短路的主要区别。

根据理论分析和试验结果，得到图 3-9 所示的发电机供电电路上发生短路时的电流变化曲线。

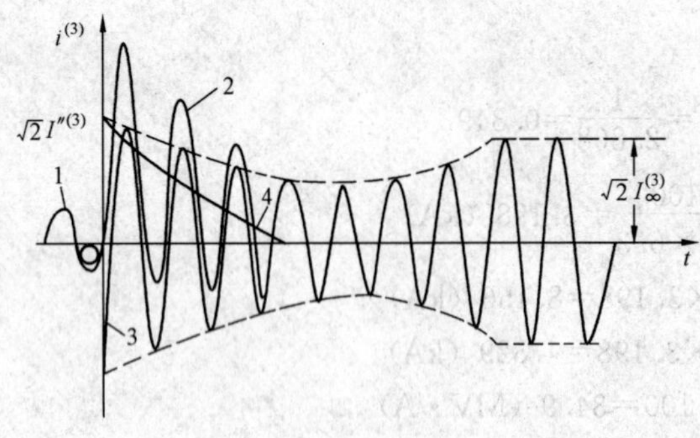

图 3-9 发电机有自动调整器时短路电流变化曲线

目前发电机一般都装有电压自动调节装置，在发电机电压变动时，能自动调节励磁电流，维持发电机端电压在规定范围内。

从图 3-9 短路电流变化曲线可知，短路电流 i_k 中也包含周期分量和非周期分量两部分，在短路暂态过程中，周期分量的幅值是在变化的，短路发生时，发电机的端电压下降。这时发电机的自动调节励磁装置，能自动调节发电机的励磁电流，使发电机的端电压上升。于是，短路电流的周期分量也随着增大。由于发电机的自动调节装置动作有一定的电磁惯性，又因为励磁回路有较大电感，励磁电流不会立即增大。因此，短路电流周期分量的振幅值在短路发生后的短时间内开始是逐渐衰减的，衰减的原因是由于短路过程中发电机电枢反应的去磁作用增大，使定子电势减小的结果。经过若干周期后，随着自动调节励磁装置的作用使励磁电流增大，发电机电压逐渐上升，短路电流周期分量幅值也逐渐增大，直到达到稳定值短路的暂态过程结束。周期分量稳定值的大小取决于短路点与发电机间的电气距离，以及自动调节励磁装置的调节程度。

一、次暂态电流

短路电流周期分量，在短路后 $t=0$s 时振幅为 I''_{max}。其有效值 $I''=I''_{max}/\sqrt{2}$，见图 3-9 所示，该电流为短路电流周期分量起始有效值，称作次暂态电流。

三相短路时，根据欧姆定律，次暂态电流为

$$I''_{*}=\frac{E''_{*}}{X''_{G*}+X_{*}}=\frac{E''_{*}}{X_{\Sigma *}} \tag{3-21}$$

式中 E''_{*}——发电机次暂态电动势（基准标幺值）；

X''_{G*}——发电机次暂态电抗（基准标幺值）；

X_{*}——发电机出口到短路点的外部电抗基准标幺值。

近似计算中，可用表 3-3 中的 E'' 和 X''_d 的标幺值（以额定值为基准值）。

表 3-3　电源的 E''_* 和 X''_{d*}（以额定值为基准值）

电机类型	E''_*	X''_{d*}	电机类型	E''_*	X''_{d*}
汽轮发电机	1.08	0.126	同步电动机	1.10	0.20
有阻尼绕组的水轮机	1.13	0.20	异步电动机	0.90	0.20
无阻尼绕组的水轮机	1.18	0.27	综合负荷（含配电变压器）	0.80	0.35
同步调相机	1.20	0.20			

* 在不要求精确计算的场合，不计负荷电流影响时，可取 $E''_*=1$。

次暂态功率

$$S''_{*k}=I''_*=\frac{E''_*}{X_{\Sigma *}} \tag{3-22}$$

$$S''_k=S''_{*k}\times S_b\ (\text{MV}\cdot\text{A}) \tag{3-23}$$

二、冲击电流

短路冲击电流的计算方法基本上与无限大容量电源供电系统相同，即

$$i_{imp}=\sqrt{2}k_{imp}I''\ (\text{kA})$$

式中　k_{imp}——冲击系数。

若发电机单台容量超过 12000kW 时，并且短路点在发电机出口母线上，一般 $k_{imp}=1.9$，则

$$i_{imp}=\sqrt{2}k_{imp}I''=\sqrt{2}\times 1.9I''=2.69I''\ (\text{kA}) \tag{3-24}$$

一般高压电路上短路，即短路发生在发电机出口以外的电路上时，$k_{imp}=1.8$，则

$$i_{imp}=\sqrt{2}k_{imp}I''=\sqrt{2}\times 1.8I''=2.55I''\ (\text{kA}) \tag{3-25}$$

一般低压系统中短路，若 $k_{imp}=1.3$，则

$$i_{imp}=\sqrt{2}k_{imp}I''=\sqrt{2}\times 1.3I''^{(3)}=1.84I''\ (\text{kA}) \tag{3-26}$$

三、短路全电流最大有效值

最大有效值电流的计算方法与无限大容量电源供电系统基本相同，即

$$I_{imp}=I''\sqrt{1+2\ (k_{imp}-1)^2}$$

当 k_{imp} 取不同的值时，I_{imp} 的值如下

$$k_{imp}=1.9\quad I_{imp}=1.62I''\ (\text{kA}) \tag{3-27}$$

$$k_{imp}=1.8\quad I_{imp}=1.52I''\ (\text{kA}) \tag{3-28}$$

$$k_{imp}=1.3\quad I_{imp}=1.09I''\ (\text{kA}) \tag{3-29}$$

计算任一时刻的短路电流周期分量有效值，一般利用运算曲线求得，如需要可参考有关电工手册。

【例 3-5】　图 3-10 所示系统中，k1、k2 两点发生三相短路，试求次暂态电流。

解　选基准功率 $S_b=100\text{MV}\cdot\text{A}$、$U_b=U_{av}$，各元件电抗的标幺值计算如下（为方便起见，省略标幺值下标"*"）

$$X_1=0.125\times\frac{100}{12/0.8}=0.833$$

$$X_2 = 0.105 \times \frac{100}{20} = 0.525$$

$$X_3 = X_4 = 0.4 \times 50 \times \frac{100}{115^2} = 0.151$$

$$X_5 = 0.105 \times \frac{100}{15} = 0.7$$

$$X_6 = 0.05 \times \frac{100}{\sqrt{3} \times 0.3} \times \frac{100}{10.5^2} = 0.873$$

（1）在 k1 点短路时，短路回路总电抗为

$$X_7 = X_1 + X_2 + \frac{X_3 X_4}{X_3 + X_4} + X_5$$

$$= 0.833 + 0.525 + \frac{1}{2} \times 0.151 + 0.7 = 2.13$$

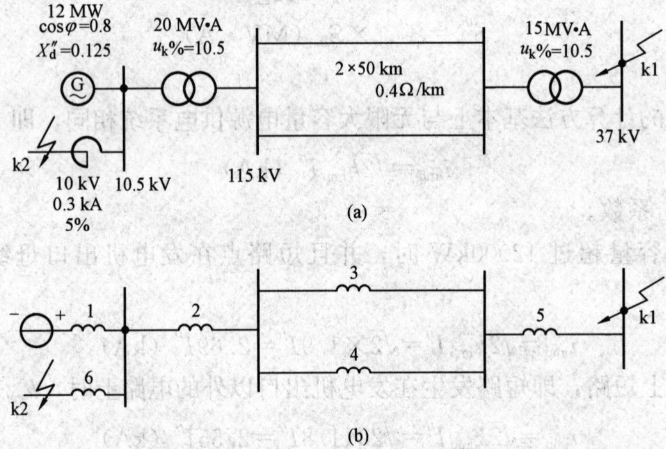

图 3-10　例 3-5 附图

（a）接线图；（b）等值电路

汽轮发电机次暂态电动势标幺值按表 3-3 为

$$E''_{*} = 1.08$$

k1 点次暂态电流的标幺值［式（3-20）］为

$$I''_{k1*} = \frac{1.08}{2.13} = 0.51$$

k1 点次暂态电流的有名值为

$$I''_{k1} = 0.51 \times \frac{100}{\sqrt{3} \times 37} = 0.796\ (\text{kA})$$

（2）在 k2 点短路时，短路回路总电抗为

$$X_8 = X_1 + X_6 = 0.833 + 0.873 = 1.71$$

k2 点次暂态电流的标幺值为

$$I''_{k2*} = \frac{1.08}{1.71} = 0.632$$

其有名值为

$$I''_{k2}=0.632\times\frac{100}{\sqrt{3}\times10.5}=3.48\ (\text{kA})$$

在近似计算中，不计负荷电流影响，可取发电机 $E''_*=1$，则 k1 和 k2 点次暂态电流分别为

$$I''_{k1}=\frac{1}{2.13}\times\frac{100}{\sqrt{3}\times37}=0.733\ (\text{kA})$$

$$I''_{k2}=\frac{1}{1.71}\times\frac{100}{\sqrt{3}\times10.5}=3.22\ (\text{kA})$$

第七节　电动机对短路电流的影响

电力系统的负荷多数为异步电动机，当负荷离开故障点较远时，电动机对短路电流的影响可略去不计。但是，如果短路点距离用户电动机很近，那么电动机也会向短路点供给短路电流。在正常工作时，同步电动机和调相机一般都向电力系统供给感性无功功率，它们的电动势高于电动机的端电压，而异步电动机的反电动势略低于外加电压，从电网中吸收感性无功。当电网中发生短路而且短路点离电动机很近时，电网电压普遍下降，电动机的端电压也随之下降，此时即使是异步电动机的反电动势也可能高于其端电压。这时，电动机的转动能量就会转化为电能，从而向短路点供给短路电流。由于电动机积蓄的能量有限，它所提供的短路电流很快消失。所以，在电动机端短路时，电动机对短路点的次暂态短路电流和冲击电流的影响最大，其他时间的短路电流，可以不考虑电动机的影响。

计算短路电流时，电动机和调相机当作有限容量电源考虑，当短路发生在电动机的母线时，电动机供给的次暂态短路电流可计算为

$$I''_{M}=\frac{E''_{M*}}{X''_{M*}}\times I_{MN}\ (\text{kA}) \tag{3-30}$$

式中　E''_{M*}——电动机次暂态电动势的额定标幺值，可由表 3-3 查得；

X''_{M*}——电动机次暂态电抗的额定标幺值，可由表 3-3 查得；

I_{MN}——电动机的额定电流，kA。

异步电动机送出的冲击电流为

$$i_{impM}=\sqrt{2}k_{impM}I''_{M}(\text{kA}) \tag{3-31}$$

式中　k_{impM}——短路电流冲击系数，一般可取 1.4～1.7，当电动机额定功率达到 1000kW 及以上时可取 1.7。

在计算短路点的 I'' 和 i_{imp} 时，仅考虑距离短路点很近的、功率在 800kW 以上的大型电动机以及连接于电网的同一地点、其总功率大于 1000kW 的电动机群。当异步电动机与短路点之间有变压器时，则不用计及电动机的影响。

第八节　不 对 称 短 路

在各种短路事故中，除三相短路是对称的以外，其余的都是不对称短路。当发生不对称短路时，虽然电源的三相电动势是对称的，但由于短路电路的三相阻抗不对称，所以各相短路电流和短路点对地的各相电压都不对称。不对称短路电流的计算要用对称分量法，亦即将短路电流分解成正序、负序和零序分量。同一元件对各序电流的阻抗一般来说是不同的，例

如，发电机的定子绕组当分别流过各序电流时，呈现的阻抗都不相同；静止元件（如变压器、线路、电抗器）对正序电流和对负序电流的阻抗是相同的，而它们对零序电流的阻抗就与正序电流（或负序电流）的阻抗不同。因此电力系统中各电气设备元件都有各自的正序电抗、负序电抗和零序电抗。

当发生不对称短路时，电力系统中电源的电动势或电压仍然对称，只有正序分量。在不对称短路电流中，含有各序分量电流。各序分量电流在同一元件各序电抗上的电压降，分别称为正序电压降、负序电压降和零序电压降。同一元件上的各序电压降的相量和，才是不对称短路电流在该元件上的电压降。短路处的不对称电压，正是不对称短路电流流过各元件时，各序电流在所有元件各序电抗上的各序电压降的相量和。因此，在计算不对称短路电流或计算某处的不对称电压时，要分别作出各序阻抗的等值电路，即各序网络图。简化各序网络图求得各序的总阻抗后，再按有关公式计算出不对称短路电流。工程计算中通常用简便实用的近似计算，下面分别介绍两相短路电流和单相短路电流的计算方法。

一、两相短路电流的计算

供用电网络中的短路计算，一般可把电源系统看作是无限大容量系统，两相短路电流 $I_k^{(2)}$ 可利用下式计算

$$I_k^{(2)}=\frac{\sqrt{3}}{2}I_k^{(3)}=0.866I_k^{(3)} \tag{3-32}$$

式（3-32）说明，无限容量大系统中的两相短路电流大小，可在求出三相短路电流后按式（3-32）求出，即同一地点的两相短路电流为三相短路电流的 0.866 倍。

【例 3-6】 求例 3-5 中 k1 和 k2 点处的最小运行方式下的两相短路电流。

解 例 3-5 中已经求出 k1 和 k2 点处的最小运行方式下的三相短路电流

$$I_{k1min}^{(3)}=3.088\text{（kA）}$$

$$I_{k2min}^{(3)}=16.65\text{（kA）}$$

根据式（3-32）为

$$I_{k1min}^{(2)}=0.866I_{k1min}^{(3)}=0.866\times3.088=2.674\text{（kA）}$$

$$I_{k2min}^{(2)}=0.866I_{k2min}^{(3)}=0.866\times16.65=14.42\text{（kA）}$$

二、单相短路电流的计算

单相短路电流 $I_k^{(1)}$（中性点直接接地系统中），计算公式如下

$$I_k^{(1)}=\frac{3U_{ph}}{X_{1\Sigma}+X_{2\Sigma}+X_{0\Sigma}}\text{（kA）}$$

式中 U_{ph}——电源相电压，kV；

$X_{1\Sigma}$、$X_{2\Sigma}$、$X_{0\Sigma}$——短路回路总的正序电抗、负序电抗、零序电抗，Ω。

通常在供用电网络中，两相短路电流和单相短路电流均较三相短路电流小，因此，供用电网络中电气设备和导体选择应采用三相短路电流进行校验。两相短路电流主要用于相间短路保护的灵敏度校验。单相短路电流主要用于单相短路保护的整定及单相短路热稳定度的校验。

第九节　低压供用电网络短路电流计算

一般用户内部的低压供用电网络为中性点有效接地、电压为380/220V的三相电力系统。大、中型用户内部的低压网络则除了380/220V的系统外，有的为660/380V，有的为1140V，其中性点可能为非有效接地运行。这些低压电力系统的三相短路电流的计算方法是相同的。因此，本节主要介绍低压电网三相短路电流的计算方法。

一、计算特点

高压系统短路计算的基本假设同样适用于低压供用电网络，此外低压供用电网络的短路计算还有以下特点：

(1) 计算时可以把电源系统当作无限大容量电源。

(2) 低压电路中电阻较大、电抗较小，当$X>R/3$时才考虑X的影响。因为，$X=R/3$时，用R代替Z，误差为5.4%，在工程允许范围内。

(3) 低压电路阻抗多以mΩ（毫欧）计，用有名值计算比较方便。这时，电压单位用V，功率用kV·A，短路电流为kA。

(4) 非周期分量衰减很快，一般可以不考虑，仅在配电变压器低压侧母线附近短路时，才考虑非周期分量，其冲击系数为1～1.3，也可计算如下

$$k_{imp}=1+e^{\frac{-0.01R_{\Sigma}}{L_{\Sigma}}}=1+e^{\frac{-\pi R_{\Sigma}}{X_{\Sigma}}} \tag{3-33}$$

二、短路电路各元件的阻抗

（一）电源系统的阻抗

配电变压器高压侧系统短路容量为已知时，可求出电源系统的内电抗，否则按电源系统电抗为零考虑。电源系统的内电阻一般均认为等于零。

（二）变压器的阻抗

变压器的阻抗按以下公式计算

$$\left.\begin{aligned}R_{T}&=\frac{\Delta R_{k}U_{2N}^{2}}{S_{N}^{2}}\ (\text{m}\Omega)\\Z_{T}&=\frac{u_{k}\%}{100}\times\frac{U_{2N}^{2}}{S_{N}}\ (\text{m}\Omega)\\X_{T}&=\sqrt{Z_{T}^{2}-R_{T}^{2}}\ (\text{m}\Omega)\end{aligned}\right\} \tag{3-34}$$

式中　S_N——变压器的额定容量，kV·A；

U_{2N}——变压器二次绕组的额定电压，V；

ΔP_k——变压器短路损耗，kW；

$u_k\%$——变压器短路电压百分数。

在高压电路短路计算中，架空线路和电缆线路的长度是以公里（km）计。在低压电路短路计算中，线路的长度都以米（m）计。有关母线、开关电器、电流互感器等的阻抗均可忽略不计。

三、作等值电路计算短路电路的总阻抗

在低压短路电流计算中，由于电阻相对比较大，不能忽略，同时各元件的阻抗角又不相同，因此要用复数精确计算比较复杂。在实际计算中，一般先分别求出R_{Σ}和X_{Σ}之后再求

出 Z_Σ。求 R_Σ 时，先作出等值电路，然后将所有的 X 短接，得到 R 网络，最后简化 R 网络求出电源与短路点间的 R_Σ。求 X_Σ 时，将所有的 R 短接，得出 X 网络，然后简化 X 网络，求出电源与短路点间的 X_Σ。则 $Z_\Sigma=\sqrt{R_\Sigma^2+X_\Sigma^2}$。

四、三相短路电流的计算

在 1200V 以下低压电路中，三相短路电流周期分量的有效值可计算如下

$$I_k=\frac{U_{av}}{\sqrt{3}Z_\Sigma}=\frac{U_{av}}{\sqrt{3}\sqrt{R_\Sigma^2+X_\Sigma^2}}\ (\text{kA}) \tag{3-35}$$

式中　Z_Σ、R_Σ、X_Σ——短路电路总阻抗、总电阻、总电抗，mΩ；

U_{av}——低压电路平均额定电压，V。

低压电路中三相短路冲击电流和短路全电流最大有效值的计算与高压系统的计算方法相同，冲击系数可取 1.3 或由式（3－33）计算。电动机对冲击电流的影响，只有在电动机的母线上短路，且单台容量大于 20kW 的异步电动机才予以考虑。

【例 3－7】　某车间变电站供电电路如图 3－10（a）所示。已知变压器高压侧短路容量为 80MV·A，变压器为 SL7—500/10 型，变比 10/0.4kV，短路电压 4%，短路损耗 6.9kW。电缆为 VLV2—3×50＋1×16 型（$r_0=0.754$mΩ/m，$x_0=0.079$mΩ/m），长 20m。试求：①变压器低压侧出线配电盘母线 $k1^{(3)}$ 点的三相短路电流；②负荷侧电缆头 $k2^{(3)}$ 点的三相短路电流。

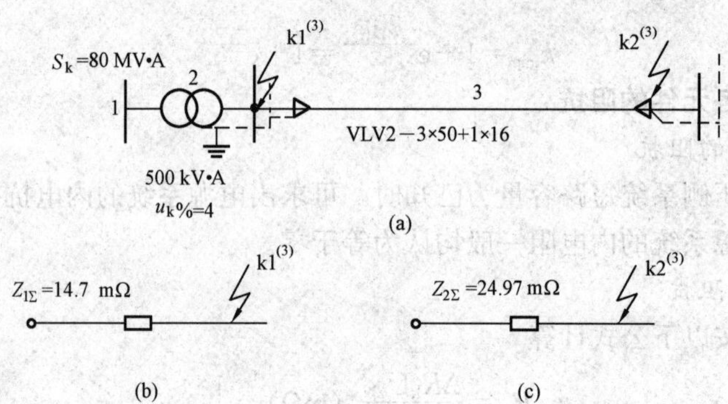

图 3－11　例 3－7 某车间变电站供电电路图

（a）计算电路图；（b）k1 点短路等值电路；（c）k2 点短路等值电路

解　1. 计算短路电路中各元件阻抗

计算短路电路各元件电阻、电抗，分别求出短路电路的总电阻 R_Σ 和总电抗 X_Σ，然后计算短路电路的总阻抗。

（1）高压供电系统的内电抗（内电阻为零）为

$$X_1=\frac{U_{2N}^2}{S_k}=\frac{400^2}{80\times10^3}=2\ (\text{m}\Omega)$$

（2）变压器阻抗为

$$Z_2=\frac{u_k\%}{100}\times\frac{U_{2N}^2}{S_N}=\frac{4}{100}\times\frac{400^2}{500}=12.8\ (\text{m}\Omega)$$

$$R_2=\frac{\Delta P_k U_{2N}^2}{S_N^2}=\frac{6.9\times400^2}{500^2}=4.42\ (\text{m}\Omega)$$

$$X^2=\sqrt{Z_2^2-R_2^2}=\sqrt{12.8^2-4.42^2}=12\ (\text{m}\Omega)$$

(3) 电缆的阻抗

$$R_3=0.754\times20=15.1\ (\text{m}\Omega)$$

$$X_3=0.079\times20=1.58\ (\text{m}\Omega)$$

2. k1$^{(3)}$点三相短路电流

$$R_{1\Sigma}=R_2=4.42\ (\text{m}\Omega)$$

$$X_{1\Sigma}=X_1+X_2=2+12=14\ (\text{m}\Omega)$$

$$Z_{1\Sigma}=\sqrt{R_{1\Sigma}^2+X_{1\Sigma}^2}=\sqrt{4.42^2+14^2}=14.7\ (\text{m}\Omega)$$

$$I_{k1}^{(3)}=\frac{U_{av}}{\sqrt{3}Z_{1\Sigma}}=\frac{400}{\sqrt{3}\times14.7}=15.7\ (\text{kA})$$

$$k_{imp}=1+e^{-\frac{\pi R_{\Sigma}}{X_{\Sigma}}}=1+e^{-\frac{3.14\times4.42}{14}}=1.37$$

$$i_{imp}^{(3)}=k_{imp}\sqrt{2}I_{k1}^{(3)}=1.37\times\sqrt{2}\times15.7=30.42\ (\text{kA})$$

3. k2$^{(3)}$点三相短路电流

$$R_{2\Sigma}=R_2+R_3=4.42+15.1=19.5\ (\text{m}\Omega)$$

$$X_{2\Sigma}=X_1+X_2+X_3=2+12+1.58=15.58\ (\text{m}\Omega)$$

$$Z_{2\Sigma}=\sqrt{R_{2\Sigma}^2+X_{2\Sigma}^2}=\sqrt{19.5^2+15.58^2}=24.97\ (\text{m}\Omega)$$

$$I_{k2}^{(3)}=\frac{400}{\sqrt{3}\times24.97}=9.25\ (\text{kA})$$

$$k_{imp}=1+e^{-\frac{\pi R_{\Sigma}}{X_{\Sigma}}}=1+e^{-\frac{3.14\times19.5}{15.58}}=1.02$$

$$i_{imp}^{(3)}=\sqrt{2}k_{imp}I_{k2}^{(3)}=\sqrt{2}\times1.02\times9.25=13.3\ (\text{kA})$$

第十节　短路电流的限制

一、限制短路电流的目的

在供用电系统的降压变电站及用电负荷达几万千瓦级的大型企业的降压变电站中，高压侧电压一般在110kV及以上。这样在降压变电站低压侧的系统中发生短路时，短路电流会很大，以致使低压侧必须选择重型电气设备和大截面的载流导体，才能满足短路电流的动、热稳定的要求，从而使投资增大。如果能采取一定的措施来限制短路电流，使短路电流减小，就能选用价格较低的轻型电器和截面较小的载流导体，使投资降低。

二、限制短路电流的措施

短路电流与短路回路的阻抗成反比，所以增大短路回路的阻抗，能减小短路电流。

(一) 变压器或供电线路分列运行

在降压变电站中，如图3-12 (a) 所示，将变压器低压侧母线分段断路器断开运行。这样在变压器低压侧电网中短路时，如低压母线上k点短路，短路电流值要比变压器并联运行时小得多，可以起到限制短路电流的作用。

但当两台变压器分列运行时，由于低压侧两段母线上的负荷不同，可能使变压器中的电能损耗比并联运行时增大，但此损耗一般说来增大不多，从限制短路电流的经济效益来看，变压器分开运行还是较好的。因此，只要技术条件允许，降压变电站都可采用变压器分列运行的措施，以限制短路电流。

由两条平行线路供电的大容量电气装置，如图 3-12（b）所示，显然在这种情况下母线分段断路器断开，两条线路分列运行，可使 k 点的短路电流比并联运行时小得多。因此，为了限制短路电流，在两条平行线路供电的终端降压变电站中，也可采用供电线路分列运行方式。

当变压器和供电线路分列运行时，为了提高供电的可靠性，母线分段断路器需安装备用电源自动投入装置。

（二）装设电抗器

图 3-13 为装设电抗器的大容量降压变电站的主接线图。引出线装设的电抗器称为线路电抗器；母线上装设的电抗器称为母线电抗器。有时电抗器也装设在主变压器低压侧出口与低压母线之间。

线路电抗器一般接在出线断路器靠近负荷一侧，正常运行时有电压降，但数值较小，影响不大。当线路侧发生短路时，由于短路回路的总电抗增大，减小了短路电流，则出线侧就可以选择轻型的开关电器，导体的截面也可以减小。同时，由于短路回路阻抗加大，还可以提高母线的剩余电压。电抗器的电抗百分值取 3%～6%。断路器与电抗器之间距离很小，且经常处于运行人员监护之下，发生短路的可能性很小。

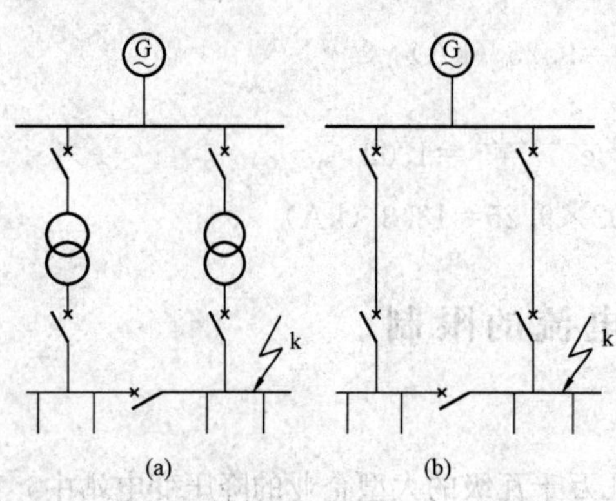

图 3-12　变压器或供电线路分列运行

(a) 变压器分列运行；(b) 供电线路分列运行

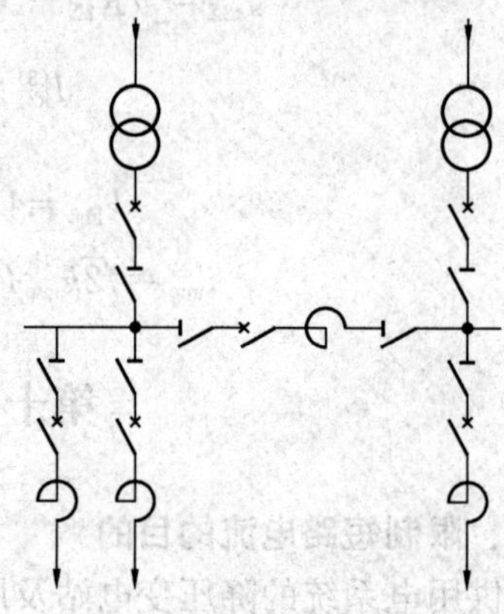

图 3-13　装设电抗器的大容量降压变电站的主接线图

母线电抗器能限制从非故障母线流向故障母线的短路电流，也能提高非故障母线的剩余电压。母线电抗器的电抗百分值一般为 8%～10%。当母线电抗器能够将短路电流限制在规定值以内，则线路上可不装设电抗器。

习　　题

3-1　什么是短路？短路故障的产生有什么原因？有什么危害？

3-2　额定标幺值、基准标幺值和百分值如何定义？有什么异同之处？如何进行换算？

3-3　计算高压电网的短路电流时，采用标幺值有什么好处？

3-4　什么叫无限大容量电力系统？其基本特点是什么？

3-5　什么是短路冲击电流 i_{imp} 和最大有效值电流 I_{imp}？冲击系数 k_{imp} 如何确定？

3-6　为什么要限制短路电流？限制短路电流有哪些方法？

3-7　系统接线如图3-14所示，各元件的参数均标注于图中，试计算各元件电抗的标幺值（取S_b＝100MV·A）。

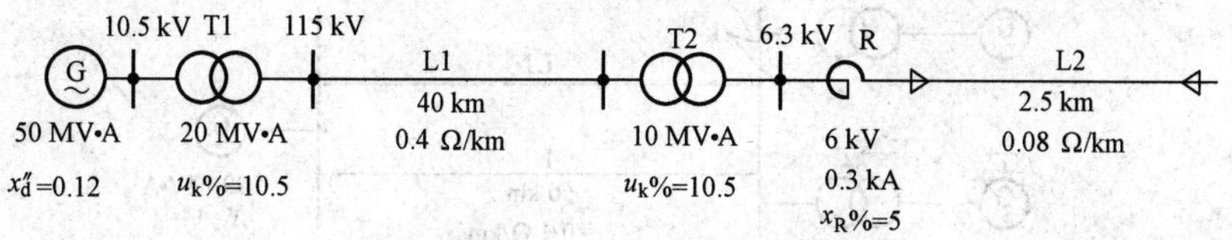

图3-14　题3-7图

3-8　某电路内装有一台电抗器，U_N＝6kV、I_N＝105A、x%＝5。设用I_N＝300A的电抗器来代替，并要求电路的电抗保持不变，试问这台电抗器的百分电抗是多少？假设其额定电压分别为6kV和10kV两种情况时。

3-9　某电力系统如图3-15所示，各元件的参数均标注于图中，试计算：

（1）电路的时间常数T_a及冲击系数k_{imp}；

（2）在k点发生三相短路时次暂态电流I''；

（3）冲击电流、短路功率。

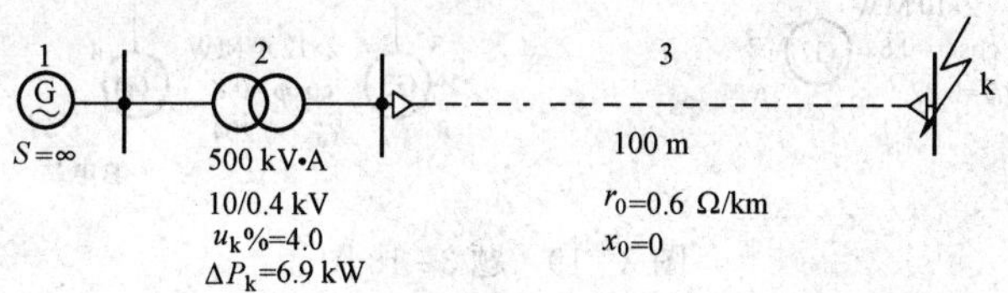

图3-15　题3-9图

3-10　系统接线如图3-16所示，各元件的参数均标注于图中，试求k1和k2点短路时的三相短路电流。

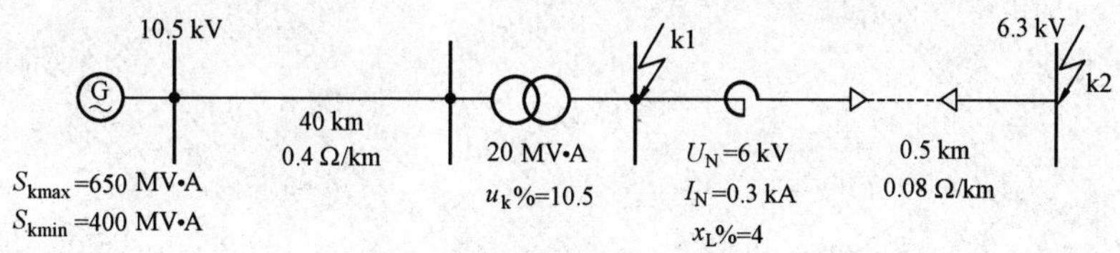

图3-16　题3-10图

3-11　供电系统如图3-17所示，试求图中k1和k2点发生三相短路时的参数：I_k、I_∞、i_{imp}、I_{imp}、S_k以及k2点短路时变压器高压母线的残余电压。

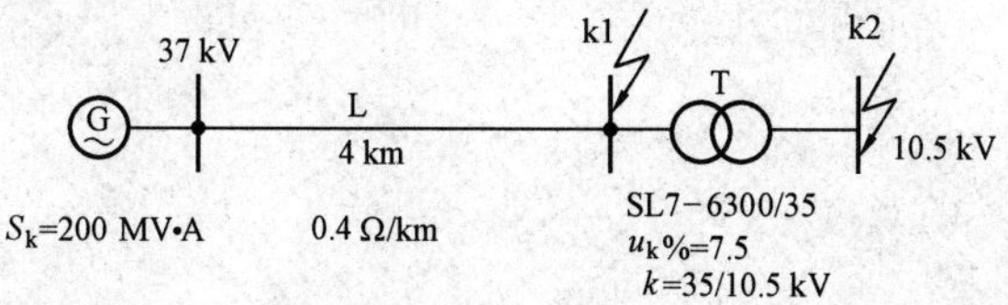

图3-17　题3-11图

3-12　电力系统接线如图3-18所示，元件参数标于图中，不计负荷电流的影响，当k点发生三相短路时，试计算：①次暂态电流；②冲击电流。

3-13 图 3-19 所示计算电路中有 A、B 两个水电站，试求 $k^{(3)}$ 点短路的 I''_k、i_{imp} 和 S_k 的值。

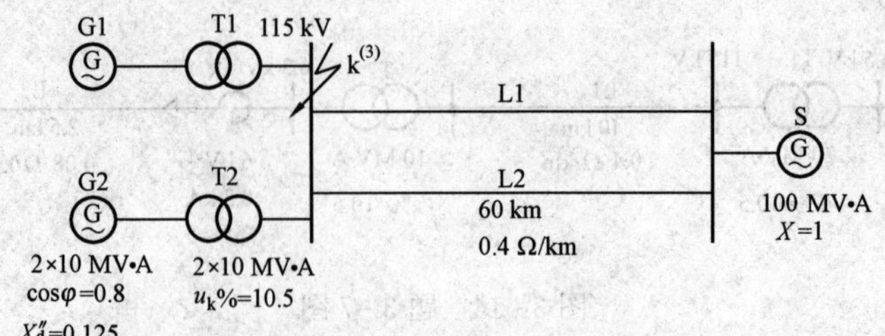

图 3-18 题 3-12 图

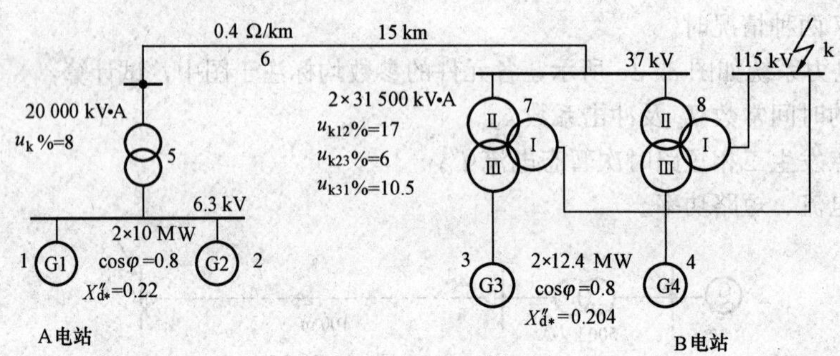

图 3-19 题 3-13 图

第四章　供用电网络的电压调整

电压是衡量电能质量的一个重要指标。供用电网络是构成电力网络的重要组成部分，是连接电力网络与电力用户的。因此，供用电网络的电压调整、保证其电压质量，不仅可使电力用户安全经济地运行，也是整个电力网络的电压调整、保证其电压质量的先决条件。保证供用电网络的电压质量，是供用电网络运行中的一项重要任务。本章主要讲述供用电网络中无功平衡与电压质量以及它们之间的关系，供用电网络中常用调压方法以及无功电源设备参数的确定。

第一节　概　　述

一、电压偏移对用电设备及电力系统的影响

各种用电设备都规定有额定工作电压，且在额定电压下运行时能在经济技术综合指标上取得最佳的效果。若电压偏移过大，则会对用电设备的经济和安全运行造成不利影响。

电压变动对照明设备的亮度和寿命都有很大影响。当电压降低10%时，白炽灯的亮度将减少30%，日光灯的亮度将减少10%，白炽灯的寿命将增加一倍以上。若电压过低，日光灯就不能起辉，且起辉器的不断闪烁将大大降低日光灯的寿命。如果电压过高，白炽灯和日光灯的亮度虽然都增加，但寿命都将显著减短。当电压升高10%，白炽灯寿命将减少2/3。

对于占负荷比重最大的异步电动机，当端电压变化时，电动机的转矩、电流和效率也要变化。转矩与端电压的平方成正比，若端电压下降10%，则转矩就要降低19%。因此，若电压过低，则电动机的转速将降低，电流增大，引起绕组温度升高，加速绝缘老化，严重时还可能烧毁电动机。另一方面，对带机械负载的异步电动机，因电压过低，转矩太小而停转或不能起动。如果加在异步电动机上的电压过高，则对绕组绝缘不利。

电子设备对电压要求更高。电压过高时，会严重降低电子设备的寿命，且影响安全；电压过低时，电子设备的工作不稳定，失真严重甚至无法正常工作。

电压偏移过大对电力系统本身的安全和经济运行也有不利。电压降低时，发电厂中由异步电动机拖动的厂用机械（如风机、泵等）出力减少，影响到锅炉、汽轮机和发电机的出力，并使效率降低。当电压过低时，将使发电机、变压器、线路过负荷，严重时引起跳闸，导致供电中断或系统运行解列，还会降低系统并列运行的稳定性。

二、电压质量

（一）供电用户的电压质量

在电力网络的正常运行中，随着用电负荷的变化和系统运行方式的改变，网络中的电压损耗也将发生变化。要严格保证所有用户在任何时刻都达到额定电压是不可能的，因此，系统运行中各节点出现电压偏移是不可避免的，合理地规定各类用户允许电压偏移是完全必要的。目前，我国规定的正常运行情况下各类用户的允许电压偏移如下：

35kV 及以上电压供电的负荷 ±5%

10kV 及以下电压供电的负荷 ±7%

低压照明负荷 ＋5% －10%

农村电网（正常情况） ＋7.5% －10%

（事故情况） ＋10% －15%

在事故后的运行状态下，由于部分网络元件退出运行，电压损耗比正常时要大。考虑到时间较短，事故又不经常发生，电压偏移容许比正常值再多 5%。但电压的正偏移不应超过 10%。

（二）供电网络中各电压母线的电压质量

供用电网络中各电压等级母线对电压质量的要求如下：

（1）对于 220kV 母线，正常运行方式时，电压允许偏差为额定电压的 0～＋10%；事故运行方式时为系统额定电压的－5%～＋10%。

（2）对于 110～35kV 母线，正常运行方式时，为相应系统额定电压的－3%～＋7%；事故后为系统额定电压的±10%。

（3）10kV 母线，应使所带线路的全部高压用户和经配电变压器供电的低压用户的电压，均符合前述供电电压允许偏差相应条款中的规定值。

第二节 供用电网络中的无功功率平衡

一、无功功率负荷和无功功率损耗

（一）无功功率负荷

异步电动机在电力网络负荷（特别是无功负荷）中占的比重很大。网络无功负荷的电压特性主要由异步电动机决定。异步电动机的简化等值电路如图 4-1 所示，它所消耗的无功功率为

$$Q_M = Q_m + Q_\sigma = \frac{U^2}{X_m} + I^2 X_\sigma \tag{4-1}$$

其中，Q_m 为励磁功率，它同电压平方成正比。实际上，当电压较高时，由于磁饱和影响，励磁电抗 X_m 的数值还有所下降，因此，励磁功率 Q_m 随电压变化的曲线稍高于二次曲线。Q_σ 为漏抗 X_σ 中的无功损耗，如果负载功率不变，则 $P_M = I^2R\ (1-s)\ /s$＝常数，当电压降低时，转差将要增大，定子电流随之增大，相应地，在漏抗中的无功损耗 Q_σ 也要增大。

综合这两部分无功功率的变化特点，可得图 4-2 所示的曲线，其中 β 为电动机的实际负荷同它的额定负荷之比，称为电动机的受载系数。可见，在额定电压附近，电动机的无功功率随电压的升降而增减。当电压明显地低于额定值时，无功功率主要由漏抗中的无功损耗决定，因此，随电压的下降反而具有上升的趋势。这一特性对于电力网络运行的稳定性具有重要意义。

（二）变压器的无功损耗

变压器的无功损耗 Q_T 包括励磁损耗 ΔQ_0 和漏抗中的损耗 ΔQ_T。

$$\begin{aligned} Q_T &= \Delta Q_0 + \Delta Q_T = U^2 B_T + \left(\frac{S}{U}\right)^2 X_T \\ &\approx \frac{I_0\%}{100} S_N + \frac{u_k\% S^2}{100 S_N}\left(\frac{U_N}{U}\right)^2 \end{aligned} \tag{4-2}$$

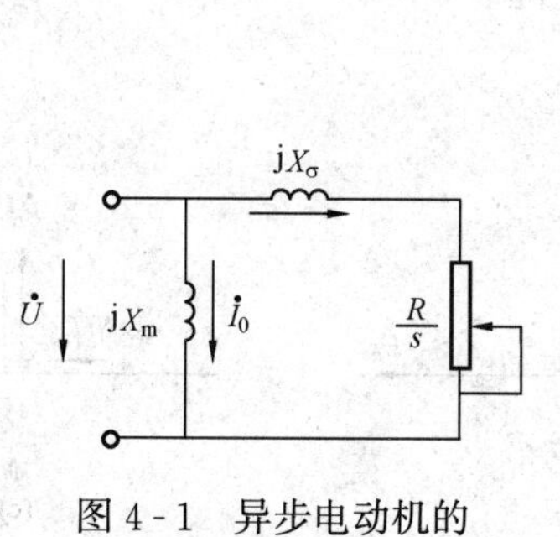

图 4-1　异步电动机的简化等值电路

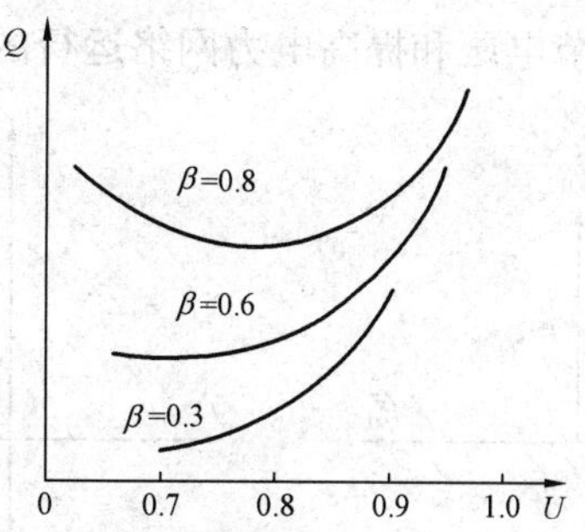

图 4-2　异步电动机的无功功率与端电压的关系

励磁功率大致与电压平方成正比。当通过变压器的视在功率不变时，漏抗中损耗的无功功率与电压平方成反比。因此，变压器的无功损耗电压特性也与异步电动机的相似。

变压器的无功功率损耗在电力网络的无功需求中占有相当的比重。假定一台变压器的空载电流 $I_0\%=2.5$，短路电压 $u_k\%=10.5$，由式（4-2）可知，在额定满载下运行时，无功功率的损耗将达额定容量的 13%。如果从电源到用户需要经过几级变压，则变压器中无功功率损耗的数值是相当可观的。

（三）输电线路的无功损耗

输电线路一般用 Π 形等值电路来表示，其功率损耗是由线路电容充电功率 ΔQ_B 和线路电抗无功损耗 ΔQ_L 所组成。当 $\Delta Q_B > \Delta Q_L$ 时，线路将成为无功功率电源；当 $\Delta Q_B < \Delta Q_L$ 时，线路将成为无功功率负荷。因此，对于 35kV 及以下的架空线路，电容充电功率很小，一般来说，这种线路都是消耗无功功率的。110kV 及以上的架空线路，当传输功率较大输电电压较低时，电抗中消耗的无功功率将大于电纳中产生的无功功率，线路成为无功负荷，当传输功率较小输电电压较高时，电抗中消耗的无功功率将小于电纳中产生的无功功率，这时线路成为无功电源。特别是在高压、超高压的线路中，由于电压等级高、输电距离远，更是如此。

二、无功功率电源

在供用电网络中，无功电源有调相机、静电电容器和静止补偿器等。

（一）调相机

调相机相当于空载运行的同步电动机。在过励磁运行时，它向供电网络供给感性无功功率而起无功电源的作用，能提高网络电压；在欠励磁运行时，它从供用电网络吸取感性无功功率而起无功负荷的作用，可以降低供用电网络电压。调相机的电压、电动势、电流相量图如图 4-3 所示。由于实际运行的需要和对稳定性的要求，欠励磁最大容量只有过励磁容量的 50%～60%。装有自动励磁调节装置的同步调相机，能根据装设地点电压的变化平滑地改变其输出或吸收的无功功率，进行电压调整。特别是有强行励磁装置时，在供用电网络故障情况下还能调整网络的电压，有利于提高电力网络运行的稳定性。但调相机是旋转元件，运行维护比较复杂。它的有功功率损耗较大，在满载运行时约为额定容量的 1.5%～5%，容量越小百分值越大。小容量调相机每千伏安容量的投资费用也较大，故同步调相机宜于大容量集中使用，容量小于 5MV·A 的一般不装设。在我国，同步调相机常安装在枢纽变电站，以便平滑调节电压和提高电力网络运行的稳定性。

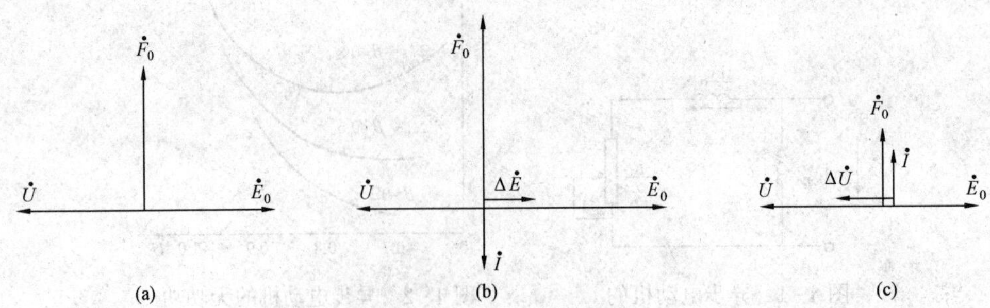

图 4-3 调相机的相量图

(a) 正常励磁；(b) 过励磁；(c) 欠励磁

（二）静电电容器

静电电容器可按三角形或星形接法并接在大容量电动机（个别补偿、分散补偿）或变电站的低压母线（集中补偿）上。它向供电网络供给的无功功率 Q_C 与所接节点电压 U 的平方成正比，即

$$Q_C = \frac{U^2}{X_C} \tag{4-3}$$

其中，$X_C = 1/\omega C$，为静电电容器的容抗。

当节点电压下降时，电容器供给的无功功率将减少，而此时供用电网络的无功功率电源缺乏；节点电压升高时，电容器供给的无功功率将增加，而此时供用电网络的无功功率电源不缺。换言之，电容器作为无功功率电源，其电压调节性能比较差。电容器的投切是成组进行的，其出力呈阶梯变化，调压曲线不平滑。对容量较大的电容器，还必须装设自动投切装置。电容器每单位容量的投资费用较小且与总容量的大小无关，运行时功率损耗较小，约为额定容量的 0.3%～0.5%。此外电容器没有旋转元件，运行维护也较方便。

（三）静止补偿器

静止补偿器由电力电容器和可调电抗器并联组成，并接在降压变压器的低压母线上。电容器可发出无功功率，电抗器可吸收无功功率，两者结合起来，再配以适当的调节装置，就成为能平滑地改变输出或吸收无功功率的静止补偿器。

静止补偿器根椐母线电压的高低自动控制可调电抗器吸收的感性无功功率的大小，从而控制静止补偿器发出或吸收感性无功功率的大小，从而达到稳定母线电压的目的。

按照调节无功功率的方式，目前静止补偿器可分为可控饱和电抗器型、自饱和电抗器型、可控硅控制电抗器（或相角控制电抗器型）和可控硅控制电容、电抗器型四种。其中，前三种补偿器中电抗器都是可调的，它所吸收的无功功率可以根据负荷无功的变化进行调节。补偿器中电容器都是不可调节的，即它发出的无功功率是不能调节的。第四类补偿器的电容器由可控硅控制，它能根据负荷的变化改变输出的无功功率。

静止补偿器能快速、平滑地调节无功功率，以满足动态无功补偿的要求。与同步调相机相比较，运行维护简单，功率损耗较小，能作到分相补偿以适应不平衡的负荷变化，对于冲击负荷也有较强适应性。补偿器的滤波电路能排除高次谐波的干扰。

三、无功平衡

供用电网络无功功率平衡的基本要求是：网络中的无功电源可能发出的无功功率应该大于或至少等于负荷所需的无功功率和网络中的无功损耗。为了保证运行可靠性和适应无功负荷的增长，系统还必须配置一定的无功备用容量。令 Q_{SC} 为无功电源供应的无功功率之和，Q_{LC} 为无功负荷之和，Q_L 为网络无功功率损耗之和，Q_{res} 为无功功率备用，则网络中无功功率的平衡关系式为

$$Q_{SC} - Q_{LC} - Q_L = Q_{res} \tag{4-4}$$

$Q_{res} > 0$ 表示网络中无功功率可以平衡且有适量的备用；如 $Q_{res} < 0$ 表示网络中无功功率不足，应考虑加设无功补偿装置。

网络无功电源的总出力 Q_{SC} 应包括各种无功补偿设备的无功功率和 $\Delta Q_{C\Sigma}$，即

$$Q_{SC} = Q_{C\Sigma} \tag{4-5}$$

调相机和静电电容器等无功补偿装置按额定容量来计算其无功功率。

总无功负荷 Q_{LC} 按负荷的有功功率和功率因数计算。为了减少输送无功功率引起的网损，我国现行规程规定，以 35kV 及以上电压等级直接供电的工业负荷，功率因数不得低于 0.90，对其他负荷，功率因数不得低于 0.85。但实际上有些用户的功率因数往往达不到这些标准。

网络的总无功功率损耗 Q_L 包括变压器的无功损耗 $Q_{T\Sigma}$、线路电抗的无功损耗 $\Delta Q_{L\Sigma}$ 和线路电纳无功功率 $\Delta Q_{B\Sigma}$（一般只计算 110kV 及以上电压线路的充电功率），即

$$Q_L = Q_{T\Sigma} + \Delta Q_{L\Sigma} + \Delta Q_{B\Sigma} \tag{4-6}$$

电力网络的无功功率平衡应按最大无功负荷的运行方式进行计算。必要时还应校验某些设备检修时或故障后运行方式下的无功功率平衡。

【例 4-1】 某供电网络的接线如图 4-4（a）所示，各元件参数如下：

变压器 T1　每台 $\Delta P_k = 200\text{kW}$，$I_0\% = 2.7$，$u_k\% = 10.5$。

变压器 T2　每台参数同上。

线路中每回每公里 $r_0 = 0.165\Omega$，$x_0 = 0.41\Omega$，$b_0 = 2.82 \times 10^{-6}\text{S}$。若首端系统的功率因数为 0.85，试作无功功率平衡。

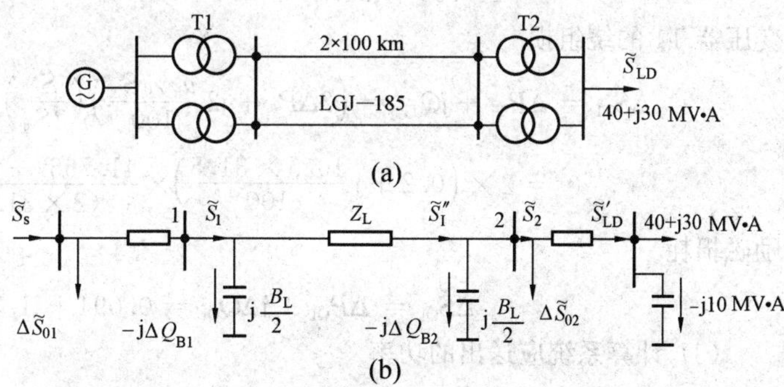

图 4-4　例 4-1 的输电系统及其等值电路

解　（1）计算输电线路参数得 $Z_L = 8.5 + j20.5\Omega$，$\frac{1}{2}XB_L = 2.82 \times 10^{-4}\text{S}$，作等值电路如图 4-4（b）所示。

在用户处增添 10Mvar 无功补偿容量。因为负荷原来的功率因数为 0.8，而首端额定功率因数为 0.85，又有线路和两端变压器的无功损耗，故不进行补偿将无法满足无功平衡。补偿后的负荷功率为 S'_{LD} 为 40＋j20MV・A，功率因数为 $\cos\varphi' = 0.895$。在此基础上进行无功平衡的计算。

（2）以网络的额定电压来计算网络各元件的功率损耗。

变压器 T2 绕组损耗

$$\Delta\tilde{S}_{T2}=\Delta P_{T2}+j\Delta Q_{T2}=2\Delta P_k\left(\frac{S'_{LD}}{2S_N}\right)^2+j2\frac{u_k\%S_N}{100}\left(\frac{S'_{LD}}{2S_N}\right)^2$$
$$=2\times0.2\times\frac{40^2+20^2}{(2\times31.5)^2}+j2\times\frac{10.5\times31.5}{100}\times\frac{40^2+20^2}{(2\times31.5)^2}$$
$$=0.202+j3.35\ (\text{MV}\cdot\text{A})$$

励磁损耗

$$\Delta\tilde{S}_{O2}=2(\Delta P_{O2}+j\Delta Q_{O2})=2\left(\Delta P_{O2}+j\frac{I_0\%}{100}S_N\right)=2\times\left(0.047+j\frac{2.7\times31.5}{100}\right)$$
$$=0.094+j1.7\ (\text{MV}\cdot\text{A})$$

线路末端的充电功率

$$\Delta Q_{B2}=-\frac{B_L}{2}U_N^2=-2.82\times10^{-4}\times110^2=-3.41\ (\text{Mvar})$$

等值电路中功率

$$\tilde{S}''_1=\tilde{S}'_{LD}+\Delta\tilde{S}_{T2}+\Delta\tilde{S}_{O2}+j\Delta Q_{B2}$$
$$=40+j20+0.202+j3.35+0.094+j1.7-j3.41=40.296+j21.64\ (\text{MV}\cdot\text{A})$$

线路阻抗中的功率损耗

$$\Delta\tilde{S}_L=Z_L\left(\frac{S''_1}{U_N}\right)^2=\frac{40.296^2+21.64^2}{110^2}(8.5+j20.5)=1.47+j3.56\ (\text{MV}\cdot\text{A})$$

线路首端的充电功率

$$\Delta Q_{B1}=-\frac{B_L}{2}U_N^2=-3.41\ (\text{Mvar})$$

线路首端的功率

$$\tilde{S}_1=\tilde{S}''_1+\Delta\tilde{S}_L+jQ_{B1}=40.296+j21.64+1.47+j3.56-j3.41$$
$$=41.766+j21.79\ (\text{MV}\cdot\text{A})$$

变压器 T1 的绕组损

$$\Delta\tilde{S}_{T1}=\Delta P_{T1}+jQ_{T1}=\left(2\Delta P_k+j2\frac{u_k\%S_N}{100}\right)\left(\frac{S_1}{2S_N}\right)^2$$
$$=2\times\left(0.2+j\frac{10.5\times31.5}{100}\right)\times\frac{41.766^2+21.79^2}{(2\times31.5)^2}=0.225+j3.72(\text{MV}\cdot\text{A})$$

励磁损耗

$$\Delta\tilde{S}_{O1}=\Delta P_{O1}+j\Delta Q_{O1}=0.094+j1.7\ (\text{MV}\cdot\text{A})$$

（3）计算系统应送出的功率

$$\tilde{S}_S=\tilde{S}_1+\Delta\tilde{S}_{T1}+\Delta\tilde{S}_{O1}=41.766+j21.79+0.225+j3.72+0.094+j1.7$$
$$=42.085+j27.21\ (\text{MV}\cdot\text{A})$$

系统处的功率因数为 $\cos\varphi=0.84$，因为系统给定的功率因数为 0.85，我们只需将其功率因数由 0.85 调整至 0.84，或者在负荷处再增加补偿容量，即可满足电力网络的无功平衡。

在供用电网络运行中，电源的无功出力在任何时刻都同负荷的无功功率和网络的无功损耗之和相等，具有实时性，即 $Q_{GC}=Q_{LD}+Q_L$，问题在于无功功率的平衡是在什么样的电压水平下实现的。现在以一个最简单的网络为例来说明。

隐极发电机经过一段线路向负荷供电，略去各元件电阻，用 X 表示发电机电抗与线路电抗之和，等值电路示于图 4-5（a）。假定发电机和负荷的有功功率为定值。根据相量图图 4-5（b）可以确定发电机送到负荷节点的功率为

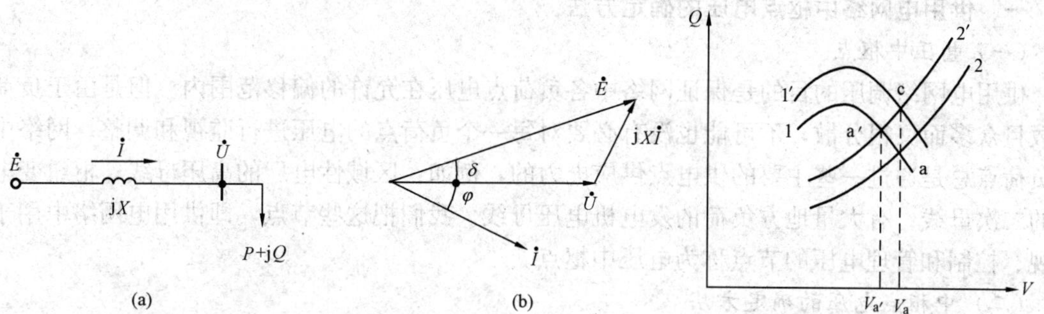

图 4-5　无功功率和电压关系的解释图
（a）等值电路图；（b）相量图

图 4-6　按无功功率平衡确定电压

$$P=UI\cos\varphi=\frac{EU}{X}\sin\delta$$

$$Q=UI\sin\varphi=\frac{EU}{X}\cos\delta-\frac{U^2}{X}$$

当 P 为一定值时，得

$$Q=\sqrt{\left(\frac{EU}{X}\right)^2-P^2}-\frac{U^2}{X} \tag{4-7}$$

显然，当电动势 E 为一定值时，发电机的无功电压特性为一向下凹的二次曲线，即 Q 同 U 是一条向下开口的抛物线，如图 4-6 中 1 曲线。负荷的主要成分是异步电动机，其无功电压静特性如图中曲线 2 所示。这两条曲线的交点 a 确定了负荷节点的电压值 U_a，或者说，网络在电压 U_a 下达到了无功功率平衡。

当负荷增加时，其负荷的无功电压静特性如曲线 2′所示。如果网络的无功电源没有相应增加（发电机励磁电流不变，电动势也不变），电源的无功特性仍然为曲线 1。这时曲线 1 和 2′的交点 a′就代表了新的无功平衡点，并由此决定了负荷点的电压为 U'_a。显然 $U'_a<U_a$ 这说明负荷增加后，网络的无功电源已不能满足在电压 U_a 下实现无功平衡的需要，因而只好降低电压水平运行，因为降低电压的过程是电源无功功率增大的过程，以取得在较低电压下实现新的无功平衡。如果发电机具有充足的无备用，通过调节励磁电流，增大发电机的电动势 E，则发电机的无功特性曲线将上移到曲线 1′的位置，从而使曲线 1′和 2′的交点 C 所确定的负荷节点电压达到或接近原来的数值 U_a。由此可见，网络的无功电源比较充足，能满足较高电压水平下无功平衡的需要，系统就有较高的运行电压水平；反之，无功不足就反映为运行电压水平偏低。因此，应该力求实现在额定电压下的网络无功功率平衡，并根据这个要求装设必要的无功补偿装置。

由于供用电网络的供电地区幅员宽广，无功功率因传输损耗大不宜长距离输送，因此负荷所需的无功功率应尽量做到就地供应。为此，不仅应实现整个网络的无功功率平衡，还应分别实现各区域的无功功率平衡。总之，实现无功功率在额定电压水平下的平衡是保证电压质量的首要条件。

第三节 中枢点的电压管理

一、供用电网络中枢点电压的确定方法

（一）电压中枢点

供用电网络调压的目的是保证网络中各负荷点电压在允许的偏移范围内。但是由于负荷点数目众多而又很分散，不可能也没有必要对每一个负荷点的电压进行监视和调整。网络中的负荷点总是通过一些主要的供电点供应电力的，例如：区域性电厂的高压母线；枢纽变电站的二次母线；有大量地方负荷的发电机电压母线。我们把这些节点，即供用电网络中用于监视、控制和管理电压的节点称为电压中枢点。

（二）中枢点电压的确定方法

各个负荷点都允许电压有一定的偏移，计及由中枢点到负荷点的馈电线上的电压损耗，便可确定每个负荷点对中枢点电压的要求。如果能找到中枢点电压的一个允许变化范围，使得由该中枢点供电的所有负荷点的调压要求都能同时得到满足，那么，只要控制中枢点的电压在这个变化范围内就可以了。下面讨论如何确定中枢点电压的允许变化范围。

对于已运行的电压中枢点，其电压变化范围可按下述方法确定，即根据负荷点对电压质量的要求，加上负荷点在各时段到中枢点的电压损耗，即得负荷点对中枢点的电压变化要求，取所有负荷点对中枢点电压变化要求的公共部分，即得中枢点在各时段的电压变化范围。

对于向多个负荷点供电的中枢点，其电压允许变化范围可按两种极端情况来确定。在地区负荷最大时，电压最低的负荷点允许电压下限加上到中枢点的电压损耗等于中枢点的最低电压；在地区负荷最小时，电压最高负荷点的允许电压上限加上到中枢点的电压损耗等于中枢点的最高电压。当中枢点的电压能满足这两个负荷点的要求时，其他各点的电压基本上都能满足。

如果在任何时候，各负荷点所要求的中枢点电压允许变化范围都有公共部分，那么，调整中枢点的电压，使其在公共的允许范围内变动，就可以满足各负荷点的调压要求，而不必在各负荷点再装设调压设备。

可以设想，如果由同一中枢点供电的各用户负荷的变化规律差别很大，调压要求也很不相同，就可能在某些时间段内，各用户的电压质量要求反映到中枢点的电压允许变化范围没有公共部分。这种情况下，仅靠控制中枢点的电压并不能保证所有负荷点的电压偏移都在允许范围内。因此为了满足各负荷点的调压要求，还必须在某些负荷点增设必要的调压设备。

（三）中枢点的调压方式

在进行电力网络规划设计时，由系统供电的较低电压等级的电力网往往还未建设，或者尚未完全建成，许多数据及要求未能准确地确定，这就无法按照上述方法作出中枢点的电压曲线。为了进行调压计算，可以根据电力网的性质对中枢点的调压方式提出原则性的要求。为此，一般将中枢点的调压方式分为三类：逆调压、顺调压和常调压。

在大负荷时，线路的电压损耗也大，如果提高中枢点电压，就可以抵偿掉部分电压损耗，使负荷点的电压不致过低。反之，在小负荷时，线路电压损耗也小，适当降低中枢点电压就可使负荷点电压不致过高。这种在大负荷时升高电压，小负荷时降低电压的调压方式称

为逆调压。一般，采用逆调压方式，在最大负荷时可保持中枢点电压比线路额定电压高5%，在最小负荷时保持为线路额定电压。供电线路较长、负荷变动较大的中枢点往往要求采用这种调压方式。

中枢点采用逆调压可以改善负荷点的电压质量。但是由于发电厂到某些中枢点（例如枢纽变电站）也有电压损耗。因此若发电机电压一定，则在大负荷时，电压损耗大，中枢点电压自然要低一些；在小负荷时，电压损耗小，中枢点电压要高一些。中枢点电压的这种自然变化规律与逆调压的要求恰巧相反，所以从调压的角度来看，逆调压的要求较高，较难实现。实际上也没有必要对所有中枢点都采用逆调压方式。对某些供电距离较近，或者负荷变动不大的变电站，可以采用顺调压的方式。在大负荷时允许中枢点电压低一些，但不低于线路额定电压的102.5%；小负荷时允许其电压高一些，但不超过线路额定电压的107.5%。

介于上述两种调压方式之间的调压方式是恒调压（常调式）。即在任何负荷下，中枢点电压保持为大约恒定的数值，一般较线路额定电压高2%～5%。

当网络发生事故时，电压损耗比正常情况下时大，因此对电压质量的要求允许降低一些，通常允许事故时的电压偏移较正常情况下大5%。

二、供用电网络电压调整的基本方法

前面已指出，拥有较充足的无功功率电源是保证电力网络有较好的运行电压水平的必要条件，但是要使所有用户处的电压质量都符合要求，还必须采用各种调压手段。

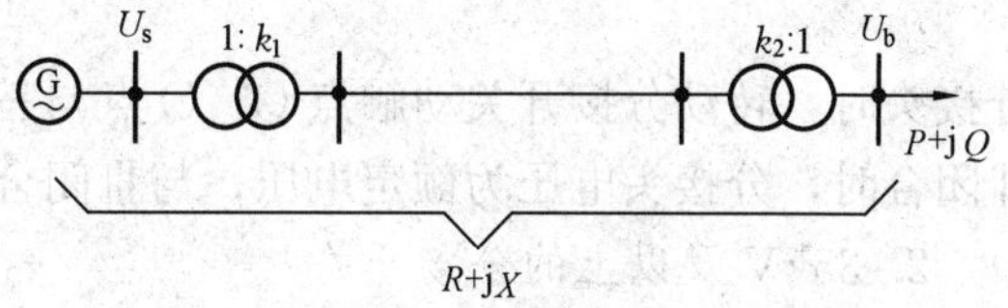

图 4-7　电压调整原理解释图

现在以图 4-7 所示的简单电力网络为例，说明常用的各种调压措施所依据的基本原理。

系统通过升压变压器、线路和降压变压器向用户供电。要求调整负荷节点 b 的电压。为简单起见，略去线路电容功率、变压器励磁功率和网络的功率损耗。变压器的参数已归算到高压侧。b 点的电压为

$$U_b = \frac{U_s k_1 - \Delta U}{k_2} \approx \frac{U_s k_1 - \dfrac{PR + QX}{U}}{k_2} \tag{4-8}$$

式中　k_1、k_2——升压和降压变压器的变比；

R、X——变压器和线路的总电阻和总电抗。

由式（4-8）可见，为了调整用户端电压 U_b 可以采取以下的措施：

(1) 适当选择变压器的变化；

(2) 改变线路的参数；

(3) 改变无功功率的分布。

这些措施将在下面分别进行比较详细的讨论。

第四节　改变变压器变比实现调压

一、变压器分接开关

(一) 变压器分接头电压

改变变压器的变比可以升高或降低二次绕组的电压。为了实现调压，在双绕组变压器的

高压绕组上设有若干个分接头以供选择，其中对应额定电压 U_N 称为主接头。容量为6300kV·A及以下的变压器，高压侧有三个分接头，即在主接头的左右各有一个分接头，每个分接头使电压变化5%，各接头电压分别为1.05U_N，U_N，0.95U_N。容量为8000kV·A及以上的变压器，高压侧有5个分接头，即在主接头左右各有两个分接头，每个分接头电压变化2.5%。变压器的低压绕组不设分接头。对于三绕组变压器，一般是在高压绕组和中压绕组设置分接头。

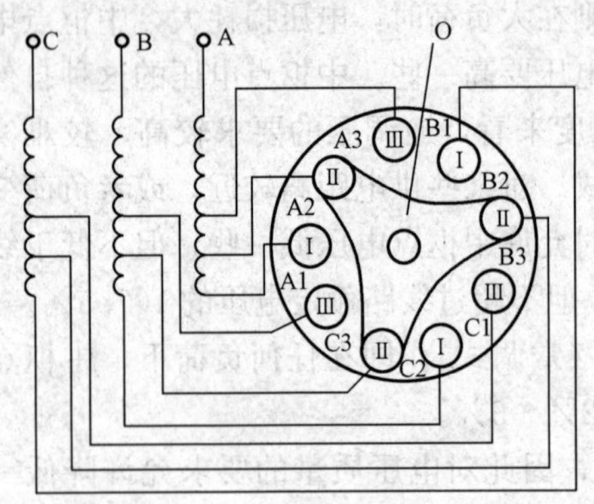

图4-8　6～10kV分接开关接线

（二）变压器分接开关

1. 6～10kV配电变压器的分接开关

6～10kV配电变压器的分接开关接于中性点侧，每相高压绕组在中性点侧引出三个端头，分别接在分接开关的Ⅰ、Ⅱ、Ⅲ静触头上。分接开关动触点O实际上是三相高压绕组星接线的星接点，三相触点共装在一块绝缘支架上，结构简单，如图4-8所示。

当变压器检修结束或变压器退出运行需要改变分接头时，转动分接开关动触点O，O点与三相Ⅰ静触头闭合时，分接头电压为+5%；与Ⅱ闭合时，分接头电压为额定电压；与Ⅲ闭合时，分接头电压为－5%。

2. 35kV及以上的分接开关

35kV及以上的分接头是分相调节的。其结构是在两块绝缘板中间装有六个接线柱，绕组的抽头引线焊接在接线柱的端头上。接线柱内侧装有接触环，接触环是由垂直排列的若干只小镀银铜环组成，铜环内装有螺旋形板弹簧，依靠板弹簧使接触环与接线柱之间的压力增大，减小接触电阻，以取得良好的导电性。接触环由曲柄带动旋转，依次与相邻两接线柱接触。曲柄由操动杆操动，操动杆用绝缘柄接至油箱外，如图4-9所示。

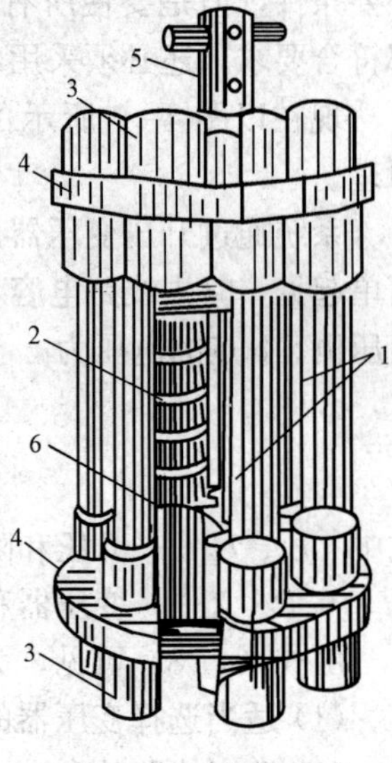

变压器一相绕组在中间分成两段。分别抽出三个抽头接到分接开关的接线柱端头上，如图4-10所示。

当接触环与A4、A5和A2、A7接触时，对应的分接头为额定电压抽头；与A5、A6接触时，为－2.5%抽头；与A6、A7接触时，为－5%抽头；与A4、A3接触时，为+2.5%抽头；与A2、A3接触时，为+5%抽头。这样，接触环每改变一次位置，投入的匝数就改变一次，变压器变比改变一次。

图4-9　无载分接开关的结构

1—接线柱；2—接触环；3—接线端；4—绝缘支架；5—操作杆；6—曲柄

无载调压分接头从某一位置切换到另一位置时，电路都有一个被断开的过程，因此，必须将变压器从系统中退出运行后才能进行切换。

二、变压器分接头的选择

（一）降压变压器分接头的选择

改变变压器的变比调压实际上就是根据调压要求适当选择分接头。以下讨论双绕组降压变压器的分接头选择方法。

图 4-11 所示为一降压变压器。若通过功率为 $P+\mathrm{j}Q$，高压侧实际电压为 U_1，归算到高压侧的变压器阻抗为 $R_T+\mathrm{j}X_T$，归算到高压侧的变压器电压损耗为 ΔU_T，低压侧要求得到的电压为 U_2，则有

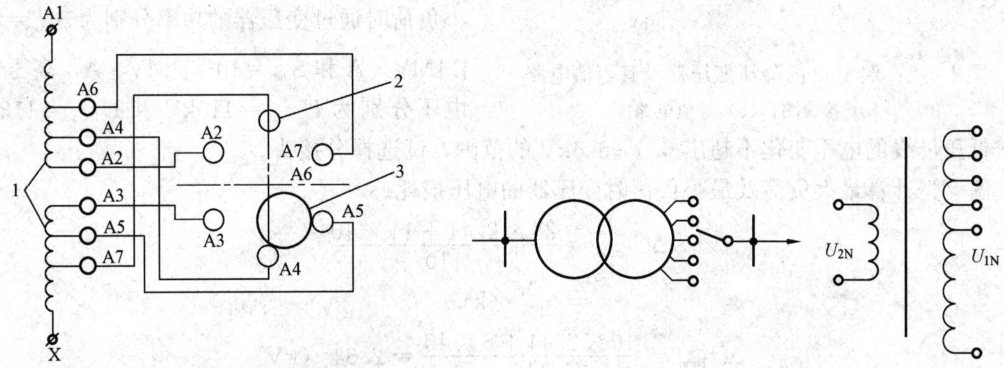

图 4-10　无载分接开关的原理接线
1—绕组；2—接线柱；3—接触环

图 4-11　降压变压器

$$\Delta U_T=\frac{PR_T+QX_T}{U_1},U_2=\frac{U_1-\Delta U_T}{k}$$

从变压器结构方面，变压器运行在某分接头上，电压为 U_{1t}，则变比 k 为

$$k=\frac{U_{1t}}{U_{2N}} \tag{4-9}$$

从变压器运行方面，变比 k 为

$$k=\frac{U_1-\Delta U_T}{U_2} \tag{4-10}$$

所以，变压器分接头电压为

$$U_{1t}=\frac{(U_1-\Delta U_T)U_{2N}}{U_2} \tag{4-11}$$

当变压器通过不同的功率时，高压侧电压 U_1、电压损耗 ΔU_T，以及低压侧所要求的电压 U_2 都要发生变化。通过计算可以求出在不同的负荷下为满足低压侧调压要求所应选择的高压侧分接头电压。

普通双绕组变压器的分接头只能在停电的情况下改变。在正常的运行中无论负荷怎样变化只能使用一个固定的分接头。这时可以分别算出最大负荷和最小负荷下所要求的分接头电压为

$$U_{1t\max}=\frac{(U_{1\max}-\Delta U_{T\max})U_{2N}}{U_{2\max}} \tag{4-12}$$

$$U_{1t\min}=\frac{(U_{1\min}-\Delta U_{T\min})U_{2N}}{U_{2\min}} \tag{4-13}$$

然后取它们的算术平均值，即

$$U_{1tav}=\frac{U_{1t\max}+U_{1t\min}}{2} \tag{4-14}$$

根据 U_{1tav} 值可选择一个与它最接近的分接头。然后根据所选取的分接头，校验最大负荷和最小负荷时低压母线上的实际电压是否符合要求。

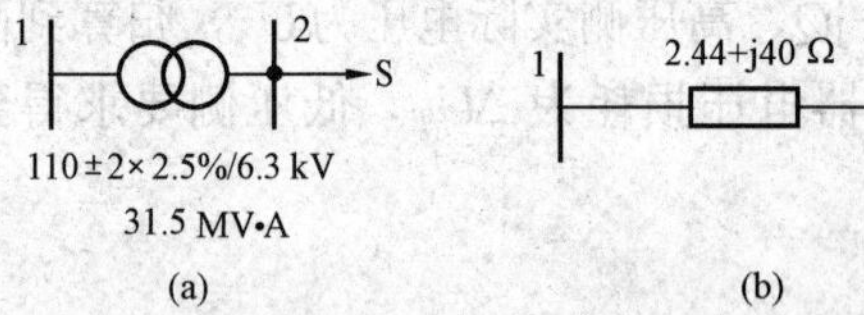

1 2 S
110±2×2.5%/6.3 kV
31.5 MV•A
(a)

1 2.44+j40 Ω 2 S
(b)

图 4-12 例 4-2 的降压变压器及其等值电路
（a）接线图；（b）等值电路

【例 4-2】 降压变压器及其等值电路如图 4-12（a）、（b）所示。归算至高压侧的阻抗为 $R_T + jX_T = 2.44 + j40\Omega$。已知在最大和最小负荷时通过变压器的功率分别为 $\tilde{S}_{max} = 28 + j14$MV·A 和 $\tilde{S}_{min} = 10 + j6$MV·A，高压侧的电压分别为 $U_{1max} = 110$kV 和 $U_{1min} = 113$kV。要求低压母线的电压变化不超出 6.0～6.6kV 的范围，试选择分接头。

解 先计算最大负荷及最小负荷时变压器的电压损耗。

$$\Delta U_{Tmax} = \frac{28 \times 2.44 + 14 \times 40}{110} = 5.7 \text{ (kV)}$$

$$\Delta U_{Tmin} = \frac{10 \times 2.44 + 6 \times 40}{110} = 2.34 \text{ (kV)}$$

假定变压器在最大负荷和最小负荷运行时低压侧的电压分别取为 $U_{2max} = 6$kV 和 $U_{2min} = 6.6$kV，则由式（4-12）和式（4-13）可得

$$U_{1tmax} = (110 - 5.7) \times \frac{6.3}{6.0} = 109.4 \text{ (kV)}; U_{1tmin} = (113 - 2.34) \times \frac{6.3}{6.6} = 105.6 \text{ (kV)}$$

取算术平均值

$$U_{1toav} = (109.4 + 105.6)/2 = 107.5 \text{ (kV)}$$

选最接近的分接头 $U_{1t} = 107.25$kV。按所选分接头校验低压母线的实际电压。

$$U_{2max} = (110 - 5.7) \times \frac{6.3}{107.25} = 6.13 \text{ (kV)} > 6 \text{ (kV)}$$

$$U_{2min} = (113 - 2.34) \times \frac{6.3}{107.25} = 6.5 \text{ (kV)} < 6.6 \text{ (kV)}$$

可见所选分接头是能满足调压要求的。

（二）升压变压器分接头的选择

选择升压变压器分接头的方法与选择降压变压器的基本相同。但因升压变压器中功率方向是从低压（二次侧）送往高压（一次侧）的（如图 4-13 所示），故式（4-11）中 ΔU_T 前的符号应相反，即应将电压损耗和高压侧电压相加。因而有

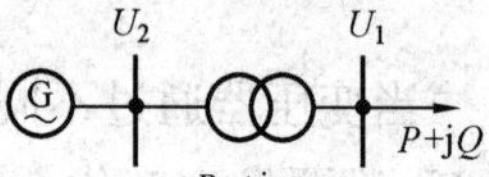

U_2 U_1
G $P+jQ$
R_T+jX_T

图 4-13 升压变压器

$$U_{1t} = \frac{(U_1 + \Delta U_T)U_{2N}}{U_2} \tag{4-15}$$

式中 U_2——变压器低压侧的实际电压或给定电压；
U_1——高压侧运行的电压。

通过例 4-2 可以看到，采用固定分接头的变压器进行调压，不可能改变电压损耗的数值，也不能改变负荷变化时二次侧电压的变化幅度。通过对变比的适当选择，只能把这一电压变化幅度对于次级额定电压的相对位置进行适当的调整（升高或降低）。如果计及变压器电压损耗在内的总电压损耗，最大负荷和最小负荷时的电压变化幅度（例如 12%）超过了分接头的可能调整范围（例如±5%），或者调压要求的变化趋势与实际的相反（例如逆调压时），则靠选普通变压器的分接头的方法就无法满足调压要求。这时可以装设带负荷调压的

变压器或采用其他调压措施。

三、有载调压变压器

带负荷调压的变压器通常有两种，一种是本身就具有调压绕组的有载调压变压器；另一种是带有附加调压器的加压调压变压器。

有载调压变压器可以在带负荷的条件下切换分接头，而且调节范围也比较大，一般在15%以上。目前我国规定，110kV 级的有载调压变压器有 7 个分接头，即 $U_N \pm 3\times2.5\%$；220kV 级的有 9 个分接头即 $U_N \pm 4\times2.5\%$。采用有载调压变压器时，可以根据最大负荷算得的 U_{1tmax} 值和最小负荷算得的 U_{1tmin} 来分别选择各自合适的分接头。这样就能缩小二次侧电压的变化幅度，甚至改变电压变化的趋势。

图 4-14 为有载调压变压器的原理接线图。该变压器的主绕组同一个具有若干个分接头的调压绕组串联，依靠特殊的切换装置，可以在负荷电流下改换分接头。切换装置有两个可动触头，改变分接头时，先将一个可动触头移动到相邻的分接头上，然后再把另一个可动触头也移到该分接头上，这样逐步地移动，直到两个可动触头都移到所选定的分接头为止。为了防止可动触头在切换过程中产生电弧，而使变压器绝缘油老化，在可动触头 K1、K2 的前面接入接触器 KM1 和 KM2，它们放在单独的油箱里。当变压器切换分接头时，首先断开接触器 KM1，将可动触头 K1 切换到另一个分接头上，然后再将接触器 KM1 接通。另一个触头也采用相同的切换步骤，使两个触头都接到另一个分接头上。在切换过程中，当两个可动触头在不同分接头上时，切换装置中的电抗器 L 是用来限制两个分接头间的短路电流的。有的调压变压器用限流电阻来替代限流电抗器。

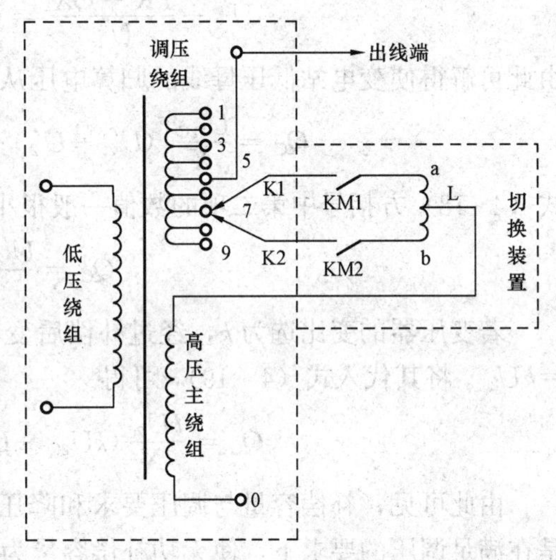

图 4-14　有载调压变压器原理接线图

对 110kV 及以上电压级的变压器，一般将调压绕组放在变压器中性点侧。因为变压器的中性点接地，中性点侧电压很低，调节装置的绝缘比较容易解决。

第五节　利用无功补偿实现调压

无功功率的产生基本上不消耗能源，但是无功功率沿电力网络传送却要引起有功功率损耗和电压损耗。合理的配置无功功率补偿容量，以改变电力网络的无功潮流分布，可以减少网络中的有功功率损耗和电压损耗，从而改善用户处的电压质量。本节主要从调压要求的角度讨论无功功率补偿容量的选择问题。

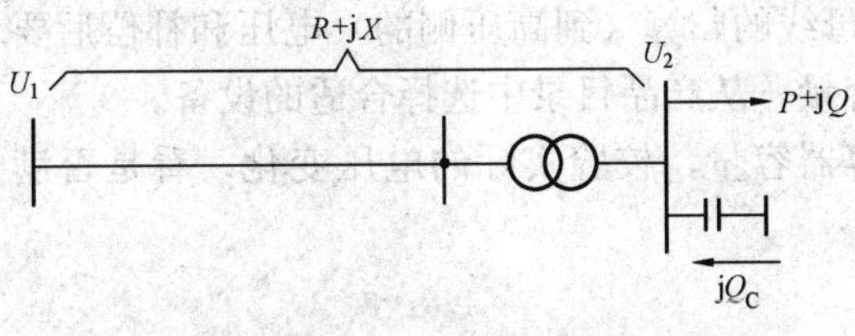

图 4-15　简单电力网的无功功率补偿

如图 4-15 所示为一简单电力网络，供电点电压 U_1 和负荷功率 $P+jQ$ 已给定，线路电容和变压器的励磁功率略去不计。在未加补偿装置前，若不计电压降落的横分量，便有

$$U_1=U'_2+\frac{PR+QX}{U'_2} \tag{4-16}$$

式中 U'_2——归算到高压侧的变电站低压母线电压。

在变电站低压侧设置容量为 Q_C 的无功补偿设备后，网络传送到负荷点的无功功率将变为 $Q-Q_C$，这时变电站低压母线的归算电压也相应变为 U'_{2C}，故有

$$U_1=U'_{2C}+\frac{PR+(Q-Q_C)X}{U'_{2C}}$$

如果补偿前后 U_1 保持不变，则有

$$U'_2+\frac{PR+QX}{U'_2}=U'_{2C}+\frac{PR+(Q-Q_C)X}{U'_{2C}} \tag{4-17}$$

由此可解得使变电站低压母线的归算电压从 U'_2 改变到 U'_{2C} 时所需要的无功补偿容量为

$$Q_C=\frac{U'_{2C}}{X}\left[(U'_{2C}-U'_2)+\left(\frac{PR+QX}{U'_{2C}}-\frac{PR+QX}{U'_2}\right)\right] \tag{4-18}$$

式（4-18）方括号中第二项的数值一般很小，可以略去，于是式（4-18）便简化为

$$Q_C=\frac{U'_{2C}(U'_{2C}-U'_2)}{X} \tag{4-19}$$

若变压器的变比选为 k，经过补偿后变电站低压侧要求保持的实际电压为 U_{2C}，则 $U'_{2C}=kU_{2C}$。将其代入式（4-19），可得

$$Q_C=\frac{kU_{2C}}{X}(kU_{2C}-U'_2)=\frac{k^2U_{2C}}{X}\left(U_{2C}-\frac{U'_2}{k}\right) \tag{4-20}$$

由此可见，补偿容量与调压要求和降压变压器变比的选择均有关。变比 K 的选择原则是在满足调压的要求下，使无功补偿容量为最小。

由于无功补偿设备的性能不同，选择变比的条件也不相同，现分别阐述如下。

一、补偿设备为静电电容器

通常在大负荷时降压变电站电压偏低，小负荷时电压偏高。电容器只能发出感性无功功率以提高电压，但电压过高时却不能吸收感性无功功率来使电压降低。为了充分利用补偿容量，在最大负荷时电容器应将全部容量投入，在最小负荷时全部退出。计算步骤如下：

首先，根据调压要求，按最小负荷时没有补偿的情况确定变压器的分接头。令 U'_{2min} 和 U_{2min} 分别为最小负荷时低压母线的归算（到高压侧的）电压和要求保持的实际电压，则 $U'_{2min}/U_{2min}=U_t/U_{2N}$，由此可算出变压器的分接头电压应为 $U_t=U_{2N}U'_{2min}/U_{2min}$，选择与 U_t 最接近的分接头电压 U_{1t}，确定变比 $k=U_{1t}/U_{2N}$。

其次，按最大负荷时的调压要求计算静电电容器的补偿容量，即

$$Q_C=\frac{U_{2Cmax}}{X}\left(U_{2Cmax}-\frac{U'_{2max}}{k}\right)k^2 \tag{4-21}$$

其中，U'_{2max} 和 U_{2Cmax} 分别为补偿前变电站低压母线的归算（到高压侧的）电压和补偿后要求保持的实际电压。按式（4-21）算得的补偿容量，从产品目录中选择合适的设备。

最后，根据确定的变比和选定的静电电容器容量，校验实际的电压变化，看是否满足要求。

二、补偿设备为同步调相机

调相机的特点是既能过励磁运行，发出感性无功功率使电压升高，也能欠励磁运行，

吸收感性无功功率使电压降低。如果调相机在最大负荷时按额定容量过励磁运行，在最小负荷时按 0.5～0.65 倍的额定容量欠励磁运行，那么，调相机的容量将得到最充分的利用。

根据上述条件可确定变比 k。最大负荷时，同步调相机容量为

$$Q_C=\frac{U_{2C\max}}{X}\left(U_{2C\max}-\frac{U'_{2\max}}{k}\right)k^2 \tag{4-22}$$

用 α 代表数值范围 0.5～0.65，则最小负荷时调相机容量为

$$-\alpha Q_C=\frac{U_{2C\min}}{X}\left(U_{2C\min}-\frac{U'_{2\min}}{k}\right)k^2 \tag{4-23}$$

式（4-22）与式（4-23）相除，得

$$-\alpha=\frac{U_{2C\min}(kU_{2C\min}-U'_{2\min})}{U_{2C\max}(kU_{2C\max}-U'_{2\max})} \tag{4-24}$$

由式（4-24）可解出

$$k=\frac{\alpha U_{2C\max}U'_{2\max}+U_{2C\min}U'_{2\min}}{\alpha U^2_{2C\max}+U^2_{2C\min}} \tag{4-25}$$

按式（4-25）算出的 k 值选择最接近的分接头电压 U_{1t}，并确定实际比 $k=U_{1t}/U_{2N}$，将其代入式（4-22）即可求出需要的调相机容量。根据产品目录选出与此容量相近的调相机，最后按所选容量进行电压校验。

电压损耗 $\Delta U=(PR+QX)/U$ 中包含两个分量：一个是有功负荷及电阻产生的 PR/U 分量；另一个是无功负荷及电抗产生的 QX/U 分量。利用无功补偿调压的效果与网络性质及负荷情况有关。在低压电力网中，一般导线截面小，线路的电阻比电抗大，负荷的功率因数也高一些，因此 ΔU 中有功功率引起的 PR/U 分量所占的比重大；在高压电力网中，导线截面较大，多数情况下，线路电抗比电阻大，再加上变压器的电抗远大于其电阻，这时 ΔU 中无功功率引起的 QX/U 分量就占很大的比重。例如某系统从水电厂到系统的高压电力网，包括升压和降压变压器在内，其电抗与电阻之比为 8∶1。在这种情况下，减少输送无功功率可以产生比较显著的调压效果。反之，对截面不大的架空线路和所有电缆线路，用这种方法调压就不合适。

【例 4-3】 简单电力网络的接线图和等值电路如图 4-16（a）、（b）所示。变压器励磁支路和线路电容被略去。节点 1 归算到高压侧的电压为 118kV，且维持不变。受端低压母线电压要求保持为 10.5kV。试配合降压变压器 T2 的分接头选择，确定受端应装设如下无功补偿设备的补偿容量：①静电电容器；②同步调相机。

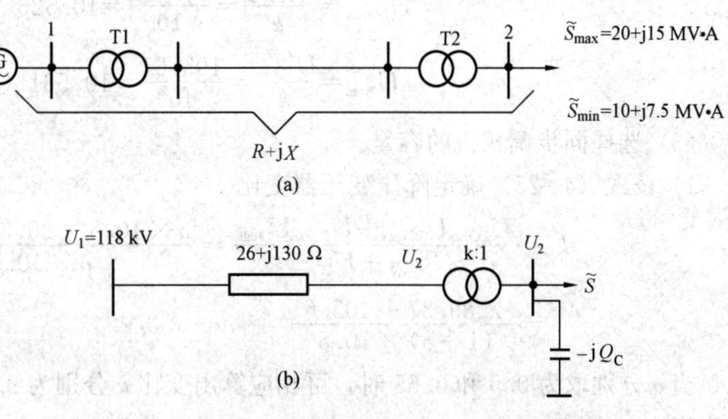

图 4-16　例 4-3 的电力网络及其等值电路图

解　（1）计算补偿前受端低压母线归算到高压侧的电压。因为首端电压已知，宜用首端功

率计算网络的电压损耗。为此，先按额定电压计算电力网络的功率损耗为

$$\Delta\tilde{S}_{max}=\frac{20^2+15^2}{110^2}\times(26+j130)=1.34+j6.72\ (MV\cdot A)$$

$$\Delta\tilde{S}_{min}=\frac{10^2+7.5^2}{110^2}\times(26+j130)=0.34+j1.68\ (MV\cdot A)$$

于是

$$\tilde{S}_{1max}=\tilde{S}_{max}+\Delta\tilde{S}_{max}=20+j15+1.34+j6.72=21.34+j21.72\ (MV\cdot A)$$

$$\tilde{S}_{1min}=\tilde{S}_{min}+\Delta\tilde{S}_{min}=10+j7.5+0.34+j1.68=10.34+j9.18\ (MV\cdot A)$$

利用首端功率可以算出

$$U'_{2max}=U_1-\frac{P_{1max}R+Q_{1max}X}{U_1}=118-\frac{21.34\times26+21.72\times130}{118}=89.37\ (kV)$$

$$U'_{2min}=U_1-\frac{P_{1min}R+Q_{1min}X}{U_1}=118-\frac{10.34\times26+9.18\times130}{118}=105.61\ (kV)$$

（2）选择静电电容器的容量。

1）按最小负荷时无补偿确定变压器的分接头电压

$$U_1=\frac{U_{2N}U'_{2min}}{U_{2min}}=\frac{11\times105.61}{10.5}=110.69\ (kV)$$

最接近的抽头电压为 110kV，由此可得降压变压器的变比为 $k=\frac{110}{11}=10$。

2）按式（4-21）求补偿容量

$$Q_C=\frac{U_{2Cmax}}{X}\left(U_{2Cmax}-\frac{U'_{2max}}{k}\right)k^2=\frac{10.5}{130}\left(10.5-\frac{89.37}{10}\right)\times10^2=12.62\ (Mvar)$$

3）取补偿容量 $Q_C=12Mvar$，验算最大最小负荷时受端低压侧的实际电压

$$\Delta\tilde{S}_{Cmax}=\frac{20^2+(15-12)^2}{110^2}(26+j130)=0.88+j4.4\ (MV\cdot A)$$

$$\tilde{S}_{1Cmax}=20+j(15-12)+0.88+j4.4=20.88+j7.4\ (MV\cdot A)$$

$$U'_{2Cmax}=U_1-\frac{P_{1Cmax}R+Q_{1Cmax}X}{U_1}=118-\frac{20.88\times26+7.4\times130}{118}=105.25\ (kV)$$

故

$$U_{2Cmax}=\frac{U'_{2Cmax}}{k}=\frac{105.25}{10}=10.525\ (kV)$$

$$U_{2min}=\frac{U'_{2min}}{k}=\frac{105.61}{10}=10.561\ (kV)$$

（3）选择同步调相机的容量。

1）按式（4-25）确定降压变压器变比

$$k=\frac{\alpha U_{2Cmax}U'_{2Cmax}+U_{2Cmin}U'_{2min}}{\alpha U^2_{2Cmax}+U^2_{2Cmin}}=\frac{\alpha\times10.5\times89.37+10.5\times105.61}{\alpha\times10.5^2+10.5^2}$$

$$=\frac{\alpha\times89.37+105.61}{(1+\alpha)\times10.5}$$

当 α 分别取为 0.5 和 0.65 时，可相应算出变比 k 分别为 9.54 和 9.45，选取最接近的标准分接头变比 $k=9.5$。

2）按式（4-22）确定调相机容量

$$Q_C=\frac{U_{2Cmax}}{X}\left(U_{2Cmax}-\frac{U'_{2max}}{k}\right)k^2=\frac{10.5}{130}\left(10.5-\frac{89.37}{9.5}\right)\times9.5^2=7.96\ (Mvar)$$

选取最接近标准容量的同步调相机，其额定容量为 7.5MV・A。

3）验算受端低压侧电压。最大负荷时调相机按额定容量过励磁运行，因而有

$$\Delta\tilde{S}_{Cmax}=\frac{20^2+(15-7.5)^2}{110^2}(26+j130)=0.98+j4.9\ (MV\cdot A)$$

最小负荷时调相机按 50%额定容量欠励磁运行

$$Q_C=-3.75\ (MV\cdot A)$$

$$\Delta\tilde{S}_{Cmin}=\frac{10^2+(7.5+3.75)^2}{110^2}(26+j130)=0.487+j2.434\ (MV\cdot A)$$

$$\tilde{S}_{1Cmax}=\tilde{S}_{Cmax}+\Delta\tilde{S}_{Cmax}=20+j7.5+0.98+j4.9=20.98+j12.4\ (MV\cdot A)$$

$$\tilde{S}_{1Cmin}=\tilde{S}_{Cmin}+\Delta\tilde{S}_{Cmin}=10+j(7.5+3.75)+0.487+j2.434$$
$$=10.487+j13.684\ (MV\cdot A)$$

$$U_{2max}=\frac{\left(U_1-\dfrac{P_{1Cmax}R+Q_{1Cmax}X}{U_1}\right)}{k}=\left(118-\frac{20.98\times26+12.4\times130}{118}\right)\bigg/9.5$$
$$=10.496\ (kV)$$

$$U_{2min}=\frac{\left(U_1-\dfrac{P_{1Cmin}R+Q_{1Cmin}X}{U_1}\right)}{k}=\left(118-\frac{10.487\times26+13.684\times130}{118}\right)\bigg/9.5$$
$$=10.59\ (kV)$$

在最小负荷时电压略高于 10.5kV，如果调相机按 60%额定容量欠励磁运行，便得 $U_{2min}=10.48kV$。

第六节　改善线路参数调压

一、串联电容补偿

在线路上串联接入静电电容器，利用电容器的容抗补偿线路的感抗，使电压损耗中 QX/U 分量减小，从而可提高线路末端电压。对图 4-17 所示的架空输电线路，未加串联电容补偿前有

$$\Delta U=\frac{(P_1R+Q_1X)}{U_1}$$

线路上串联了容抗 X_C 后就改变为

$$\Delta U_C=\frac{[P_1R+Q_1(X-X_C)]}{U_1}$$

上述两种情况下电压损耗之差就是线路末端电压提高的数值，即为补偿效果。它与电容器容抗关系为

$$\Delta U-\Delta U_C=\frac{Q_1X_C}{U_1}\tag{4-26}$$

即

$$X_C=\frac{U_1(\Delta U-\Delta U_C)}{Q_1}\tag{4-27}$$

根据补偿效果，即线路末端电压需要提高的数值 $\Delta U-\Delta U_C$，可求得需要补偿电容器的容抗

值 X_C。

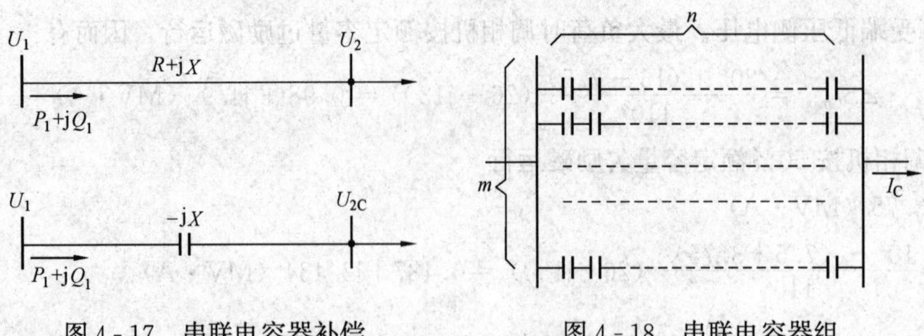

图 4-17 串联电容器补偿　　图 4-18 串联电容器组

线路上串联接入的电容器是由许多单个电容器串、并联组成的，如图 4-18 所示。如果每台电容器的额定电流为 I_{CN}，额定电压为 U_{CN}，额定容量为 $Q_{CN}=U_{CN}I_{CN}$，则可根据通过的最大负荷电流 I_{Cmax} 和所需的容抗值 X_C 分别计算电容器串、并联的台数及总容量 Q_C

$$mI_{CN} \geqslant I_{Cmax} \tag{4-28}$$

$$nU_{CN} \geqslant I_{Cmax}X_C \tag{4-29}$$

$$Q_C = 3mnQ_{CN} = 3mnU_{CN}I_{CN} \tag{4-30}$$

三相总共需要的电容器台数为 $3mn$。安装时，全部电容器串、并联后装在绝缘平台上。

串联接入的电容器安装地点与负荷和电源的分布有关。因此地点选择的原则是：使沿线电压尽可能均匀，而且各负荷点电压都在允许范围内。在单电源线路上，当负荷集中在线路末端时，可将串联电容器安装在线路末端，以免始端电压过高和通过电容器的短路电流过大；当沿线有若干个负荷点时，可安装在未加串联电容补偿前产生$\frac{1}{2}$线路电压损耗处，如图 4-19 所示。

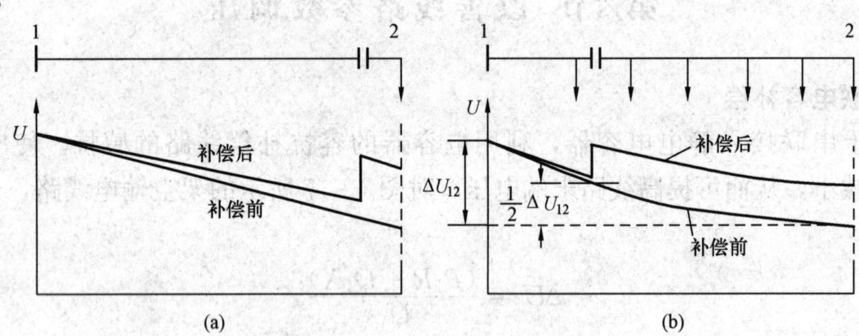

图 4-19 串联电容补偿前后的沿线电压分布

(a) 负荷集中在线路末端；(b) 沿线路有若干个负荷

串联电容器提升的末端电压的数值 QX_C/U（即调压效果）随无功负荷大小而变，即与无功负荷成正比。负荷大时增大，负荷小时减少，恰与调压的要求一致。这是串联电容器调压的一个显著优点。但对负荷功率因数高（$\cos\varphi > 0.95$）或导线截面小的线路，由于 PR/U 分量的比重大，串联补偿的调压效果就很小。故串联电容器调压一般用在供电电压为 35kV 或 10kV、负荷波动大而频繁、功率因数又很低的配电线路上。补偿所需的容抗值 X_C 和被补偿线路原来的感抗值 X_L 之比，$K_C=X_C/X_L$，称为补偿度。在配电网络中以调压为目的的串联电容补偿，其补偿度常大于 1 或接近于 1，一般在 1～4 之间。但 K_C 不能等于 1，因此时出现串联谐振，在电容器两端将出现过电压。

二、按允许电压损耗选择导线截面实现调压

在低压电力网络中，用户很多又很分散，容量也不大。因此，在每个用户处装设调压设备是不经济的。另外，低压网络的导线截面较小，电压损耗中 PR/U 分量所占比重较大，并联补偿和串联电容补偿的效果都将受到限制。对于这种电网，如按允许电压损耗选择导线截面来改变导线的电阻，将取得一定的调压效果。

因此，在低压电力网的设计和建设阶段，按照规定的允许电压损耗，选择适当的导线截面，是保证用户电压质量的重要措施之一。在电力网络中，如果规定线路的总电压损耗为 $\Delta U \leqslant 0.1U_N$，运行中保持变压器低压母线的电压比额定值高 5%，则线路上所有用户的电压偏移都不会超过±5%，满足了所有负荷点对电压质量的要求。

由于对某一电压等级的线路来说，导线截面改变时，其电抗数值变化很小。计算时通常取估计值，即 $x_0 = 0.35 \sim 0.38\Omega/\text{km}$。我们可先计算出沿线在电抗上的电压损耗，根据允许损耗求出电阻上允许的电压损耗，从而求出导线截面积。再由产品目录中找出最接近的标准导线截面，然后再用这个导线截面验算实际的电压损耗。如果计算结果与给定的允许电压损耗很接近，计算即可结束；如果相差很大，可上调一级截面，重新校验。

设线路上有 n 个集中负荷点时，给定的全线允许总电压损耗 $\Delta U_{AC} = \Delta U_{Ab} + \Delta U_b$。在这 n 段线路上应该如何分配呢？通常是先确定选择导线的原则，然后再进行具体的分析。常用的原则有全线导线截面积相等、全线的导线金属消耗量最小和电流密度相等三种。

在此仅介绍全线采用同一导线（即网络均一）时，按允许电压损耗选择导线截面的方法。

因为干线电压损耗为

$$\Delta U = \frac{\sum_{m=1}^{n}(P_m R_m + Q_m X_m)}{U_N} = \frac{r_0 \sum_{m=1}^{n} P_m l_m + x_0 \sum_{m=1}^{n} Q_m l_m}{U_N} \text{(kV)}$$

式中　P_m、Q_m——通过第 m 段的功率，MV·A；

U_N——线路额定电压，kV；

r_0、x_0——线路单位长度的电阻、电抗，Ω/kM；

l_m——第 m 段的长度，km；

n——干线的段数。

取适当的电抗值 $x_0 = 0.35 \sim 0.38\Omega/\text{km}$，可以算出因电抗引起的电压损耗 $\Delta U_X = (x_0 \sum_{m=1}^{n} Q_m l_m)/U_N$，因此有

$$S = \frac{\sum_{m=1}^{n} P_m l_m \rho}{U_N(\Delta U - \Delta U_X)} \tag{4-31}$$

式中　ΔU——给定的允许电压损耗，kV。

按全线导线截面积相等的原则选择导线，在理论上是不合理的。但在 380V 网络中，由于电力网的负荷之间相距很近（例如只有几十米或上百米），如果每个线段都采用不同截面的导线，将给施工和运行带来不便。在这种情况下，全线采用同一截面的导线是适宜的。

在 10、35、60kV 的网络中，如果线路比较长，负荷比较重，这时应考虑在各线段采用

不同截面的导线。但考虑到施工和运行方便，导线类型也不宜太多，通常用两种至多三种就可以了。在实际选择导线时，先按全线截面相等的条件算出导线截面，再将线路首端线段的导线截面取大一些，后面线段的取小一些；然后进行电压校验。

【例 4-5】 变电站 A 通过 10kV 三相线路向两个工厂供电。导线用铝绞线架设，按正三角形排列，线间距离为 1m。全线允许电压损耗为 $5\%U_N$（即 0.5kV）。工厂 b 和 c 的负荷分别为 $\tilde{S}_b=1+j1$MV·A 和 $\tilde{S}_c=0.5+j0.3$MV·A。线路 Ab 段和 bc 段分别为 4km 和 5km。试选择导线截面。

解 设线路电抗为 0.36Ω/km。先按全线导线截面相同的原则进行计算

$$\Delta U_X=\frac{x_0\sum Q_m l_m}{U_N}=\frac{0.36\times(1.3\times4+0.3\times5)}{10}=0.241(\text{kV})$$

$$\Delta U_R=0.5-\Delta U_X=0.5-0.241=0.259(\text{kV})$$

所求导线截面为

$$S=\frac{\rho\sum P_m l_m}{U_N\Delta U_R}=\frac{31.7\times(1.5\times4+0.5\times5)}{10\times0.259}=104(\text{mm}^2)$$

与这个截面接近的标准截面有 95mm^2 和 120mm^2 两种，为节约有色金属，选用 LJ—95 的导线。这种型号导线的电阻值分别为 $r_0=0.33\Omega/\text{km}$，$x_0=0.334\Omega/\text{km}$。

检算电压损耗

$$\Delta U=\frac{r_0\sum P_m l_m+x_0\sum Q_m l_m}{U_N}$$

$$=\frac{0.33\times(1.5\times4+0.5\times5)+0.334\times(1.3\times4+0.3\times5)}{10}$$

$$=0.504\ (\text{kV})$$

此值同给定的允许值相比较稍稍大一点，可以认为是满足要求的。

如果在 Ab 段把导线截面选大一号，取 LJ-120，而把 bc 段选小一号，取 LJ-70。这两种导线的阻抗值为

LJ-120：$r_0=0.27\Omega/\text{km}$，$x_0=0.327\Omega/\text{km}$

LJ-70：$r_0=0.45\Omega/\text{km}$，$x_0=0.345\Omega/\text{km}$

验算电压损耗

$$\Delta U=\frac{(0.27\times1.5+0.327\times1.3)\times4+(0.45\times0.5+0.345\times0.3)\times5}{10}=0.496\ (\text{kV})$$

可知能满足要求，并且导线消耗的有色金属比前一种情况略少。

习 题

4-1 目前，我国规定在正常情况下，各类用户允许电压偏移为多少？

4-2 电力系统中的无功电源有哪些？各有哪些特点？

4-3 试说明电力系统中无功平衡的意义。

4-4 什么是电力系统的电压中枢点？电力系统中哪些节点可作为电压中枢点？

4-5 什么是中枢点的逆调压、顺调压、恒调压方式？

4-6　某电力系统及其参数如图4-20所示。试作电力系统的无功功率平衡。

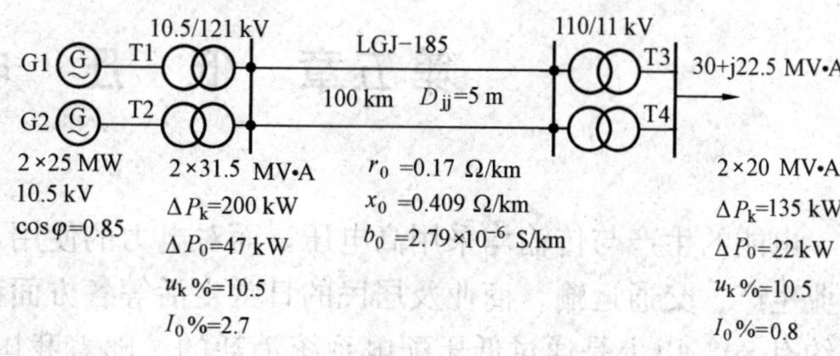

图4-20　题4-6图

4-7　某变电站采用一台容量为10MV·A、变比为110±2×2.5%/11kV的变压器。最大负荷时高压侧的实际电压为113kV，变压器阻抗中的电压损耗为额定电压的4.63%；最小负荷时高压侧的实际电压为115kV，变压器阻抗中的电压损耗为额定电压的2.81%，变压器低压母线采用顺调压方式。试选择该变压器的分接头。

4-8　某变电站采用一台容量为15MV·A、变比为110±2×2.5%/11kV的变压器。最大、最小负荷时，变压器低压归算到高压侧的电压分别为108kV、112kV。①变电站低压采用顺调压时选择普通变压器的分接头；②变电站低压采用逆调压时选择有载调压变压器的分接头（有载调压变压器的变比为110±8×1.25%/11kV）。

4-9　某升压变电站采用一台变比为121±2×2.5%/6.3kV的变压器。最大、最小负荷时，变压器高压侧电压分别为119kV、115kV，变压器的电压损耗分别为5%、2.75%。变电站低压采用逆调压时选择普通变压器的分接头。

4-10　某变电站采用一台容量为15MV·A、变比为110±2×2.5%/6.3kV的变压器。归算到高压侧的阻抗为2.44+j40Ω，最大负荷为28+j14MV·A、10+j6MV·A，最大负荷时高压侧母线电压为110kV、113kV。欲使变压器低压侧母线电压偏移不超过1%。试按电容器和调相机两种补偿方式选择变压器的分接头，并确定无功补偿容量。

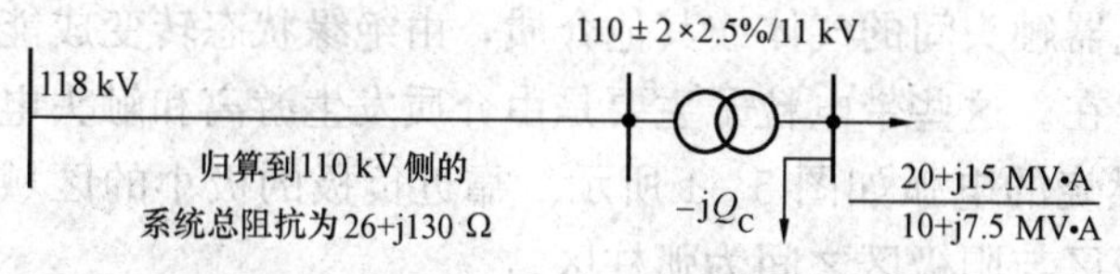

图4-21　题4-11图

4-11　某电力系统如图4-21所示。变电站低压采用恒调压方式（10.5kV），试按电容器和调相机两种补偿方式选择变压器的分接头，并确定无功补偿容量。

4-12　某35kV电力线路，末端最大负荷为6+j4MV·A，电压为32.9kV，而负荷要求35 kV。若采用CL1-45-1型电容器进行串联补偿，求其容量。

4-13　某35kV电力线路，线路阻抗为13.5+j20Ω，末端最大负荷为12+j8MV·A，线路末端电压为27.3kV，而负荷要求末端电压不低于33 kV。若采用CL1-50-1型电容器进行串联补偿，求其容量。

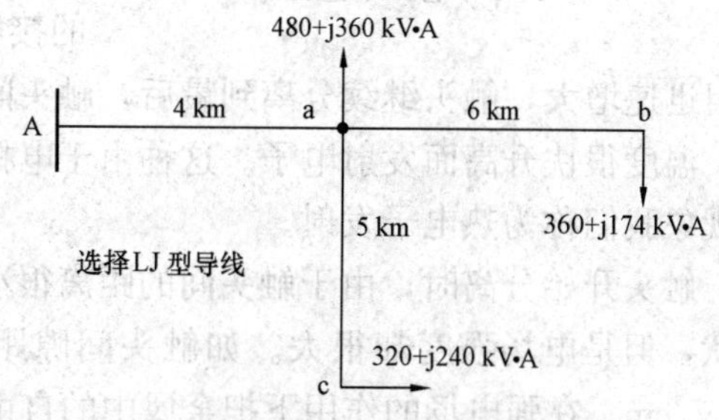

图4-22　题4-14图

4-14　某10kV电力网如图4-22所示，拟用铝绞线架设，线路长度、负荷值标注于图中，电力网允许电压损耗为额定电压的6%。设几何均距为1m，试按允许电压损耗选择导线截面积并进行校验。

第五章　低　压　电　器

电能的生产与传输均采用高电压，而对电力的使用，却大多数是低压供电。无论是在工农业生产、交通运输、商业及居民的日常生活等各方面都是如此。据统计，发电厂发出的电能约有80%以上是通过低压配电系统消耗的。随着我国经济的发展，自动化程度的不断提高，低压电器的使用范围会不断扩大，品种与产量也将日益增加。本章主要介绍低压系统中常用低压电器的工作条件、技术特性、典型结构、用途及工作原理等。

第一节　电弧的产生及熄灭

对于任何运行中的电气设备，当其投入或退出运行时，都会在其电路的开关电器中产生电弧。电弧本身是一种气体放电，即气体导电现象。因此，开关电器的触头虽然已经分开，但是由于触头间电弧的存在，电路仍然是接通的。另外由于电弧的温度极高，如持续的时间过长，就有可能烧毁触头及附近的其他设备或造成相间短路，危及供配电系统的安全运行。

一、电弧的形成

电弧是一种气体放电现象，开关电器触头间的气体或其他介质，由绝缘状态转变成能够导电的电弧，必然有大量的带电粒子存在。这些带电粒子主要是由介质发生游离和触头电极表面发射带电粒子产生的。在触头间燃烧的电弧如图5-1所示。靠近负极的极小的区域为阴极区；靠近正极的则为阳极区；阴极区与阳极区之间为弧柱区。

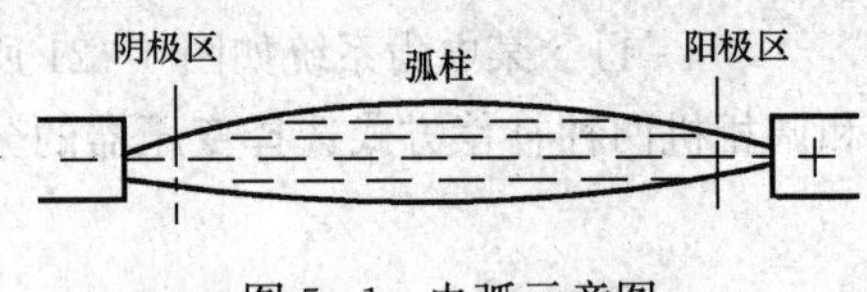

图5-1　电弧示意图

（一）电弧中带电粒子的来源

一般情况下，阴极表面发射的电子对电弧的形成起决定性的作用。

开关电器的触头开始分离时，由于动静触头间的接触压力不断下降，接触面积不断减少，使接触电阻迅速增大，触头继续分离到最后，触头间只剩下几点接触，电流流过时使这些点剧烈发热，温度很快升高而发射电子。这种由于电极的高温而使金属内的自由电子从金属表面逸出的现象我们称为热电子发射。

触头开始分离时，由于触头间的距离很小，即使触头间的电压很低，只有几百伏甚至几十伏，但是电场强度却很大。如触头间隙距离为10^{-5}～10^{-6}cm时，电场强度可达10^{5}～10^{6}V/cm。在强电场的作用下把金属中的自由电子从阴极表面拉出，这种现象我们称为强电场发射。

（二）电弧的产生

触头间的自由电子，在电场力的作用下，向阳极加速运动，能量逐渐增加，并在运动中不断与其他中性粒子（如分子、原子）发生碰撞。如果高速运动的自由电子积累了足够的动能时，就能从中性粒子中打出电子，使中性粒子游离，形成自由电子和正离子。我们把这种现象称为碰撞游离或电场游离，如图 5-2 所示。新形成的自由电子也以很高的速度向阳极运动，又将发生碰撞游离。这样连续发生碰撞，使触头间带电粒子大量增加。当弧隙中带电粒子积累到一定的数量时，使介质由绝缘体变成为导体。在外加电压的作用下，电流通过触头间隙，发出巨大的声响和强烈的白光，就形成了电弧。

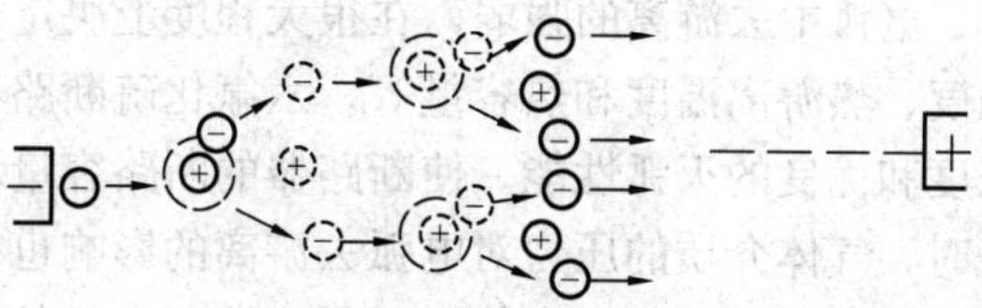

图 5-2 碰撞游离过程

二、电弧中的物理过程

电弧产生以后，在电弧中的物理过程主要有热游离、产生等离子体和去游离等三种过程。

（一）热游离

电弧燃烧时，弧柱的温度很高，弧柱中自由电子主要靠热游离产生，是热游离维持了电弧的燃烧。热游离是电弧中的中性粒子在高温作用下热运动加剧、相互碰撞而发生的游离现象。这样，在电弧产生前，自由电子主要靠强电场发射、热电子发射和碰撞游离产生，碰撞游离同时还产生正离子。在碰撞游离达到一定的程度形成电弧后，产生导电粒子、维持电弧燃烧的是热游离。此时电弧电压很低。

（二）产生等离子体流

当电流大于一定的数值时，一般在电弧产生后 1～2μs，就会产生等离子体流。凡是由正负带电粒子所构成的物质聚集状态，只要正负电荷数目足够多且大致相等就称为等离子体。它是物质在气态、液态、固态以外的第四态。等离子体流是由于电弧受其自身的电磁力压缩而产生的。当电弧移动，碰到绝缘板或金属板，例如电弧进入有灭弧栅的灭弧室而受到压缩时，也会产生等离子体流；电弧的阴极斑和阳极斑，由于其温度达到电极材料的沸点，会向弧内喷射电子、电极材料的正离子和中性粒子，形成一股等离子体和金属蒸气的混合流，一般也统称为等离子体流。

（三）电弧中的去游离

在电弧中，介质产生游离的同时，还产生相反的过程，也就是带电粒子消失的过程，我们称为去游离。如果游离的作用大于去游离的作用，则电弧电流增大；如果两者相等，则电弧电流保持不变；如果去游离作用大于游离作用，则电弧电流减小，使电弧熄灭。要熄灭电弧，就必须加强去游离，使去游离作用大于游离作用。

去游离过程包括复合和扩散两种形式。复合是指正负离子互相接触时，交换多余的电荷，成为中性粒子的过程。复合的快慢，与电场强度及电弧的温度和截面积有关。带电粒子复合时要以光的形式释放能量，这正是电弧发出强光的原因。扩散是指弧柱中的自由电子及正离子，由于热运动而从弧柱内逸出，进入周围介质的一种现象，如图 5-3 所示。弧隙中发生扩散的主要原因，是由于电弧与周围介质的温度相差很大，以及电弧内和周围介质中离子的浓度相差很大。扩散出去的带电粒子在周围介质中进行复合，使得弧柱内的带电粒子减少，有助于电弧的熄灭。

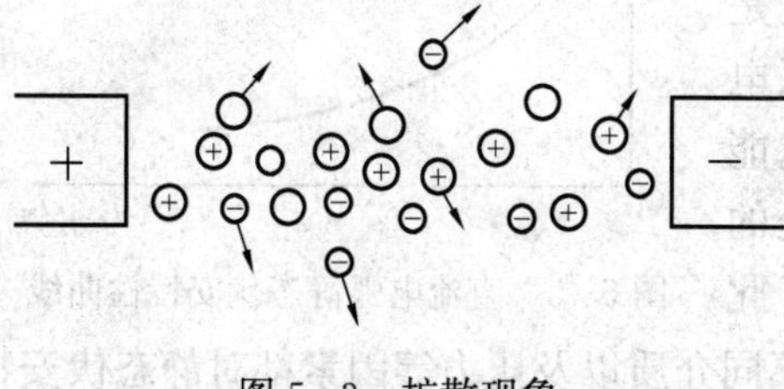

图 5-3 扩散现象

电弧中去游离的强弱，在很大程度上决定于电弧介质的特性，如介质的导热系数、介电强度、热游离温度和热容量等。六氟化硫断路器以 SF_6 气体作为灭弧介质，具有很高的介电强度和优良的灭弧性能，使断路器的断路容量增大，而几何尺寸减小。电弧在气体介质中燃烧时，气体介质的压力对电弧去游离的影响也很大。气体的压力越大，则复合作用越强。增加气体介质的压力，会使电弧易于熄灭。另外，触头的材料对去游离也有一定的影响。当采用熔点高、导热系数和热容量大的耐高温金属时，就可以减少电弧中的金属蒸气。

三、电弧的特性及熄灭

电弧的能量集中，温度很高，亮度很强，维持电弧稳定燃烧的电压很低。在大气中 1cm 长直流电弧的弧柱电压只有 15～30V，在变压器油中也不过 100～200V。

电弧是一束游离的气体，质量极轻，容易变形。在气体和液体流的作用下，或在电动力的作用下，电弧能迅速移动、伸长或弯曲。

（一）电弧电压沿电弧长度的分布

当电弧电流不变、电弧稳定燃烧时，电弧电压沿电弧长度的分布，如图 5-4 所示。电弧两端电压 U_{ar} 由三部分组成，分别是阴极压降 U_1、弧柱压降 U_2 和阳极压降 U_3。

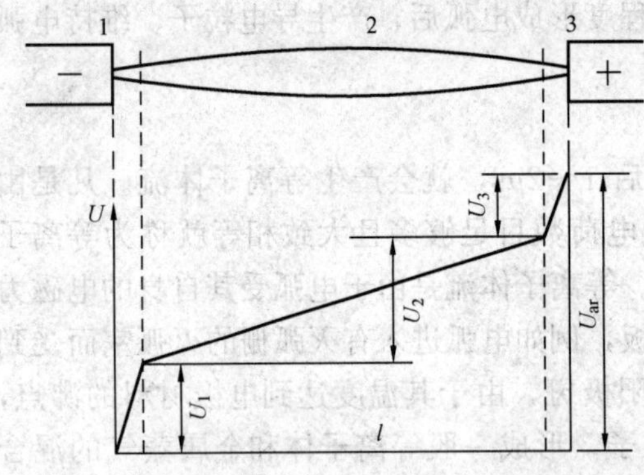

图 5-4 电弧电压沿电弧长度的分布

阴极压降就是电弧电流在阴极区的电压降，大约 10～20V。阳极压降一般小于阴极压降，而且在很大程度上决定于电弧电流的大小，当电流很大时，阳极压降接近于零。弧柱压降是电弧电流在弧柱全长上的压降。

长度为几毫米的电弧，通常称为短电弧。弧柱压降很小，电弧电压主要由阴极和阳极压降组成，其特性主要由阴极和阳极区决定。一般地说，阴极压降是构成短电弧电压的主要部分，即短电弧电压约为 10～20V。长度为几厘米以上的电弧，通常称为长弧。电弧电压主要由弧柱电压组成。当电弧稳定燃烧时，可以认为电弧电压与电弧长度成正比。

（二）电弧的伏安特性及熄灭

当其他条件不变时，电弧电压与电弧电流的关系曲线，称为电弧的伏安特性。

1. 直流电弧的伏安特性及熄灭

直流电弧弧柱压降随电流增加而减少，当其他条件不变，电弧稳定燃烧时，直流电弧的伏安特性曲线如图 5-5 所示。曲线上每一点，都表示该长度的电弧稳定燃烧时电弧电流与电弧电压的固定关系，也就是电弧电流加大时，电弧电压将下降。这是因为电弧电流加大时，热游离加剧，导电粒子增多，电弧导电能力加强，电弧电阻下降的结果。曲线与纵轴相交处的电压值称为发弧电压，若加在电极两端的电压低于此值，就不会击穿而产生电弧。电弧的长度、弧隙中不同介质以及压力等因素都对静态伏安特性有影响，能使曲线上移或下移。当电弧长度增大时弧柱压降加大，则电弧电压升高，使伏

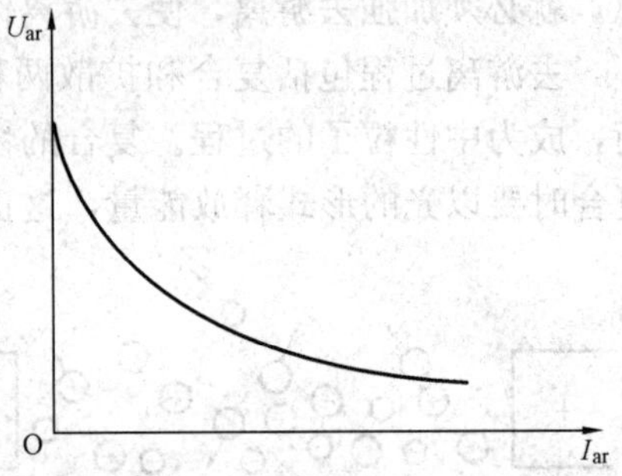

图 5-5 直流电弧静态伏安特性曲线

安特性曲线上移。

在稳定燃烧的直流电弧中，电极间游离的带电粒子数是保持不变的，电弧电流为一常数。要使电弧熄灭，必须使电弧电压大于电源电压与电路的负载电压降之差。其物理意义是：当电源电压不足以维持稳态电弧电压及电路的负载电阻压降时，将引起电弧电流的减少，于是电弧开始不稳定燃烧，电弧电流将继续减小直到零，电弧即自行熄灭。在直流电路中，负载电流越大，触头断开时产生的电弧越不容易熄灭。

在直流电路中，由于电感的存在，所以在断开直流电路时，由于电流的迅速减小，在电路中会产生自感电动势。在触头两端及电感上均可能产生危险的过电压，不仅危及线路中电器的绝缘，而且造成触头间重新被击穿，电弧重燃，一般称为操作过电压。此过电压的大小决定于电感的大小和电流的变化率，即 $e=-L\frac{di}{dt}$。电流的变化率 $\frac{di}{dt}$ 与电弧所在介质的特性和开关电器所采用的灭弧装置形式有关。电弧的去游离作用越强，则电流的变化率越大，操作过电压数值就越高。因此，直流电路中开关电器的灭弧能力不宜过强。

2. 交流电弧的伏安特性及熄灭

交流电弧与直流电弧不同。在交流电弧中，电流的瞬时值不断地随时间变化，因此交流电弧的特性应该是动态特性，并且交流电流每半个周期经过一次零值。电流过零时，交流电弧自动熄灭。如果电弧是稳定燃烧的，则电弧电流过零熄灭后，在下半周又会重新燃烧。

当电弧电流按正弦波变化时，波形如图 5-6（a）中曲线 i 所示。电弧在稳定燃烧情况下，如果弧长不变，而且介质对电弧的冷却作用不太强烈，则电弧电压的波形如图 5-6（a）中曲线 u 所示。而伏安特性如图 5-6（b）所示，图中曲线上的箭头表示电流变化的方向。

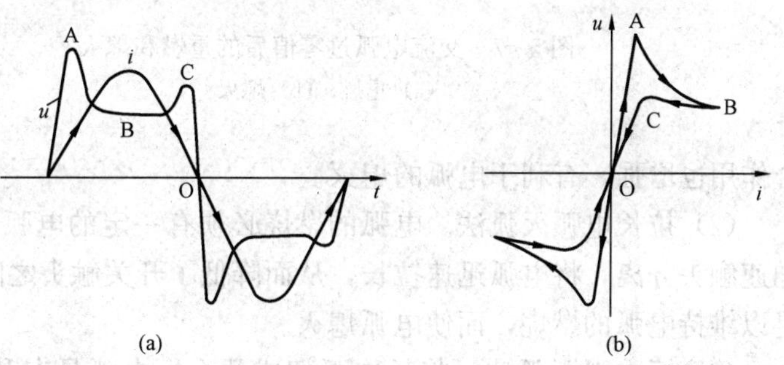

图 5-6　交流电弧的电压、电流波形图及伏安特性

（a）波形图；（b）伏安特性

从图中可以看出，在电弧电流过零期间，弧柱输入功率为零；由于散热作用，弧柱温度下降，弧柱电阻增大，因为电流较小而未能形成电弧，电极两端的电压随电流以很大的斜率上升，如图 5-6（b）中 OA 部分；当电流达到对应于 A 点的数值后，弧隙被击穿，形成电弧，相应于 A 点的电压即发弧电压；此后，电压随电流的增大而减小，如伏安特性曲线中 AB 部分；当电弧电流达到最大值后又减小时，电弧电压随电流的减小而上升，因为热惯性作用，沿曲线 BC 上升，BC 段低于 AB 段；当电流达到对应于 C 点的数值后，由于输入功率减小，不能继续维持电弧燃烧，电弧熄灭，C 点的电压称为熄弧电压；电弧熄灭后，加在弧隙上的电压随电流的减小而迅速减小。显然，由于热惯性的影响，熄弧电压低于燃弧电压。

对于交流电弧，当电流过零期间，弧柱的某一部分可能首先冷却到热游离的温度下，此时热游离停止，去游离作用特别强烈，因此这一部分气体就形成一个绝缘的薄层，有了一定的介质电强度，介质电强度以破坏性放电电压来衡量。破坏性放电电压 U_{di} 可以用峰值、有效值或平均值表示，单位用 V 或 kV。当电流过零后，弧隙中的自由电子立刻反方向运动，而正离子由于质量大还基本未动，于是在阴极附近就只有正离子，正离子在阴极附近形成一个绝缘的薄层，其破坏性放电电压的数值为150～250V，这种现象称为近阴极效应，也可以称为起始介电强度。以后，随着触头的不断分开，弧隙加长，弧隙的破坏性放电电压要不断地增大。此外，破坏性放电电压还与介质的种类和灭弧装置的构造有关。

当电流过零，电弧自然熄灭后，电源电压加在弧隙两端，称为恢复电压 U_r。电弧电流未过零前，触头间的电压为电弧电压。由于电弧电阻很小，所以电弧电压很低，这样电源电压大部分降落在线路阻抗上。在电流过零的过程中，触头间的电压从电流过零时的数值过渡到电源电压的过程，就是恢复电压的变化过程。因此，比较电流过零后，弧隙的介质电强度 U_{di} 和恢复电压 U_r 的大小就可以判断电弧是否重燃或熄灭。只要电流过零后，弧隙介质电强度 U_{di} 始终高于恢复电压 U_r，弧隙就不会再次被击穿，否则电弧将重燃。图5-7所示为交流电弧过零后的恢复电压与介质电强度的恢复情况。

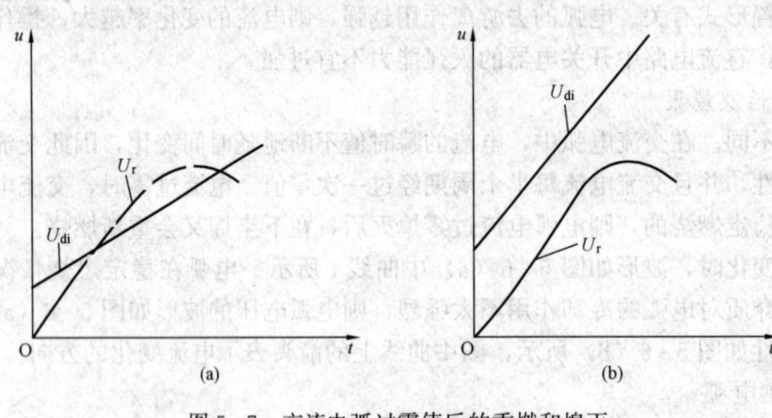

图5-7　交流电弧过零值后的重燃和熄灭

（a）重燃；（b）熄灭

四、开关电器中的灭弧方法

根据电弧产生的过程及其特性，在现代的开关电器中采用的灭弧方法，主要有以下几种形式：

（1）冷却法。降低电弧的温度，使离子运动速度减慢，这样不但使热游离作用减弱，同时离子的复合作用也增强，有利于电弧的熄灭。

（2）拉长电弧灭弧法。电弧的燃烧必须有一定的电弧电压来维持。在开关触头断开时，加速触头分离，将电弧迅速拉长，从而降低了开关触头之间的电场强度，或者说电弧电压不足以维持电弧的燃烧，而使电弧熄灭。

（3）短电弧灭弧法。将长电弧切成几个短电弧是有利于灭弧的。一般均采用绝缘夹板夹着许多金属栅片组成灭弧栅，罩住开关触头的全行程。当开关触头分离时，长电弧在电动力和磁场力的作用下迅速移入灭弧栅，结果长电弧被灭弧片切割成一连串的短电弧，使触头间的电压不足以再击穿所有栅片间的气隙，而使这些短电弧同时熄灭，并且不再复燃。

（4）狭缝灭弧法。利用狭缝窄沟灭弧使电弧与固体介质接触，将电弧冷却，加强去游离。同时电弧在狭缝窄沟中燃烧，压力增大，特别是有产气材料时，去游离作用会更加强烈，有利于电弧的熄灭。

（5）气体吹动法。利用任何一种较冷的绝缘介质的气流来纵吹电弧（气流方向与弧柱平行）或横吹电弧（气流方向与弧柱垂直），可使电弧迅速扩散，加强冷却，从而达到熄弧目的。

（6）真空灭弧法。真空具有较高的绝缘强度，如将开关触头置于真空灭弧室中，则当电流过零时即能熄灭电弧。

上述灭弧方法，在各种开关电器中采用不同的具体措施来实现。在这些灭弧方法中，冷却灭弧是基本的，再配合其他灭弧方法，形成各种开关电器的灭弧装置。

第二节 低压电器概述

一、低压电器的分类

低压电器广泛应用于发电、输电、配电等场所与电气传动和自动控制设备中。它对电能的生产、输送、分配与应用起着转换、控制、保护与调节等作用。低压电器通常是指工作在交流 50Hz 或 60Hz，电压为 1200V 以下，或直流 1500V 以下电路中的电气设备。

低压电器产品可分为配电电器和控制电器两大类。配电电器主要用于电力系统，其中包括低压断路器、熔断器、闸刀开关、隔离器、隔离开关及熔断器组合电器等。控制电器主要用于电力拖动和自动控制系统，其中包括低压接触器、起动器、控制器及主令电器等。

我国在大型煤矿及井下，大多采用 660V 系统，也有部分 1140V 供电系统。其他大型用电企业如冶金、化工、石油等也有 660V 和 1140V 系统。同一电压等级的某一种配电电器和控制电器，随着环境和使用条件的差别，派生出专业电器，构成防爆、船舶、化工、热带、高原及牵引电器等。另外，由于使用条件、安装地点、工作时间长短和所控制的用电设备的特性不同，低压电器的特性和技术参数也不同。

二、低压电器的正常工作条件

低压电器是根据国家标准规定的正常工作条件设计制造的，电器的正常工作条件包括周围空气温度、海拔和大气条件三项。

一般要求电器周围最高空气温度不超过 40℃，最低温度不低于－5℃；电器安装处的海拔不超过 2000m，当海拔高时，由于空气密度小，空气压力下降，其绝缘和散热能力要下降；大气相对湿度在气温为 40℃时不超过 50％，在气温高、湿度大的环境中，可能在电器表面产生凝露，降低绝缘。

三、低压电器的技术参数

（1）额定电压，一般指线电压，是指电器能够长期工作的电压。

（2）额定电流，一般是根据额定工作电压、额定频率、工作制等条件确定。

（3）额定频率，国家规定的交流额定频率为 50Hz。

（4）接通和分断能力，是指在规定的接通或分断条件下，能可靠接通或分断的电流值。

（5）短时耐受电流及持续时间，是指在规定的使用和性能条件下，在指定的时间内能够承受的电流值，而设备在电动力和热效应的作用下没有损坏。

（6）额定短路接通能力，是指在规定电压条件下能够接通的短路电流值，用最大预期短路电流峰值表示。

（7）额定短路分断能力，是指在规定电压条件下能够分断的短路电流值。

（8）额定限制短路电流，是指本身不能分断短路电流的电器，在与之配合的短路保护电器如熔断器的动作时间内，能够承受某一短路电流的作用，此短路电流称为额定限制短路电流。

四、低压电器的其他性能参数

（一）低压电器的工作制

低压电器的工作制有如下种类：

（1）8h工作制。低压电器通过稳定电流，设备温度升到某一稳定温度后不再升高，即达到热平衡，通电时间不得超过8h。

（2）不间断工作制。低压电器通过稳定电流，能达到热平衡，通电时间超过8h。

（3）短时工作制。低压电器工作与空载时间交替，且工作时间少于空载时间的工作制，其通电时间不足以使电器达到热平衡，而空载时间足以使电器温度恢复到周围介质温度。

（4）断续周期工作制。也称反复短时工作制，即低压电器工作与空载时间都很短，且有一定比值，由于工作时间短，因此达不到热平衡。

（二）低压电器的使用类别

根据低压电器所在电路的负荷性质，区分电器的使用类别，一般交流（AC）和直流（DC）电器的使用类别和典型用途见表5-1。

表5-1　部分低压电器的使用类别

电流种类	使用类别代号	典型用途举例
AC	AC-1	无感或微感负载，电阻炉
	AC-2	绕线转子电动机的起动、分断
	AC-3	笼型异步电动机的起动、运转中分断
	AC-4	笼型异步电动机的起动、反接制动与反向、点动
	AC-5a	控制放电灯的通断
	AC-5b	控制白炽灯的通断
	AC-6a	变压器的通断
	AC-6b	电容器组的通断
	AC-7a	家用电器中的微感负载和类似用途
	AC-7b	家用电动机负载
	AC-8a	密封致冷压缩机中的电动机控制（过载继电器手动复位式）
	AC-8b	密封致冷压缩机中的电动机控制（过载继电器自动复位式）
	AC-11	控制交流电磁铁负载
	AC-12	控制电阻性负载和发光二极管隔离的固态负载
	AC-13	控制变压器隔离的固态负载
	AC-14	控制容量（闭合状态下）不大于72V·A的电磁铁负载
	AC-15	控制容量（闭合状态下）大于72V·A的电磁铁负载
	AC-20	无载条件下的闭合和断开电路
	AC-21	通断电阻负载，包括通断适中的过载
	AC-22	通断电阻电感混合负载，包括通断适中的过载
	AC-23	通断电动机负载或其他高电感负载

续表

电流种类	使用类别代号	典型用途举例
AC和DC	A	非选择性保护：在短路情况下断路器为非选择性保护，即无人为故意的短延时，也无额定短时耐受电流及相应的分断能力要求
	B	选择性保护：在短路情况下断路器明确应有选择性保护，即有短延时不小于0.05s并有额定短时耐受电流及相应分断能力的要求
DC	DC-1	无感或微感负载，电阻炉
	DC-3	并励电动机的起动、反接制动、点动
	DC-5	串励电动机的起动、反接制动、点动
	DC-6	白炽灯的通断
	DC-11	控制直流电磁铁负载
	DC-12	控制电阻负载和发光二极管隔离的固态负载
	DC-13	控制直流电磁铁负载
	DC-14	控制电路中有续流电阻的控制直流电磁铁负载
	DC-20	无载条件下闭合和断开电路
	DC-21	通断电阻性负载包括适度过载
	DC-22	通断电阻电感混合负载包括通断适度的过载（例如并励电动机）
	DC-23	通断高电感负载（例如串励电动机）
	gG	全范围分断（g）的一般用途（G）熔断器
	gM	全范围分断（g）的电动机回路中用（M）熔断器
	aM	部分范围分断（g）的电动机回路中用（M）熔断器

（三）低压电器的外壳防护等级

在运行中除了环境污染电器的绝缘外，还要防止大块的固体、粉尘和水滴等进入电器，所以电器一般都有防护外壳。我国用IP××表示，IP后的第一个数字表示防止固体异物进入壳内或触及壳内带电及运动部分的情况，固体异物包括手和导体，第二个数字表示防止液体进入壳内的程度，如表5-2所示。例如IP00表示不能防止人体触及壳内带电或可动部件，不能防止固体异物进入设备，也不能防止液体进入设备内。

表5-2　低压电器外壳防护等级

防护等级	第1位数码	第2位数码
	对触及带电零部件和外界固体进入的防护等级	对外界液体进入的防护等级
0	无防护	无防护
1	防止直径50mm外界物体进入	防滴（垂直水滴不能进入）
2	防止人的手指触及带电零部件和直径大于12mm的外界固体进入	15°防滴（防与铅垂线成15°的滴水）
3	防止用直径大于2.5mm的导线触及带电零部件和直径大于2.5mm的外界固体进入	防淋水（防与铅垂线成60°的滴水）
4	防止用直径大于1mm的导线触及带电零部件和直径大于1mm的外界固体进入	防溅（防任何方向溅水）
5	防尘（完全防止触及带电零部件，并能防止灰尘的有害沉积）	防喷水（防任何方向喷水）

续表

防护等级	第1位数码 对触及带电零部件和外界固体进入的防护等级	第2位数码 对外界液体进入的防护等级
6	防密（完全防止触及带电零部件，并能防止灰尘进入）	防海浪或强力喷水
7	—	防浸入影响（规定水压，短时）
8	—	防潜水影响（规定水压，长期）

（四）低压电器的安装类别

国家标准将低压配电系统从电源进线到用电末端，划分为四个安装类别。相对于每一安装类别的位置装设的电器，都有相应的额定冲击耐压值，因此安装类别又称为过电压类别。这四个安装类别分别为：Ⅳ为电源水平级；Ⅲ为配电及控制水平级；Ⅱ为负荷水平级；Ⅰ为信号水平级。

同一电压级分四个安装类别，不同电器安装类别也不同，其他常见电器的安装类别见表5-3。

表5-3　　低压电器的安装类别

低压电器名称	安装类别			
熔断器	Ⅳ	Ⅲ	Ⅱ	—
刀开关、隔离器、隔离开关及熔断器组合电器	Ⅳ	Ⅲ	Ⅱ	—
低压断路器	Ⅳ	Ⅲ	Ⅱ	—
接触器	—	Ⅲ	Ⅱ	—
电动机起动器	—	Ⅲ	Ⅱ	—
控制电路电器和开关元件	—	Ⅲ	Ⅱ	Ⅰ

低压电器除以上参数外，还包括抗污染等级和防触电级等。

第三节　闸刀开关及隔离器

闸刀开关、隔离器及熔断器组合电器是配电电器中的一大类电器。闸刀开关的作用是在正常及过负荷情况下接通、承载和分断电流，并能承受规定数值的短路电流的作用，它不具有分断短路电流的能力。

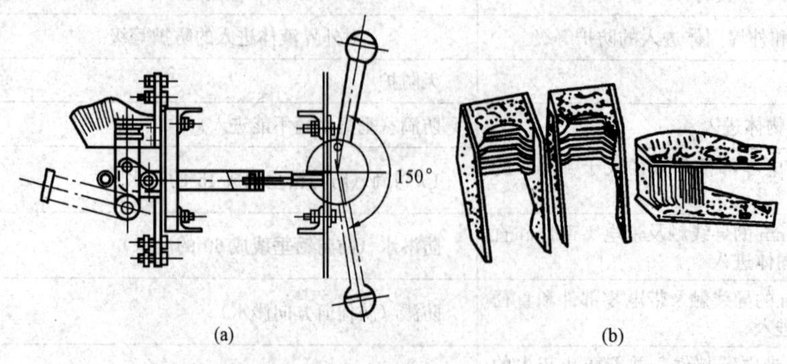

图5-8　HD13型闸刀开关

(a) 外形结构；(b) 灭弧罩外形

闸刀开关是最简单的一种低压开关，额定电流在1500A以下，主要应用在不经常操作的交直流低压电路中。

闸刀开关可以按外壳防护等级、安装类别和抗污染等级分类。在结构上有单极、双极、三极和单投式、双投式等。图5-8

为 HD13 型闸刀开关的外形图和灭弧罩的外形图，其中 HD 表示单投式刀开关，13 表示设计序号和中央正面杠杆操动机构。HD13 型闸刀开关的灭弧罩由相互绝缘的平行钢片组成，当切断电流时，在动触头（刀片）与静触头间产生电弧，在电磁力作用下，电弧进入金属灭弧栅，被钢栅片分割成若干短电弧而迅速熄灭。

闸刀开关的操作有手动和电动两种。当由人力操作时，如果在操动机构中装有储能弹簧，使操作速度和力与操作者的动作无关的，称为无关人力操作。如果操作手柄与刀片直接相连，或通过杠杆与刀片相连，则操作速度和力决定于操作者的动作，我们称为有关人力操作。

隔离器是一种机械开关，但它的分断和接通电流的能力比一般开关小。它的主要作用是在断开作用下具有隔离电源的功能，造成隔离电源可靠的断开点，并保持有效的隔离距离，保证维修工作的安全。隔离器一般属于无载通断电器，只能接通或断开“可忽略的”电流，但有一定的载流能力。有些产品有一定的通断能力，能在非故障情况下接通或断开电气设备。

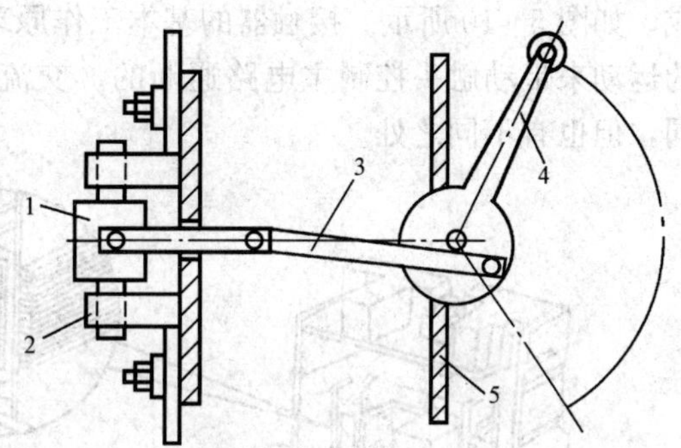

图 5-9 HR 型刀熔开关的结构示意图
1—RTO 型熔断器；2—触头；3—连杆；
4—操作手柄；5—低压配电屏板面

为了能在短路或过负荷时能断开电源，闸刀开关或隔离器一般与熔断器配合使用，它们与熔断器组合成为组合电器。如图 5-9 所示为 HR 系列刀熔开关的结构示意图，其中 HR 表示熔断器式开关，它是利用 RT0 型熔断器两端的触刀作闸刀刃，与操动机构组合而成。交流大于 400A 及直流 100～600A 的刀熔组合电器，都装有灭弧罩。

这一类电器的主要技术参数为额定工作电压、额定绝缘电压、额定脉冲电压、额定工作制、使用类别和额定工作电压下的额定工作电流、短时耐受电流和持续时间、短路接通能力等。

第四节 接 触 器

一、接触器概述

接触器是一种使用很广泛的控制电器，主要用于频繁的接通与断开正常工作的交直流电路，如电动机及其他电力负荷，也用于大容量的控制电路。接触器能远距离操纵，是工矿企业电力拖动和自动化控制系统中不可缺少的执行元件。

接触器的分类有几种不同的方式。如按操作方式分，有电磁接触器、气动接触器和电磁气动接触器；按灭弧介质分，有空气电磁式接触器、油浸式接触器和真空接触器等；按主触头控制的电流种类分，又有交流接触器、直流接触器、切换电容接触器等。另外还有建筑用接触器、机械连锁（可逆）接触器和智能化接触器等，建筑用接触器的外形结构与模数化小型断路器类似，可与模数化小型断路器一起安装在标准导轨上。其中应用最广泛的是空气电磁式交流接触器和空气电磁式直流接触器，习惯上简称为交流接触器和直流接触器。

交流接触器的使用类别为 AC-1、AC-2、AC-3 和 AC-4；直流接触器的使用类别为 DC-1、DC-3 和 DC-5。

接触器的额定工作制有四种，分别是 8h 工作制、不间断工作制、断续周期工作制和短时工作制。接触器的操作循环数从 1～3000 级，由于接触器可能极度频繁操作，所以对接触器的机械寿命要求很高，最低要求 1000 次。对电寿命也有一定的要求。

接触器的主要技术参数有：额定工作电压，使用类别和额定工作电压下的额定工作电流；额定频率或直流；吸持线圈的电流性质、额定频率及额定控制电源电压；额定接通与分断能力或使用类别；断续工作制的级别；外壳防护等级等。

二、电磁接触器的结构与工作原理

接触器由磁系统、触头系统、灭弧系统、释放弹簧机构、辅助触点及基座等几部分组成，如图 5 - 10 所示。接触器的基本工作原理是利用电磁原理，通过电路的控制和可动衔铁的运动来带动触头控制主电路通断的。交流接触器和直流接触器的结构和工作原理基本相同，但也有不同之处。

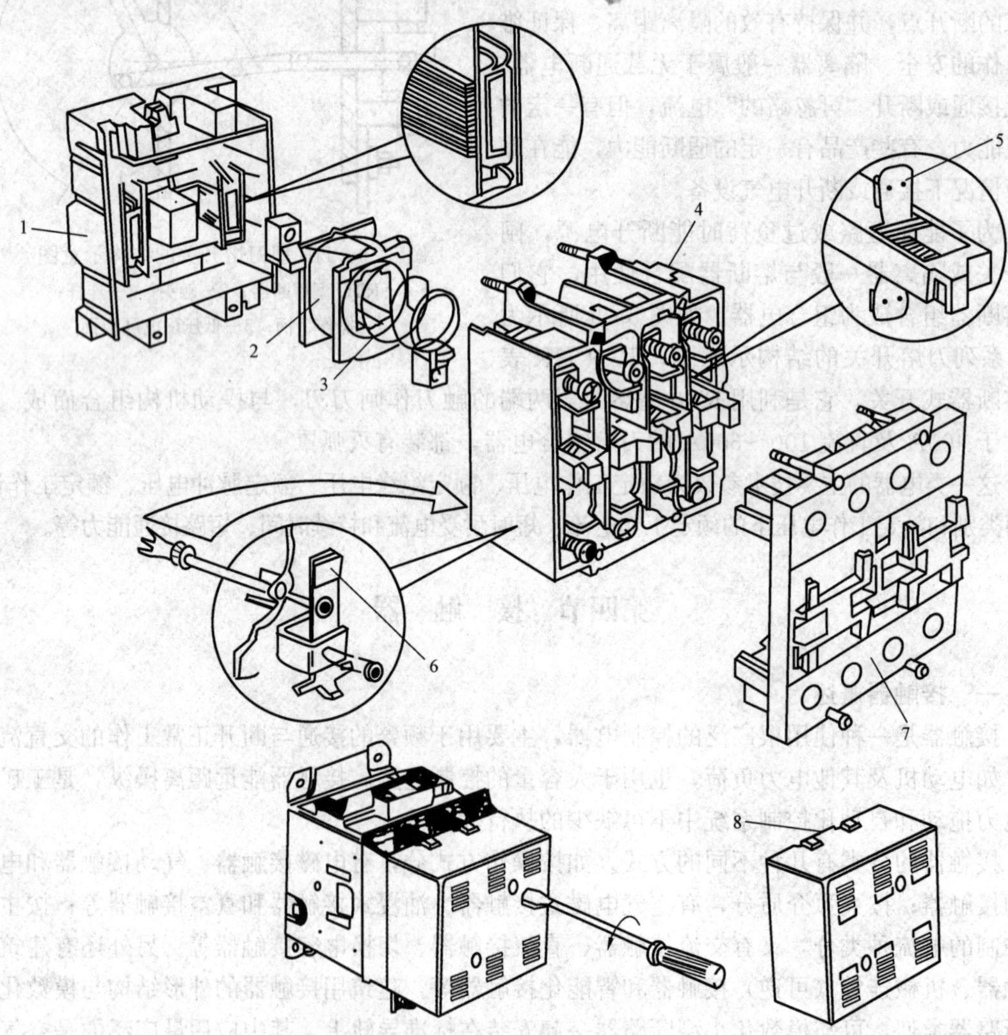

图 5 - 10 交流接触器的典型结构

1—底座；2—线圈；3—反作用力弹簧；4—中间部分；5—动触头；6—静触头；7—面盖；8—灭弧罩

在电磁机构方面，对于交流接触器，为了减小因涡流和磁滞损耗造成的能量损失和温升，铁芯和衔铁用硅钢片叠成。线圈绕在骨架上做成扁而厚的形状，与铁芯隔离，这样有利于铁芯和线圈的散热。而对于直流接触器，由于铁芯中不会产生涡流和磁滞损耗，所以不会发热，铁芯和衔铁用整块电工软钢做成，为使线圈散热良好，通常将线圈绕制成高而薄的圆筒状，且不设线圈骨架，使线圈和铁芯直接接触以利于散热。对于大容量的直流接触器往往采用串联双绕组线圈，一个为起动线圈，另一个为保持线圈，接触器本身的一个动断辅助触头与保持线圈并联连接。在电路刚接通瞬间，保持线圈被动断触点短接，可使起动线圈获得较大的电流和吸力。当接触器动作后，动断触头断开，两线圈串联通电，由于电源电压不变，所以电流减小，但仍可保持衔铁吸合，因而可以减少能量损耗和延长电磁线圈的使用寿命。中小容量的交、直流接触器的电磁机构一般都采用直动式磁系统，大容量的采用绕棱角转动的拍合式电磁铁结构。

接触器的触头分为两类，主触头和辅助触头。中小容量的交、直流接触器的主、辅触头一般都采用直动式双断点桥式结构设计，大容量的主触头采用转动式单断点指型触头。交流接触器的主触头流过交流主回路电流，产生的电弧也是交流电弧；直流接触器主触头流过直流回路电流，电弧也是直流电弧。由于直流电弧比交流电弧难以熄灭，直流接触器常采用磁吹式灭弧装置，交流接触器常采用灭弧栅灭弧。接触器的辅助触头用于控制回路，可根据需要按使用类别选用。

三、接触器的应用

图 5-11 所示为接触器控制电动机的原理图。图中包括两个回路，一个是主电路，另一个是控制回路。电磁铁线圈 2、控制按钮和辅助触点 5 连接后经熔断器接于电源，组成控制回路。由于接触器线圈具有很大的阻抗，因此通过控制回路的电流较小，一般在 1A 以下。

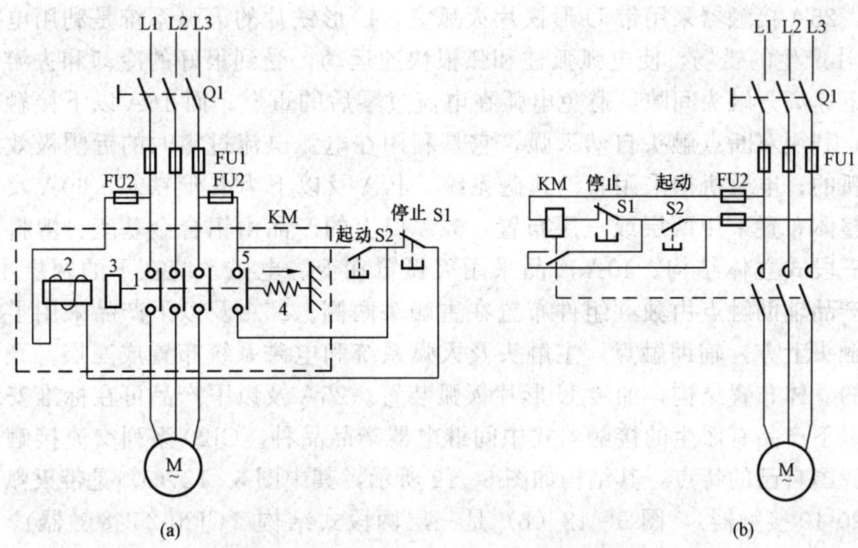

图 5-11　接触器控制电动机的原理图

(a) 原理示意图；(b) 原理接线图

1—主触头；2—铁芯线圈；3—衔铁；4—弹簧；5—辅助触点

要使电动机起动，只须按下起动按钮 S2（开关 Q1 平时是接通的），由电源 L1 相、线圈 2、停止按钮 S1、起动按钮 S2，到电源 L3 相的控制电路接通。线圈 2 有电流通过，衔铁 3 克服弹簧 4 的阻力被吸向铁芯。这时，主触头 1 接通主电路，电动机起动。同时和 S2 并联的辅助触点 5 也接通，这样当操作者的手离开 S2 后，S2 在本身弹簧的作用下断开，线圈 2 仍然有电流流过，从而保证了主触头 1 和辅助触点 5 继续接通。辅助触点 5 的上述作用称为自保持或自锁作用。要使电动机停止时，按下停止按钮 S1 使控制电路断开，衔铁在弹簧作用下返回，接触器的主触头和辅助触点都打开，电动机停止运转。

电动机正常运转时，若电源电压消失，控制电路的电压也会消失，于是衔铁也返回，使主触头断开。这称为电动机的欠电压保护，因为电压降到约为控制电源额定电压的 75%时，接触器衔铁就要释放。

在图 5-11 中，控制电路的电压是主电路的线电压。控制电压也可以接主电路的相电压或与主电路无关的其他交流、直流电压，但控制电压必须与线圈 2 要求的电流种类、频率及额定电压一致。

按钮 S1 和 S2 可以与接触器组合在一起。因为接触器的主触头是电动机主电路的一部分，因此接触器总是装设在电动机附近。如果 S1 和 S2 组合成接触器的一部分，就形成了电动机的就地控制。按钮 S1 和 S2 也可以远离接触器装设在控制室或控制台，形成远距离控制。

四、CJ20 系列交流接触器

CJ20 系列交流接触器是国内 20 世纪 80 年代开发、统一设计的新型产品，现已完全取代 CJ10 系列交流接触器。它采用直动双断点桥式触头结构，触头采用了银镍、银化镉等耐电弧、耐磨损和抗熔焊等特点的合金触头材料；灭弧系统采用三种结构型式。40A 以上接触器采用多纵缝陶土灭弧罩，电弧能迅速进入纵缝内，充分利用冷却面积，加强灭弧效果。25A 接触器采用带 U 形铁片灭弧室，U 形铁片的灭弧系统是利用电弧电流通过 U 形铁片产生的磁场，使电弧弧柱和弧根快速运动，受到很好的冷却和去游离，并使游离气体迅速离开触头间隙，避免电弧在电流过零后的重燃。而 16A 以下接触器不加装灭弧装置，利用双断点触头自然灭弧，它是利用在电弧电流过零时的近阴极效应原理分断熄灭电弧的；电磁机构采用直动式磁系统，40A 及以下为 E 形铁芯，60A 及以上为 U 形铁芯；整体布置采用两层或三层布置，63A 以上的产品由铝合金基座、塑料底板和灭弧罩组成三段式立体结构。40A 产品采用灭弧罩在上、电磁系统在下的两层主体布置。40A 以上产品辅助触点由独立组件布置在主触头两侧。25A 及以下产品采用了辅助触点布置在主触头上方，辅助触点、主触头及灭弧系统和电磁系统布置成三层，壳体、底座分为两段的立体布置结构，加装 U 形片灭弧装置。25A 及以下产品可在标准安装轨上安装。10A 以下产品有派生的接触器式中间继电器产品品种。CJ20 系列交流接触器结构紧凑，具有我国自己的特点，其结构如图 5-12 所示，其中图 5-12（a）是带灭弧罩的两层结构（CJ20-40 接触器），图 5-12（b）是三层两段式结构（CJ20-25 接触器），图 5-12（c）是 CJ20-40 接触器触头灭弧系统，图 5-12（d）是 CJ20-25 接触器触头灭弧系统。如在图 5-12（b）中，给线圈 5 通电后，便在动铁芯 4 和静铁芯 7 中产生磁通，动铁芯 4 被吸引向下运动并带动动触头 2 与辅助触点 9 闭合。线圈断电后，反作用弹簧 8 使动铁芯 4 向上运动，动静触头分开，动力电路就被切断。

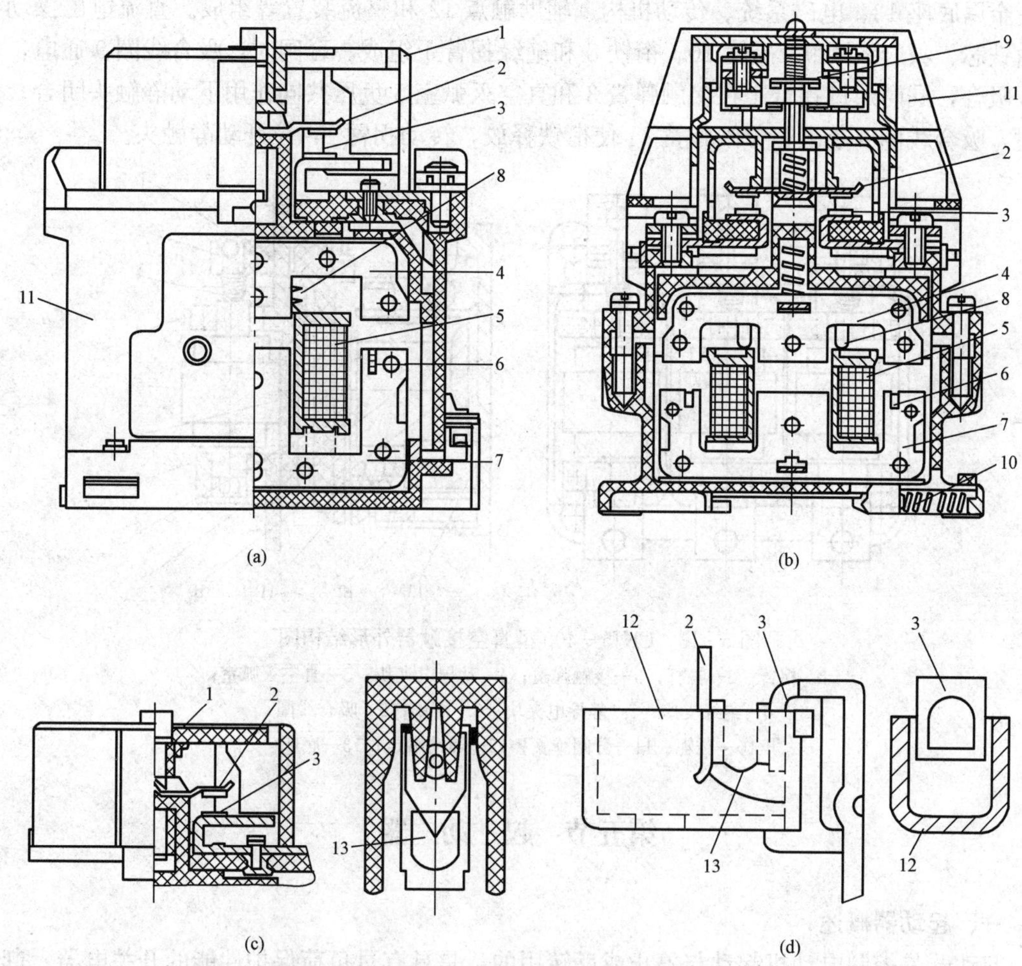

图 5-12 CJ20 系列交流接触器结构示意图

(a) 带灭弧罩的两层结构（CJ20-40 接触器）；(b) 三层两段式结构（CJ20-25 接触器）；
(c) CJ20-40 接触器灭弧栅片；(d) CJ20-25 接触器触头灭弧系统
1—灭弧罩；2—动触头；3—静触头；4—动铁芯；5—线圈；6—短路环；7—静铁芯；
8—反作用弹簧；9—辅助触点；10—导轨卡簧；11—外壳；12—U 形片；13—电弧

五、真空接触器

在有爆炸和火灾危险的场所，如煤矿井下或化工厂，电气触头开断电流时产生的电弧会引起爆炸，另外在使用环境恶劣的场所，空气中的水分、化学气体和粉尘等又会破坏触头的接触面，增大接触电阻。这就要求触头密封和防爆。能够适应这种工作环境的最理想的电器为真空接触器。真空接触器是将动静触头密封在真空灭弧室内，以真空作为灭弧介质，在开断电流时电弧无外露、无喷弧区、触头的接触情况和熄弧性能不受外界环境影响，特别适用于煤矿、石油、化工、冶金和水泥等行业使用。真空灭弧室的结构原理参见第七章的相关内容。

国外于 20 世纪 60 年代开始生产低压真空接触器，我国 20 世纪 80 年代开始设计真空接触器，现已形成 CKJ、CKJ5、CKJ6 等系列产品，其中 K 表示真空。

如图 5-13 所示为 CKJ5-400 型真空接触器的外形结构，主要由真空灭弧室 5、绝缘框架、金属底座13、电磁系统、传动机构、辅助触点12和整流装置等组成。直流电磁操动机构由铁芯、吸合线圈9、磁轭10、衔铁8和绝缘拐臂1组成。合闸时，吸合线圈9通电，衔铁8吸合，同时通过拐臂1在接触弹簧3和真空灭弧室5负压共同作用下动静触头闭合；分闸时，吸合线圈9断电，分闸弹簧11使衔铁释放，转动拐臂1，拉开动静触头。

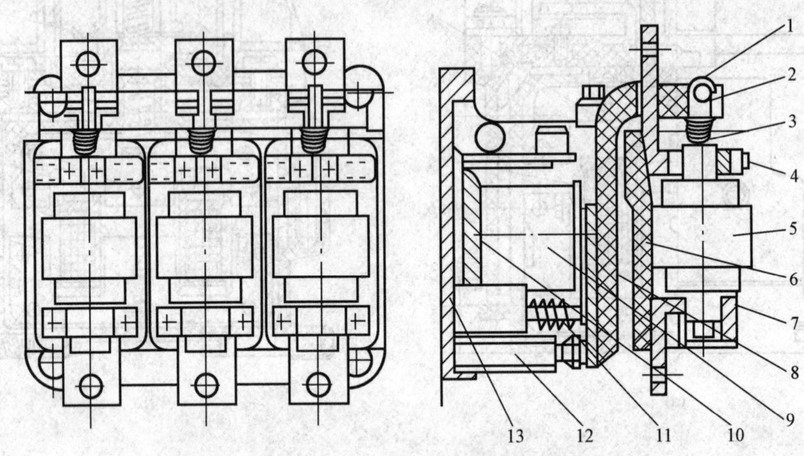

图5-13 CKJ5—400型真空接触器外形结构图

1—拐臂；2—拉杆；3—接触弹簧；4—动导电夹块；5—真空灭弧室；
6—绝缘支座；7—静导电夹块；8—衔铁；9—吸合线圈；
10—磁轭；11—分闸弹簧；12—辅助触点；13—底座

第五节 起 动 器

一、起动器概述

起动器是控制电动机起动与停止或反转用的，是具有过负荷保护性能的开关电器。起动器有全电压起动器和减压起动器两类，全电压起动也称为直接起动。电磁起动器是常用的直接起动器，它由接触器和过负荷保护元件等组成，除了能在正常情况下控制电动机的起、停和反转外，还能起到电动机的过负荷保护作用。当电动机过负荷时能自动切断电路，但是它与接触器一样不能断开短路电流，必须和熔断器等短路保护电器配合使用。

起动器的过负荷保护能力是通过过负荷继电器实现的。过负荷继电器分为电磁式过负荷继电器、热过负荷继电器和半导体过负荷继电器。电磁式继电器是利用过负荷电流的电磁力断开继电器的触点，该触点串接于接触器的控制回路内。继电器触点将控制回路断开，再由接触器主触头断开过负荷电路。电磁式过负荷继电器有瞬时和延时动作两种类型。热继电器是利用过负荷电流，使焊在一起的两种线膨胀系数不同的金属片即双金属片，发热和弯曲，断开热继电器的触点，使接触器的控制回路断开，然后由接触器断开过负荷的主电路。目前绝大部分异步电动机都采用热继电器作为过负荷继电器。热继电器式过负荷继电器在电路过负荷时必定有发热过程，因此都是延时动作。电磁式过负荷继电器的延时基本上与过负荷前负荷电流的大小无关，而热继电器的延时则与过负荷前负荷电流的大小有关，有的热继电器还能反应于断相。

交流起动器的使用类别为AC-3、AC-4、AC-11、AC-14、AC-15。其工作制和接触器相同，但断续工作制设有 1800 和 3000 两个级别，安装类别和抗污染等级也和接触器相同。

二、热继电器

热继电器是一种过电流继电器，具有反时限保护特性，广泛应用于电动机及其他电气设备的过负荷保护。

常用的热继电器有 JR16、JR20、JRS1、JR36、JR21、T、3UA 和 LR1-D 等系列，其中 J 表示继电器，R 表示热，数字表示设计序号。JR16、JR20、JRS1，JR36 系列是我国自行设计的新产品，LR1-D 系列、JR21 系列、T 系列、3UA 系列是引进国外技术生产的产品。每一系列的热继电器一般只能和相适应系列的接触器配套使用，如 JR20 系列热继电器与 CJ20 系列接触器配套使用，3UA 系列热继电器与 3TB、3TF、3TW 等系列接触器配套使用，T 系列热继电器与 B 系列接触器配套使用等。但也有例外，如 JRS1 系列热继电器不但可与 CJX 系列接触器配套使用。还可与 3TB、3TH 及 LC1-D 系列等接触器配套使用等。

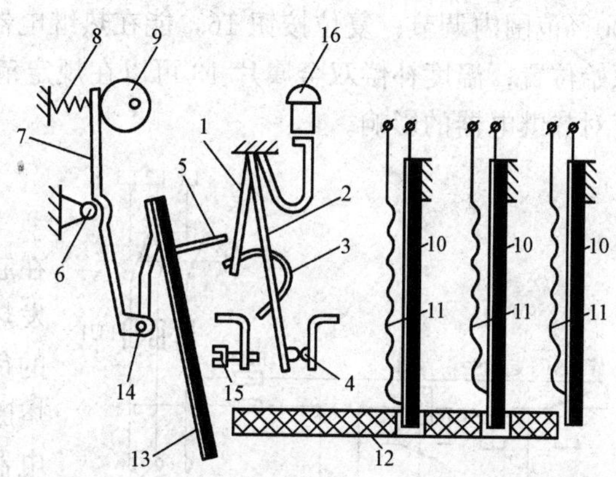

图 5 - 14 JR16 型热继电器的结构原理示意图

1、2—片簧；3—弓形弹簧片；4—动断触点；5—推杆；6—轴；7—杠杆；8—压簧；9—电流调节凸轮；10—双金属片；11—热元件；12—导板；13—温度补偿双金属片；14—轴；15—复位调节螺钉；16—手动复位按钮

图 5 - 14 为 JR16 型热继电器的结构原理示意图，它的结构为三相式结构，分为带断相保护装置和不带断相保护装置两种型式。

JR16 型热继电器的热元件 11 和双金属片 10 串接于三相主电路中，流过负荷电流，双金属片被热元件加热稍微向左弯曲。当主电路过负荷时，过负荷电流使热元件 11 发热加剧，双金属片 10 向左弯曲程度加大，推动导板 12 向左运动，使温度补偿双金属片 13 绕轴 14 顺时针转动，温度补偿双金属片 13 上的推杆 5 向右推动片簧 1，到一定位置后，弓形弹簧片 3 的作用力方向改变，使片簧 2 向左运动，则触点 4 断开，使接触器自保持线圈失电，接触器主触头断开。

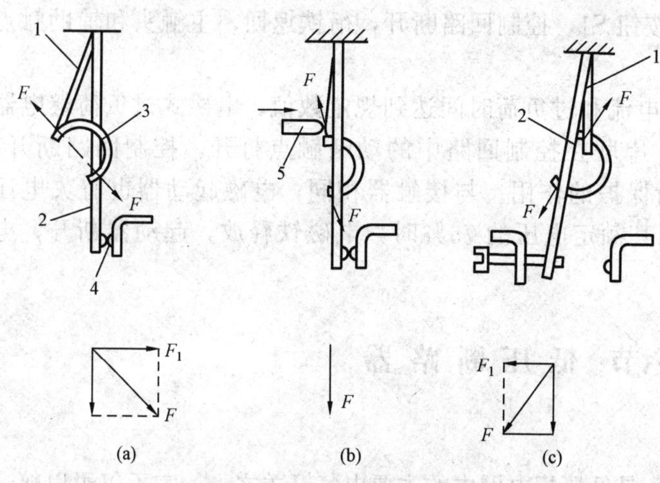

图 5 - 15 跳跃机构工作原理图

（a）动作前位置；（b）动作过程中；（c）动作后位置

1、2—片簧；3—弓形弹簧片；4—动断触点；5—推杆

片簧 1、2 及弓形弹簧片 3 组成一个跳跃机构，其工作原理如图 5 - 15 所示。当热继电器动作前，片簧 2 所受到水平分力 F_1 是向右的，因此动断触点闭

合，此时跳跃机构及受力情况如图5-15（a)所示；图5-15（b）是推杆5向右推动片簧1过程中的一个位置，此时片簧2所受力F没有水平分力。当推杆5继续向右推动片簧1，这时片簧2所受力F有一个向左的水平分力F_1，使片簧2迅速跳向左边，触点4迅速断开。

JR16型热继电器还有电流调节凸轮9，可以使整定电流在热元件额定电流的66%～100%范围内调节；复位按钮16，能在热继电器动作且双金属片冷却后使各运动部分恢复到原始位置；温度补偿双金属片13可以在规定范围内，（一般是＋40℃～－30℃）补偿环境温度对热继电器的影响。

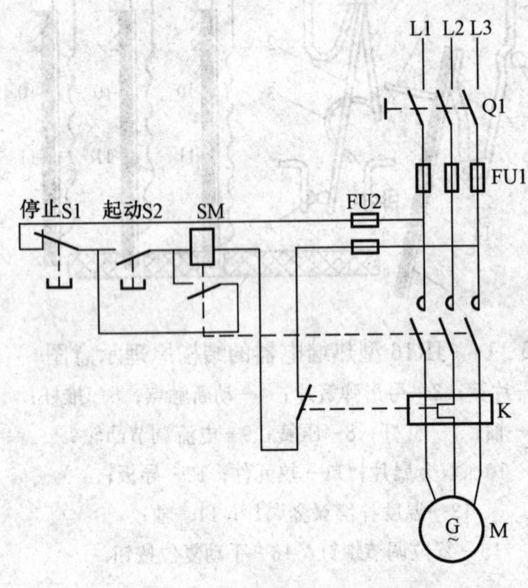

图5-16　电磁起动器控制电动机的原理接线图

三、起动器的应用

图5-16为电磁起动器控制电动机的原理图。在起动器SM三相触头的负荷侧有热继电器K的发热元件即双金属片，它与主电路串联。起动器的负荷端接电动机，电源端经短路保护电器，即熔断器FU1、闸刀开关Q1接入交流电源。热继电器的辅助触点K串接在控制电路中，起动按钮S2与辅助的动合触点SM并联。

起动电动机时，按下起动按钮S2，使起动器的控制回路接通，于是电磁线圈中有电流流过，产生的电磁力克服弹簧的阻力，使衔铁吸合，主触头SM接通主电路，电动机起动，辅助的动合触点SM同时闭合，使起动器自保持，电动机正常运转。

电动机起动时，很大的起动电流通过热继电器，使双金属片发热。但是起动时间很短，产生的热量不会使双金属片产生足够的位移，动断触点K不会打开。

要使电动机停止时，按下停止按钮S1，控制回路断开，衔铁返回，主触头和辅助触点也断开，电动机断电，停止运转。

电动机过负荷时，只要过负荷电流和过负荷时间达到规定数值，电磁式过负荷继电器或热继电器式过负荷继电器动作，串联在控制回路中的动断触点打开，控制回路断开，电动机停转，起动器起到了过负荷保护的作用。与接触器相同，电磁起动器也有欠电压保护的作用。当控制电源电压降到其额定电压的75%时，电磁铁释放，起动器断开，电动机停转。

第六节　低压断路器

一、低压断路器概述

低压断路器也称自动空气开关，是低压配电网中的主要电气开关之一，它不仅可以接通和分断正常负荷电流、电动机工作电流和过负荷电流，而且可以接通和分断短路电流。主要用在不频繁操作的低压配电线路或开关柜（箱）中作为电源开关使用，并对线路、电气设备及电动机等实现保护，当它们发生严重过电流、过负荷、短路、断相、漏电等故障时，能自动切断电路，起到保护作用，应用十分广泛。较高性能的万能式断路器带有三段式保护特性，并具有选择性保护功能。高性能的万能式断路器带有各种保护功能脱扣器，包括智能化脱扣器，可实现计算机网络通信。低压断路器具有的多种功能，是以脱扣器或附件的形式实现的，根据用途不同，断路器可配备不同的脱扣器或继电器。脱扣器是断路器本身的一个组成部分，而继电器（包括热敏电阻保护元件）则通过与断路器操作机构相连的欠电压脱扣器或分励脱扣器的动作控制断路器。

低压断路器的分类方式很多，按使用类别分，有选择型和非选择型。非选择型保护特性，多用于支路保护，主干线路断路器则要求采用选择型，以满足电路内各种保护电器的选择性断开，把事故区域限制到最小范围。低压断路器按灭弧介质分为空气式和真空式；根据采用的灭弧方式，断路器又有两种类型：零点灭弧式断路器和限流式断路器，在零点灭弧式断路器里，被触头拉开的电弧在交流电流自然过零时熄灭，限流式断路器的限流是指把峰值预期短路电流限制到一个较小的允许电流；按结构型式分，有万能式、塑壳式（装置式）和小型模数式；按操作方式分，有人力操作和动力操作，以及储能操作的类型；按极数可分为单极、二极、三极和四极式；按安装方式又可分为固定式、插入式和抽屉式等等。一般比较习惯，也比较多用的是按结构型式分为万能框架式、塑壳式和模块式三种。根据断路器在电路中的不同用途，低压断路器被分为配电用、电动机保护用和其他负载用断路器。

二、低压断路器的工作原理

图 5-17 为低压断路器的工作原理示意图。图中所示低压断路器作为电动机的短路保护电器，断路器的三个主触头 1 接在电动机的主回路中。主触头的动触头由钩杆 2 和搭构 3 维持在合闸状态，钩杆 2 由搭钩 3 扣住，搭钩 3 可绕轴 4 转动。如果搭钩 3 被杠杆 5 顶开，动触头将随着钩杆被分闸弹簧 6 拉开，主电路被断开。

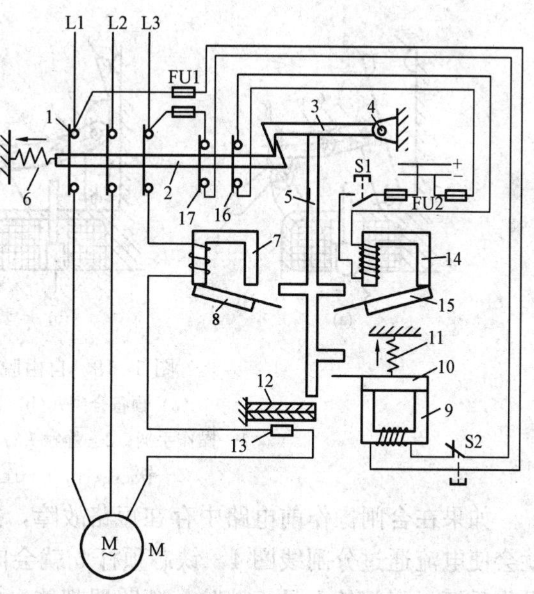

图 5-17　低压断路器的原理结构示意图

1—主触头；2—钩杆；3—搭钩；4—转轴；5—杠杆；6—分闸弹簧；7、9、14—铁芯线圈；8、10、15—衔铁；11—弹簧；12—热继电器；13—加热元件；16、17—辅助触点

三、低压断路器的结构

低压断路器的结构比较复杂，主要由触头系统、灭弧装置、脱扣器和操动机构等组成。操动机构中又有脱扣机构、复位机构和锁扣机构。

（一）触头系统

低压断路器有主触头和灭弧触头，电流大的断路器还有副触头，这三种触头并联接在主电路中。正常工作时，主触头承载工作电流；在开断电路时由灭弧触头熄灭电弧，保护主触头。当接通电路时，灭弧触头先接通，主触头后接通，断开电路顺序正好相反。副触头的动作在主触头和灭弧触头之间，也是起保护主触头的作用。

低压断路器除以上触头外，还有控制触点和辅助触点，它们与主触头同时动作。

（二）灭弧装置

万能式断路器的灭弧装置大多为栅片式，灭弧罩采用三聚氰胺耐弧塑料压制，特点是耐弧能力强，为防止相间飞弧，两壁装有绝缘隔板。灭弧室上方装设三聚氰胺玻璃布板制成的灭弧栅片，以缩小飞弧距离。

塑料外壳式断路器的灭弧室与万能式基本相同，但灭弧室壁大多采用钢纸板，因为钢纸板不仅耐高温，而且在电弧作用下能产生气体吹弧。另外，用其顶端的多孔绝缘封板或钢丝网来吸收电弧能量，以缩小飞弧距离。

（三）自由脱扣机构

自由脱扣是指断路器在合闸状态或合闸过程中，脱扣器都能作用于脱扣机构使断路器断开。图 5-18 所示为自由脱扣机构的原理图。

图 5-18（a）是断路器处于断开位置，即准备合闸的情况。铰链 9 稍低于铰链 7、8 的中心线，即死点以下位置。合闸时，由于铰链 9 只能向上移动，不能向下移动，因此只要逆时针推动操作手柄 1，就可以使主触头 2、3 接通。图 5-18（b）是断路器处于合闸状态的情况。断开操作时，铁芯上的顶杆 5 在电磁力作用下向上运动，使铰链 9 的位置移动到铰链 7、8 的中心线以上，两片连杆向上曲折，在分闸弹簧作用下，断路器断开，如图 5-18（c）所示。若要使断路器重新合闸，必须顺时针拉动手柄到图 5-18（a）的位置。

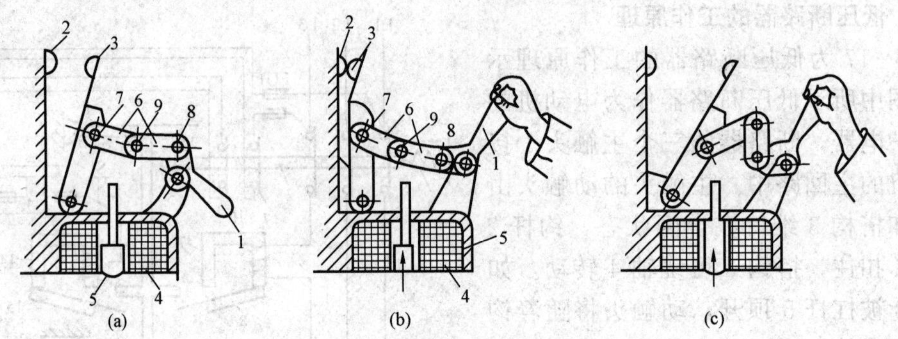

图 5-18 自由脱扣机构的原理图

（a）预备合闸；（b）合闸；（c）自动分闸

1—操作手柄；2—静触头；3—动触头；4—分闸线圈；

5—铁芯顶杆；6—连杆；7、8、9—铰链

如果在合闸操作前电路中存在短路故障，推动手柄 1 使断路器合闸，当触头 2、3 接通就会使电流通过分闸线圈 4，铁芯顶杆 5 就会向上推动动铰链 9，使断路器断开。这时不论操作手柄 1 合闸的力是否消除，断路器都能自由脱扣。

（四）低压断路器的脱扣器

脱扣器是用来接收操作命令或电路非正常情况的信号，以机械动作或触发电路的方法，使脱扣机构动作的部件。装设在低压断路器中的脱扣器有图 5-17 所示的电磁式过电流脱扣器、欠电压脱扣器、分励脱扣器和热脱扣器。另外还可以装设半导体（电子式）脱扣器和带微处理器的脱扣器。一台断路器根据需要可装设不同型式和不同数量的脱扣器。

（1）过电流脱扣器。流过脱扣器的电流超过整定值时，作用于脱扣机构，将主电路断开。过电流脱扣器又分为瞬时动作和延时动作的。动作电流值有可调节和不可调节的两种。对于延时动作的过电流脱扣器，又分为定时限过电流脱扣器和反时限过电流脱扣器。定时限过电流脱扣器的动作时间可以整定；反时限过电流脱扣器的动作时间取决于电流的大小。

在图 5-17 中，由铁芯线圈 7 和衔铁 8 组成电磁式过电流脱扣器，其线圈与主电路串联。正常工作电流通过时所产生的电磁力不足以吸合衔铁。当负荷侧过负荷或短路时，衔铁 8 将被吸合，撞击杠杆 5 将搭钩 3 顶开，主电路被断开。

（2）欠电压脱扣器。欠电压脱扣器在电压降到额定电压的 35%～70%范围内时动作于脱扣机构，起到欠电压保护作用。在图 5-17 中，由铁芯线圈 9、衔铁 10 和弹簧 11 组成欠电压脱扣器。图中所示欠电压脱扣器的电源电压为主电路的线电压，当电源电压低于 85%的额定电压时，电磁吸力小于弹簧 11 的拉力，撞击杠杆 5 将搭钩 3 顶开，主电路分断。欠电压脱扣器的线圈经辅助触点 17 接于电源电压，当断路器断开时，辅助触点 17 是打开的，线圈不会励磁。图 5-17 中按钮 S2 供远距离跳闸用。

（3）分励脱扣器。分励脱扣器供远距离控制使断路器分闸。在图 5-17 中，分励脱扣器由铁芯线圈 14 和衔铁 15 组成。当需要断路器分闸时，按下按钮 S1，脱扣器线圈通过断路器的辅助触点 16 接通，衔铁 15 吸合，撞击杠杆 5 将搭钩 3 顶开，主电路分断。当断路器装设欠电压脱扣器时，也可以在它的线圈回路中接入分闸按钮 S2，其作用与分励脱扣器相同。

（4）热脱扣器。热脱扣器相当于一只热继电器，作为过负荷保护用。它具有反时限的时间一电流特性，其动作延时与过负荷电流的大小有关，也与过负荷前的负荷电流大小有关。由于过负荷电流流过时热脱扣器的工作时间较长，在电器中也称为长延时动作继电器。在图 5-17 中，双金属片热继电器 12 就是热脱扣器。当过负荷电流流过加热元件 13 时会严重发热，使双金属片弯曲。当弯曲到一定程度时，推动杠杆 5 将搭钩 3 顶开，主电路分断。配电线路用的断路器与电动机短路保护用的断路器对热继电器的要求不同。配电线路用的热继电器动作电流较大，电动机用的热继电器动作电流较小。

四、低压断路器的保护特性

低压断路器的时间一电流特性就是它所装设的热脱扣器和电磁式过电流脱扣器等综合的时间一电流特性，又称为保护特性。断路器的用途不同，所装设的过电流脱扣器的类型不同，如热脱扣器或电子式脱扣器等都会影响低压断路器的时间一电流特性。断路器的时间一电流特性用参数表或曲线表示。两种 DZ20 低压断路器的时间一电流特性曲线如图 5-19 所示。

在时间一电流特性上，电流的起始值称为整定值。整定值根据负荷电流确定。

图 5-19 为有长延时动作和瞬时动作的脱扣器的时间一电流特性曲线。曲线的横坐标为电流，以额定电流的倍数表示；曲线纵坐标为脱扣时间。图 5-19 的特性为两段特性，也就是热脱扣器和电磁式过电流脱扣器的特性。电子式脱扣器则有三段特性，除长延时动作和瞬时动作特性外，还有短延时动作特性。电磁式过电流脱扣器的特性有一段或两段。

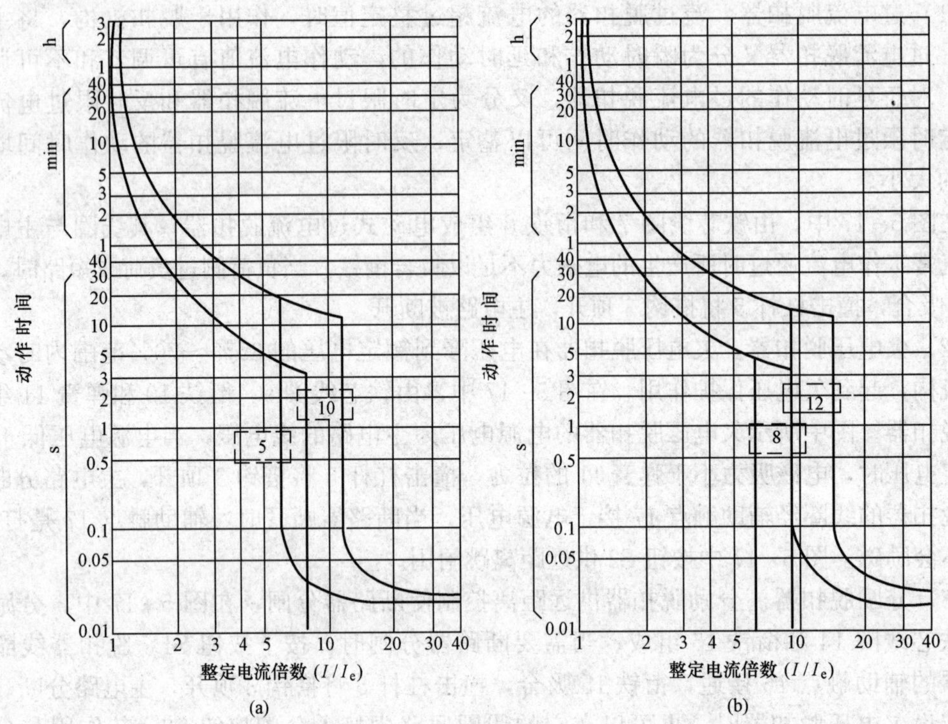

图 5-19 DZ20-200 系列低压断路器作动曲线

(a) 配电用；(b) 电动机用

五、低压断路器的主要参数

低压断路器的主要参数有额定工作电压、使用类别、安装类别、额定电流、额定频率（或直流）、额定短路分断能力、额定极限短路分断能力、额定短时耐受电流和相应的延时、外壳防护等级、额定短路接通能力、额定绝缘电压、过电流脱扣器的整定值，还有合闸装置的额定电压和频率、分励脱扣器和欠电压脱扣器的额定电压和额定频率等。

对于低压断路器，额定电流有两个值：一个是断路器的额定电流 I_N，就是它的额定持续工作电流，也就是过电流脱扣器的额定电流；另一个是断路器壳架等级的额定电流 I_{Nm}，这是该断路器中所能装设的最大过电流脱扣器的额定电流。I_{Nm} 在型号中表示出来，如 DZ20-400 中的 400，就是该外壳中能装设的最大过电流脱扣器的额定电流，而实际装设的脱扣器的额定电流可能要比 400A 小。

低压断路器是低压电路中主要的短路保护电器，它的短路分断能力和短路接通能力是衡量其性能的重要参数。

额定极限短路分断能力 I_{oc} 是在工频恢复电压等于 $1.05U_N$ 时能够断开的最大电流。

六、低压断路器的典型结构

（一）万能式断路器

万能式低压断路器一般都有一个框架结构的底座，因此曾被称为框架式断路器，所有的组件，如触头系统和脱扣器等部件均经绝缘后安装在底座中。这种断路器具有可维修的特点。它可装设较多的附件，也有较多的结构变化。

我国生产的万能式断路器的主要产品有 DW12、DW15、DW16 等，其中 D 表示低压断路器，W 表示万能式，数字表示设计序号。另外还有从国外引进的产品如 ME、AE、AH 和 3WE 等系列。

DW15 断路器适用于交流 50Hz，电压为 380～1140V，电流为 100～4000A 的电路。有配电用和电动机用两种类型，在正常条件下可用作线路不频繁操作和电动机的不频繁起动的地点。

图 5-20 为 DW15HH-2000 型断路器的结构图。该类断路器有固定式及抽屉式之分。抽屉式断路器由本体及抽屉座两大部分组成，通过断路器本体和母线与抽屉座的桥式触头连接构成抽屉式断路器，采用正面面板凸块结构，实现开关屏板外操作，开关屏板内装有以单片机为核心的脱扣控制器。断路器本体是带附件的固定式断路器，其附件包括导轨、辅助电路、动隔离触头 6、安全隔板驱动轴等。抽屉座由带有导轨的左右侧板、底座和横梁等组成，下方装推进结构，上方装辅助电路静隔离触头，底座横梁上装设分合闸指示牌 19，桥式触头前方装设安全隔板。采用弹簧储能的闭合方式，电动操作时，有配合电动机工作的预储能操作用释能电磁铁，手动储能时，储能手柄带动低压断路器方轴进行储能操作。

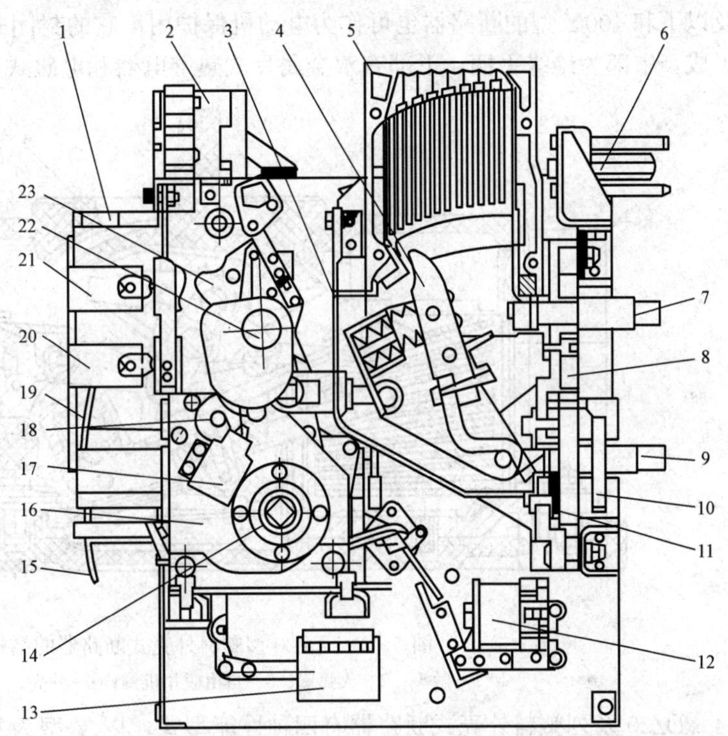

图 5-20 DW15HH-2000 系列多功能低压断路器

1—手柄；2—辅助触头；3—罩；4—动触头；5—灭弧室；6—辅助电路动隔离触头；7—上母线；8—基座；9—下母线；10—速饱和互感器；11—空心互感器；12—分励脱扣器；13—释能电磁铁；14—机构方轴；15—储能指示牌；16—机构；17—磁通变换器；18—脱扣半轴；19—分合闸指示牌；20—断开按钮；21—闭合按钮；22—主轴；23—反回弹机构

DW15HH 断路器的操作控制器是一种多功能控制器、除带过电流的三段保护和报警模式外，还具有单相接地保护功能。断路器的操动机构采用弹簧储能闭合，使触头闭合速度与操作速度无关，并且具有自由脱扣性能。操动机构有储能再扣、闭合、断开三种位置。

（二）塑料外壳式断路器

塑料外壳式断路器的主要特征是有一个采用聚酯绝缘材料模压而成的外壳，所有部件都装在这个封闭型外壳中。接线方式分为板前接线和板后接线两种。大容量产品的操作机构采用储能式，小容量（50A 以下）常采用非储能式闭合，操作方式多为手柄扳动式。塑料外壳式断路器多为非选择型，根据断路器在电路中的不同用途，分为配电用断路器、电动机保护用断路器和其他负载（如照明）用断路器等。常用于低压配电开关柜（箱）中，作配电线路、电动机、照明电路及电热器等设备的电源控制开关及保护。在正常情况下，断路器可分别作为线路的不频繁转换及电动机的不频繁起动之用。

塑料外壳式断路器品牌种类繁多，国产典型型号为 DZ20，其他常用主要型号有 H 系列、T 系列、3VE 系列，3WE 系列、NZM 等系列。

图 5-21 所示为 DZ20 型塑料外壳式断路器的结构图。它的额定绝缘电压为 500V，用于交流 380V 或直流 220V 及以下，额定电流最高达 1250A，一般作为配电用。额定电流 200A 及以下和 400Y 型的断路器也可作为电动机保护用。它的封闭式塑料外壳由绝缘座和绝缘盖组成，中部为绝缘手柄，下部有双金属片式热继电器和电磁式脱扣器。

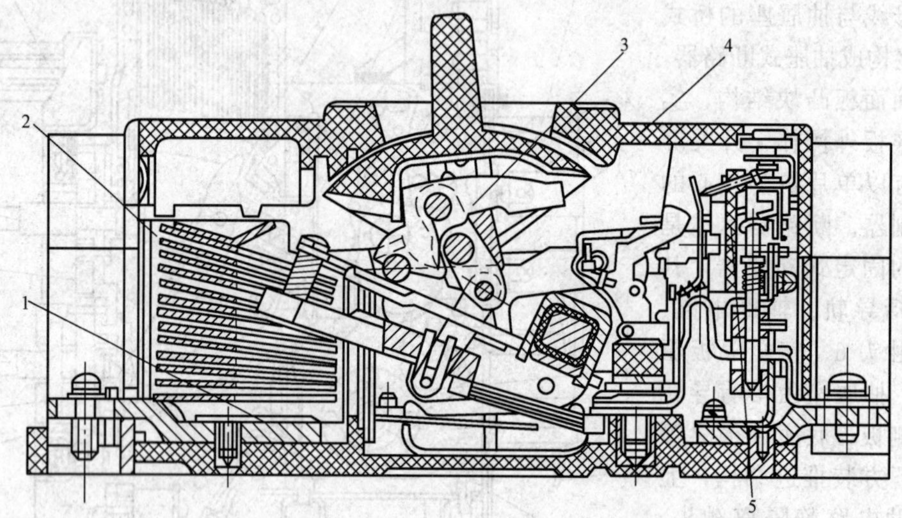

图 5-21　DZ20 型塑料外壳式断路器的结构图

1—触头；2—灭弧罩；3—自由脱扣机构；4—外壳；5—脱扣器

DZ20 系列塑料外壳式断路器有四种性能型式，以 Y 型为基本型称为一般型。C 型（经济型）、J 型（较高型）和 G 型（高通断能力型）断路器是 Y 型的派生产品，C 型断路器除了极限分断能力与其不同之外，在结构方面基本相同。另外还派生了四极和无飞弧产品等。一般型（Y 型）断路器当电路出现短路电流时，脱扣器动作，触头被机构断开后才能切断短路电流，Y 型断路器的通断能力要比 J 型小。J 型是将 Y 型断路器的结构进行了改进，当短路电流达到某一定值时，触头间产生触点电动力，动触头被斥开形成较大的斥开距离，接着断路器的脱扣器动作。由于利用触点电动力斥开和脱扣器脱扣同时进行，缩短了全断开时间并提高了短路通断能力，其全断开时间一般在 14ms 之内。G 型断路器是在 Y 型断路器底板后串联一个平行导体组成的斥力限流触头系统（亦称为限流器），该触头系统比 J 型斥力触头长，断开距离也大，因此能更迅速限流。在正常情况下的断开和闭合都由上半部 Y 型断路器来完成。当出现短路时，限流器触头立即斥开，电弧出现后，利用电弧电阻限制短路电流上升，同时因脱扣机构动作，动触头打开，触头开距继续增大，弧柱电阻也进一步增大，在 4～5ms 内将短路电流限制到最大实际分断电流，在 8～10ms 内分断短路电流。由于限流器中的动、静触头平行导体长，产生的斥力大，动触头斥开距离也大，且斥开也快，所以限流效应显著。

DZ20 型断路器的脱扣器分过载（长延时）脱扣器、短路（瞬时）脱扣器两种。过载脱扣器为双金属片式，受热弯曲推动牵引杆有反时限动作特性。短路脱扣器采用电磁式结构。

DZ20 低压断路器的操作手柄有三个位置。合闸位置、自由脱扣位置和分闸再扣位置。断路器自动分闸后，必须将手柄扳至分闸再扣位置才能将断路器合闸。

（三）模数化小型断路器

模数化小型断路器是终端电器中的一大类，是组成终端组合电器的主要部件之一，终端电器是指装于线路末端的电器，该处的电器对有关电路和用电设备进行配电、控制和保护等。模数化小型断路器在结构上具有外形尺寸模数化（9mm 的倍数）和安装导轨化的特点，单极断路器的模数宽度为 18mm，凸颈高度为 45mm，它安装在标准的 35mm×15mm 电器安装轨上，利用断路器后面的安装槽及带弹簧的夹紧卡子定位，拆卸方便。断路器由操作机构、热脱扣器、电磁脱扣器、触头系统、灭弧室等部件组成，所有部件都置于一绝缘外壳中，如图 5-22 所示。有的产品备有报警开关、辅助触头组、分励脱扣器、欠压脱扣器和漏电脱扣器等附件，供选用。图 5-22 中，断路器的短路保护由电磁脱扣器完成，过载保护采用双金属片式热脱扣器完成，额定电流在 5A 以下采用复式加热方式，额定电流在 5A 以上采用直接加热方式。该系列断路器可作为线路和交流电动机等的电源控制开关及过载、短路等保护之用，广泛应用于工矿企业、建筑及家庭等场所。常用主要型号有 C45、DZ47、S、DZ187、XA、MC 等系列。

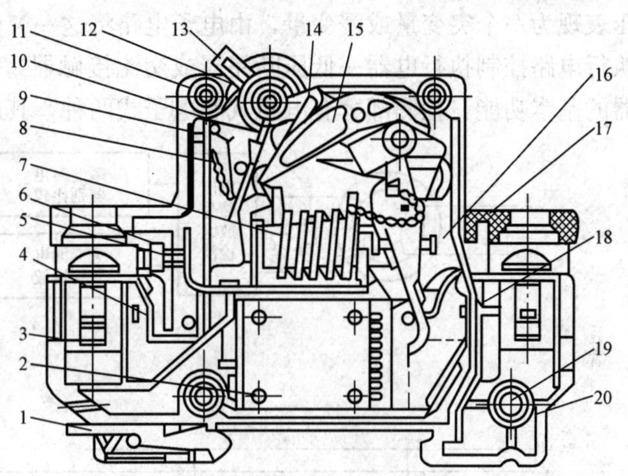

图 5-22 模数化小型断路器内部结构示意图

1—安装卡子；2—灭弧罩；3—接线端子；4—连接排；5—热脱扣调节螺栓；6—嵌入螺母；7—电磁脱扣器；8—热脱扣器；9—锁扣；10、11—复位弹簧；12—手柄轴；13—手柄；14—U 形连杆；15—脱钩；16—盖；17—防护罩；18—触头；19—铆钉；20—底座

图 5-23 是该类断路器的外观、外形尺寸和安装尺寸示意图。

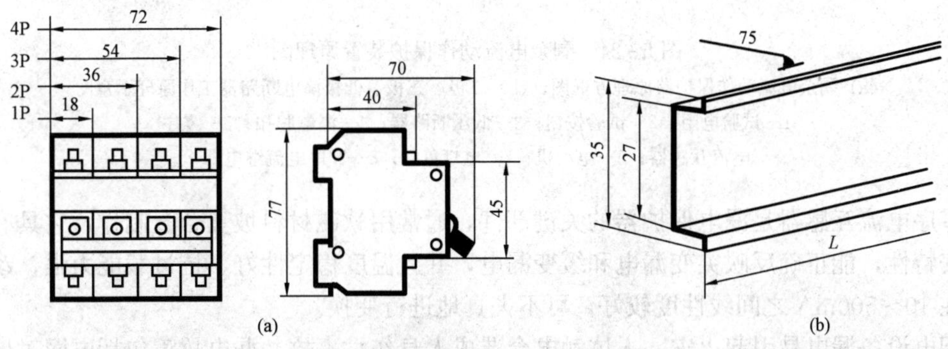

图 5-23 模数化小型断路器外形尺寸和安装导轨示意图

(a) 外形尺寸和安装尺寸图；(b) 安装导轨尺寸图

七、剩余电流动作（漏电）保护装置

剩余电流动作保护装置俗称漏电保护装置，是一种用于按 TN、TT、IT 要求接地的系统中，当电网对地泄漏电流过大、用电设备发生漏电故障及人体触电的情况下，防止事故进一步扩展的一种防护装置，有剩余电流动作保护开关和剩余电流动作保护继电器两类。剩余电流俗称为漏电电流，一般地，人体触电表现为一个突变量，电网对地泄漏电流表现为一个缓变量。剩余电流是指通过剩余电流保护器主回路 50Hz 交流电流的有效值。对漏电流信号的检测通常采用零序电流互感器，将其一次侧漏电电流变换为其二次侧的交流电压，这一电压表现为一个突变量或缓变量，由电子电路将这一突变量或缓变量进行检波、放大等，再由执行电路控制执行电器（低压断路器或交流接触器），接通或分断供电线路，完成漏电保护器的基本功能，检测部分有电磁式和电子式两种，其原理如图 5-24（a）所示。

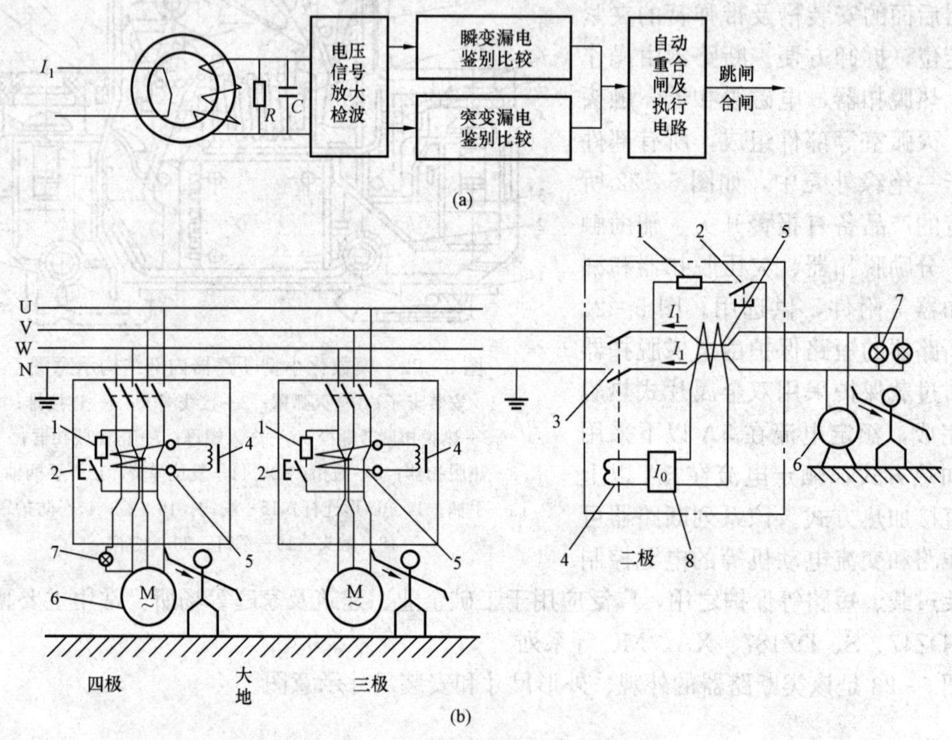

图 5-24 剩余电流动作保护装置原理图

（a）剩余电流动作保护器原理方框图；（b）二极、三极、四极漏电断路器工作原理示意图
1—试验电阻；2—试验按钮；3—低压断路器；4—漏电脱扣；5—零序电流互感器；6—电动机；7—电灯负载；8—零序电流继电器

零序电流互感器是漏电保护器的关键部件，通常用软磁材料坡莫合金制作，它具有很好的伏安特性，能正确反映突变漏电和缓变漏电，并且温度稳定性好、抗过载能力强，动作值范围在 10～500mA 之间线性度较好，可不失真地进行变换。

用电设备漏电易引起火灾，人体触电会造成人身伤亡事故。漏电故障包括电网对地泄漏电流过大、电气设备因绝缘损坏而使金属外壳或与之连接的金属构件带电，及人体触及电气设备的带电部位的触电等。因此，剩余电流动作保护器的正常工作状态应当是，当用电设备工作时没有发生漏电故障，漏电保护部分不动作；一旦发生漏电故障，漏电保护部分应迅速动作切断电路，以保护人体及设备的安全，并避免因漏电而造成火灾。如果当发生漏电故障时剩余电流动作保护器不能迅速、可靠地动作，将使人身安全和用电设备得不到可靠的保护。反之，如果没有发生漏电故障，剩余电流动作保护器由于本身动作特性的改变或由于各种干扰信号而发生误动作而将电路切断，将导致用电电路不应有的停电事故或用电设备不必要的停运，这将降低供电可靠性，造成一定的经济损失。显然，漏电故障是不应频繁发生的，因此，剩余电流动作保护装置在较长的工作时间内都不会动作，一旦动作应当是准确可靠的动作，所以剩余电流动作保护装置属不频繁动作的保护电器。通常与低压断路器组合，构成漏电断路器。

漏电断路器在正常情况下的功能和作用与低压断路器相同，作为不频繁操作的开关电器。当电路泄漏电流超过规定值或有人触电时，它能在安全时间内自动切断电源，起到保护电器的作用，保障人身安全和防止设备因发生泄漏电流造成火灾等事故。

漏电断路器由操动机构、电磁脱扣器、触头系统、灭弧室、零序电流互感器，漏电脱扣器，试验装置等部件组成，所有部件都置于一绝缘外壳中；模数化小型断路器的漏电保护功能，是以漏电附件的结构形式提供的，需要时可与断路器组合而成。漏电脱扣器分电磁式和电子式两种，他们之间的区别是前者的漏电电流能直接通过脱扣器操作主开关，后者的漏电电流要经过电子放大线路放大后才能使脱扣器动作以操作主开关。漏电断路器的工作原理如图 5 - 24 所示。

以三相电路为例，当电网正常运行时，不论三相负载是否平衡，通过零序电流互感器主电路的三相电流的相量和等于零，故其二次绕组中无感应电动势产生，漏电断路器亦工作于合闸状态。一旦电网中发生漏电或触电事故，上述三相电流的相量和便不再等于零，而是等于 I_0。因为有漏电或触电电流 I_0。通过人体和大地而返回变压器中性点。于是，互感器二次绕组中便产生一对应于 I_0 的感应电压 U_2，加到漏电脱扣器上。当 I_0 达到额定漏电动作电流时，零序电流互感器的二次绕组就输出一个信号，并通过漏电脱扣器使断路器动作，从而切断电流，起到漏电和触电保护的作用。当被保护电路或电动机发生过载或短路故障时，断路器的过流脱扣器动作，切断电源。对于终端电器的额定剩余动作电流一般规定为 10、15mA 和 30mA，是根据人体触电安全界限确定的。其他地点安装的漏电断路器有 50、75、100、300、500mA 等几种供分级配置选择性保护时选用，主要是根据防止引起火灾的最小点燃电流范围考虑。

常用典型漏电断路器主要有 DZ15LE、DZL16、DZL18、DZL25 和 JC 等系列，以及各种模数化低压断路器的漏电附件等。

习 题

5 - 1 电弧对开关电器及电力系统有哪些危害？

5 - 2 简述电弧的形成过程。

5 - 3 什么是碰撞游离？什么是热游离？什么是等离子体？

5 - 4 什么是去游离？去游离有哪些形式？

5 - 5 试说明直流电弧的伏安特性和熄灭条件？

5 - 6 试说明交流电弧的伏安特性和熄灭条件？

5-7　什么是阴极压降？什么是近阴极效应？

5-8　开关电器熄灭电弧有哪些方法？

5-9　什么是低压电器？有哪些种类？

5-10　为什么要规定低压电器的工作条件？低压电器规定了哪些工作条件？

5-11　低压电器有哪些技术参数？

5-12　闸刀开关的作用是什么？为什么它必须与其他的开关电器配合使用？

5-13　接触器的作用是什么？简述其主要的结构？

5-14　试画出接触器控制电动机的电路，说明其工作原理。

5-15　简述 CJ20 接触器的结构。

5-16　起动器的作用是什么？与接触器的区别在哪里？

5-17　简述热继电器的结构原理。

5-18　试画出起动器控制电动机的电路，说明其工作原理。

5-19　为什么说低压断路器是性能最完善的低压电器？

5-20　是否可以用低压断路器控制电动机？

5-21　低压断路器配有哪些脱扣器？

5-22　什么是低压断路器的自由脱扣机构？

5-23　低压断路器的动作曲线有哪些作用？

5-24　简述 DW-15 的结构原理。

5-25　简述模数化小型断路器的结构原理。

5-26　漏电保护用低压断路器与低压断路器有什么区别？

5-27　简述漏电保护用低压断路器的工作原理。

第六章 熔 断 器

熔断器是一种当电流超过规定值一定时间后，以它本身产生的热量使熔体熔化而断开电路的电器，也可以说它是一种利用热效应原理工作的过电流保护电器。广泛应用于高低压配电系统、控制系统及用电设备中作短路和过电流保护，是电工技术中应用最普遍的保护器件之一。本章主要讲授高低压熔断器的典型结构、工作原理和保护特性等。

第一节 熔断器概述

熔断器串联在被保护电路中，能在电路发生短路或严重过电流时快速自动熔断，从而断开电路电源，起到保护作用。熔断器间互相配合或与其他开关电器的保护特性配合，在一定短路电流范围内可满足选择性保护的要求。熔断器与其他开关电器组合可构成各种熔断器组合电器，如熔断器式隔离器、熔断器式闸刀开关、隔离器熔断器和负荷开关等。

一、熔断器的结构与熔体的特性

（一）熔断器的结构

熔断器结构上一般由熔管（或座）、熔体、填料及导电部件等部分组成。其中，熔管一般由硬质纤维或瓷质绝缘材料制成封闭或半封闭式管状外壳，熔体是由金属材料制成不同的丝状、带状、片状或笼状，除丝状外，其他通常制成变截面结构，目的是改善熔体材料性能及控制不同故障情况下的熔化时间。

（二）熔体的材料与特性

熔体材料分为低熔点材料和高熔点材料两大类。目前常用的低熔点材料有锑铅合金、锡铅合金和锌等，高熔点材料有铜、银和铝等。铝比银的熔点低，而比铅、锌的熔点高。铝的电阻率比银、铜大。铜的熔点最高为1083℃，而锡的熔点最低为232℃。对于高分断能力的熔断器通常用铜作主体材料，而用锡及其合金作辅助材料，以提高熔断器的性能。熔体是熔断器的心脏部件，它应具备的基本性能是功耗小、限流能力强和分断能力高。填料也是熔断器中的关键材料，目前广泛应用的填料是石英砂，其主要有两个作用，作为灭弧介质和帮助熔体散热，从而有助于提高熔断器的限流能力和分断能力。

熔体串联于被保护电路，当电路发生短路或过电流时，通过熔体的电流使其发热，当达到熔体金属熔化温度时就会自行熔断，期间伴随着燃弧和熄弧过程，随之断开故障电路，起到保护作用。当电路正常工作时，熔体在额定电流下不应熔断，所以其最小熔化电流必须大于额定电流，如图6-1所示。最小熔化电流是指当通过熔体的电流等于该电流值时，熔体能够达到其稳定温度，并且熔断。最小熔化电流与熔体的额定电流之比称为最小熔化系数β，一般β在1.6左右，它是表征熔断器保护灵敏度的特性指标之一。熔化系数主要决定于熔体的材料和它的工作温度。要使熔体可靠熔断，其局部的最高温度必须等于它的熔化温度。对于高熔点材料熔体来说，其工作温度与熔化温度相差很大，所以熔化系数也很大，但具有较高的分断能力。对于低熔点材料熔体来说，两种温度相差不多，所以熔化系数较小，但分断能力也比较小。从熔断器使用上看，理想的熔体应同时具有较小的熔化系数和高的分断能力。因此如果能充分利用低熔点材料和高熔点材料各自的优缺点，互相弥补，就能同时满足这种要求。

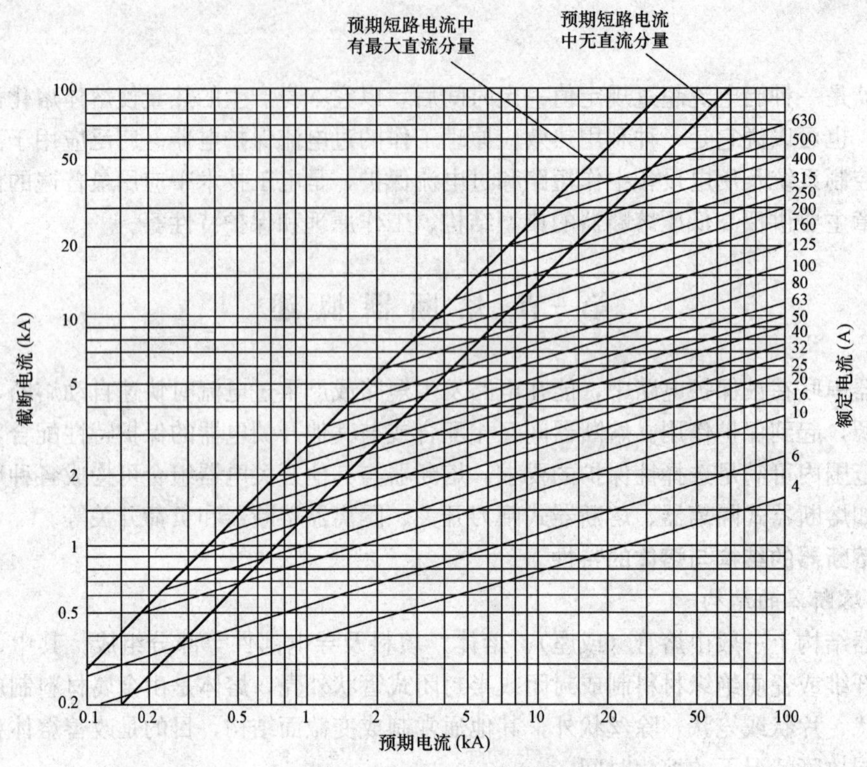

图 6-1　RT20 系列熔断器截断电流特性曲线

工程上采用了冶金效应的原理，就是在高熔点材料的局部区段引入低熔点材料，使高熔点材料在某种合金状态下呈现易熔特性，这就组合了高熔点材料和低熔点材料各自的性能于一体，为熔体找到了另一种理想材料。具体方法是在铜（或银）质高熔点材料熔体的中部区段焊上一定大小的、由锡或锡镉合金做成的锡珠或锡桥，锡珠或锡桥能够在较低的温度下先达到熔点，包在铜的外层，成为铜质熔体的熔剂，使熔体局部区段处在外部为液态，内部为固态的合金状态。这种合金状态的熔点较之铜的熔点要低得多，一般在 200℃左右，比单纯铜质熔体熔断时的温度低得多，同时电导率又比较大，使功耗降低，从而熔化系数就大大减小。由于熔体本身仍是高熔点材料，锡珠或锡桥的体积又很小，因而高熔点材料固有的高分断能力仍然得以保持。因此，同时具备了功耗低、熔化系数小和分断能力高的高性能。此外，锡珠或锡桥是焊接在熔体变截面的窄颈处，在短路时所有的窄颈处同时熔断形成多个串联的短弧，利用电弧的近阴极效应可快速将电弧熄灭，从而达到限流和减小发热特性的目的，起到限制短路电流可能产生的电动力及热效应对电气设备的不利影响的作用。

（三）熔断器的限流作用

熔断器的分断能力是指它在额定电压及一定的功率因数（或时间常数）下切断短路电流的极限能力，常用极限断开电流值（周期分量的有效值）表示。从发生短路开始到短路电流达到其最大值为止，需要一定的时间。这段时间的长短取决于电路的参数。如果熔断器的熔断时间小于这段时间，则电路中的短路电流在它还未来得及达到其最大值之前就已被切断，这时的熔断器就起到了限流作用。熔断器的限流作用可以显著地降低对保护对象的电动稳定性和热稳定性的要求。要获得这种特性，熔断器就必须有合适的结构形式，以便增强分断灭弧能力和缩短熔体的熔化时间。很明显，熔断器的限流作用越强，其分断能力就越大。试验表明，在无限流作用熔断器的回路中，短路电流是在第一个半周自然过零时，或在其他半周自然过零时被切断的，而有限流作用的熔断器，其分断的弧前时间小于四分之一周期。因此，尽快熄灭电弧、减少切断电路时的电弧能量，以及增强熔断器结构的机械强度，均有助于提高熔断器的分断能力。

二、熔断器的工作原理及技术参数

（一）熔断器的工作原理

熔断器工作的物理过程大致可以看成为两个连续的过程，那就是未产生电弧之前的弧前过程和已产生电弧之后的弧后过程。弧前过程的主要特征是熔体的发热与熔化，也就是熔断器在此过程中的功能在于对故障作出反应。显然，过电流相对额定电流的倍数越大，产生的热量就越多，温度上升也越迅速，弧前过程就越短暂。反之，过电流倍数越小，弧前过程就越长。弧后过程的主要特征是含有大量金属蒸气的电弧在间隙内蔓延、燃烧，并在电动力的作用下在介质中运动并冷却，最后因弧隙增大以及电弧能量被吸收而无法持续而熄灭。这个过程的持续时间决定于熔断器的有效熄弧能力。

当电路发生短路和过电流时，熔体的熔化和蒸发情况有所不同。在前一种情况下，熔化和蒸发几乎同时沿着整个熔体长度窄截面处发生，过程急剧强烈。在后一种情况下，熔化和蒸发只发生在靠近熔体中间位置的局部地段，过程相对缓慢一些。当预期短路电流很大时，熔断器将在短路电流达到其峰值之前动作，即通常说的限流作用。在熔断器动作过程中可以达到的最高瞬态电流值称为熔断器的截断电流。熔断器的限流效果在相应产品样本中通常以截断电流图的形式给出，截断电流图可以反映出在使用过程中可能出现的最大电流瞬时值及熔断器的限流作用，如图 6 - 1 所示。例如，某电路额定工作电压为 380V、50Hz，短路电流 I_k＝ 50kA，预期峰值短路电流 I_s＝105kA，选用额定电流为 100A 的 RT20 系列熔断器，由图 6 - 1 可以查出这时的实际截断电流峰值为 16kA。这说明，由于熔断器的限流作用，线路中实际可能出现的最大短路电流只有 13.7kA，仅占预期短路电流值的 13.05％。

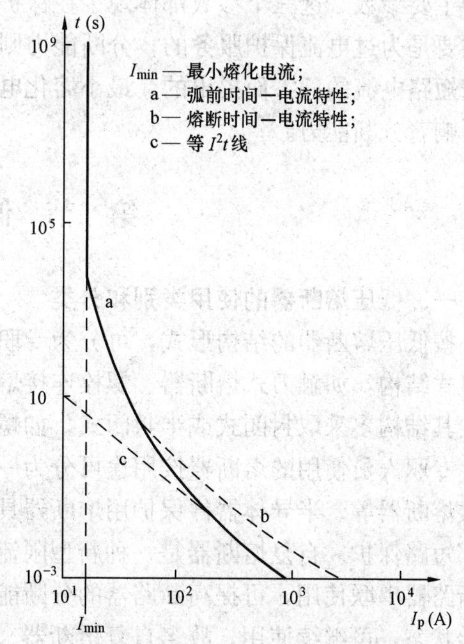

图 6 - 2　熔断器的时间—电流特性

（二）熔断器的保护特性

熔断器的保护特性常用时间—电流特性曲线（或称为安秒特性曲线）表示，如图 6 - 2 所示，它表示流过熔体的电流与熔体的熔断时间（熔断时间等于弧前时间或熔化时间与燃弧时间之和）的关系，这一关系与熔体的材料和结构有关，是熔断器的主要技术参数之一，图 6-2 中，I_p 称为熔断器的预期电流，t 为熔断时间，通常产品样本中均给出 I_p-t（s）曲线。由图 6-2 可见，熔断器的时间—电流特性曲线的形状与热继电器的反时限保护特性曲线相似，这是因为熔断器和热继电器一样，都是以热效应原理工作的，而在电流引起的发热过程中，总是存在 I^2t 特性关系，即电流通过熔体时产生的热量与电流的平方和电流持续的时间成正比，电流越大，则熔体熔断时间越短。

从工作原理来看，过电流保护动作的物理过程主要是热熔化过程，而短路保护动作的物理过程主要是电弧的熄灭过程。从特性方面来看，过电流保护需要延时或反时限保护特性；短路保护则需要瞬时动作保护特性。从参数方面来看，过电流保护要求熔化系数小，发热时间常数大；短路保护则要求较大的限流系数、较小的发热时间常数、较高的分断能力和较低的过电压。另外，当供电网络有几级时，上下级之间的保护就需要有选择性。

（三）熔断器的技术参数

熔断器的技术参数应区分为熔断器底座（支持件），即熔断器的技术参数和熔体的技术参数。原因是同一规格的熔断器底座可以装设不同规格的熔体，相应的保护特性不同，所以两者不能搞混。

熔断器的技术参数有额定电压、额定电流、电流种类、额定频率和外壳防护等级等。熔体的技术参数有额定电压、额定电流、分断范围、使用类别、额定开断能力、熔断特性、电流种类和额定频率等。

一种规格的熔断器底座可以装设几种规格的熔体，但要求熔体的额定电流不得大于熔断器的额定电流，因此其额定电流的表示形式为熔断器底座的额定电流/熔体的额定电流。

熔断器的主要技术参数包括时间—电流特性、限流能力和分断能力，是产品说明书中标注的主要参数。这三个参数都体现了在保护方面对熔断器提出的要求。显然，时间—电流特性主要是为过电流保护服务的；分断能力则主要是为短路保护服务的；而限流能力是为限制高倍短路电流的危害而提出的。最小熔化电流影响着时间—电流特性，燃弧时间和限流作用则影响着分断能力。

第二节 低压熔断器

一、低压熔断器的使用类别和分类

按低压熔断器的结构形式，可分为专职人员使用和非熟练人员使用两大类。前者多采取开启式结构，如触刀式熔断器、螺栓连接熔断器和圆筒帽熔断器等；后者的安全要求比较严格，其结构多采取封闭式或半封闭式，如螺旋式、圆管式或瓷插式等。

专职人员使用的熔断器按用途可分为一般工业用熔断器、半导体器件保护用熔断器和自复式熔断器等。半导体器件保护用熔断器具有快速分断性能，主要用作电力半导体变流装置内部短路保护。自复熔断器是一种新型限流元件（限流器），本身不能分、断电路，常与低压断路器串联使用，可提高断路器的分断能力。这种熔断器在故障电流切除后即自动恢复到初始状态，可继续使用，故名自复熔断器。

按工作类型，熔断器可分为 g 类和 a 类。g 类为全范围分断，其连续承载电流不低于其额定电流，并可在规定条件下分断最小熔化电流至其额定分断电流之间的各种电流。a 类为部分范围分断，其连续承载电流不低于其额定电流，但在规定条件下只能分断4倍额定电流至其额定分断电流之间的各种电流。

按使用类别，熔断器又分为G类和M类。G类为一般用途熔断器，可用于保护包括电缆在内的各类负载。M类为电动机电路用熔断器。对于具体的熔断器，上述两种分类还有不同的组合，如组合为gG类、aM类等。

二、典型的低压熔断器结构

低压熔断器的产品系列、种类很多，常用产品系列有RL系列螺旋式熔断器，RC系列插入式熔断器，R系列玻璃管式熔断器，RT系列有填料密封管式熔断器，RM系列无填料密封管式熔断器，NT（RT）系列高分断能力熔断器，RLS、RST、RS系列半导体器件保护用快速熔断器，HG系列熔断器式隔离器和特殊熔断器，如具有断相自动显示熔断器、自复式熔断器等。

（一）螺旋式熔断器

螺旋式熔断器广泛应用于工矿企业低压配电设备、机械设备的电气控制系统中作短路和过电流保护。常用产品系列有RL5、RL6系列螺旋式熔断器，如图6-3所示。螺旋式熔断器由载熔体1、底座3、熔体5等组成。熔体5是一个瓷管，内装有石英砂和熔丝，熔丝的两端分别焊在两端的导电金属端盖上，其上端盖中有一个染有红漆的熔断指示器4。当熔体熔断时，熔断指示器弹出脱落，透过瓷帽上的玻璃孔可以看见。熔断器熔断后，只要更换熔体即可。

（二）有填料高分断能力熔断器

有填料高分断能力熔断器广泛应用于各种低压电气线路和设备中作为短路和过电流保护。其结构一般为封闭管式，产品种类很多，典型产品有NT（RT16、RT17）系列和RT20系列高分断能力熔断器。NT系列是引进国外技术生产的产品，RT16系列是国内型号，RT17系列是国内为补齐NT系列规格而配套开发的，RT20系列是我国自行设计生产的国家级新产品，其性能指标与NT系列基本一致。有填料高分断能力熔断器是全范围熔断器，能分断从最小熔化电流至其额定分断能力（120kA）之间的各种电流，额定电流最大为1250A，过电流选择比为1.6∶1，具有较好的限流作用。其外形结构如图6-4所示。

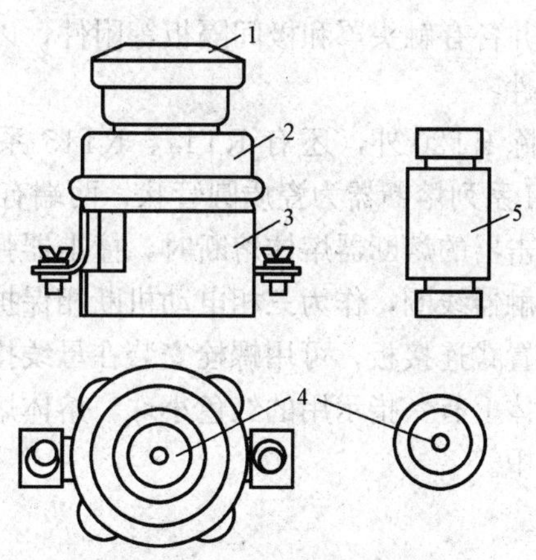

图6-3 RL1型熔断器外形图
1—载熔体；2—瓷保护环；3—底座；4—熔断指示器；5—熔体

由图6-4可见，熔断器由瓷底座1、弹簧片2、管体3、绝缘手柄4、熔体5等组成，并有撞击器等附件。熔断器底座采用整体瓷板结构或采用两块瓷块安装于钢板制成的底板组合结构。熔体由瓷质管体、熔体、石英砂和触刀等部分组成，有的带有熔断指示器和熔体盖板。熔体是采用紫铜箔冲制的网状多根并联形式的熔片，中间部位有锡桥，装配时将熔片围成笼状，以充分发挥填料与熔体接触的作用，这样既可均匀分布电弧能量而提高分断能力，又可使管体受热比较均匀而不易使其断裂。熔断指示器是个机械信号装置，指示器上焊有一

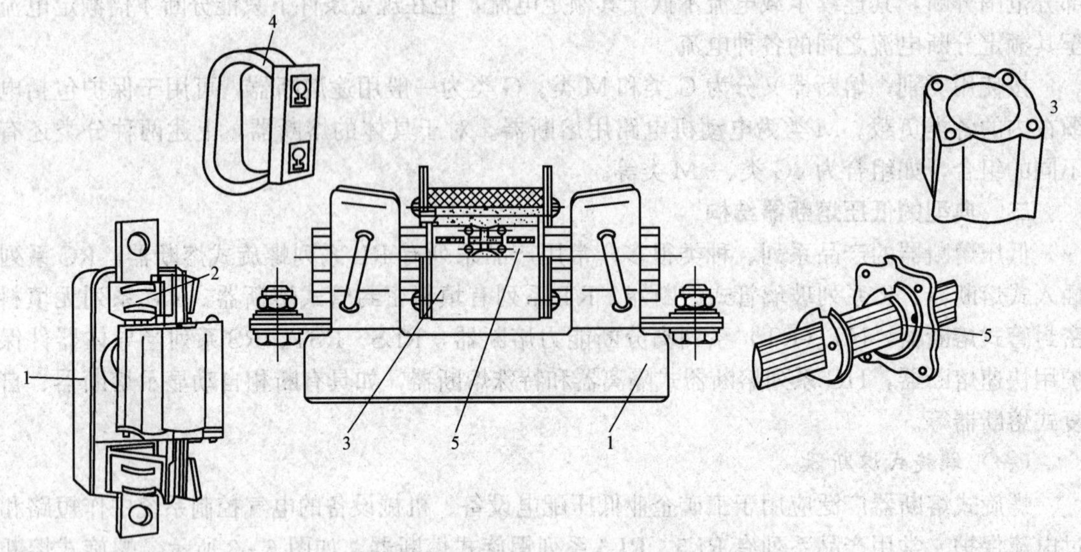

图 6-4 有填料封闭管式熔断器

1—瓷底座；2—弹簧片；3—管体；4—绝缘手柄；5—熔体

根很细的康铜丝，它与熔体并联，在正常情况下，由于康铜丝电阻很大，电流基本上从熔体流过，只有在熔体熔断之后，电流才转到康铜丝上，使它立即熔断，而指示器便在弹簧作用下立即向外弹出，显出醒目的红色信号。RT20 系列的部分规格还设计有三极并列的整体结构，并备有触头罩和极间隔板等附件，以便于在三相中使用。绝缘手柄是用来装卸熔体的可动部件。

除 RT20 外，还有 RT14、RT15 系列有填料密封管式熔断器，也是高分断能力型。RT14 系列熔断器为瓷质圆管状，两端有帽盖，它分有带撞击器和不带撞击器两种类型。带有撞击器的熔断器熔体熔断时，撞击器弹出，既可作熔断信号指示，也可触动微动开关以控制接触器线圈，作为三相电动机断相保护。RT15 系列熔断器在其瓷质管体两端的铜帽上焊有偏置式连接板，可用螺栓安装在母线排上，管内装有按冶金效应原理制造的变截面熔体，在管体上有一指示用的红色小珠，熔体熔断时红色小珠就弹出。这种熔断器常用于开关熔断器组中。

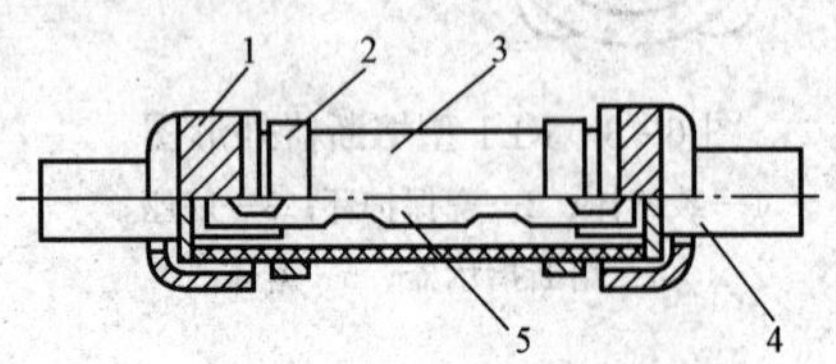

图 6-5 RM10 型无填料密闭管式熔断器的结构

1—铜管帽；2—管夹；3—纤维熔管；4—触刀；5—变截面 V 形锌熔体

（三）无填料密闭管式熔断器

无填料密闭管式熔断器有 RM7 和 RM10 两个系列产品，这是一种可拆卸的熔断器，检修方便，恢复供电较快。凡是频繁发生过负荷及短路故障的场合，应采用这种熔断器作为低压线路或成套配电装置的短路及过负荷保护。

RM10 型无填料密闭管式熔断器的结构如图 6-5所示。

（四）半导体器件保护熔断器

半导体器件保护熔断器是一种快速熔断器。一般半导体器件的过电流能力极低，它们在过电流时只能在极短时间（数毫秒至数十毫秒）

内承受过电流。如果在过电流或短路条件下工作时，则 PN 结的温度将急剧上升，半导体元件将迅速被烧坏。一般熔断器的熔断时间是以秒计的，所以不能用来保护半导体器件，为此必须采用能迅速动作的快速熔断器。半导体器件保护熔断器的结构和有填料封闭式熔断器基本相同，但熔体材料和形状不同，它是以银片冲制的有 V 形深槽的变截面熔体。

目前，常用的快速熔断器有 RS、NGT 和 CS 系列等，RS0 系列熔断器用于大容量硅整流元件的过电流和短路保护，而 RS3 系列快速熔断器用于晶闸管的过电流和短路保护，RS7 是引进国外技术生产，常用于装置中做半导体器件保护。此外，还有 RLS1 和 RLS2 系列的螺旋式快速熔断器，其熔体为银丝，它们适用于小容量的硅整流元件和晶闸管的短路或过电流保护。NGT 系列熔断器的结构也是有填料封闭管式，在管体两端装有连接板，用螺栓与母线排相接。该系列熔断器功率损耗小，特性稳定，分断能力高，可达 100kA，可带熔断指示器或微动开关。

（五）自复式熔断器

自复式熔断器是一种限流元件，它本身不能分断电路，而是与低压断路器配合使用，以提高其分断能力。当故障消除后，它又能迅速复原，重新投入运行。因此这种限流元件被称为自复式熔断器或永久熔断器。

自复式熔断器采用金属钠作为熔体。钠在常温下是良导体，但短路电流通过时，温度急剧上升，金属钠迅速气化，电阻会变得很大，限制了短路电流。再由与其串联的较小开断能力的断路器断开被限制数值的短路电流，然后钠蒸气冷却恢复到原来的状态，这就是自复式熔断器能自动恢复和反复使用的原理。应指出的是，尽管自复式熔断器可多次重复使用，但其技术特性将逐渐劣化，一般只能重复工作数次。

第三节 高 压 熔 断 器

在高压电网中，高压熔断器可作为配电变压器和配电线路的过负荷与短路保护，也可作为电压互感器的短路保护。按照使用环境，高压熔断器分为户内式和户外式；按照灭弧方式可分为喷射型和限流型。

一、户内高压熔断器

户内高压熔断器全部是限流型，其型号为 RN。下面介绍 RN5 和 RN6 两种熔断器。RN5 和 RN6 的额定电压为 6kV 和 10kV，RN5 用于变压器和线路的保护，RN6 用于保护电压互感器。两种熔断器的外形尺寸不同，熔体的额定电流也不同，RN5 熔断器的额定电流为 20～200A，RN6 熔断器的额定电流为 0.5A。图 6-6（a）为 RN5 和 RN6 型熔断器的外形图，熔体 1 卡在静触头座 2 内，静触头座 2 和接线座 5 固定在支持绝缘子 3 上，绝缘子固定在底座 4 上。

RN5 型熔断器的熔体的结构如图 6-6（b）、（c）所示。熔体的瓷质熔管 6 两端有黄铜端盖 7，额定电流小于 7.5A 的熔管内有绕在陶瓷芯 9 上的熔体 10，熔体 10 是由几根并联的镀银铜丝组成，中间焊有小锡球 11，如图 6-6（b）所示。额定电流大于 7.5A 的熔体由两种不同直径的铜丝做成螺旋形，连接处焊有小锡球，如图 6-6（c）所示。在熔体内还有细钢丝 13 作为指示器熔体，它与熔体 10 并联，一端连接熔断指示器 14。熔管中填入石英砂 12，两端焊上顶盖 8，使熔体密封。

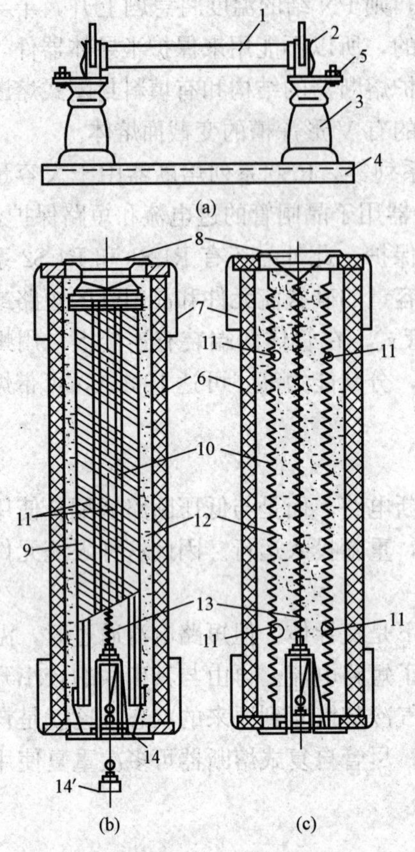

图 6-6　RN5 和 RN6 型熔断器

(a) RN5 和 RN6 型熔断器的外形图；

(b)、(c) RN5 型熔断器熔体的结构

1—熔体；2—静触头座；3—支持绝缘子；4—底座；5—接线座；6—瓷质熔管；7—黄铜端盖；8—顶盖；9—陶瓷芯；10—熔体；11—小锡球；12—石英砂；13—细钢丝；14′、14—熔断指示器

当过负荷电流流过时，熔体在小锡球处熔断，产生电弧，电弧使熔体 10 沿全长熔断，随后指示器熔体 13 熔断，熔断指示器 14 被弹簧弹出，如图 6-6（b）中的 14′。电弧在电流某一次过零后熄灭。当短路电流通过时，熔体在几毫秒内沿全长熔化和汽化并产生电弧，电弧在电流未达到最大非对称短路电流前就在石英砂的强烈灭弧作用下熄灭。

RN6 的熔体是一根有三种不同截面的康铜丝，绕在陶瓷芯上。熔体无熔断指示器。熔体熔断后，可根据电压互感器二次侧的仪表指示判断熔断器动作与否。

限流熔断器在限制短路电流时会产生过电压，因此要求限流熔断器的工作电压必须和额定电压相符合，不得用于低于其额定电压的系统，以免产生过电压使其他设备的绝缘损坏。

以上三种熔断器中，额定电流为 0.5A 的供保护电压互感器用，其余的供线路和变压器保护用。

二、户外高压熔断器

（一）户外高压限流熔断器

RW9-35、RW10-35 和 RXW9-35（X 表示限流）都是户外限流型高压熔断器。RW9-35 型熔断器的外形构造如图 6-7 所示。充石英砂的熔体 1，装在瓷套 2 中，瓷套由紧固法兰 3 固定在棒式支持绝缘子 4 上，经两端的接线帽 5 接入电路。

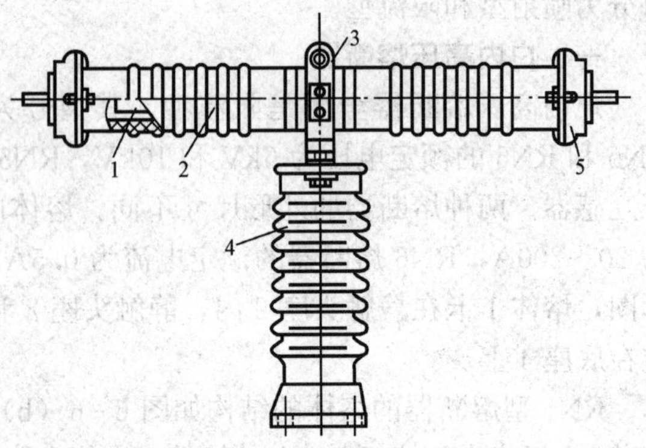

图 6-7　RW9-35 型户外限流熔断器的外形图

1—熔体；2—瓷套；3—紧固法兰；4—棒式支持绝缘子；5—接线帽

（二）户外高压跌落式熔断器

跌落式熔断器用于小型配电变压器的保护，其典型结构包括支持绝缘子、接触导电系统和熔管等。图 6-8 所示为 RW7-10 型跌落式熔断器的外形结构。在熔管的两端都有活动关节，当熔体穿过熔管固定后，活动关节即被熔体的张力所固定，不能转动。熔管合闸后，活动关节在上静触头处被卡住，电路接通。当熔体熔断后，活动关节释放，熔管在自身重力作用下绕下触头处

的轴旋转而下落，并挂在下触头处，因此将其称为跌落式熔断器。

跌落式熔断器为喷射型，其熔管内有红钢纸和环氧玻璃布复合成的衬管。当熔体熔断后，产生电弧。在电弧高温的作用下，衬管产生大量的气体，使管内压力升高，气体从管内的一端（小电流时）或两端（大电流时）喷出。当电流某次过零后，弧隙的破坏性放电电压高于恢复电压时，电弧将不会重燃。

喷射型熔断器主要依靠电弧将衬管气化后的高压气体吹弧，属于自能式熄弧。当通过熔体的电流较小时，产生的气体压力也很小，电弧可能不会熄灭，因此喷射型熔断器的开断能力有一下限。当电流过大时，产生的气体压力过高又会使熔管产生爆炸等机械性破坏，导致其他设备的损坏，故开断能力又有一上限。所以，喷射型熔断器只能可靠开断其上限与下限开断能力之间的电流。RW7-10 型跌落式熔断器的额定电压为 10kV，额定电流为 50A 的 RW7-10 上下限开断能力分别为 4.3 kA 和 0.58kA；额定电流为 100A 和 200A 的 RW7-10，上下限开断能力分别为 5.77kA 和 1.73kA。

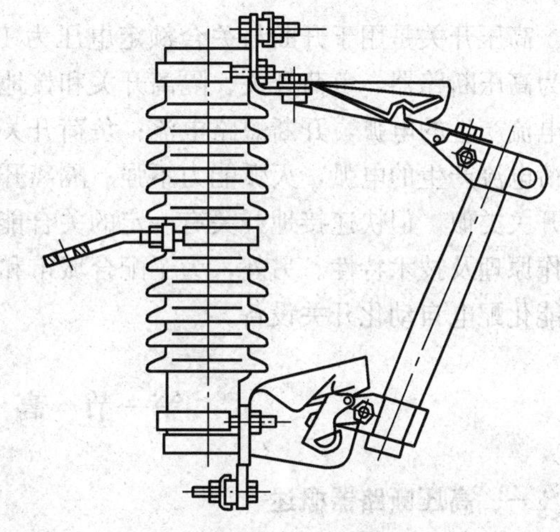

图 6-8　RW7-10 型跌落式熔断器的外形结构图

习　　题

6-1　熔断器的作用是什么？简述其熔断过程？

6-2　熔断器一般由哪几部分组成？各部分有哪些功能？

6-3　什么是冶金效应？为什么在制做熔断器时要利用冶金效应？

6-4　什么是熔断器的限流作用？有什么优点？

6-5　什么是熔断器的选择性熔断和非选择性熔断？

6-6　熔断器有哪些技术参数？

6-7　熔体的额定电流和熔断器的额定电流有什么区别？

6-8　什么是全范围分断和部分范围分断熔断器？

6-9　熔断器的撞击器有什么作用？

6-10　为什么跌落式熔断器开断电流有上限和下限的区别？

6-11　什么是熔断器的保护特性曲线，有什么作用？

第七章 高压开关电器

高压开关是用于开断与关合额定电压为1000V及以上电路的电器设备。通常按其功能分为高压断路器、负荷开关、隔离开关和接地开关等。高压断路器的灭弧能力强，能熄灭短路电流产生的电弧，开断短路电流；负荷开关和高压断路器同样具有灭弧装置，但只能熄灭负荷电流产生的电弧，灭弧能力不强；隔离开关则主要用于检修时隔离电源；接地开关与隔离开关类似，但快速接地开关有一定的关合能力。本章主要讲述高压开关电器的基本结构、工作原理及技术特性。另外，为了配合城市和农村电网的改造，还介绍了重合器和分段器等智能化配电自动化开关设备。

第一节 高压断路器

一、高压断路器概述

高压断路器是能关合、承载、断开运行回路正常电流，也能在规定时间内关合、承载及断开规定的过负荷电流（包括短路电流）的开关设备。除此以外，高压断路器还应该能够断开空载长线路的充电电流（容性电流）、空载变压器的励磁电流（感性小电流）等等。通常使用的断路器分合频度不大，不经常承载、开断和关合短路电流，但某些特殊断路器也用于频繁分合。

（一）对高压断路器的基本要求

（1）在关合状态时应为良好的导体，在长时间工作时各部位温度和温升低于最大允许发热温度和允许温升，能够承受短路情况下热和机械的作用；

（2）在断开状态时，具有良好的绝缘性能，在不同环境条件下，都能承受对地同相以及不同相端子间的电压；

（3）在关合状态的任意时刻，尽可能短时间内能够断开额定开断电流及以下的各种故障电流；

（4）在断开状态的任意时刻，在短时间内能关合处于短路状态下的电路。

（二）高压断路器的分类

高压断路器有不同的类型，按照安装地点可分为户内式、户外式。按使用的灭弧介质划分有真空断路器、SF_6断路器、油断路器和压缩空气断路器等。按照用途可分为发电机保护用断路器、线路用断路器和供电用断路器。

真空断路器是在高度真空中灭弧，它的优点是可以频繁操作，维护工作量少和体积小等。目前在供用电系统中使用的数量逐渐增多，今后将占据主要地位。六氟化硫（SF_6）断路器采用具有优良灭弧能力的SF_6气体作为灭弧介质，具有频繁操作，维护工作量少、开断能力强、速度快、体积小等优点。在高压和超高压系统中应用广泛，尤其是SF_6全封闭组合电器（GIS）是今后高压和超高压系统的发展方向。油断路器是以绝缘油作为灭弧介质，又可分为多油断路器和少油断路器。多油断路器由于用油量大和体积笨重等缺点，只有10kV

系统中还有少量的应用；而少油断路器用油量少，体积小，目前在我国的 220kV 及以下系统中占有一定的地位。压缩空气断路器以压缩空气作为灭弧介质，具有灭弧能力强、动作迅速等优点，但其结构复杂，工艺要求高，有色金属消耗量大，已停止生产。

（三）高压断路器型号

高压断路器类型较多，目前我国高压断路器的型号根据国家技术标准规定，一般由文字符号（汉语拼音字头）和数字按以下方式组成：

[1][2][3]—[4][5]/[6]—[7]

第一项，表示产品名称。S 为少油断路器；D 为多油断路器；K 为压缩空气断路器；L 为 SF_6 断路器；Z 为真空断路器。

第二项，表示安装地点。N 为户内；W 为户外。

第三项，表示设计序号，用数字表示。

第四项，表示额定电压，单位为 kV。

第五项，表示补充特性。G 为改进型；F 为分相操作。

第六项，表示额定电流，单位为 A。

第七项，表示额定开断电流，单位为 kA。

（四）高压断路器的主要技术参数

通常用以下技术参数表示高压断路器的基本工作性能。

(1) 额定电压，是表征断路器绝缘水平的参数，它是断路器长期工作的标称电压。我国标准规定，高压断路器的额定电压有以下各级：3、6、10、20、35、63、110、220、330、500kV。

为了满足电力系统工作的要求，断路器又规定了与各级额定电压相应的最高工作电压，其数值分别为：3.5、6.9、11.5、23、40.5、69 (72.5)、126、252、363、550kV。

(2) 额定电流，是表征断路器通过长期电流能力的参数，即在规定的环境温度下，断路器长期允许通过的最大工作电流。我国标准规定，高压断路器的额定电流有以下各级：200、400、630、1000、1250、1600（1500）、2000、3150、4000、5000、6300、8000、10000、12500、16000、20000A。

(3) 额定开断电流，是表征断路器开断能力的参数。它是指在额定电压下，断路器能可靠开断的最大短路电流，其数值用断路器触头分离瞬间短路电流周期分量有效值表示。额定短路开断电流的周期分量有效值为：1.6、3.15、6.3、8、10、12.5、16、20、25、31.5、40、50、63、80、100 kA。

(4) 热稳定电流和热稳定电流的持续时间，是表征断路器通过短时电流能力的参数，它反映断路器承受短路电流热效应的能力，也称为额定短时耐受电流。热稳定电流是指断路器处于合闸状态下，在一定持续时间内，所允许通过电流的最大周期分量有效值，此时断路器不会因为短时发热而损坏。国家标准规定，断路器的额定热稳定电流等于额定开断电流。热稳定电流的持续时间为 2s，需要大于 2s 时推荐 3s，经用户和制造厂协商，也可选用 1s 或 4s。

(5) 动稳定电流，也是表征断路器通过短时电流能力的参数，它反映断路器承受短路电流电动力效应的能力。当断路器在合闸状态下或关合瞬时，允许通过的电流最大峰值，称为动稳定电流，又称极限通过电流或额定峰值耐受电流，动稳定电流为 2.5 倍的额定热稳定电流。断路器通过动稳定电流时，不会因为电动力的作用而受到机械损坏。

（6）关合电流，是表征断路器关合能力的参数。当断路器接通故障电路时，短路电流电动力会产生减弱合闸的作用力，合闸速度下降使触头在尚未接触前发生击穿而产生电弧，可能造成触头熔焊。关合电流在数值上与动稳定电流相等。

（7）合闸时间与分闸时间，是表征断路器操作性能的参数。合闸时间是指从发出合闸命令（操动机构合闸线圈励磁）到断路器所有电极触头都接触瞬间的时间间隔。分闸时间包括固有分闸时间和熄弧时间两部分。固有分闸时间是指从发出分闸命令（操动机构分闸线圈励磁）到触头分离瞬间的时间间隔；熄弧时间是指从触头分离到各相电弧熄灭为止的时间间隔。

（8）操作循环，也是表征断路器操作性能的参数，它是指断路器从一个位置转换到另一个位置，并返回到初始位置的连续操作。我国规定的操作循环有两种：一种是自动重合闸循环，即分→θ→合分→t→合分；另一种为非自动重合闸循环，即分→t→合分→t→合分（或合分→t→合分）。其中 θ 为无电流间隔时间，即断路器断开故障从电弧熄灭到电路重新自动接通的时间间隔，取值为 0.3s 或 0.5s。t 为运行人员强送电时间，取值为 180s。"分"表示分闸动作。"合分"表示合闸后立即分闸，也称为金属短接时间。

除以上参数外高压断路器还对安装地点的环境温度和海拔高度提出了具体要求，在运行中还要掌握高压断路器的机械和电气寿命，以合理的安排检修计划。

二、真空断路器

真空断路器是触头在真空中开断电流并灭弧的断路器。在世界范围内，无油化断路器已占80%，其中真空产品占 60%。目前国外 10kV 真空断路器开断电流已达 100kA，单断口电压已达到 168kV。我国曾是油断路器的王国，但在"八五"期间，加快了无油化进程。1994 年我国无油断路器产量占 45%，其中真空产品占 30%。到 1996 年，无油断路器产量已占一半以上，达到 56.2%。在 10kV 电压等级，据 2003 年统计，真空断路器产量已占 95.76%。

（一）真空灭弧室的基本原理与结构

真空断路器是以在真空中熄弧为特点，但不是在任何真空度下都可以，而是在某一真空度范围内才具有良好的灭弧和绝缘性能。气体压力越低，绝缘性能越好。当气体压力在 0.01Pa 以上时，气体间隙的绝缘强度还不高。此时有许多气体原子通过电弧，会产生大量的带电粒子，当压力低于 0.01Pa 时，气体原子不再足以形成电弧。但是当压力低于 10^{-8}Pa 时，电子很容易从电极中逸出，真空的绝缘能力又会下降。因此真空断路器中的真空度应保持在 10^{-2}～10^{-8}Pa 范围内。由于真空中存在的带电粒子很少，虽然电极开距只有几毫米，也能使电弧熄灭。在大多数情况下，电极开距约为 10mm 左右，此时电弧中的带电粒子主要是触头逸出的金属粒子。

真空灭弧室也称真空管，是真空断路器的一个非常关键的部件。图 7 - 1 所示为几种典型的真空灭弧室结构。

真空灭弧室的基本组成部分有动静触头、绝缘外壳、屏蔽罩和波纹管等，动触头 8 位于灭弧室的下部，在与其连接的导电杆 2 周围和外壳之间装有导向管 10，以保证动触头在上、下方向准确地运动。导向管选用低摩擦力的绝缘材料如聚四氟乙烯等制作，便于导电杆滑动并防止电流通过波纹管 9 形成分流支路。在动导电杆下方位于灭弧室外部的表面上还有一圆点状标记，可以从它到灭弧室下端相对位置的变化情况观察到触头磨损的尺寸。灭弧室内部处于不低于 10^{-2}Pa 的高真空状态，在制造过程中的工艺排气孔通常设置在导电杆的内部或者位于外屏蔽罩上。

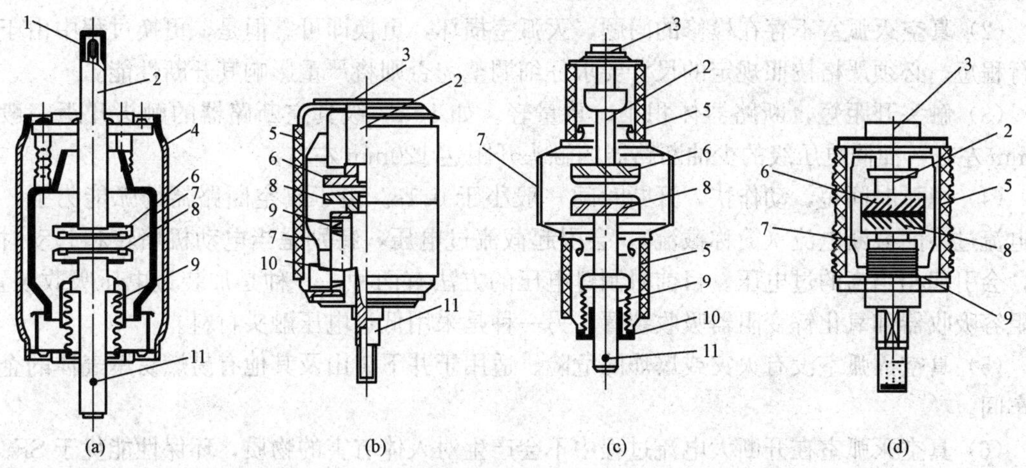

图 7-1 几种典型的中压真空灭弧室

(a) 玻壳真空灭弧室；(b) 陶瓷外壳真空灭弧室（中间封接式）；(c) 陶瓷外壳真空灭弧室（屏蔽外露式）；(d) 加大爬距的陶瓷外壳真空灭弧室

1—排气口；2—导电杆；3—导电盘；4—玻壳；5—陶瓷外壳；6—静触头；7—屏蔽罩；8—动触头；9—金属波纹管；10—导向管；11—触头磨损指示标记

静触头 6 和动触头 8 以及与它们相连的导电杆 2 在闭合位置时构成导电回路，而在触头分离时则形成了断口。断口处即是产生真空电弧和进行熄弧过程的弧腔。触头结构及电极材料是真空灭弧室的关键，目前用于中压真空断路器的触头形状主要有螺旋槽触头、杯状触头和纵磁场触头等。触头材料大多采用铜铬合金。

绝缘外壳的作用是支持动、静触头和屏蔽罩等金属部件，它与这些部件气密地焊接在一起，以确保灭弧室内的高真空度。制造绝缘外壳的材料有硼硅玻璃、微晶玻璃和氧化铝瓷。玻壳灭弧室是早期出现的产品，缺点是机械强度差、不能大批量生产，所以工业国家的制造厂已不再使用，而我国现在仍在大量生产玻壳灭弧室。氧化铝瓷制造的圆筒型外壳两端面经研磨后在高温下进行金属化处理，以便于在真空封接炉中用银铜合金进行气密性钎焊。由于玻璃、氧化铝瓷的线膨胀系数比金属的大，所以在它们与上、下端盖、屏蔽罩等金属部件之间必须用具有和玻璃、氧化铝瓷线膨胀系数接近的铁钴镍合金（可发）焊接。陶瓷外壳的优点是具有高强度和耐冲击力，能确保灭弧室在长达几万次甚至几百万次的机械操作中始终维持管内的高真空度。波纹管也是一个非常重要的部件，它必须满足各类灭弧室的机械寿命和气密可靠性的要求。波纹管由性能改进的优质不锈钢制造，具有弹性好、耐疲劳强度高等特点。它分别与动触头相连的导电杆和灭弧室的下法兰焊接在一起，提供气密性连接并保证动触头能上、下运动。

位于动、静触头周围的屏蔽罩由不锈钢制成。屏蔽罩的作用是吸收弧腔中在开断电流时真空电弧的金属蒸气，使之沉淀并附着在罩内，而不致溅落在绝缘罩的内壁上，避免由此降低灭弧室的绝缘强度。另外屏蔽罩的合理布置还起着改善断口电场分布的作用，提高断口耐压和恢复强度。在高压真空灭弧室中，为使断口具有足够的耐压，必须装有多个屏蔽罩。

（二）真空断路器的特点

（1）真空灭弧室电气寿命长，适用于频繁操作。对于开断较大电流的供用电系统的机械寿命达 5000～20000 次。

（2）真空灭弧室不存在检修的问题，灭弧室损坏，更换即可。但是，更换过程中由于触头行程短，必须严格按照规定的尺寸要求仔细调整，否则将严重影响其开断性能。

（3）触头开距短，断路器体积小，重量轻。如 10kV 级真空断路器的触头开距一般在 10mm 左右，而同电压级的少油断路器的触头开距达 120mm 左右。

（4）熄弧时间短，动作快，开断时间一般小于 0.1s。由于真空断路器熄弧能力强，而在电流过零前截断电流（简称截流），会引起截流过电压，特别是当电动机堵转和起动时开断，会引起相当高的过电压。目前限制过电压的方法有两种，一种是加装过电压吸收装置，如阻容吸收器和氧化锌变阻器吸收装置，另一种是采用低过电压触头材料。

（5）真空灭弧室没有火灾或爆炸的危险。适用于井下矿山及其他有易燃易爆气体的企业或车间。

（6）真空灭弧室在开断大电流过程中不会产生对人体有害的物质，环保性能优于 SF_6 断路器。

（三）典型的真空断路器结构

1. ZN12-12 型真空断路器

ZN12-12 型真空断路器为最高工作电压 12kV，交流 50Hz 的户内高压开关设备，是引进国外先进技术的国产化产品，如图 7-2 所示。额定电流从 1250～3150A，额定开断电流分别有 31.5、40kA 和 50kA，分闸时间不大于 0.06s，触头开距 11mm，机械寿命和额定电流开断次数为 10000 次（50kA 产品为 6000 次）。

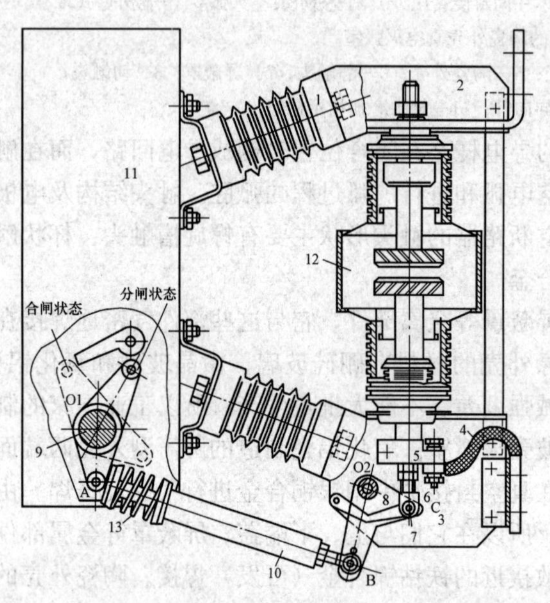

图 7-2　ZN12-12 型真空断路器结构图

1—绝缘子；2—上出线端；3—下出线端；4—软连接；5—导电夹；6—万向杆端轴承；7—轴销；8—转向杠杆；9—主轴；10—绝缘拉杆；11—机构箱；12—真空灭弧室；13—触头压力弹簧

该断路器主要由外屏蔽罩式陶瓷外壳真空灭弧室、弹簧操动机构和绝缘支撑件组成。在用钢板焊接成的机构箱上固定有六只环氧树脂绝缘子，每相两只绝缘子呈 V 形布置。绝缘子上固定着铸铝合金材料制成的上下接线座 2、3，用来安装真空灭弧室 12。下出线部分装有软连接 4，其一端与灭弧室动导电杆上的导电夹 5 相连。在动导电杆下端装有方向杆端轴承 6，通过轴销 7 与下出线座上的转向杠杆 8 相连。开关传动主轴 9 上的拐臂末端连有绝缘拉杆 10，从而驱动导电杆进行分合闸操作。该断路器配用的专用弹簧操动机构与断路器本体在结构上连为一体。

2. ZW8-12 型户外柱上真空断路器

ZW8-12 型户外柱上真空断路器是充干燥空气式，与浸油式和充 SF_6 式柱上真空断路器相比，开断容量大，达 20 kA，可覆盖农网和部分城网，且不必担心漏油、漏气，运行维修更加方便。

该断路器为箱式结构，三相共箱，如图 7-3 所示。其结构主要由导电回路、灭弧装置、绝缘系统和操动机构组成。绝缘系统分为外绝缘和内绝缘。外绝缘主要通过具有耐污秽能力的硅橡胶套管来实现，内绝缘为复合绝缘，通过空气和固体绝缘来实现。断路器的合分动作通过电动（或手动）储能弹簧机构来实现。

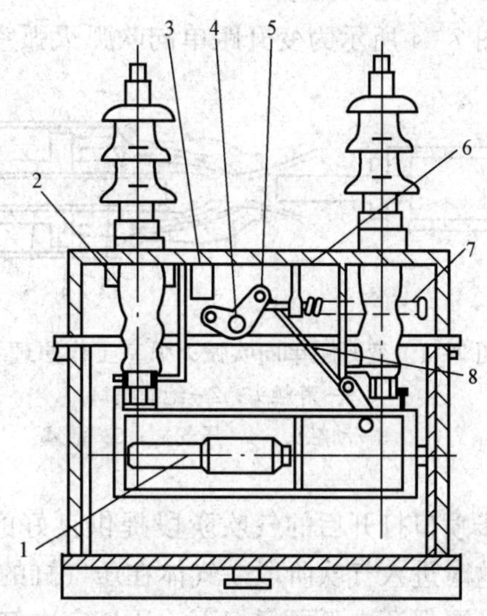

图 7-3　ZW8-12 型户外柱上真空断路器结构图

1—真空灭弧室；2—电流互感器；3—分闸缓冲；4—三相主轴；5—拐臂；6—支撑件；7—分闸弹簧；8—绝缘操作杆

ZW8-12 型真空断路器的灭弧室采用陶瓷外壳，有利于增大灭弧室沿面爬电距离，提高绝缘强度；其触头为杯状纵磁场结构，触头材料为铜铬合金制成，开断感性负载时过电压低；而且它具有优良的开断和关合短路电流能力。

该断路器的最高工作电压为 12kV，额定电流 630A，分闸时间小于 0.06s，开断电流有 6.3、12.5、20kA 三种，触头开距 11mm，机械寿命 10000 次。

三、SF_6 断路器

六氟化硫（SF_6）断路器是利用 SF_6 气体作为灭弧介质的断路器。SF_6 气体是 1900 年由两位法国化学家合成的。从 20 世纪 60 年代起成功地用作高压开关的绝缘和灭弧介质，广泛地应用于中高压及超高压系统中，除开关电器外，使用范围不断扩大，还应用于变压器、互感器、充气电缆、电容器、避雷器、接触器和熔断器等设备中。

（一）SF_6 气体的特性

SF_6 气体在常温下是一种无色、无嗅、无毒、不可燃的惰性气体，分子量为空气的 5.1 倍，具有良好的绝缘性能和灭弧性能。在 SF_6 的分子结构中，6 个氟原子对称地均匀分布在最外层，容易吸附周围的自由电子，因此 SF_6 称为电负性气体。开断电流时，在电弧作用下，SF_6 分解成氟原子和低氟化物，能迅速地吸附电子，形成活动性不强的负离子。在电弧过零瞬间，迅速地去游离，再结合成 SF_6 分子，从而弧隙破坏性放电电压恢复极快。因此，SF_6 断路器在开断过程中气体损耗甚微，可以在封闭系统中反复使用。

在电气设备中使用 SF_6 气体的问题主要有：

（1）SF_6 气体是重气体，在室内使用又可能引起窒息，因此发生泄漏时要加强通风；

（2）SF_6 气体在制备过程中含有各种杂质，可能混有有毒物质，出厂时必须检验合格；

（3）在开断电路过程中，SF_6 气体分解物与水分和空气等杂质反应可能产生有毒物质，可能会腐蚀断路器的内部结构材料并威胁运行及检修人员的安全，所以在运行与检修工作中要严格执行相关的规程。

（二）SF_6 断路器灭弧室的结构

早期的 SF_6 断路器有高压和低压两个气压系统，由于结构复杂容量低，目前被单压式灭弧室取代。单压式灭弧室只有一个气压系统，压力范围一般在 0.2～0.6MPa，灭弧室的可动部分带有压气装置，靠分闸过程中活塞气缸的相对运动，造成短时间的气压升高，产生吹弧作用来熄灭电弧。这种灭弧室又分为变开距和定开距两类。

1. 变开距灭弧室

图 7-4 所示为变开距单向吹弧灭弧室的工作原理示意图。

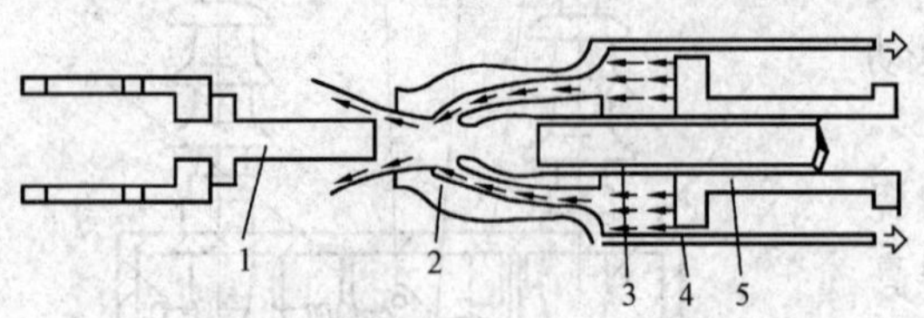

图 7-4　变开距单向吹弧灭弧室工作原理示意图

1—静触头；2—绝缘喷口；
3—动触头；4—压气缸；5—活塞

如图 7-4 所示，活塞 5 是固定不动的。分闸时，操动机构通过连接杆带动触头 3、绝缘喷口 2 和压气缸 4 运动，活塞压缩压气缸中的气体，使气体的压力升高。触头分开后，在触头之间产生电弧，部分电弧也会加热气体使压气缸中气压进一步升高，这时喷口还未打开。从动触头开始动作到喷口打开的这一段时间称为预压缩阶段，在这阶段中要对下一步喷口打开后的气吹阶段提供良好的气吹条件，动触头和压气缸进一步动作，喷口打开，这时进入气吹阶段。气体在压气缸的作用下，吹向电弧，与电弧发生强烈的作用使电弧熄灭。要保证电弧可靠熄灭，压气室内气体应该足够高，也就是保持在临界压力以上。

除单向吹弧外，还有双向吹弧。这种灭弧结构主气流流过大直径的绝缘喷口，而支气流流过两个空心触头，有助于小电流的开断。与单向吹弧比较，双向吹弧可提高开断电流 20%以上。

2. 定开距灭弧室

图 7-5 所示为定开距灭弧室的工作原理示意图。

在这种灭弧室中，电弧最后被引到两个固定开距的触头上燃烧，而后气吹熄灭。图7-5（a）所示触头在合闸位置。分闸时，操动机构带着动触头 2 和压气缸运动，在活塞 4 与压气缸之间的 SF_6 气体被压缩，产生高气压。当动触头脱离左边的触头后，产生电弧，电弧被引到两个固定触头之间燃烧，并为高压 SF_6 气体气吹所熄灭，如图 7-5（b）所示。当电弧熄灭之后，触头处在图 7-5（c）所示的分闸位置。

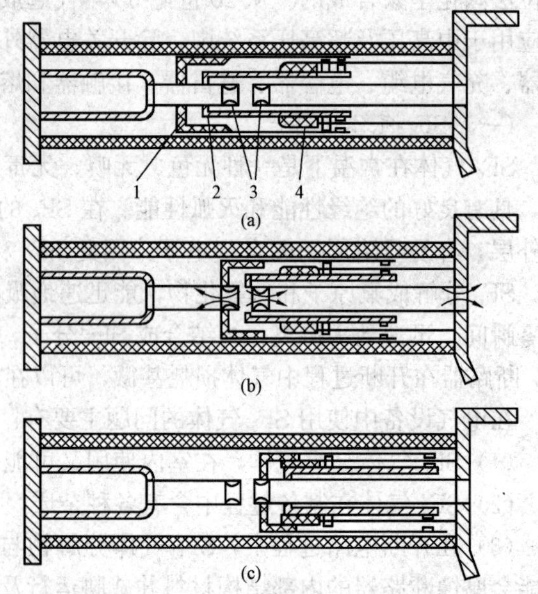

图 7-5　定开距灭弧室的工作原理示意图

（a）合闸位置；（b）灭弧期间；（c）分闸位置
1—压气缸；2—动触头；3—带喷嘴的空心触头；
4—活塞

除压气式外 SF_6 断路器的熄弧方式还有很多，如旋弧式、热膨胀式和混合式等。

（三）LW8-35、LW8-35A 型 SF_6 断路器结构

图 7-6 所示为 LW8-35 型 SF_6 断路器的外形结构图。

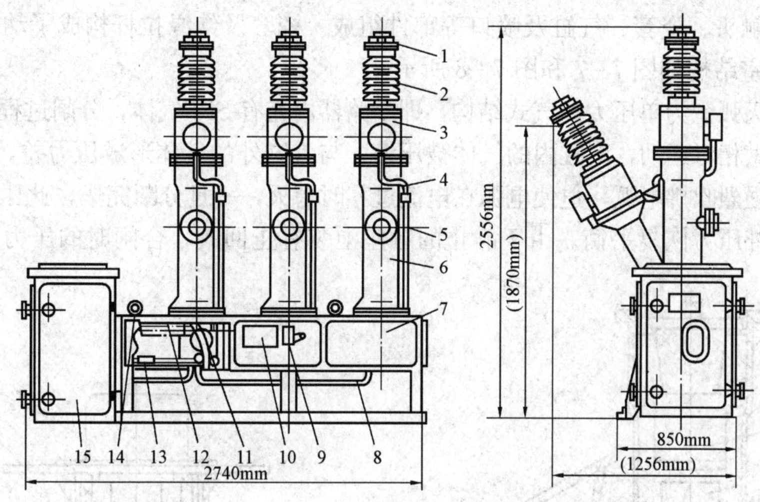

图 7-6 LW8-35 型 SF_6 断路器外形结构图

1—出线帽；2—瓷套；3—电流互感器；4—互感器连线护套；5—吸附器；6—外壳；7—底架；8—气体管道；9—分合指示；10—铭牌；11—传动箱；12—分闸弹簧；13—螺套；14—起吊环；15—弹簧操动机构

1. 功能特点

LW8-35 型、LW8-35A 型 SF_6 断路器是三相交流 50Hz 的户外高压电器设备，适用于 35kV 输配电系统的控制和保护，也可用于联络断路器及开合电容器组的场合，可内附电流互感器供测量与保护用。断路器配用 CT14 型弹簧操动机构。该断路器的主要特点有：

（1）开断性能优良，燃弧时间短，电气寿命长，开断电流从 20～40kA，在额定电压下连续开断 25kA 电流 15 次不检修，不更换 SF_6 气体；

（2）绝缘可靠，压力范围 0.35～0.5MPa，气压在零表压时可耐受 40.5kV 电压 10min；

（3）机械可靠性高，合闸能力强，能频繁操作；

（4）开合电容器组电流无重燃；

（5）切空载长线 25、50km 无重燃；

（6）结构简单、体积小，不检修周期长。

LW8-35 型断路器为落地罐式结构，LW8-35A 型断路器为瓷柱式结构。三相分立，均具有压气式灭弧室，三相气体通过铜管连通。LW8-35 型断路器由瓷套、电流互感器、灭弧室、外壳、吸附器、传动箱、连杆、底架及弹簧操动机构等部分组成。LW8-35A 型断路器由支柱绝缘子、灭弧室、吸附器、传动箱、连杆、底架及弹簧操动机构等部分组成。断路器有平行传动和垂直传动两种方式。瓷套为断路器主回路与电力系统连接的支持与绝缘构件，由于它与断路器外壳相通，属于压力容器的一个部分，故强度高、气密好。

每台断路器可装 12 只套管式电流互感器，每相断口两侧各装有 2 只，其铸铝外壳与灭弧室外壳相连，其绕组置于六氟化硫气体中，导电杆为一次回路，互感器本身只有环形铁芯及二次回路。

2. LW8-35 型断路器的灭弧单元

LW8-35 型断路器的灭弧室主要由静触头、动触头、外壳、汽缸及喷口等部件组成。

上、下绝缘子及绝缘拉杆构成了动、静触头的对地绝缘。LW8-35A 型断路器的灭弧室主要由静触头、动触头、瓷套、气缸及喷口等部件组成。瓷套及绝缘拉杆构成了动、静触头的对地绝缘。灭弧室结构如图 7-7 和图 7-8 所示。

断路器的灭弧室为单压力压气式结构，即断路器内充有 SF_6 气体，分闸过程中，可动汽缸对静止的触座做相对运动，汽缸内的气体被压缩，与汽缸外的气体形成压力差，高压力的 SF_6 气体通过喷口强烈吹拂电弧，迫使电弧在电流过零时熄灭，一旦分断完毕，此压力差很快就消失，压汽缸内外压力恢复平衡。由于静止的触座上装有止回阀，合闸时的压力差非常小。

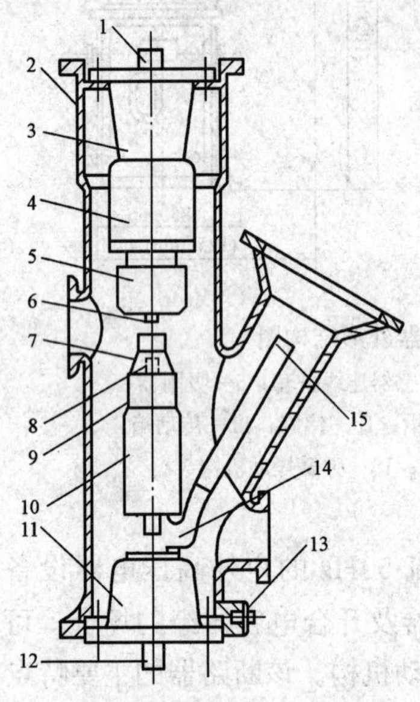

图 7-7 罐式断路器灭弧室结构图

1—导电杆；2—大外壳；3—上绝缘子；4—冷却室；5—静触头；6—静弧触头；7—喷口；8—动弧触头；9—动触头；10—气缸；11—下绝缘子；12—绝缘拉杆；13—接地装置；14—动触头支座；15—导电杆

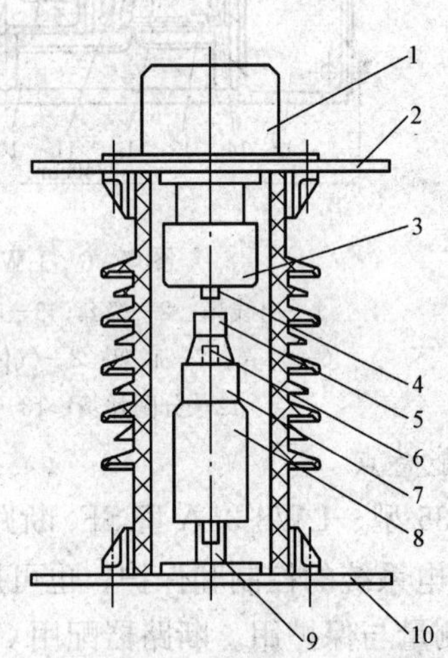

图 7-8 瓷柱式断路器灭弧室结构图

1—冷却帽；2—上接线板；3—静触头；4—静弧触头；5—喷口；6—动弧触头；7—动触头；8—气缸；9—动触头支座；10—下接线板（带 TA 时为外壳装配）

导电系统采用主导电触头与弧触头两套结构，可延长主触头电气寿命。另外，在每相灭弧室外壳两侧上装有吸附器，用以吸附 SF_6 气体中的水分及由于电弧作用而分解形成的低氟化合物。

本断路器气体监测为真空压力表及密度控制监测方式。密度控制器用于断路器实行自动监控，它能自动修正温度对压力变化的影响。真空压力表显示 SF_6 气体压力，该 SF_6 气体压力读数是否正常，可对照断路器机构箱门上制造厂提供的温度－压力曲线表，然后换算到 20℃时压力值。

四、少油式断路器

少油断路器中的油仅作为灭弧介质及触头间的绝缘，而用空气、陶瓷或有机绝缘材料作为相与相或相与地间的绝缘。因此，少油断路器油量少，体积小，防爆性能好，耗用钢材少，价格便宜，在我国 3～220kV 系统中应用数量最多。但随着电网改造，无油化步伐的加快，10kV 油断路器的产量据 1998 年统计只有 12%左右。

（一）少油式断路器的灭弧原理

少油断路器在油中开断电流时，触头间将产生电弧。电弧的高温使油迅速蒸发和分解，于是电弧便在油蒸气和油分解后产生的氢气、甲烷、乙烯和乙炔的气泡中燃烧。在上述气体中，氢气约占70%～80%，而且氢气的导热性能好，有很强的扩散作用。开断电弧时，如果使电弧在绝缘材料制成的灭弧室中燃烧，利用灭弧室内升高的压力（可达几十兆帕），使电弧迅速拉长，同时氢气和其他气体对电弧产生强烈的冷却和去游离作用，电弧将很快熄灭。

目前少油断路器的灭弧方法属于自能式熄弧，其灭弧室有纵吹灭弧室、横吹灭弧室、环吹灭弧室和机械油吹灭弧室等几种基本形式。油断路器的灭弧室是多种灭弧原理的组合运用。

（二）SN10-10 系列少油断路器

SN10-10 系列少油断路器是国内联合设计的户内式断路器，包括Ⅰ、Ⅱ、Ⅲ三种型式。Ⅰ型额定电流为 630A 和 1000A，额定开断电流 16kA。Ⅱ型额定电流为 1000A，额定开断电流 31.5kA。Ⅲ型额定电流为 1250、2000A 和 3000A，额定开断电流 40kA。SN10-10 系列少油断路器的短路电流开断次数不超过 3 次，额定电流开断次数不超过 200 次。该断路器配用 CT8 型弹簧式或 CD10 型电磁式操动机构，在 10kV 系统中是数量最多的一种少油断路器。

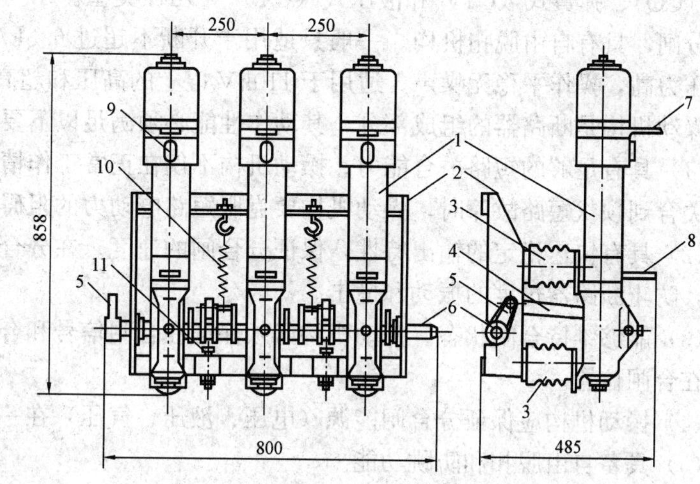

图 7-9　SN10-10Ⅰ、Ⅱ和 SN10-10Ⅲ/1250 型断路器外形图
1—油箱；2—框架；3—支持绝缘子；4—绝缘传动拉杆；
5—拐臂；6—传动主轴；7—上出线座；8—下出线座；
9—油标；10—分闸弹簧；11—合闸缓冲器

SN10-10Ⅰ、Ⅱ和 SN10-10Ⅲ/1250 型断路器的外形结构基本相似，如图 7-9 所示。断路器由框架、传动系统和箱体三部分组成。框架 2 用于支撑油箱 1 和传动部分，由角钢和钢板焊接而成。在框架 2 上装有分闸限位器（图 7-9 中未画出）、合闸缓冲器 11、分闸弹簧 10、传动主轴 6 和轴承、支持绝缘子 3 等。传动主轴上焊有几个拐臂，一个通过绝缘传动拉杆 4 与油箱基座上的外拐臂相连，一个与分闸弹簧相连，另外一个通过垂直拉杆与操动机构相连（图 7-9 中未画出）。断路器每一相本体用两只支持绝缘子固定。传动部分由主轴 6、轴承以及上述的垂直拉杆和绝缘传动拉杆 4 等组成，用于将操动机构的动力传给油箱中的动触头。箱体中部是灭弧装置，采用纵横吹和机械油吹联合作用的灭弧室。

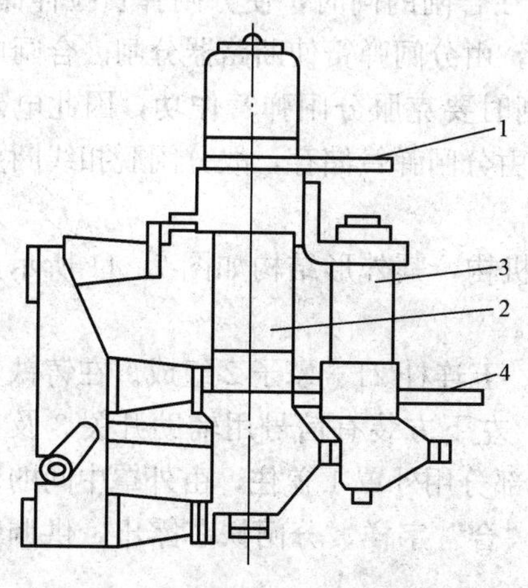

图 7-10　SN10-10Ⅲ/2000 和 SN10-10Ⅲ/3000 型断路器外形图
1—上出线座；2—主油箱；
3—副油箱；4—下出线座

SN10-10Ⅲ/2000 和 SN10-10Ⅲ/3000 型断路器

的外形如图 7 - 10 所示，副油箱由上下出线座 1、4、半透明绝缘筒及基座组成。副油箱 3 的作用是在通过负荷电流时，增加一个并联的载流回路，不需要它来提高灭弧能力。因此副油箱内只有动、静触头，没有灭弧室。合闸时，主油箱 4 的灭弧触头首先闭合，副油箱触头后接通。分闸时，副油箱触头先断开，主油箱灭弧触头后断开。

五、高压断路器的操动机构

断路器的操动机构是用来使断路器分闸、合闸并将断路器保持在合闸位置的装置。

（一）操动机构的类型及基本要求

根据断路器合闸时所用能量的形式，操动机构可分为手力式（CS）、电磁式（CD）、气动式（CQ）、弹簧式（CT）和液压式（CY）等几种类型。手力式操动机构是靠人力合闸，弹簧分闸，具有自由脱扣机构。一般只适用于开断不超过 6.3kA 的电流。液压式操动机构工作压力高，操作平稳无噪声，适用于 110kV 以上的高压和超高压断路器。

操动机构是断路器的组成部分，其动作性能必须满足以下要求：

（1）具有足够的短路关合能力。操动机构不仅在正常工作情况下能顺利合闸，而且当断路器关合到预伏短路故障时，操动机构要克服短路电动力的阻碍，可靠地合闸。

（2）具有快速稳定的输出特性，保证分合闸的速度。在分合闸结束时，机构要吸收剩余能量，防止断路器过度的振动和撞击。

（3）能够维持合闸状态。操动机构必须保证在合闸信号和合闸操作功率消失以后，仍然维持在合闸位置。

（4）操动机构应保证分合闸能源（电压、液压、气压）在一定变化范围内可靠的动作。

（5）具备自由脱扣和防跳功能。

（6）具有分合闸位置连锁和高低气压、液压连锁。

其他还有便于维护检修和使用寿命长等要求。

（二）电磁式操动机构

电磁式操动机构是利用电磁铁驱动断路器合闸，在合闸的同时，使分闸弹簧拉伸储能。分闸时利用电磁式脱扣器通过传动系统使之释放能量，由分闸弹簧使断路器分闸。合闸电磁铁线圈的额定电压为 110V 或 220V。由于断路器合闸时要克服分闸弹簧作功，因此电磁式操动机构要有大功率的电源。断路器分闸时的能量已由分闸弹簧储存，故分闸脱扣线圈要求的功率很小。

SN10-10 型少油断路器配用 CD10 型电磁式操动机构，其外形结构如图 7 - 11 所示，它由自由脱扣系统、电磁系统和缓冲系统等几部分组成。

自由脱扣系统位于机构的上部，它由铸铁支架 4、五连杆 21、擎子 2 组成。在铸铁支架 4 右下方装有分闸铁芯 17，右上方装有辅助开关 22，左下方装有信号用辅助开关 3 及合闸接线端子 5，中间装有控制回路用接线端子 19，以上部分用外罩 1 盖住，由外罩中间的圆窗可以观察到主轴上的分合闸指示牌 23 所示的“分”、“合”字样。分闸铁芯露出，供调整时手力分闸之用。

电磁系统位于机构的中部，包括合闸线圈 14、合闸铁芯 10、磁轭 16、方形缓冲板 6。为了防止合闸铁芯吸合时出现黏附现象，在方形缓冲板下面装有黄铜隔磁板 7，同时为了保证合闸铁芯吸合后迅速落下，沿合闸铁芯顶杆 8 轴向装有压缩弹簧 9。为防止合闸铁芯上下运动而磨损合闸线圈，在两者之间装有黄铜圆筒 15。

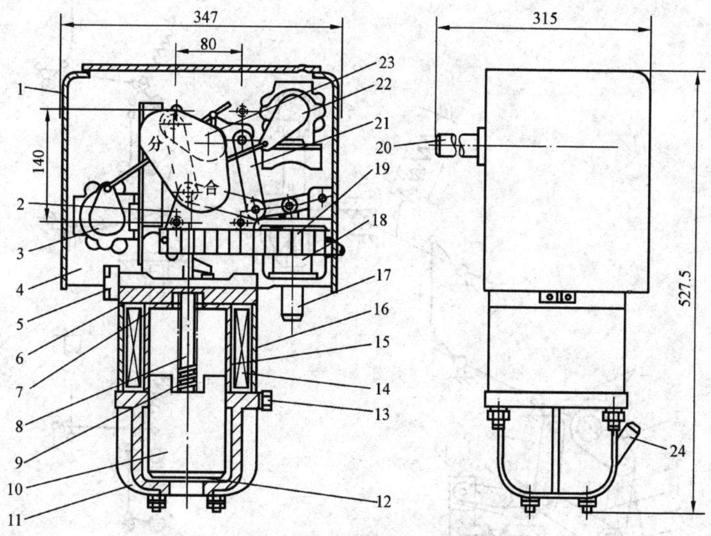

图 7-11 CD10 型电磁操动机构外形结构

1—外罩；2—擎子；3—信号用辅助开关；4—铸铁支架；5—合闸接线端子；
6—方形缓冲板；7—黄铜隔磁板；8—合闸铁芯顶杆；9—压缩弹簧；
10—合闸铁芯；11—缓冲法兰；12—橡胶衬垫；13—接地螺钉；
14—合闸线圈；15—黄铜圆筒；16—磁轭；17—分闸铁芯；
18—分闸线圈；19—控制回路接线端子；20—主轴；21—五连杆；
22—辅助开关；23—分合闸指示牌；24—合闸摇臂

缓冲系统位于操动机构下部，它由缓冲法兰（铸铁盖）11 及橡胶衬垫 12 组成，在盖的上部有接地螺钉 13，下部装有手力合闸摇臂 24 用的轴承。

CD10 型操动机构的分、合闸动作过程，如图 7-12 所示。

操动机构合闸前位置如图7-12（a），螺栓 13 顶住连杆 11，使连杆 11、12 基本成一直线，即“死点”位置，可动转轴 10 不能移动，此时连杆 3、4 及拐臂 2 组成四连杆。当合闸线圈通电，合闸铁芯向上运动，其合闸顶杆 8 顶着滚子 7 上行，此时各部件的运动方向如图 7-12（a）中箭头所示，断路器合闸。当合闸铁芯向上运动到终点位置时，擎子 5 在弹簧［图 7-12（a）中未画出］的作用下恢复到图 7-12（a）所示的原始位置。这时可动转轴 6 高于擎子 5 的端面，转轴 1 顺时针转动，与转轴相连的 F4-2Ⅱ/W 型辅助开关切断合闸线圈电源，合闸铁芯向下跌落，滚子 7 下行，可动转轴 6 落在擎子 5 的端面上，使断路器保持在合闸位置。合闸铁芯一直下落到橡胶衬垫 12 上，合闸动作完成，如图 7-12（b）所示。断路器合闸后，分闸弹簧拉伸储能。

当断路器分闸时，分闸铁芯以一定的速度向上冲击，分闸顶杆 14 撞击连杆 12，使连杆 11、12 向上运动，脱离“死点”位置，转轴 10 向右移动，在分闸弹簧作用下，转轴 6 沿擎子 5 端面滑脱，转轴 1 逆时针转动，断路器分闸。同时转轴带动 F4-2Ⅱ/W 型辅助开关切断分闸线圈电源，分闸顶杆 14 落下，连杆 11、12 恢复原状，如图 7-12（a）所示。

操动机构具有自由脱扣性能。在合闸过程中，合闸铁芯顶杆 8 顶着滚子 7 向上运动，此时若分闸线圈励磁，则分闸顶杆将使“死点”位置无法保持，合闸顶杆虽然向上运动，而滚子 7 却从其端面掉下，从而实现自由脱扣功能，如图 7-12（c）所示。

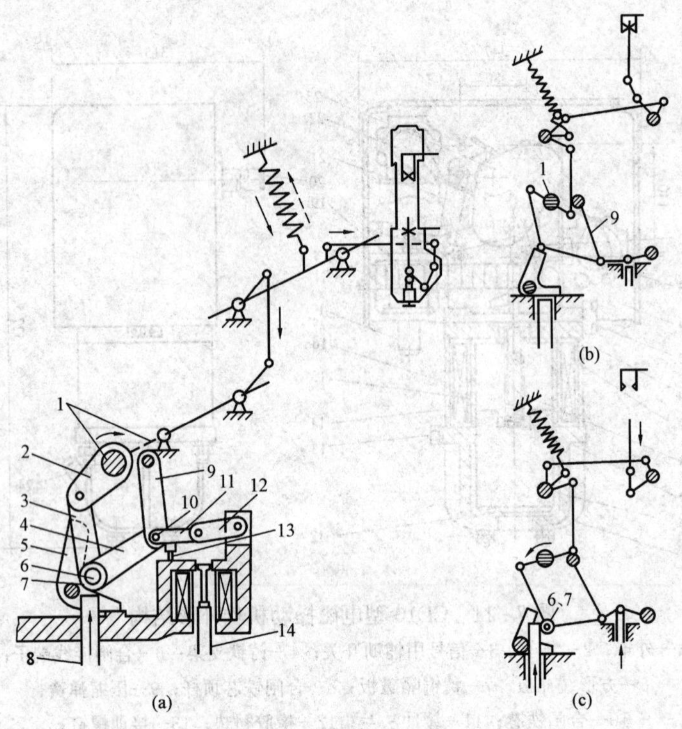

图 7-12 CD10 型电磁式操动机构分合闸动作过程

（a）分闸位置；（b）合闸位置；（c）自由脱扣过程

1—固定转轴；2—拐臂；3、4、9、11、12—连杆；5—擎子；

6、10—可动转轴；7—滚子；8—合闸顶杆；13—螺栓；14—分闸顶杆

（三）弹簧式操动机构

弹簧式操动机构是利用已储能的合闸弹簧使断路器合闸。使合闸弹簧储能的动力是电动机，人力也可以使合闸弹簧储能。断路器合闸的同时也使分闸弹簧储能，以使断路器能在脱扣器作用下可靠分闸。

CT14 型操动机构如图 7-13 所示。机构的储能部分和合闸驱动部分为凸轮—四连杆机构，在机构的右、中侧板之间布置着凸轮，半轴、扇形板、输出轴、缓冲器，分合指示牌，合闸电磁铁等零部件；在机构的左中侧板之间布置着棘轮、驱动块等零部件；辅助开关、计数器、手动分合按钮等分别布置在机构的上中部，储能电机、加热器等布置在机构的下方。在左侧板的外面装有接线端子、自动开关等；切换电机回路的行程开关布置在右侧板上边；储能弹簧分别布置在左右侧板的外侧；机构通过固定在机构下部的两个角钢和后面的两个角钢上的安装孔，用螺栓安装在机构箱内，机构箱再用螺栓与断路器相连接。

CT14 型弹簧操动机构的合闸弹簧的储能方式有电动机储能和手动储能，合闸操作有合闸电磁铁操作和手动按钮操作，分闸操作有分闸电磁铁操作和手动按钮操作。储能电机采用 HDZ 型交直流两用单相串激电动机。

合闸弹簧储能过程，如图 7-14 所示。由电动机带动偏心轮 1 按图示方向转动，通过紧靠在偏心轮表面的滚轮 2 推动驱动块 3 作上下摆动，从而带动驱动棘爪 5 上下摆动，推动棘轮 1 按图示方向转动。棘轮与储能轴 8 是空套的，在储能开始时电机只带动棘轮作空转，当转到固定在棘轮上的轴销 14 与固定在储能轴上的驱动板 11 顶住以后，棘轮就通过驱动板带

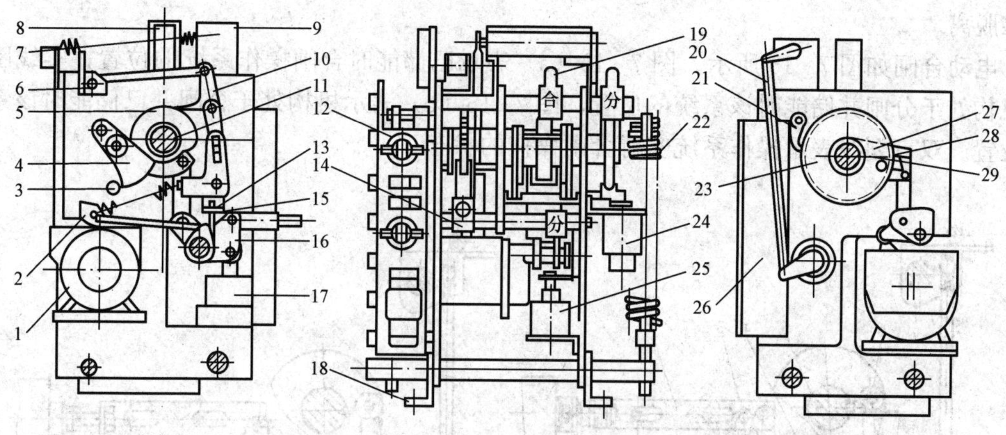

图 7-13　CT14 型弹簧操动机构结构简图

1—储能电机；2—分合闸指示牌；3—半轴；4—扇形板；5—凸轮；6—手动分闸按钮；7—计数器；8—行程开关；9—辅助开关；10—定位件；11—储能轴；12—接线板；13—分合闸连锁板；14—驱动块；15—顶杆；16—输出轴；17—缓冲器；18—角钢；19—手动合闸按钮；20—拉杆；21—保持棘爪；22—储能弹簧；23—棘轮；24—分闸电磁铁；25—合闸电磁铁；26—角钢；27—驱动板；28—靠板；29—驱动棘爪

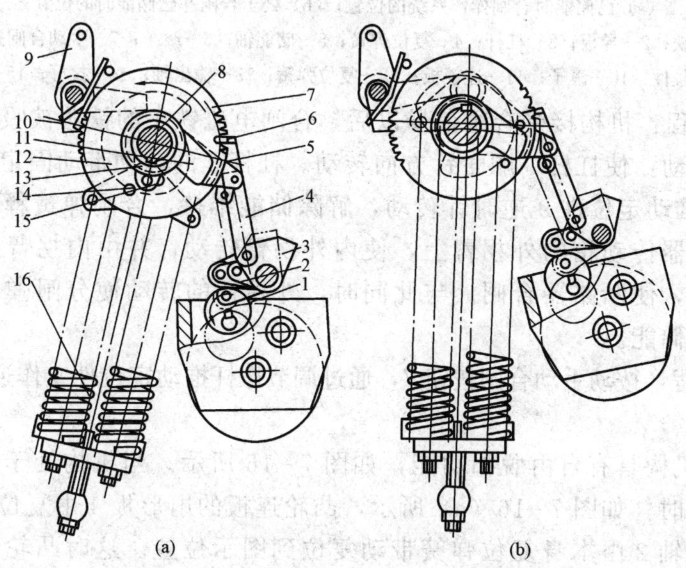

图 7-14　CT14 弹簧机构储能部分动作图

（a）合闸弹簧未储能状态；（b）合闸弹簧储能后状态

1—偏心轮；2—滚轮；3—驱动块；4—连板；5—驱动棘爪；6—靠板；7—棘轮；8—储能轴；9—定位件；10—保持棘爪；11—驱动板；12—凸轮；13—拐臂；14—轴销；15—滚子；16—合闸弹簧

动储能轴也按图示箭头方向转动。挂弹簧拐臂 13 与储能轴是连接的，储能轴的转动带动了挂弹簧拐臂也按图示箭头方向转动，将合闸弹簧 16 拉长。当储能轴转到将合闸弹簧拉到最长位置后，再向前转一点（约 4°）储能轴就会被合闸弹簧带动移动，这时行程开关切断储能电机电源，驱动板将固定在驱动棘爪上的靠板 6 推开，驱动棘爪抬起，保证驱动棘爪与棘轮可靠脱离。

电动合闸如图 7 - 15 所示。图 7 - 15（a）表示已储能时合闸操作系统的位置，实线图表示机构处于分闸并储能时该系统的位置，图 7 - 15（b）表示机构处于合闸并已储能时该系统的位置。双点划线表示操作系统实行合闸操作的状态。

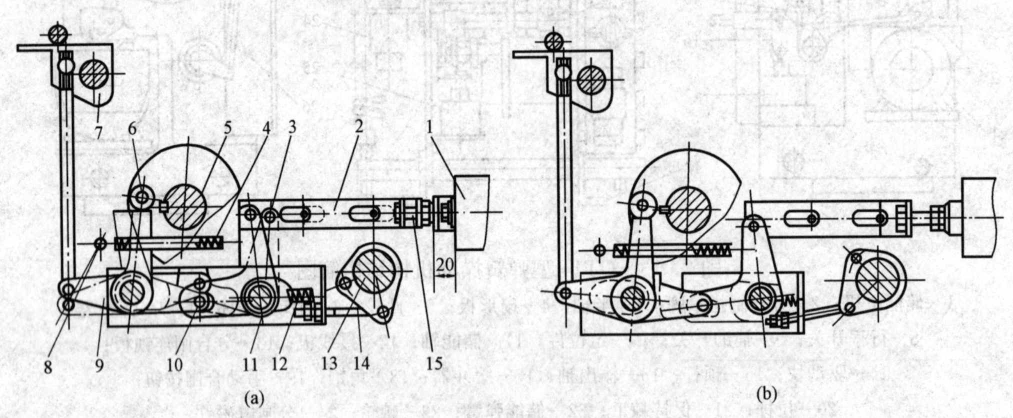

图 7 - 15 CT14 弹簧机构合闸操作系统示意图

（a）已储能时合闸操作系统的位置；（b）处于合闸并已储能时的位置

1—合闸电磁铁；2—导板；3—杠杆；4—复位弹簧；5—储能轴；6—滚子；7—手动合闸按钮；8—轴；9—定位件；10—滚子；11—连锁板；12—复位弹簧；13—输出轴；14—拉杆；15—螺栓

电动合闸过程：机构接受合闸信号以后，合闸电磁铁 1 的铁芯被吸向下运动，拉动导板 2 也向下运动，使杠杆 3 顺时针方向转动。杠杆 3 的转动带动固定在定位件 9 上的滚子 10 运动，推动定位件 9 逆时针转动，解除储能维持，合闸弹簧释放其能量，通过连杆传递到断路器传动箱的外拐臂上，使内外拐臂转动，并由内拐臂经绝缘连杆推动动触头向上运动，使断路器合闸。与此同时，外拐臂的转动使分闸弹簧储能，同时合闸弹簧由电动机储能。

手动合闸过程：按动手动合闸按钮 7，通过调节螺杆推动定位件 9 作逆时针转动，完成上述合闸操作。

CT14 弹簧机构具有自由脱扣功能，如图 7 - 16 所示。当机构处于分闸并且合闸弹簧已储能的位置时，如图 7 - 16（a）所示，凸轮连板的扇形板 4 由复位弹簧 1 拉动复位到图示位置，半轴 2 由本身复位弹簧带动复位到图示位置。这时凸轮连杆机构完成了合闸的全部准备动作，一旦接受了合闸信号，定位件 6 抬起，将储能轴（凸轮 5）的储能维持解脱，凸轮连杆机构的主要驱动元件凸轮 5 在合闸弹簧的带动下，按逆时针方向转动，直到扇形板与半轴扣住为止，这时连板与扇形板 4 的公共转轴成为凸轮连杆机构四连杆的一个临时支点，使连板 3、8 和输出拐臂 9 组成的一组合闸四连杆向合闸方向运动，到合闸弹簧拉到最短位置时，凸轮停止转动，如图 7 - 16（b）所示，输出轴旋转一个合闸转角，上述四连杆完成了合闸动作。在凸轮连杆机构的整个合闸过程中，包括合闸开始和合闸结束，一旦凸轮连杆机构的半轴作顺时针转动，扇形板与半轴间的扣接就会被解除，连板 3 与扇形板 4 的公共储能轴 10 的临时支点将发生位移，破坏了合闸四连杆的运动，输出轴的合闸动作也就立即结束，并在分闸弹簧作用下实现分闸，也就是实现自由脱扣。

图 7-16（d）为凸轮连杆机构处于合闸并且合闸弹簧已储能的位置，这时一旦半轴作顺时针转动，合闸四连杆会像上面叙述的一样完成分闸动作，而合闸弹簧早已准备好了进行再一次合闸动作，即实现自动重合闸。在使用中断路器可以完成“分→0.3s→合”成功或“分→0.3s→合分”不成功的自动重合闸操作，且重合闸仍要保证铭牌开断容量。

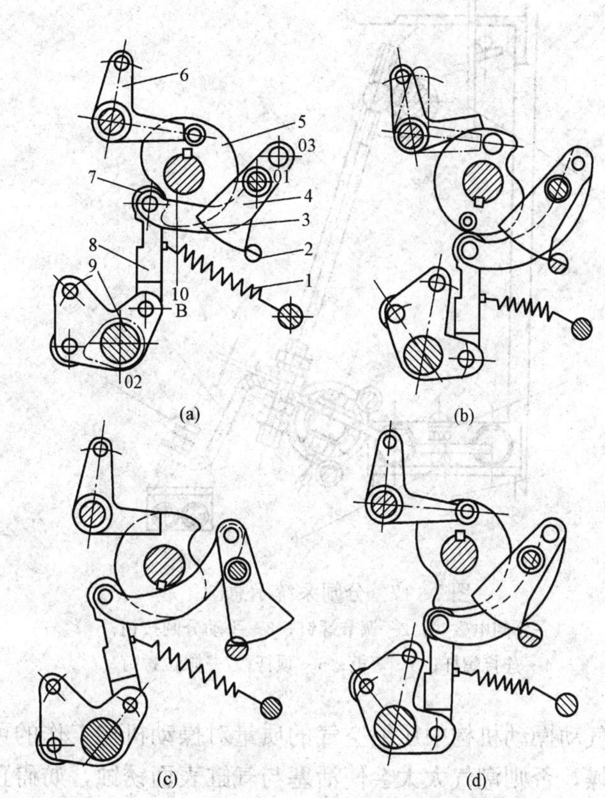

图 7-16 凸轮连杆机构动作示意图

（a）分闸储能状态；（b）合闸未储能状态；（c）分闸未储能状态；（d）合闸储能状态

1—复位弹簧；2—半轴；3、8—连板；4—扇形板；5—凸轮；6—定位件；7—滚子；9—输出轴；10—储能轴

电动分闸操作如图 7-17 所示。半轴的位置为断路器处于合闸状态时的位置，当弯板下方的分闸电磁铁接到分闸信号，分闸电磁铁里的铁芯就被吸合向上运动，推动顶杆向上运动，顶杆推动弯板作图 7-18 双点划线所示方向运动，从而带动半轴作同样方向转动。当半轴转到一定位置时，扇形板与半轴的扣接解除，分闸弹簧释放能量，带动拐臂反向转动，使动触头向下运动，断路器分闸。分合闸缓冲是为了吸收动触头在分、合闸动作完成后所剩余的动能，并限制触头的终止位置。

（四）气动式操动机构

气动操动机构是利用压缩空气作为能源产生推力的操动机构。由于以压缩空气作为能源，因此气动机构不需要大功率的直流电源，独立的储气罐能供气动机构多次操作。

图 7-19 为操动高压 SF_6 断路器的气动操动机构原理图。断路器的分合闸操作全部依靠压缩空气，并依靠压缩空气的推力将断路器维持在分闸或合闸位置。

断路器的分合闸操作由控制阀 3 来完成。分闸时，控制阀 3 使压缩空气经管道 7 进入差动活塞 1 上方，由于差动活塞受压面 6 大于受压面 5，因此压缩空气将推动差动活塞 1 向下运动，带动断路器的操作杆，完成断路器的分闸操作并将断路器保持在分闸位置，如图 7-19（b）所示。合闸时，通过控制阀 3 使差动活塞受压面 6 上方的压缩空气经控制阀 3 向外排至大气，压力下降，于是差动活塞受压面 5 在压缩空气推力作用下向上运动完成断路器的合闸操作并使断路器保持在合闸位置，如图 7-19（a）所示。

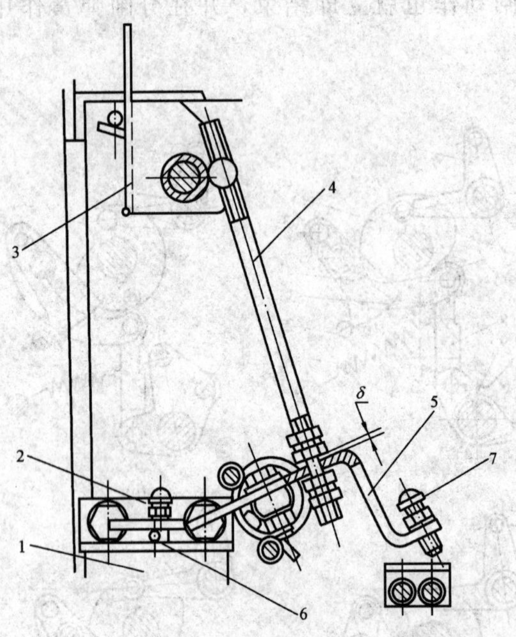

图 7 - 17　分闸系统示意图

1—分闸电磁铁；2—调节螺钉；3—手动分闸按钮；4—连接螺杆；5—弯板；6—顶杆；7—限位螺钉

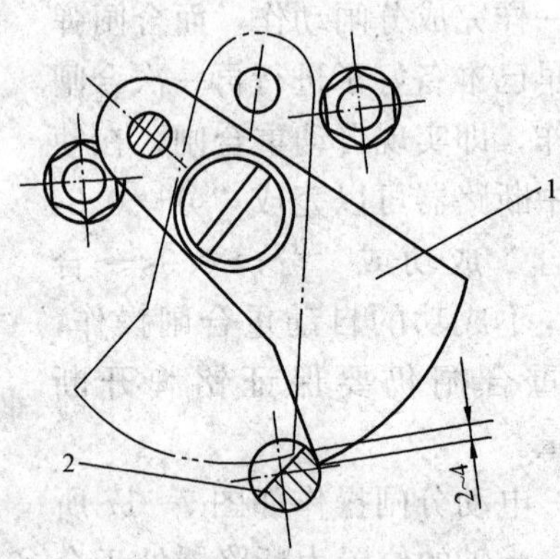

图 7 - 18　合闸位置时扇形板与半轴的位置

1—扇形板；2—半轴

气动操动机构中压缩空气的质量对操动机构工作的可靠性有着重要的影响。压缩空气应该干燥，否则潮气太大会使活塞与气缸表面锈蚀，妨碍正常工作。气动操动机构的缺点是操作时声音大、零部件的加工精度比电磁操动机构高，还需配备空压装置。

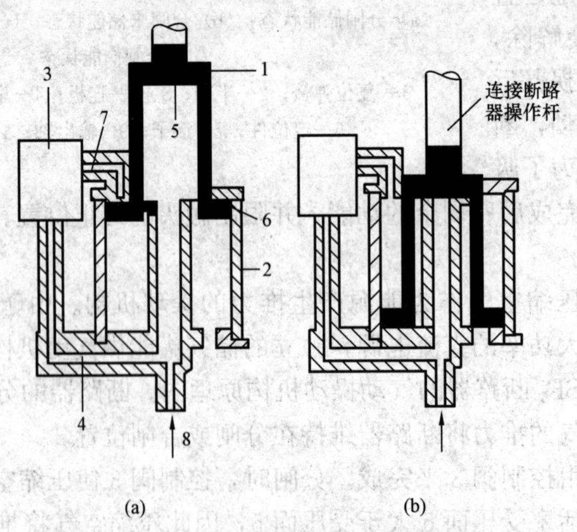

图 7 - 19　气动操动机构原理图

(a) 合闸位置；(b) 分闸位置

1—差动活塞；2—工作缸；3—控制阀；4—管道；5—差动活塞受压面 1；6—差动活塞受压面 2；7—管道；8—压缩空气入口

第二节　隔　离　开　关

一、隔离开关概述

隔离开关的主要用途是保证电气装置检修工作的安全。用隔离开关将需要检修的部分，与其他带电压的部分可靠的断开隔离，检修工作人员就可以安全的检修电气设备而不会影响其他部分的工作。

隔离开关的触头全部敞露在空气中，可以明显地看到断开部位。隔离开关的动触头和静触头断开后，两者之间应保持一定的安全距离，以避免在电路中产生过电压时断开点之间发生闪络，保证检修人员的安全。

隔离开关没有灭弧装置，如果用隔离开关接通或断开负荷电流及短路电流，就会在隔离开关的触头间形成电弧，危及设备和人员的安全，造成重大事故。一般隔离开关只能在电路已经断开的情况下进行分、合闸操作或者接通，及断开符合规定的小电流的电路。除了隔离电源以外，用隔离开关可以进行的操作有以下几点。

(1) 倒闸操作。在双母线接线中，利用隔离开关可以将设备或供电线路从一组母线切换到另一组母线上。

(2) 接通或断开小电流电路，如：

1) 接通或断开电压互感器和避雷器；

2) 接通或断开母线的和直接连接在母线上设备的电容电流；

3) 接通或断开变压器的接地中性点，但是当中性点接有消弧线圈时，应该在系统无接地故障时操作；

4) 接通或断开励磁电流不超过 2A 的空载变压器和电容电流不超过 5A 的空载线路；

5) 接通或断开电压 10kV 及以下，电流在 70A 以下的环路均衡电流。

隔离开关应有足够的动稳定和热稳定能力，并应保证在规定的接通和断开次数内，不会发生任何故障。

隔离开关的类型较多。按照安装地点分为户内式和户外式两种；按极数可分为单极式和三极式；按有无接地开关可分为带接地开关和不带接地开关的；按用途可分为一般用、快速分闸用和变压器中性点用；按触头运动方式可分为水平回转式、垂直回转式、伸缩式和插拔式等。

在检修与隔离开关连接的其他电器，需要三相短路接地时，使用带有接地开关的隔离开关非常方便。只要断路器断开后，断开隔离开关的工作刀闸，接通接地开关，就将待检修的三相系统接地。检修完毕，断开隔离开关的接地开关，接通工作刀闸，再接通断路器即可。隔离开关的工作刀闸与接地开关的这种操作顺序，是由隔离开关的操动机构从结构（机械或电气闭锁）上保证的。

二、隔离开关的基本结构

隔离开关的种类很多，按安装地点可分为户内式和户外式。

(一) 户内式隔离开关

图 7-20 所示为户内式三相高压隔离开关结构图，可见它主要包括导电部分、绝缘部分和操动部分等。

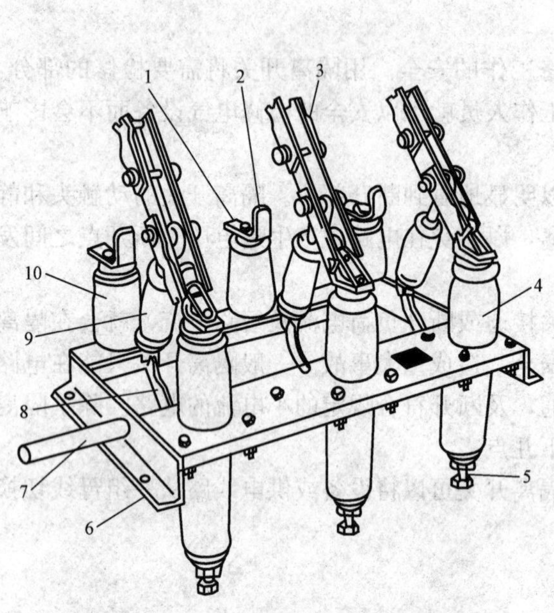

图 7-20　户内式三相高压隔离开关结构图

1—上接线端子；2—静触头；3—闸刀；4—套管绝缘子；5—下接线端子；6—框架；7—转轴；8—拐臂；9—升降绝缘子；10—支柱绝缘子

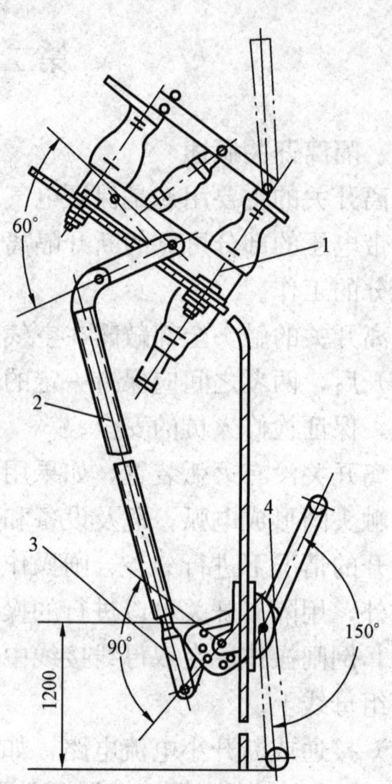

图 7-21　CS6 型手力操动机构与GN8 型隔离开关配合的一种安装方式

1—GN8 型隔离开关；2—ϕ20mm 焊接钢管；3—调节杆；4—CS6 型手力操动机构

（1）导电部分。其主要作用是关合与断开电路。它包括 L 形静触头和动触头。动触头为两根矩形铜条制成的闸刀，用弹簧紧夹在静触头两边形成线接触。紧贴在闸刀两端外侧靠近静触头之处的钢板通常名为磁锁。它的作用有：一是在一定的弹簧力下，通过磁锁造成的杠杆比，可以在闸刀和静触头接触处产生较大的接触压力；二是在短路电流流过时，由于钢板被磁化，便产生一吸引力，此力作用于刀片上，使接触压力增加，从而可以避免短路电流引起触头熔焊和防止闸刀自行分开。

（2）绝缘部分。其主要起绝缘作用，它包括支柱绝缘子、套管绝缘子和升降绝缘子。动触头和静触头分别固定在套管绝缘子和支柱绝缘子上，升降绝缘子带动闸刀转动，实现分、合操作。

（3）操动部分。它与操动机构连接，完成分、合操作。主要包括转轴和拐臂，转轴装设在框架上，而拐臂安装在转轴上，最终构成升降绝缘子与闸刀及转轴上的拐臂绞接。转轴通过其端部的拐臂（也称主拐臂，图 7-20 中未画）与操动机构连接，从而进行分、合操作。户内式隔离开关通常配用 CS6 型手力操动机构，它与 GN8 型隔离开关配合的一种安装方式如图 7-21 所示。

户内式隔离开关的工作过程是：当关合电路时，通过操动机构转动转轴，升降绝缘子即拉动闸刀向下，使之夹住静触头，于是电路便接通；当开断电路时，只要通过操动机构使转轴向相反方向转动，升降绝缘子就推动闸刀向上，使之和静触头分离，造成可见的空气间隙，即明显断开点。

我国生产的户内式高压隔离开关大都是这一类型的结构。当额定电流改变时，只是闸刀的尺寸、刀片的数目和绝缘子直径随着改变，而布置形式完全相同。

户内式隔离开关的额定电压在35kV及以下，额定电流从200A到10000A以上，额定短时耐受电流和额定冲击耐受电流要求较高。

（二）户外式隔离开关

常用的户外式隔离开关按支柱绝缘子的数目有单柱式、双柱式和三柱式。

1. 双柱式隔离开关

图7-22所示为GW5型高压隔离开关结构图，由图可见，它包括导电部分、绝缘部分和机构箱。

（1）导电部分。其主要作用是关合和断开电路，包括固定在V形支持瓷柱上用铜管制成的导电臂4，其端部装有触头5、6。触头6为一短圆管，它和导电臂4焊成T字形。触头5由触头支架7，弹簧8和触指9组成，如图7-22（b）所示，触指9分成两排嵌在触头支架7中，依靠弹簧8使触指9和管形触头6之间获得给定的接触压力。为防止触头闭合后被冰冻住不易打开，整个触头与外面罩以防雨罩。

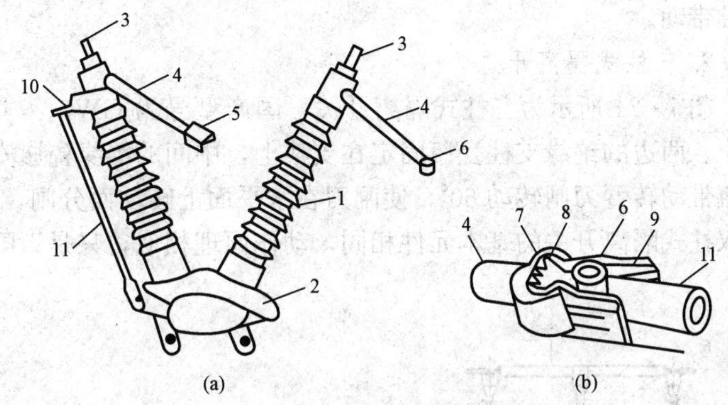

图7-22　GW5型高压隔离开关结构图

（a）结构图；（b）触头详图

1—支柱绝缘子；2—机构箱；3—接线端子；4—导电臂；5、6—触头；7—支架；8—弹簧；9—触指；10—静触头；11—接地开关

（2）绝缘部分。它起绝缘作用，包括两个支持瓷柱1，构成V形，如图7-22（a）所示。它分别装在机构箱2中的轴承座上，可以绕自己的轴转动。

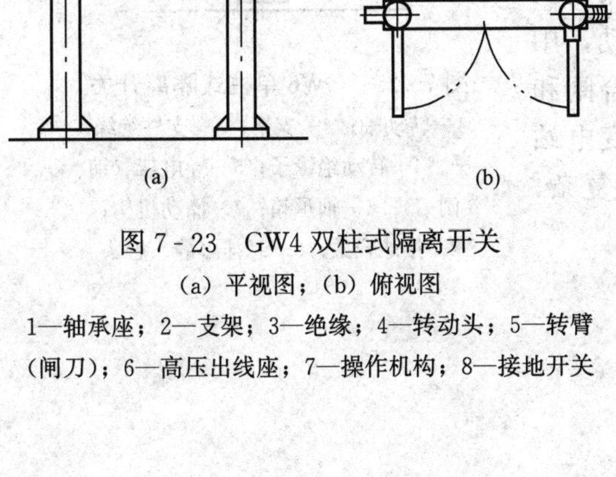

（3）机构箱。其主要是齿轮传动系统。支持瓷柱的轴穿入机构箱内并通过装在轴上的伞形齿轮互相啮合，以保证两支持瓷柱同步转动。

GW5型隔离开关的工作过程为：当关合电路时，先用一手动操作机构将接地开关11与其静触头10分开，然后用另一手动操作机构使两个瓷柱之一旋转，通过机构箱中的伞形齿轮带动另一瓷柱转动，于是触头6插入指形触头9中使电路接通。当开断电路时，操作次序与此相反，即先使隔离开关触头分开，然后将接地开关闭合。为保证能按这一操作次序正确进行，通常在两操动机构上装有连锁装置，以防止由于误操

图7-23　GW4双柱式隔离开关

（a）平视图；（b）俯视图

1—轴承座；2—支架；3—绝缘；4—转动头；5—转臂（闸刀）；6—高压出线座；7—操作机构；8—接地开关

作而发生事故。

GW5 型隔离开关的额定电压为 40.5～126kV，额定电流为 600～2000A。GW5 型隔离开关安装基础小，可以满足特殊方式（任意角度倾斜）安装的要求。

图 7 - 23 所示为Ⅱ型双柱式隔离开关，国产型号为 GW4。它的转臂也即主闸刀固定在绝缘瓷柱顶部的活动出线座上。图 7 - 23（a）为闸刀处于合闸位置。分闸时主闸刀传动轴带动两侧的绝缘瓷柱转动 90°，使闸刀在水平面上转动而分闸，如图 7 - 23（b）所示。这种开关不占上部空间，但相间距离要求大。图 7 - 23 所示隔离开关带有接地开关，由接地开关传动轴带动。

2. 三柱式隔离开关

图 7 - 24 所示为三柱式隔离开关，国产型号为 GW7。与双柱式隔离开关相比相间距离要小。两边的绝缘支柱瓷瓶固定在支架上，中间的绝缘瓷瓶安装在轴上。分闸时中间的绝缘瓷瓶带动转臂刀闸转动 60°，使闸刀在水平面上转动而分闸，如图 7 - 24（b）所示。三柱式与双柱式隔离开关的基本元件相同，动作原理相似，只是刀闸转动方向不同。

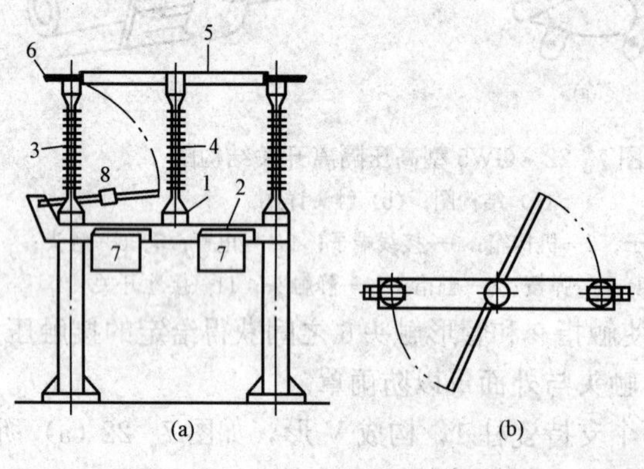

图 7 - 24　GW7 三柱式隔离开关

（a）平视图；（b）俯视图

1—转动轴；2—支架；3—固定绝缘子；4—转动绝缘子；5—转臂刀闸；6—高压出线端；7—操动机构；8—接地开关

3. 单柱式隔离开关

图 7 - 25 为单柱式隔离开关，国产型号为 GW6。这种隔离开关的静触头被独立地安装在架空母线上。可动闸刀安装在瓷柱顶部，由操动机构通过传动机构带动，象剪刀一样向上运动，用夹住或者释放装在母线上静触头的方法来合闸和分闸。使用单柱隔离开关可以显著地节省变电站的占地面积。但单柱式隔离开关结构比较复杂，一般只在 252kV 及以上超高压等级中使用。

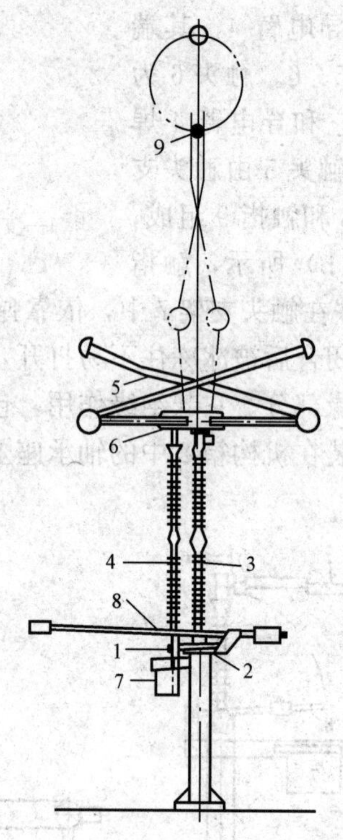

图 7 - 25　GW6 单柱式隔离开关

1—转动轴；2—支架；3—支柱绝缘子；4—转动绝缘子；5—导电架（动闸刀）；6—轴承箱；7—操动机构；8—接地开关；9—悬挂（静）触头

第三节　接　地　开　关

接地开关是一种人为制造接地的设备。接地开关通常装在降压变压器的高压侧。图7-26为接地开关的几种使用方式。当输电线向只有一台变压器的终端变电站供电时，如图7-26（a）所示，在受电端发生故障或当变压器T1发生内部故障，接地开关应自动关合，造成人为接地短路，迫使送电端断路器分闸，切断故障。当线路中用一台断路器QF同时保护几台变压器时，如图7-26（b）所示，可使接地开关S与快分隔离开关QS配合使用。当变压器T1发生内部故障，接地开关S关合，断路器QF开断故障电路，随即使快分隔离开关QS分开，使故障变压器T1与电源隔离。QS分开后再使断路器重合，使其他分支线路恢复供电。接地开关也可与熔断器配合使用，如图7-26（c）所示。图中变压器T1发生故障时，接地开关S关合，熔断器FU中流过短路电流，熔体熔断断开电路。其他分支线路仍能正常供电。由于采用了接地开关，对于熔断器时间—电流特性的要求可以放宽。

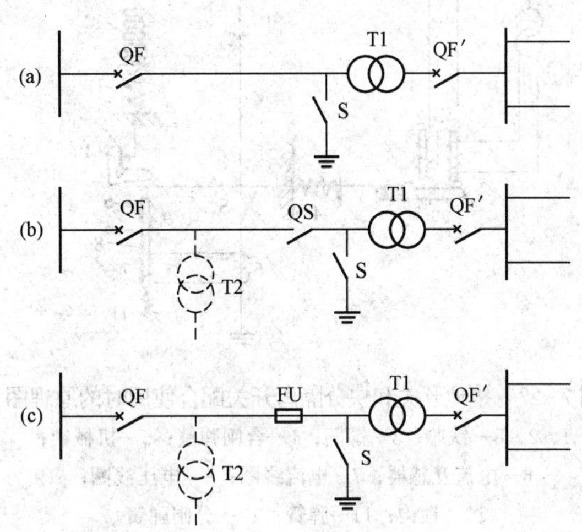

图7-26　接地开关的几种使用方式
（a）接地开关单独使用；（b）与快分隔离开关配合使用；（c）与熔断器一起使用

图7-27为接地开关与快分隔离开关配合使用时的配合原理图。由于变电站的故障一般表现为电流的增大或电压的降低，因此接地开关的动作可由装在变压器低压侧的电流互感器和电压互感器所提供的信号来控制。图中铁芯1和铁芯2的线圈分别接在电流互感器和电压互感器的回路中，在正常情况下接地开关由锁闩3保持在分闸位置。当变电站发生故障而电流增大或电压降低时，铁芯1和铁芯2将动作而打开锁闩3，此时接地开关可在合闸弹簧4的作用下关合。

如图7-27所示，只有在接地开关动作后，快分隔离开关才能动作。快分隔离开关的分闸时间一般不应大于0.5s，以保护能在送电端断路器自动重合闸无电流间隔时间内完成分闸。

接地开关按结构形式可分为敞开式和封闭式两种。前者的导电系统暴露于大气中类似隔离开关的接地刀闸，后者的导电系统则被封闭在充SF_6或油等的绝缘介质中。

接地开关需要关合短路电流，必须具备一定的短路关合能力和动、热稳定性。但它不需要开断负荷电流和短路电流，故没有灭弧装置。闸刀的下端通常经过电流互感器与接地点连接。电流互感器可给出信号供继电保护用。

各种结构形式的接地开关均有单极、双极和三极之分。单极只用于中性点接地系统，双极和三极则用于中性点不接地系统，共用一个操动机构进行操作。图7-28所示为户外单极敞开式接地开关。

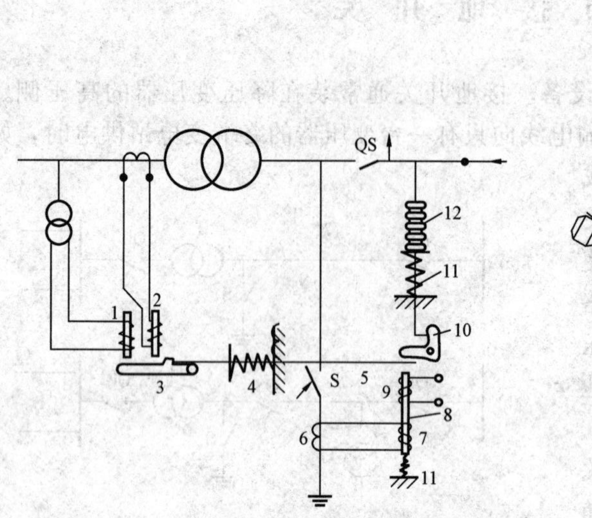

图 7-27　接地开关和快分隔离开关配合使用时的原理图
1、2、8—铁芯；3—锁闩；4—合闸弹簧；5—机械锁；
6—电流互感器；7—电流线圈；8—电压线圈；
10—锁钩；11—弹簧；12—分闸弹簧

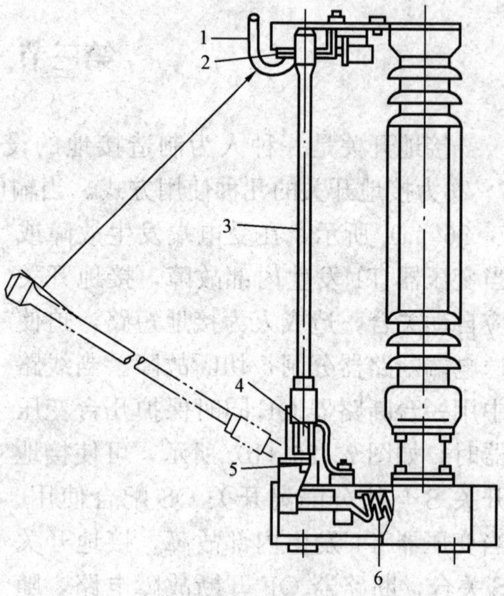

图 7-28　户外单极敞开式接地开关
1—屏蔽环；2—静触头；3—闸刀；4—软连接；
5—转轴；6—合闸弹簧

接地开关的导电系统也可密封在 SF_6 气体或变压器油等绝缘介质中。动、静触头的分开距离可以明显缩短，合闸时间也可减小，而且不受大气条件的影响；但价格高，结构较为复杂。

第四节　负　荷　开　关

一、负荷开关概述

负荷开关是带有简单灭弧室装置的一种开关电器，适用于 3、6、10、35、63kV 电压等级的电网中（目前尚有更高电压等级的负荷开关），作为关合和开断负荷电流及过载电流用，也可用作关合和开断空载长线、空载变压器及电容器组等。它和限流熔断器串联组合可代替断路器使用，即由负荷开关承担关合和开断各种负荷电流，而由熔断器承担开断较大的过负荷电流和短路电流。

负荷开关在结构上应满足：在分闸位置时要有明显可见的间隙，这样，负荷开关前面就无需串联隔离开关，在检修电气设备时，只要开断负荷开关即可；要能经受尽可能多的开断次数，而无需检修触头和调换灭弧室装置的组成元件；负荷开关虽不要求开断短路电流，但要求能关合短路电流，并有承受短路电流的动稳定性和热稳定性的要求（对组合式负荷开关则无此要求）。

我国负荷开关的型号根据国家技术标准规定，一般由文字符号和数字按以下方式组成：

1 2 3—4（5，6）/7

第一项，表示产品名称。F 为负荷开关。

第二项，表示安装地点。N 为户内；W 为户外。

第三项，为设计序号，用数字表示。

第四项，电压等级，单位为kV。

第五项与第六项，表示是否配用接地开关与熔断器。D为接地开关；R为熔断器。

第七项，表示额定电流，单位为A。

二、负荷开关的分类与结构

按照用途可分为通用、专用和特殊用途三种；按照安装地点可分为户内与户外式；按照操作的频繁程度可分为一般与频繁两种。负荷开关的结构按不同灭弧介质可分为矿物油、压缩空气、有机材料产气、SF_6气体和真空负荷开关五种。

（一）*矿物油负荷开关*

用矿物油作灭弧介质的负荷开关结构简单且价格低廉，至今在我国的部分地区，如农村变电站还在运行使用，一般安装在户外电线杆上，故又称作柱上式油负荷开关。如图7-29所示为10kV交流三相油负荷开关的外形图。油负荷开关容易引起爆炸和火灾的危险，国外早已被淘汰。

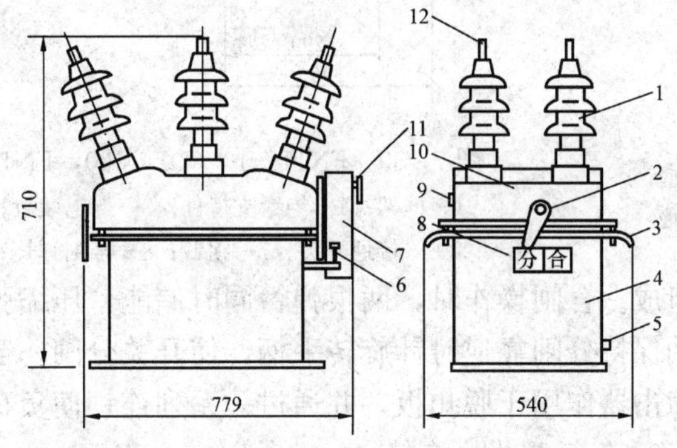

图7-29 10kV油负荷开关的外形图

1—套管绝缘子；2—分合指示针；3—吊环；4—油箱；5—放油阀；6—油位计；7—人力操动机构；8—分合指示牌；9—注油孔；10—箱盖；11—储能指示器；12—接线端子

（二）*压气式负荷开关*

压气式负荷开关是用空气作为灭弧介质的。它是一种将空气经压缩后直接喷向电弧断口而熄灭电弧的开关，适用于10kV电网分合负荷电流、闭环电流、空载变压器和电缆充电电流，以及关合短路电流。如配装接地开关，可以有承受短路电流的能力。

图7-30所示为FN11-10型压气式负荷开关外形图，负荷开关基本结构由框架1、绝缘支持件2、导电装置3、拐臂7、操动机构9等组成。它还可以装上接地开关6、限流熔断器4、自由脱扣机构5组成组合电器，使功能扩展，不但有隔离负荷开关的功能，而且有接地和短路保护的功能。其中接地开关具有与负荷开关相同的动热稳定能力，以及短路关合能力。

导电装置主要由两组梅花静触头和动触杆构成。动触杆用紫铜管做成，兼作气缸。它由拐臂驱动而可作上、下直动式运动。分闸时，动触杆与固定活塞间的相对运动，使空气被压缩，通过特殊设计的喷口形成一股高速气流喷出，将电弧熄灭。高速气流使负荷开关断口间空气介质绝缘强度很快恢复，有效防止了电弧的重燃。为提高开关的电寿命采用耐电弧的铜钨合金，制成一对弧触头，结构上保证电弧在引弧杆（静）和引弧环（动）之间燃烧，而不会烧伤动触杆和梅花静触头。

1. 操动机构

接地开关操动机构采用手力弹簧储能过死点合闸，从而保证接地开关关合短路电流的能力。

负荷开关操动机构采用手力储能弹簧合分闸。它由压缩、拉伸弹簧各一根和半轴脱扣机

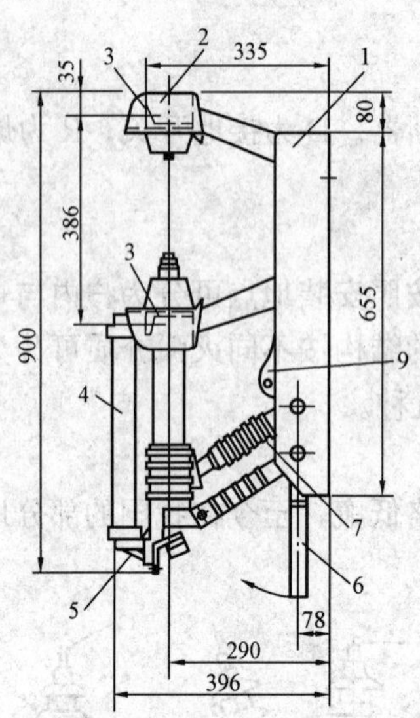

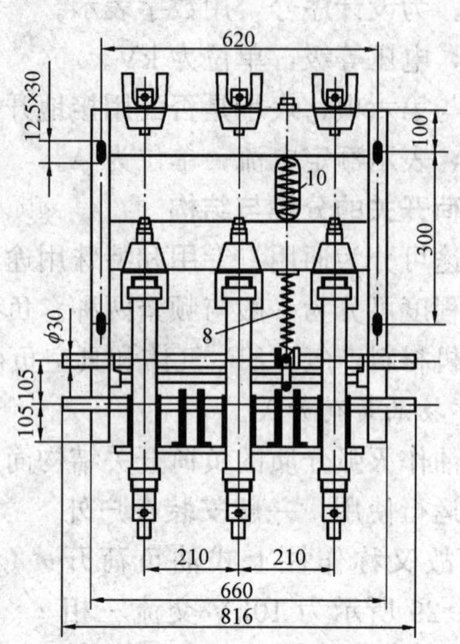

图 7-30 FN11—10（D）/630，FN11—10（D，R）/100 型外形图

1—框架；2—绝缘支持件；3—导电装置；4—熔断器；5—自由脱扣机构；
6—接地开关；7—拐臂；8—合闸弹簧；9—操动机构；10—分闸弹簧

构组成。合闸操作时，两根弹簧同时储能，压缩弹簧过死点后开关合闸，拉伸弹簧的能量被半轴保持分闸靠逆时针旋转手柄，使开关分闸。当装有熔断器时，一只或多只熔断器熔断时其撞击器作用于脱扣板，并通过一系列连锁使负荷开关分闸。

2. 负荷开关的连锁

负荷开关与接地开关装于同一框架上，二者有严格的机械连锁，即负荷开关处于合闸位置，接地开关不能合闸，反之亦然。在产品的结构中装置两个主轴，分别操动负荷开关与接地开关，负荷开关主轴在上，接地开关主轴在下，两个主轴共用一个手柄，二者之间的连锁通过一个缺口圆盘来实现，在结构上保证了不可能出现误操作。

3. 操作程序

（1）分合闸操作程序为：负荷开关处于分闸状态下，手柄插入主轴孔先逆时针旋转约120°使复位弹簧复位。然后再顺时针旋转120°弹簧储能使开关合闸。如果负荷开关处在分闸状态，而接地开关接地时，应首先将手柄插入接地开关主轴，将接地开关打开后，再将手柄取出、插入负荷开关主轴进行合闸，否则由于连锁的功能将不能被操作。负荷开关处于合闸状态下，分闸时首先将手柄插入负荷开关主轴作逆时针旋转使开关分闸，当装有接地开关时，在负荷开关分闸后，应先逆时针旋转负荷开关主轴使之复位，再将手柄拔出插入接地开关主轴孔，使接地开关接地。

（2）限流熔断器熔断后，熔断器的撞击器撞击开关的脱扣板，使开关分闸，更换熔断器后，按上述（1）进行合闸。

（三）产气式负荷开关

产气式负荷开关是利用触头分离，产生电弧，在电弧的作用下，使绝缘产气材料产生大量的灭弧气体喷向电弧，使电弧熄灭。

产气式负荷开关的灭弧室有狭缝式和管式。狭缝式又有板式狭缝式和环形狭缝式。图7-31所示为几种产气式灭弧室的型式，要求绝缘材料能保证产生足够的气体，不形成导电残留物，烧损小且有足够的导热性。在负荷开关中，证明性能良好的产气材料有聚酰胺、缩醛树脂、耐热有机玻璃等。

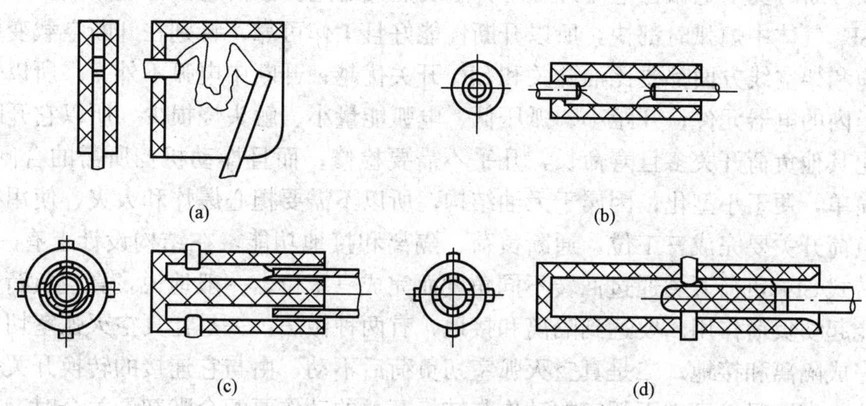

图 7-31　各种产气式灭弧室型式

(a) 板式狭缝式灭弧室；(b) 管式灭弧室；(c)、(d) 环形狭缝式灭弧室

（四）SF_6 负荷开关

在 SF_6 负荷开关中，一般用压气方式灭弧，这是因为 SF_6 负荷开关仅开断负荷电流而不开断短路电流，故电流小，用压气原理只要稍有气吹就能熄弧。此时，若用旋弧式或热膨胀式，则因电流小而难以开断。

压气式负荷开关又有移动式和回转式两种。移动式就像一般 SF_6 断路器那样，导电杆上下或左右直线运动，分合电路。回转式负荷开关就像转换开关，导电杆回转而形成气吹，一般形成双断口，故行程短。

图 7-32 所示为回转式 SF_6 负荷开关的开断过程。此开关为三工位，它以动触头的回转运动完成开断、隔离和接地。

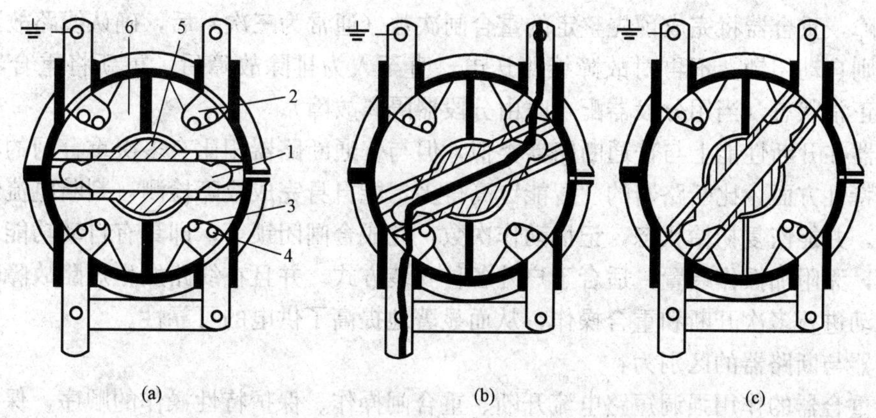

图 7-32　回转式 SF_6 负荷开关的开断过程

(a) 负荷开关处于开断位置；(b) 负荷开关处于开断过程之中（电弧在静触头的燃弧项端起弧）；(c) 负荷开关处于关合位置（由主触头传导电流）

1—动刀；2—静触头；3—主触头；4—弧触头；5—负荷开关主轴；6—灭弧室

（五）真空负荷开关

真空负荷开关的开关触头被封入真空灭弧室。因为是在真空中熄弧，所以带来了一系列优点，诸如开断时真空电弧在电流过零时，金属蒸气迅速扩散而熄弧，绝缘强度恢复比空气中熄弧或 SF_6 气体中熄弧时都快，所以开断性能好且工作可靠，特别在开断空载变压器，开断空载电缆和架空线方面都要比油开关和 SF_6 开关优越；开断中电弧不外露，所以也不会污染和损害柜内的电器元件；开距小、弧压低、电弧能量小、触头烧损少，所以它开断额定电流的次数比其他负荷开关多且寿命长，几乎不需要检修；而且操动机构所需的合闸功也小，开关结构简单，便于小型化；因属于无油结构，所以不需要担心爆炸和火灾，使用很安全。

真空负荷开关要完成三工位，通断负荷、隔离和接地功能，在结构设计上有一定难度。它不像回转式 SF_6 负荷开关通过回转不同角度而完成三工位，一般地说，真空负荷开关的灭弧一般只能起切负荷作用。要达到隔离和接地，有两种做法：一是让真空灭弧室切负荷后随之转动，完成隔离和接地；二是真空灭弧室切负荷后不动，由与它连接的转换开关完成隔离和接地工位。在这里，真空灭弧室的动作与转换开关的动作要配合默契。关合时，首先转换开关先关合，然后真空灭弧室关合。开断时，首先真空灭弧室开断，然后转换开关开断。它们之间要有连锁。

第五节 重合器与分段器

一、重合器与分段器概述

自动化是配电网的发展方向。在配电网自动化中，必须要有故障识别与恢复功能，要做到这点，所采用的开关电器就必须实现智能化。重合器和分段器就是具备这种功能的智能化的开关电器。

重合器是一种自动化程度很高的设备，它可自动检测通过重合器主回路的电流，当确认是故障电流后，持续一定时间按反时限保护自动开断故障电流，并根据要求多次自动地重合，向线路恢复送电。如果故障是瞬时性的，重合器重合后线路恢复正常供电；如果故障是永久性故障，重合器将完成预先整定的重合闸次数（通常为三次）后，确认线路故障为永久性故障，则自动闭锁。不再对故障线路送电，直至人为排除故障后，重新将重合器闭锁解除，恢复正常状态（当用分段器配合时由分段器隔离故障）。

重合器在开断性能上与普通断路器类似，但与普通断路器相比有多次重合闸的功能。在保护控制特性方面，比断路器的“智能”高得多，能自身完成故障检测，判断电流性质执行开合功能，并能恢复初始状态，记忆动作次数，完成合闸闭锁等，即具有自动功能、保护和控制功能，无附加操作装置，适合于户外各种安装方式。并且在线路发生短路故障时，此重合器可自动进行多次开断和重合操作，从而显著地提高了供电的可靠性。

重合器与断路器的区别为：

（1）重合器的作用强调短路电流开断、重合闸操作、保护特性操作的顺序，保护系统的复位。而断路器的作用强调开断、关合，由外部机构对断路器进行控制。重合器具有断路器的全部功能。

（2）重合器的结构由灭弧室、操动机构、保护控制系统合闸线圈等部分组成，而断路器的结构则缺少保护控制系统。

（3）重合器是本体控制设备，具有故障检测、操作顺序选择、开断和重合等调整功能，用于线路上的重合器，其操作电源直接取自高压线路，用于变电站内则具有低压电源可供操作机构的分合闸电源。这些功能在设计上是统一考虑的，而断路器和其控制系统在设计上是分别考虑的。

（4）由于重合器适用于户外柱上安装，既可在变电站内，也可在配电线路上。断路器由于操作电源和控制装置的限制，一般只能在变电站使用。

（5）不同类型重合器的闭锁操作次数，分闸快慢动作特性，重合间隔时间等特性一般都不同，其典型的四次分断三次重合的操作顺序为：分$\xrightarrow{t_1}$合分$\xrightarrow{t_2}$合分$\xrightarrow{t_2}$合分。其中 t_1、t_2 可调，且随不同产品而异。它可以根据运行中的需要而调整重合次数及重合闸间隔时间。断路器有标准给定的额定操作顺序，如对一次重合的断路器，额定操作顺序为：分$\xrightarrow{0.3s}$合分$\xrightarrow{180s}$合分。

（6）重合器的相间故障开断都采用反时限特性，以便与熔断器的安秒特性相配合（但电子控制重合器的接地故障开断一般采用定时限）。重合器有快慢两种安秒特性曲线图。通常它的第一次开断都整定在快速曲线上，使其在 0.03～0.04s 内（视故障电流而定）即可切断额定短路开断电流，以后每次开断，可根据保护配合的需要，选择不同的安秒曲线。而断路器所配继电保护选为定时限或反时限保护。虽然我国配电线路常用的是速断和过流保护，也有不同的开断时延，但这种时延只与保护范围有关，与操作顺序无关。

（7）在开断能力方面，重合器短路开断试验的试验程序和试验条件比断路器严格得多。由此可见，相对于断路器而言，重合器的结构更为复杂，工作条件较为严格。

分段器是配电网提高可靠性和自动化程度的又一重要设备，广泛地应用在配电网线路的分支线或区段线路上，用来隔离永久性故障。

分段器没有安秒特性曲线，仅对线路出线的异常电流进行反应。它必须与后备保护开关重合器（或断路器）配合使用，当故障电流出现而且消失（保护开关切除故障）后，分段器才完成一次故障的计数，达到规定的计数次数后，在无电流下自动分断隔离故障。由保护开关重合无故障线路，恢复正常供电。从而提高供电的可靠性，同时又对故障查寻提供明显故障区段，减轻了运行人员查寻故障的工作量。

由于分段器无严格的配合要求，应用十分方便，且简单可靠。

分段器是一种新型的负荷开关，它具有负荷开关的开断、关合等性能，同时又是具有智能化的设备，在我国使用时间还不很长，但已经体现出它的生命力。

分段器是 10kV 配电系统中用来自动隔离故障区段的开关设备，适合户外柱上安装。

分段器可开断负荷电流、关合短路电流，但不能开断短路电流，通常与重合器或断路器配合使用，不能单独作为主保护开关设备。当线路故障时，它可以记忆后备保护开关开断故障电流的次数，并达到额定的记忆次数 1～3 次后，在无故障电流（滞后 0.1～0.25s）下自动分闸，隔离故障区段，使后备保护能成功地重合其余的无故障线路，保证无故障线路正常运行，将故障停电限制在最小范围。如果线路故障是瞬时的，则分段器计数器的计数次数可在一定时间后自动复位，将计数清除回复到零次状态。

分段器除了在开断与关合负荷功能上与负荷开关相似外，还具有故障记忆功能，在隔离故障线路的作用上与熔断器相似，但无开断噪音，也不喷弧，并可用于无法采用熔断器保护的近区大故障电流的分支线上。由于分段器无安秒特性，所以能与断路器、重合器有相当好的配合效果。其基本用途是：

（1）需要将线路分段，但保护配合又无法满足的场合。

（2）需要将线路分段，并仍能发挥负荷侧各级熔断器的保护特性，但又因资金紧张只能购置重合器的场合。

二、重合器与分段器在配电系统中的应用

重合器和分段器实现识别故障与恢复供电功能有多种方案。其中主要有电流—时间方案（简称电流法）和电压—时间方案（简称电压法）。这两种方案都不依赖信道建设，适合我国中小城市电网和农村电网现状。

（一）电流—时间型“重合器＋分段器”方案

电流法是利用智能开关的安秒特性曲线，根据重合闸动作判断故障区段，并自动隔离永久故障区段，恢复对非故障区的供电。

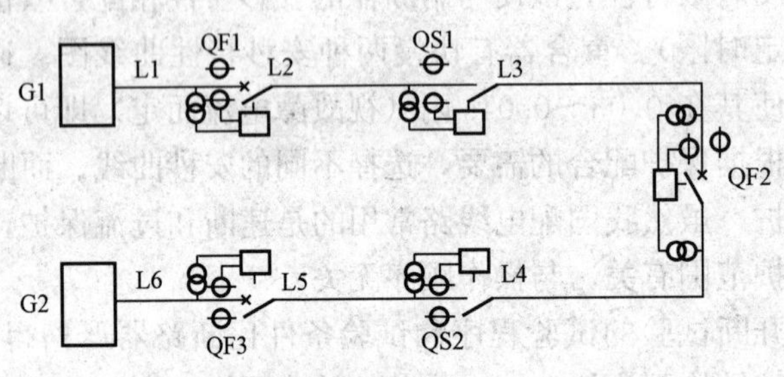

图 7 - 33　电流—时间型“重合器＋分段器”方案

如图 7 - 33 所示为五开关环网。图中 QF1～QF3 为重合器，QF2 为联络开关；QS1 和 QS2 为分段器。各开关主要性能如下：

（1）QF1，QF3 动作为两次，脱扣电流 800A，失压 3s 后闭锁。

（2）QF2 动作为两次，脱扣电流 600A，失压 10s 后关合。

（3）QS1、QS2 计数 1 次，计数电流为 450A；有电压抑制功能（即电压信号抑制电流计数）。

若 L2 段故障，则动作过程为：QF1 分断，重合→QF1 再分，闭锁→QF2 失压，10s 后关合→QF2 跳闸→QS1 计数一次，在 QF2 完成开断后分断并闭锁→ QF2 再关合，恢复非故障段的供电。在上面的动作过程中，当 QF2 关合时，QS2 也流过故障电流，但由于前述的电压抑制功能的作用，QS2 并不计数。

同样，若 L3 段发生永久故障，则动作过程为：QF1 分闸→QS1 计数一次，在 QF1 的分闸后分断并闭锁→QF1 再次合闸成功→QF2 失压，10s 后关合→ QF2 因故障电流而跳闸，QF2 重合→QF2 再次跳闸，并闭锁。这里 QS2 的电压抑制功能仍很重要。

（二）电压—时间型“重合器＋分段器”方案

电压法是检测开关两侧的电压，根据电压信号来决定开关是否投入或闭锁。

图 7 - 34 是利用分段器和重合器实现的环网供电方案，各开关的功能要求如下：

QB1、QB2 为变电站出线断路器或重合器，要求至少有两次重合闸功能。

QS0～QS4：柱上分段器，能关合故障电流。操作电源取自电压互感器，合闸动作由故障诊断器控制，线路失电时分断。QS1～QS4 为分段模式，QS0 为联络模式，其功能设置如下：

（1）QS1～QS4：

1）得电后延时 X（如 7s）合闸。若 X 时间内重新失压，则断路器闭锁；若 X 时间内检测到故障电压，则断路器闭锁；若 Y 时间内检侧到断路器两侧同时有电，则断路器闭锁。

2）合闸后 Y 时间内（如 5s）检测故障，若 Y 时间内断路器再次失压，则分断后闭锁。

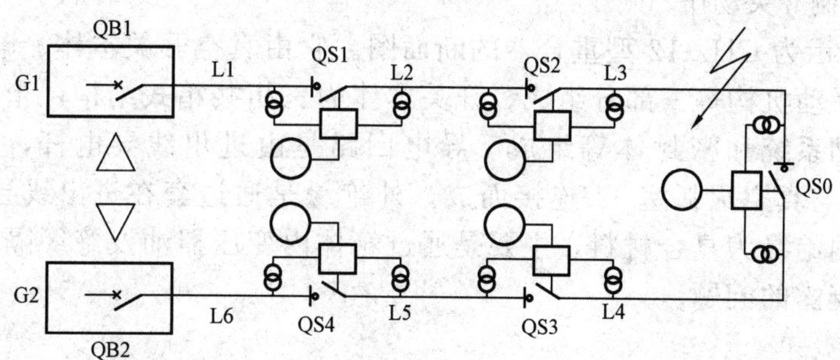

图 7-34　电压—时间型“重合器＋分段器”方案

C1、C2—电源；QB1、QB2—出线断路器或重合器；QS0～QS4—分段器；

○—三遥终端；□—故障诊断终端；△—故障段位指示器

(2) VS0：

1）任意一侧失压后，延时 XL（如 45s）关合，并启动 Y 延时。若 XL 时间内检测到故障电压，则闭锁于分断状态；若 XL 时间内检测到两侧有电，则终止 XL 定时，断路器不关合，直接起动 Y 延时。

2）Y 延时为故障检测时间。若 Y 时间内再次失压，则开关分断闭锁。

时间配合要求：XL 时间＞（继电保护时间＋QB 固有分闸时间＋X 时间×每回线路分段器个数），且 X 时间＞Y 时间（继电保护时间＋QB 固有分闸时间）。

以情况较为复杂的 L3 段永久故障为例，开关动作过程如下：QB1 跳闸→QS1、QS2 分闸，QS0 开始 XL 延时→QB1 重合→7s 后 QS1 合闸并完成 5s 的故障检测时间→ QS2 得电 7s 后合闸到故障段，并起动 Y 延时，检测故障；QS0 在 XL 时间内重新得电，终止 XL 延时，起动 Y 延时→QB1 保护跳闸，QS1，QS2 失电分断→QS2 在 Y 时间内检测到二次失压或故障电压，闭锁，QS0 在 XL 时间内检测到故障电压或在 Y 时间内检测二次失压，闭锁→QB1 再次重合闸，7s 后 QS1 投入，恢复 L1 和 L2 段的供电。

同样，若 L2 段发生故障，则 QB1 第一次重合后，因故障仍然存在而再次跳闸，QS1 因检测到二次失电而分断闭锁，QS2 因检测到故障电压而闭锁。QB1 再次重合之后恢复对 L1 的供电；QS0 在 XL 时间之后合闸，恢复 L3 的供电。

三、重合器的类型与结构

重合器按灭弧和绝缘介质可分为以 SF_6 气体作为灭弧和绝缘介质的重合器、以真空灭弧而以油作为外绝缘的重合器、以真空灭弧而以 SF_6 作为外绝缘的重合器以及以真空灭弧而以干燥空气作为外绝缘的重合器。

重合器按结构可分为三部分：本体、控制器、电源。

重合器的本体主要为 SF_6 断路器和真空断路器。

目前国内以 ZW1 型断路器为本体的 CHZ-12 型油绝缘真空重合器、以 ZW8 型断路器为本体的 CHZ-12 型干式真空重合器和以 LW3 为本体的 CHL-12 型 SF_6 重合器为主流产品。其中 C 表示重合器，H 表示高压，Z 为真空式，额定电压为 12kV。

控制器安装在机箱内，用电缆连接，其内的主控模块完成线路电流、电压采集、计算和保护功能，实现故障线路的捕捉及故障类型的判断。同时对断路器的其他信号（分合位置、储能、压力等）进行监视。用户可通过模块上的键盘和显示查阅各采集量和整定值，并可修改运行参数、控制开关动作。

图 7－35 所示为 CHZ-12 型重合器的断面图。它由真空开关本体、电子控制系统和快速储能弹簧操动机构等三部分组成。开关本体为三相共箱式结构，箱体由导电回路、绝缘系统、传动系统和密封体等组成。导电回路是由进出线导电杆，动静端支座 9、12，导电夹 13 与真空灭弧室 11 连接而成。外绝缘是通过套在进出线导电杆上的高压瓷套实现的。内绝缘为复合材料，主要是通过箱体内变压器油及绝缘隔板等来实现的，同时也解决了凝露的问题。

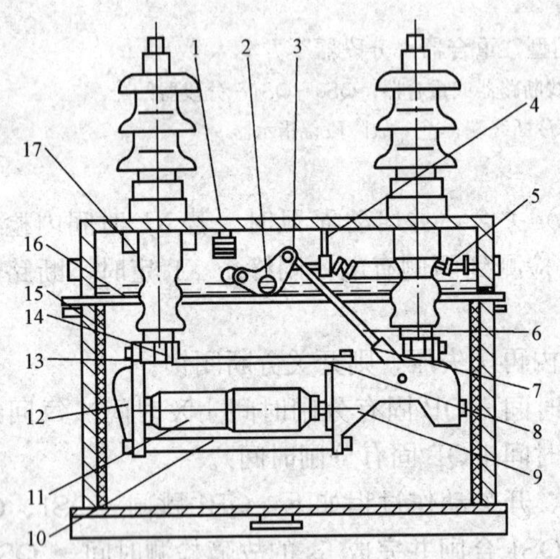

图 7－35 CHZ-12 型油绝缘真空重合器的结构图

1—分闸缓冲装置；2—三相主轴；3、7—拐臂；4—支撑件；5—分闸弹簧；6—绝缘操作杆；8—绝缘板；9—动端支座；10—绝缘杆；11—真空灭弧室；12—静端支座；13—导电夹；14—夹板；15—绝缘纸板；16—变压器油；17—电流互感器

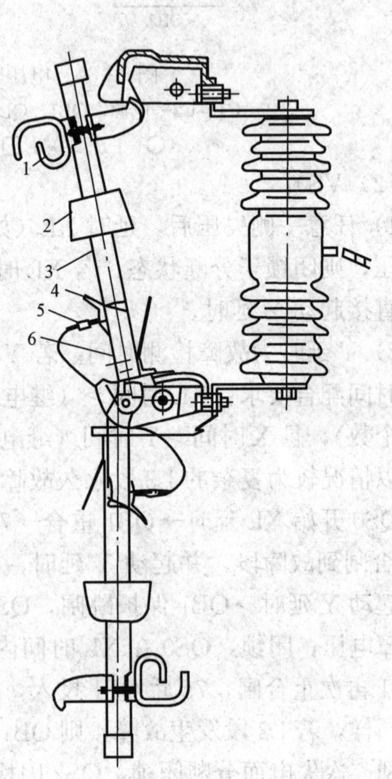

图 7－36 跌落式分段器的外形结构图

1—挂钩；2—电流互感器；3—载流管；4—卡簧片；5—起动器；6—脱扣器

四、分段器的类型与结构

分段器的结构类型较多，按介质区分有 SF_6 分段器、真空分段器、油分段器、空气分段器；按控制功能分有电子控制和液压控制等；按操作方式有自动操作和手动操作两种。

图 7－36 所示为 DFW-10（F）型跌落式分段器，该分段器是一种电子式单相自动分段器，外形与普通的 RW 型 10kV 高压熔断器类似，且体积小、安装维护方便、使用灵活、价格低廉，可以极大地减少线路故障查找时间，提高供电的可靠性。

跌落分段器由瓷件、跌落式载流管、上下触头（罩）、灭弧装置、电流互感器、控制板、起动器等组成。由手动合闸操作，故障后在无电流下自动跌落分段，将故障段隔离；当线路故障清除后，更换新的起动器，手动合闸，恢复正常供电。

习 题

7-1 高压开关电器有哪些种类？各自的作用是什么？

7-2 对高压断路器有哪些基本要求？

7-3 高压断路器如何分类？其型号如何表示？

7-4 高压断路器有哪些技术参数？其含义是什么？

7-5 试画图说明真空断路器的结构。

7-6 试简述ZN12型真空断路器的结构。

7-7 SF_6气体有哪些特性？在电气设备中使用时有什么问题？

7-8 什么是定开距？什么是变开距？

7-9 试简述LW8-35型断路器的结构。

7-10 单压式SF_6断路器和双压式SF_6断路器的区别有哪些？

7-11 试简述少油式断路器的灭弧原理。

7-12 断路器的操动机构的作用是什么？有哪些类型？

7-13 试简述CD10机构的动作过程。

7-14 自由脱扣机构的作用是什么？

7-15 试简述CT14机构的动作过程。

7-16 隔离开关的用途是什么？有哪些类型？

7-17 用隔离开关可以进行哪些操作？

7-18 隔离开关与接地开关之间为什么要互相闭锁？

7-19 试简述GW4、GW5、GW6、GW7的结构特点。

7-20 接地开关的作用是什么？

7-21 负荷开关和隔离开关有什么区别？

7-22 负荷开关如何与熔断器配合使用？

7-23 负荷开关有哪几种类型？

7-24 现代的负荷开关具有哪些特点？

7-25 重合器与分段器的作用是什么？

7-26 试简述重合器与分段器的类型与结构。

第八章　互　感　器

互感器是将电路中大电流变为小电流、将高电压变为低电压的电气设备，作为测量仪表和继电器的交流电源。互感器可分为电流互感器和电压互感器两类，它们工作的基本原理与变压器相似，但又有其特殊性。

第一节　互感器概述

目前广泛使用的电磁式互感器有电压互感器和电流互感器两种，图 8-1 所示为单相电压互感器和电流互感器工作原理电路图。

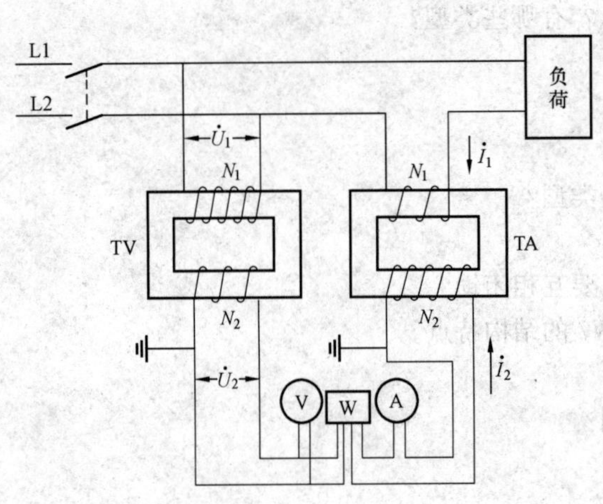

图 8-1　电压互感器和电流互感器的工作原理电路图

电压互感器 TV 的一次侧（简称一次）绕组并联在高压电路中，将高电压变成低电压，二次侧（简称二次）额定电压为 100V、$100/\sqrt{3}$V 或 100/3V，所以一次绕组匝数 N_1 大于二次绕组匝数 N_2，二次绕组与测量仪表或继电器的电压线圈并联。电流互感器 TA 的一次绕组串接在一次电路内，将大电流变成小电流，二次额定电流为 5A 或 1A，所以一次绕组匝数 N_1 小于二次绕组匝数 N_2，二次绕组与测量仪表或继电器的电流线圈串联。因此，互感器是电力系统中供测量和保护用的重要设备。

此外，互感器还有以下重要作用：

（1）能够使测量仪表和继电器等二次的设备，与一次高压装置在电气方面隔离，以保证工作人员的安全。

（2）能够使测量仪表和继电器实现标准化和小型化。

（3）能够采用低电压小截面的控制电缆，实现远距离的测量和控制。

（4）当一次电路发生短路时，能够保护测量仪表和继电器的电流线圈免受大电流的损害。

在低压装置上也广泛使用互感器，其主要目的是为了使用简单、经济的标准化仪表，并使配电屏接线简单。

为了确保人在接触测量仪表和继电器时的安全，互感器二次绕组必须有一点接地。因为接地后，当一次和二次绕组间的绝缘损坏时，可以防止仪表和继电器出现高电压危及人身安全。

第二节 电流互感器

一、电磁式电流互感器的工作原理

电流互感器的工作原理与普通变压器相似，是按电磁感应原理工作的。其原理接线如图 8-1 所示。当一次绕组流过电流时，铁芯中产生交变磁通，此交变磁通在二次闭合回路中感应出电动势和电流。

电流互感器一次额定电流 I_{1N} 与二次额定电流 I_{2N} 之比，称为变流比，用 k_i 表示，则

$$k_i = \frac{I_{1N}}{I_{2N}} \tag{8-1}$$

根据磁势平衡原理，忽略励磁电流时，可认为

$$k_i \approx \frac{N_2}{N_1} = k_N \tag{8-2}$$

式中 N_1——一次绕组匝数；

N_2——二次绕组匝数；

k_N——匝数比。

电流互感器与变压器比较，其工作状态有如下特点：

(1) 电流互感器一次绕组是串联在一次电路内，其电流即是一次侧的负荷电流，不是由二次电流决定。由于电流互感器一次绕组匝数少，阻抗小，因此串联在一次电路中对一次电路的电流没有影响，而变压器的一次电流是随二次电流变化的。

(2) 电流互感器二次绕组串联的仪表和继电器电流线圈的阻抗很小，因此在正常运行时，相当于二次短路的变压器。

(3) 由于二次负荷阻抗很小，所以在一定范围内二次负荷的变化，对二次电流影响很小，可以认为一次电流与二次负荷的变化无关。

(4) 电流互感器运行时不允许二次绕组开路。这是因为在正常运行时，二次负荷产生的二次磁通势 $\dot{I}_2 N_2$，对一次磁通势 $\dot{I}_1 N_1$ 有去磁作用，因此励磁磁通势 $\dot{I}_0 N_1$ 及铁芯上的合成磁通 ϕ_0 很小，在二次绕组中感应的电动势不超过几十伏。当二次开路时，二次电流 $\dot{I}_2=0$，二次的去磁磁通势 $\dot{I}_2 N_2$ 也为零，而一次磁通势不变，全部用于激磁，则励磁磁通势 $\dot{I}_0 N_1 = \dot{I}_1 N_1$，合成磁通很大，而铁芯截面是按照正常工作时合成磁通 ϕ_0 很小设计的，因此铁芯会出现高度饱和，此时磁通 ϕ 的波形接近平顶波。磁通曲线过零时 $\frac{d\phi}{dt}$ 很大，因此二次绕组将感应出几千伏的电动势 e_2，如图 8-2 所示，危及人身和设备安全。另外，由于铁芯饱和，会使铁芯及绕组温度上升，产生不允许的过热，同时铁

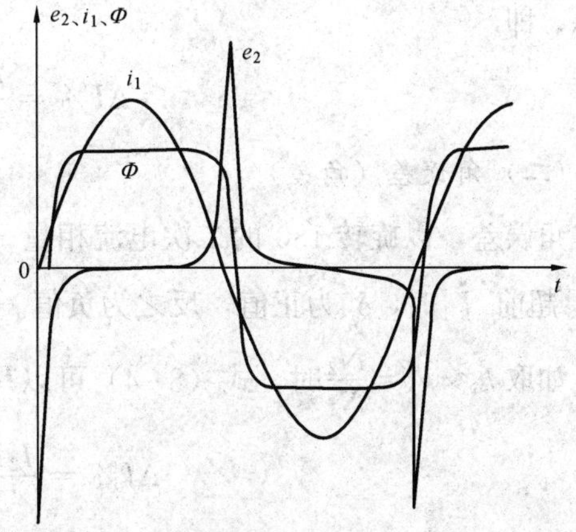

图 8-2 电流互感器二次侧开路时磁通和电动势波形

芯中的剩磁会使误差加大。

为了防止二次绕组开路，规定在二次回路中不准装熔断器等开关电器。如果在运行中必须拆除测量仪表或继电器及其他工作时，应首先将二次绕组短路。

二、电流互感器的误差及影响误差的因素

图 8-3 为电流互感器的等值电路和相量图。相量图中以二次电流 $\dot{I}'_2$为参考相量，初相角为 0°。二次电压 $\dot{U}'_2$超前 $\dot{I}'_2$一个二次负荷的功率因数角 φ_2，二次电动势 $\dot{E}'_2$超前 $\dot{I}'_2$一个二次总阻抗角 α，铁芯磁通 $\dot{\Phi}$ 超前 $\dot{E}'_2$90°角，励磁磁通势 $\dot{I}_0N_1$ 超前 $\dot{\Phi}$ 一个铁芯损耗角 ψ。

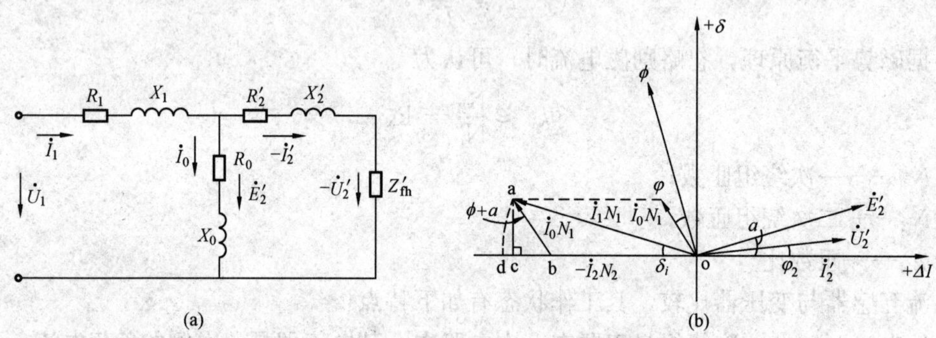

图 8-3　电流互感器的等值电路和相量图

(a) 等值电路；(b) 相量图

根据磁通势平衡原理可知

$$\dot{I}_1N_1+\dot{I}_2N_2=\dot{I}_0N_1 \tag{8-3}$$

则

$$\dot{I}_1=\dot{I}_0-k_N\dot{I}_2$$

由式（8-3）和相量图可以看出，由于励磁电流 $\dot{I}_0$ 的影响，使一次电流 $\dot{I}_1$ 与$-k_N\dot{I}_2$ 在数值上和相位上都有差异，所以测量结果有误差。通常，此误差用电流误差和角误差来表示。

（一）电流误差（比差）

电流误差，以电流互感器测出的电流 k_iI_2 和实际电流 I_1 之差，对实际电流 I_1 的百分比表示，即

$$\Delta I\%=\frac{k_iI_2-I_1}{I_1}\times 100 \tag{8-4}$$

（二）角误差（角差）

角误差，以旋转 180°的二次电流相量$-\dot{I}_2$，与一次电流相量 $\dot{I}_1$的夹角 δ_i 表示并规定$-\dot{I}'_2$超前 $\dot{I}_1$时，δ_i 为正值，反之为负值。

如取 $k_i\approx k_N=\dfrac{N_2}{N_1}$时，式（8-4）可以写成

$$\Delta I\%=\frac{I_2N_2-I_1N_1}{I_1N_1}\times 100 \tag{8-5}$$

其中 I_1N_1 和 I_2N_2 只表示绝对值的大小。当 I_1N_1 大于 I_2N_2 时，电流误差为负，反之电流误差为正。由相量图可知有

$$I_2N_2-I_1N_1=\overline{\mathrm{ob}}-\overline{\mathrm{od}}=-\overline{\mathrm{bd}}$$

当 δ_i 很小时，取 $\overline{\mathrm{bd}}\approx\overline{\mathrm{bc}}$，则

$$\Delta I\%=\frac{-\overline{\mathrm{bc}}}{I_1N_1}\times100=-\frac{I_0N_1}{I_1N_1}\sin(\psi+\alpha)\times100 \quad (8-6)$$

$$\delta_i\approx\sin\delta_i=\frac{\overline{\mathrm{ac}}}{\overline{\mathrm{oa}}}=\frac{I_0N_1}{I_1N_1}\cos(\psi+\alpha)\times3440' \quad (8-7)$$

（三）影响误差的因素

式（8-6）和式（8-7）表明，电流互感器的误差与一次电流的大小、铁芯质量、结构尺寸及二次负荷有关。

（1）一次电流 I_1 对误差的影响，制造电流互感器时，为了减小误差，在一次为额定电流和二次为额定负荷的条件下，把互感器的工作点选在磁化曲线的直线段中部，如图 8-4 所示。因为在直线段范围内，$\mu=\Delta B/\Delta H$ 的值较大，除此之外，磁化曲线其他部分，μ 的值都逐渐变小。

根据上述情况并对照式（8-6）和式（8-7）可知，当 I_1 工作在一次额定电流值附近时，因为 μ 大。相对 I_1 而言 I_0 较小，所以电流误差 ΔI 和角误差 δ_i 均比较小；当 I_1 的值较一次额定电流值大得很多或小得很多时，因为 μ 小，所以相对 I_1 而言，I_0 较大，电流误差 ΔI 和角误差 δ_i 均增大。

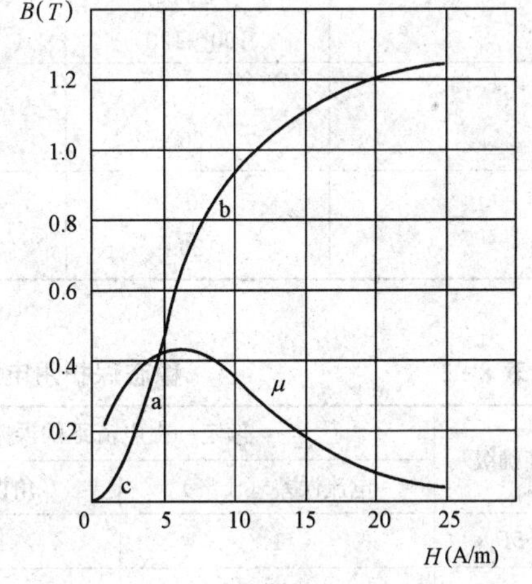

图 8-4 磁化曲线

（2）铁芯质量和结构尺寸对误差的影响。为了减小 I_0，必须减小铁芯的磁阻 $R_m=L/(\mu S)$，如减小磁路长度 L、增大铁芯截面 S 和选用导磁率 μ 高的电工钢。此外，减小磁路的空气隙也有重要作用。

（3）二次负荷阻抗及功率因数对误差的影响。当一次电流不变，增加二次负荷阻抗时，I_2 将减小，I_0N_1 将增加，因而 ΔI 和 δ_i 将增大。

当二次负荷功率因数角 φ_2 增加时，$\dot{E}'_2$ 与 $\dot{I}'_2$ 之间的 α 角增加。根据式（8-6）和式（8-7），α 增大时，ΔI 增大，而 δ_i 减小；反之，当 α 减小时，ΔI 减小，而 δ_i 增大。由此可见，当要求电流互感器具有一定的测量准确度时，必须把二次负荷的阻抗及功率因数限制在相应的范围内。

三、电流互感器的准确级和额定容量

（一）电流互感器的准确级

电流互感器根据测量误差的大小，分为不同的准确级，电流互感器的准确级是指在规定的二次负荷变化范围内，一次电流为额定值时误差的最大限值。我国规定为测量用电流互感器的准确级有 0.1、0.2、0.5、1、3、5 级，如表 8-1 所示，负荷的功率因数为 0.8。测量或计量用电流互感器要求在正常工作范围内保证其准确度，所以计量用电流互感器的额定一次电流应尽量接近负荷电流。

保护用电流互感器按照用途分为稳态保护用（P级）和暂态保护用（TP级）两类。稳态保护用电流互感器的误差限值如表8-2所示。

表8-1　计量、测量用电流互感器准确级和误差限值

准确级	一次电流为额定一次电流的百分数（%）	误差限值		保证误差的二次负荷范围
		电流误差（±%）	角误差（±′）	
0.1	5 20 100～120	0.4 0.2 0.1	15 8 5	（0.25～1.0）S_{2N}
0.2	5 20 100～120	0.75 0.35 0.2	30 15 10	
0.5	5 20 100～120	1.5 0.75 0.5	60 45 30	
1	5 20 100～120	3.5 1.5 1.0	120 90 60	
3	50 120	3 3	—	（0.5～1.0）S_{2N}
5	50 120	5 5	—	

表8-2　稳态保护用电流互感器的准确级和误差限值

准确级	额定一次电流下的误差		额定准确限值一次电流下的复合误差（%）	保证误差的二次负荷范围 cosφ=0.8
	电流误差（±%）	角误差（±′）		
5P	1	60	5	S_{2N}
10P	3	—	10	S_{2N}

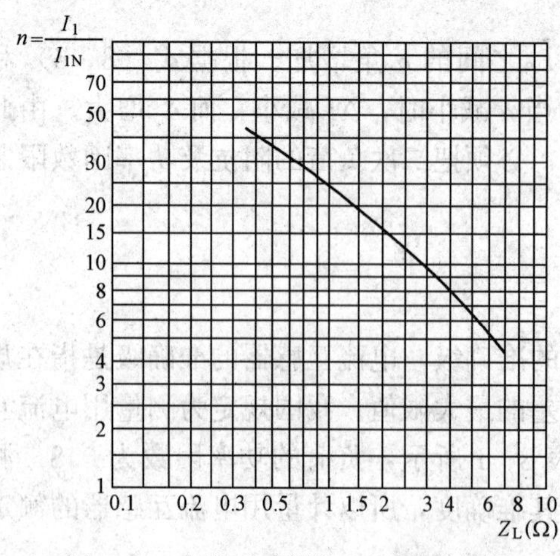

图8-5　电流互感器的10%误差曲线

为了便于继电保护整定，需要制造厂提供P级电流互感器的10%误差曲线，表示在误差不超过10%条件下，一次电流的倍数 $n(n=I_1/I_{1N})$ 与允许最大二次负载阻抗 Z_L 的关系曲线，如图8-5所示。

（二）电流互感器的额定容量

电流互感器的额定容量 S_{2N}，是指电流互感器在二次额定电流 I_{2N} 和额定阻抗 Z_{2N} 下运行时，二次绕组输出的容量，即

$$S_{2N}=I_{2N}^2 Z_{2N} \tag{8-8}$$

由于 I_{2N} 为5A或1A，S_{2N} 与 I_{2N} 仅相差一个系数，所以二次额定容量 S_{2N} 可以用二

次额定阻抗 Z_{2N}代替，称为二次额定负荷，单位为Ω。

由于电流互感器的误差与二次阻抗有关，因此同一台电流互感器使用在不同的准确级时，二次侧就有不同的额定负荷。例如，LMZ1-10-3000/5 型电流互感器在 0.5 级工作时，$Z_{2N}=1.6\Omega$（40V・A）；在 1 级工作时，$Z_{2N}=2.4\Omega$（60V・A）。

四、测量用电流互感器的接线

图 8-6 为最常用的电气测量仪表接入电流互感器的电路图。图 8-6（a）所示的接线，一般用于对称三相负荷，测量一相电流。图 8-6（b）为星形接线，可测量三相负荷电流，以监视负荷电流不对称情况。图 8-6（c）为不完全星形接线。在三相负荷平衡或不平衡的系统中，当只需取 U、W 两相电流时，例如三相二元件功率表或电度表，便可用不完全星形接线。流过公共导线上的电流为 U、W 两相电流的相量和，即 $\dot{I}_u+\dot{I}_w=-\dot{I}_v$。

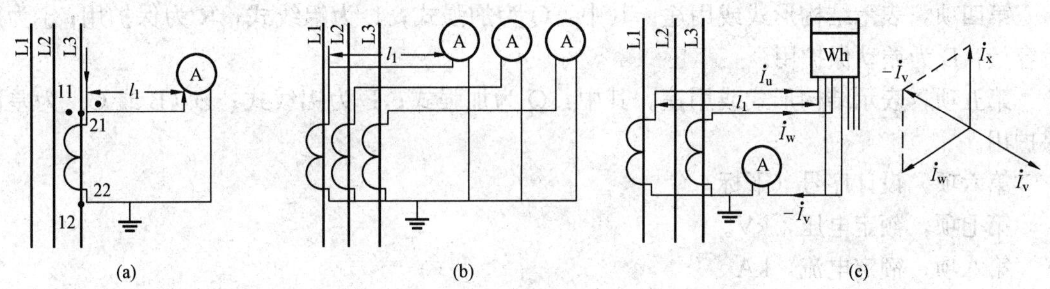

图 8-6 电流互感器与测量仪表的接线

（a）单相接线；（b）星形接线；（c）不完全星形接线

电流互感器一、二次侧绕组端子上都标有符号，如图 8-6（a）所示，通常一次侧端子 11 和 12 标为 L1、L2，二次侧端子 21 和 22 标为 K1、K2。当一次侧电流从端子 11 流向端子 12 时，二次侧电流从端子 21 经负荷流回到端子 22。

五、电流互感器的分类、型号及结构

（一）电流互感器的类型

电流互感器分为以下几种类型。

（1）按用途可分为测量用和保护用。

（2）按安装地点可分为户内式和户外式。35kV 及以上多制成户外式，并用瓷套管作为箱外体，以节约材料，减轻质量和缩小体积。

（3）按绝缘介质可分为油绝缘、浇注绝缘、一般干式绝缘、瓷绝缘和气体绝缘以及电容式。油绝缘即油浸式互感器，多用于户外产品，电压可达 500～1000kV；浇注式是利用环氧树脂作绝缘浇注成形，适用于 35kV 及以下户内配电装置；一般干式绝缘，包括有塑料外壳的和无塑料外壳的由普通绝缘材料包扎，经浸渍漆处理的电流互感器，适用于低压户内使用；瓷绝缘，即主绝缘由瓷件构成，这种绝缘结构已被浇注绝缘所取代；气体绝缘的产品内部充有特殊气体，如 SF_6 气体作为绝缘的互感器，多用于高压产品；电容式多用于 110kV 及以上的户外配电装置。

（4）按一次绕组匝数可分为单匝式和多匝式。

（5）按整体结构和安装方法可分为穿墙式、母线式、套管式和支柱式等。穿墙式装在墙壁或金属结构的筒中，可代替穿墙套管；母线式利用母线作为一次绕组，安装时将母线穿入电流互感器瓷套管的内脏；套管式是将电流互感器装入35kV及以上的变压器或多油断路器的瓷套管中；支持式是将电流互感器安装在平台或支柱上。

（二）电流互感器的型号

1 2 3 4 5 6-7/8

第一项，L表示电流互感器。

第二项，表示一次绕组的线圈形式、安装形式、绝缘形式或其他形式。其中：A为穿墙式；B为支持式；C为瓷箱式；D为单匝式；F为多匝式；J为接地保护；M为母线式；Q为线圈式；R为装入式；Y为低压式；Z为支柱式。

第三项，表示绝缘形式、结构形式或其他形式。其中：Z为浇注绝缘；C为瓷绝缘；J为环氧树脂浇注；K为塑料外壳；L为电缆型；W为户外式；M为母线式；G为改进式；Q为加强式；S为手车柜用；D为差动保护用；X为小体积柜用。

第四项，表示结构形式或用途。其中：Q为加强式；L为铝线式；R为保护用；J为加大容量；D为差动保护用。

第五项，表示结构形式或用途。其中：Q为加强式；L为铝线式；D（B或C）为差动保护用。

第六项，设计序号（下标）。

第七项，额定电压，kV。

第八项，额定电流，kA。

特殊条件下，电流互感器派生代号加注在其全型号后，其字母意义分别为：TH为湿热带用；TA为干热带用；G为高原用；H为船用；F为化工防腐用；ZH为组合电器用；GY为高海拔用；W为防污型。

（三）电流互感器的结构

为使电流互感器具有一定的准确度和规定的额定二次电流，除应有适当的铁芯外，对于一次电流较小的互感器，其一次绕组必须做成较多匝数；对于一次侧电流较大的互感器，其一次绕组必须做成较少匝数。因此，按一次绕组的匝数，电流互感器可分为单匝式和多匝式两种。

单匝式电流互感器，由实心圆柱或管形截面的载流导体，或直接利用载流母线作为一次绕组，使一次绕组穿过绕有二次绕组的环形铁芯构成，如图8-7（a）所示。这种电流互感器的主要优点是结构简单，尺寸较小，价格便宜；主要缺点是被测电流很小时，由于一次磁动势较小，测量的准确度很低。通常，当一次侧电流超过600～1000A时都制成单匝式。

多匝式电流互感器的一次绕组是多匝穿过铁芯，铁芯上绕有二次绕组，如图8-7（b）、（c）所示。这种电流互感器，由于一次绕组匝数较多，所以即使额定一次电流很小，也能获得较高的准确度。其缺点是当出现过电压或短路时，一次绕组要承受很高的电压。

图8-7（c）是有两个铁芯的多匝式电流互感器，每个铁芯都有单独的二次绕组，一次绕组为两个铁芯共用。多铁芯的电流互感器，各个铁芯可以制成不同的正确级，供不同的二次回路用。通常10～35kV，有两个二次绕组；63～110kV有3～5个二次绕组；220kV及以上有4～7个二次绕组。

为了适应电流的变化，63kV及以上电流互感器，常将一次绕组分成几段，通过串联或并联获得两种或三种电流比。

图 8-8 所示为 LMZJ6-0.38 型电流互感器，该电流互感器为母线式环氧树脂浇注加大容量的，额定电压 380V。其本身没有一次绕组，一次电路的母线从中间穿过，广泛用于户内低压配电屏及其他户内低压电路中。

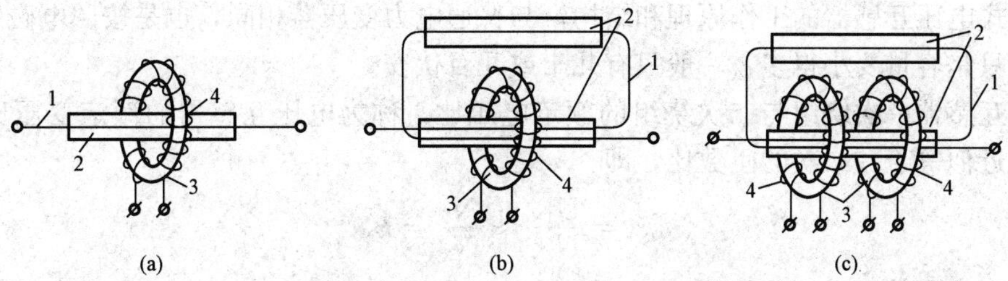

图 8-7 电流互感器的结构原理

（a）单匝式；（b）多匝式；（c）两个铁芯的多匝式

1—一次绕组；2—绝缘；3—铁芯；4—二次绕组

图 8-9 所示为 LQJ-10 型电流互感器，该电流互感器为户内多匝式环氧树脂浇注绝缘，多用于 10kV 线路中供测量及保护用。

图 8-10 所示为 LCW-110 型电流互感器，该电流互感器为户外多匝油浸瓷绝缘式，用于户外 110kV 配电装置中。

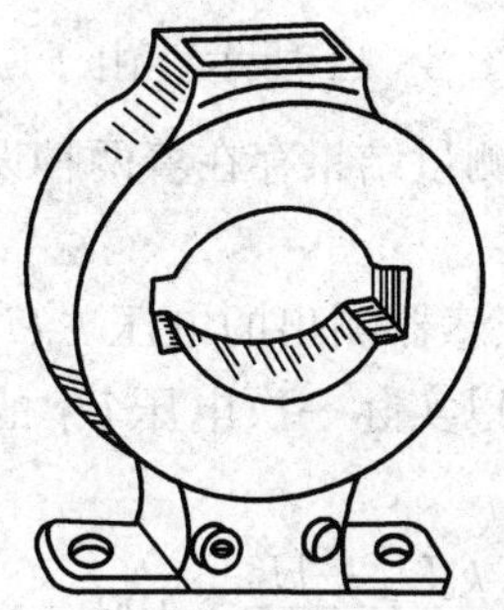

图 8-8 LMZJ6-0.38 型电流互感器外形图

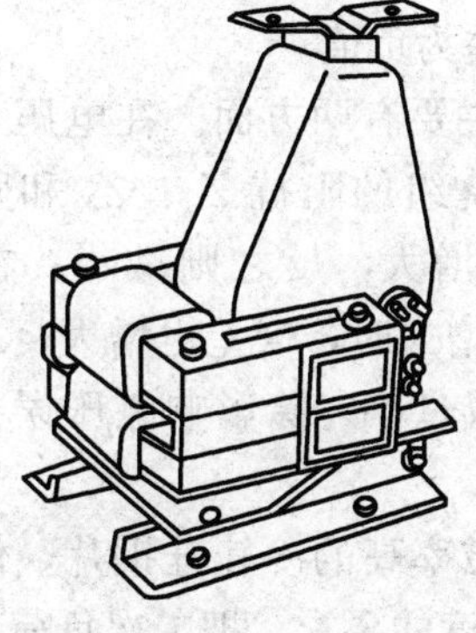

图 8-9 LQJ-10 型电流互感器外形图

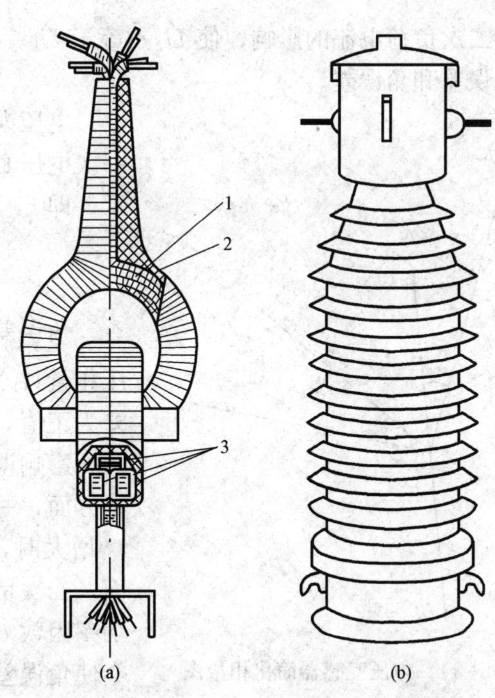

图 8-10 LCW-110 型电流互感器

（a）线圈结构；（b）外形

1—一次绕组；2—一次绕组绝缘；3—二次绕组及铁芯

第三节 电压互感器

一、电磁式电压互感器的工作原理

电磁式电压互感器的工作原理和结构，与普通电力变压器相同，也是按照电磁感应原理工作的，只是容量要小得多，一般只有几十或几百伏安。

电压互感器一次绕组与二次绕组的额定电压比，称为电压互感器的额定变压比，用 k_u 表示，并近似等于一二次的匝数比，即

$$k_u = \frac{U_{1N}}{U_{2N}} \approx \frac{N_1}{N_2} = k_N \tag{8-9}$$

电压互感器的原理接线如图 8-1 所示。其工作特点是：

(1) 电压互感器一次绕组与电网并联，匝数多，一次电压由所接电网电压决定，不受二次负荷的影响。

(2) 电压互感器二次绕组与测量仪表和继电器的电压线圈并联，阻抗很大，因此电流很小，正常运行时，接近于空载状态。

(3) 运行中电压互感器的二次绕组不得短路，否则由于短路电流过大会损坏电压互感器。

为防止电压互感器二次短路，其二次侧一般装设熔断器或低压断路器。

二、电压互感器的误差及影响误差的因素

电压互感器的等值电路与电力变压器相同，其相量图如图 8-11 所示。由于励磁电流漏阻抗和二次负荷电流的影响，使 $\dot{U}_2'$不等于 $\dot{U}_1$。电压互感器测量结果存在着两种误差，分别是电压误差和角误差。

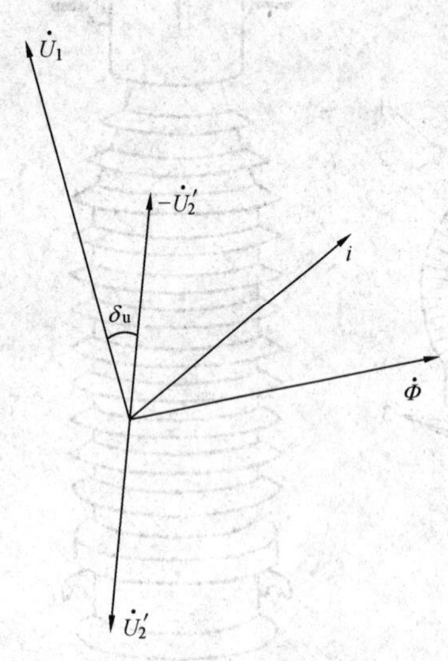

图 8-11 电压互感器简化相量图

电压误差为电压互感器测出的电压 k_uU_2，与实际一次电压 U_1 之差，并以实际一次电压 U_1 的百分数表示，即

$$\Delta U\% = \frac{k_uU_2 - U_1}{U_1} \times 100 \tag{8-10}$$

角误差为旋转 180°的二次电压相量 $-\dot{U}_2'$ 与一次电压相量 $\dot{U}_1$ 之间的夹角 δ_u，并规定 $-\dot{U}_2'$ 超前 $\dot{U}_1$ 时角误差为正值，反之角误差为负值。

影响误差的因素主要有两方面。在电压互感器结构方面，一、二次侧绕组的阻抗 Z_1、Z_2 和励磁电流 I_0 增大时，误差相应增大，反之则减小；在运行方面，二次负荷电流 I_2 增大时，误差也增大，二次负荷功率因数 $\cos\varphi_2$ 过大或过小，除影响电压误差外，还会使角误差增大。

为了减少电压互感器的误差，在结构方面，应采用导磁率高的冷轧硅钢片，使磁阻减小，以及减少绕组的电阻和漏磁；在运行方面，应根据准确度的要求，把二次负荷及其功率因数，以及一次电压的变动限制在相应的范围内。

三、电压互感器的准确级和额定容量

（一）电压互感器的准确级

电压互感器的准确级是指在规定的一次电压与二次负荷变化范围内，负荷功率因数为额定值时误差的最大限值。测量用电压互感器的准确级有 0.1、0.2、0.5、1、3 级，保护用电压互感器的准确级有 3P 和 6P 两种，如表 8-3 所示。

表 8-3　　电压互感器的准确级和误差限值

准确级	一次电压变化范围	误差限值		频率、功率因数及二次负荷变化范围
		电压误差（±%）	角误差（±′）	
0.1	$(0.8\sim1.2)\ U_{1N}$	0.1	5	$(0.25\sim1.0)\ S_{2N}$ $\cos\varphi_2=0.8$ $f=f_N$
0.2		0.2	10	
0.5		0.5	20	
1		1.0	40	
3		3.0	—	
3P	$(0.05\sim1)\ U_{1N}$	3.0	120	
6P		6.0	240	

（二）电压互感器的额定容量

一般电压互感器的额定容量是指与最高准确级对应的额定容量。每一个准确级都规定有对应的二次负荷的额定容量 S_{2N}（V·A），实际的二次负荷超过了规定的额定容量时，电压互感器的准确级就下降。例如 JDZ-10 型电压互感器，在 0.5 级、1 级、3 级时对应的二次额定容量分别为 80、120、300V·A。电压互感器的最大容量按在最高工作电压下长期允许的发热条件来确定。上述电压互感器的最大容量为 500V·A，其二次额定容量为 80V·A。

四、电压互感器的分类、型号和结构

（一）电压互感器的类型

电压互感器可分为以下几种类型：

（1）按装设地点可分为户内式和户外式。

（2）按相数可分为单相式和三相式。只有 20kV 以下才制成三相式。

（3）按每相绕组数可分为双绕组或三绕组式。三绕组电压互感器有两个二次侧绕组，基本二次绕组和辅助二次绕组，辅助二次绕组供接地保护用。

（4）按绝缘方式可分为干式、浇注式、油浸式。干式多用于低压，浇注式用于 3～35kV，油浸式主要用于 35kV 及以上的电压互感器。

油浸式电压互感器按其结构，又可分为普通式和串级式。3～35kV 都制成普通式，它与普通小型变压器的结构相似。110kV 及以上的电压互感器，普遍制成串级式结构，其特点是铁芯和绕组采用分级绝缘，可简化绝缘结构，减小重量和体积。

（二）电压互感器的型号

□1□2□3□4□5-□6

第一项，J 或 Y 表示电压互感器。

第二项，表示相数。其中：D 为单相；S 为三相；C 为串级。

第三项，表示绝缘形式。其中：J 为油浸式；G 为干式；C 为瓷绝缘；Z 为浇注式；R 为电容式。

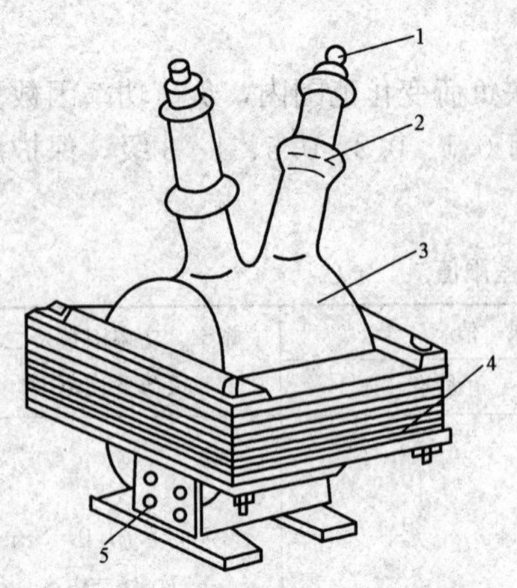

图 8-12 JDZJ-10 型电压互感器
1—一次接线端子；2—高压绝缘套管；
3—一、二次绕组环氧树脂浇注绝缘；
4—壳式铁芯；5—二次接线端子

第四项，表示结构形式。其中：W 为五柱式；J 为接地保护用。

第五项，表示设计序号（下标）。

第六项，表示额定电压，kV。

（三）电压互感器的结构

图 8-12 所示为 JDZJ-10 型电压互感器。该电压互感器为环氧树脂浇注绝缘，单相三绕组、户内式。用三个该电压互感器组成的接线可供中性点非有效接地系统的电压、电能测量及继电保护之用，可以取代老型号的 JSJW 型油浸式三相五柱电压互感器。其基本二次绕组的额定电压为$\frac{100}{\sqrt{3}}$V，辅助二次绕组的额定电压为$\frac{100}{3}$V。

图 8-13 所示为 JCC-110 型电压互感器。该电压互感器为串级式结构，在一个方形的铁芯的上下铁芯柱上面分别套有参数相同的原绕组线圈单元，串联在相与地之间，两个线圈单元的连接点与铁芯相连接，铁芯与底座绝缘。瓷箱兼作油箱和出线。由于每个单元参数相同，因此电压在各个单元上分布均匀。铁芯与线圈采用分级绝缘。该电压互感器有两个二次绕组，其基本二次绕组的额定电压为$\frac{100}{\sqrt{3}}$V，辅助二次绕组的额定电压为 100V。JCC-110 型电压互感器一般应用于中性点有效接地系统中。

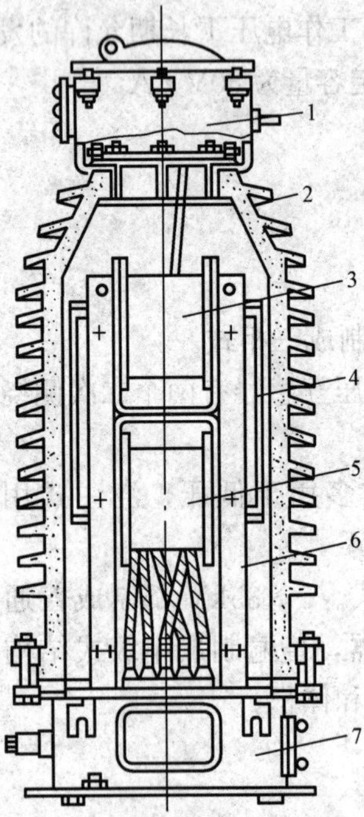

图 8-13 JCC-110 型电压互感器
1—油膨胀器；2—瓷绝缘外壳；
3—上柱绕组；4—铁芯；5—下柱绕组；
6—支撑电木板；7—底座

随着电力系统电压等级的不断提高，电磁式电压互感器的体积不断增大，成本也随着增加，因此在 63kV 及以上系统中广泛采用电容分压式电压互感器。其原理接线如图 8-14 所示。

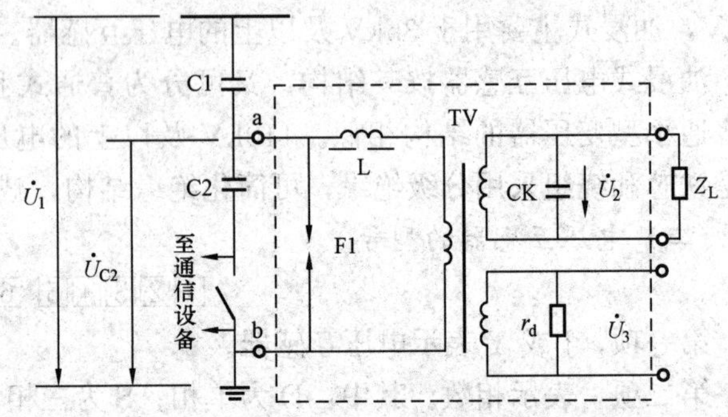

图 8-14 电容分压式电压互感器原理接线图

电容分压式电压互感器实际是由若干个相同的电容串联的电容分压器，在电容 C1、C2 上按反比分压，即

$$U_{C2}=\frac{C_1}{C_1+C_2}U_1=kU_1 \tag{8-11}$$

其中，k 为分压比，$k=\frac{C_1}{C_1+C_2}$。

电压 U_{C2} 与 U_1 成比例变化，可测出相对地电压。当负荷 Z_L 接通时，C1、C2 有容性阻抗影响，使 U_{C2} 小于电容分压值，因此在 a、b 回路加入补偿电抗 L，尽量做到使 U_{C2} 与负荷无关。为了进一步减少负荷电流的影响，将测量仪表经过中间变压器 TV 与分压器相连。

当电压互感器二次侧发生短路时，短路电流可达额定电流的几十倍，在 L 和 C2 上将产生很高的共振过电压，为防止过电压击穿绝缘，在电容 C2 两端并联放电间隙 F1。当电容式电压互感器二次侧受到短路或断开等冲击时，由于非线性电抗饱和，可能产生铁磁谐振过电压，为了抑制谐振的产生，在电压互感器二次接入阻尼电阻 r_d。

电容式电压互感器的误差由空载误差、负载误差和阻尼负载电流产生的误差等几部分组成，除受到 U_1、Z_L 和负载功率因数的影响外，还与电源频率有关，当系统频率变化超过 $\Delta f=\pm0.5$Hz 时，会产生附加误差。

电容式电压互感器具有结构简单、质量小、体积小、占地少、成本低，且电压越高越显著的特点。此外其分压电容可兼作载波通信的耦合电容。电容式电压互感器的缺点是输出容量小，误差较大时暂态特性不如电磁式电压互感器。

五、电压互感器的接线

电压互感器在三相系统中要测量的电压有线电压、相电压、相对地电压和单相接地时出现的零序电压。为了测量这些电压，电压互感器有各种不同的接线方式，最常见的有以下几种接线，如图 8 - 15 所示。

图 8 - 15（a）所示为一台单相电压互感器的接线，可测量 35kV 及以下系统的线电压，或 110kV 以上中性点有效接地系统的相对地电压。

图 8 - 15（b）为两台单相电压互感器接成 Vv 接线，它能测量线电压，但不能测量相电压。这种接线方式广泛用于中性点非有效接地系统。

图 8 - 15（c）所示为一台三相三柱式电压互感器的 Yyn 接线。它只能测量线电压，不能用来测量相对地电压，因一次绕组的星形接线中性点不能接地，这是因为，在中性点非有效接地系统中发生单相接地时，接地相对地电压为零，未接地相对地电压升高$\sqrt{3}$倍，三相对地电压失去平衡，出现零序电压。在零序电压作用下，电压互感器的三个铁芯柱中将出现零序磁通，由于三相的零序磁通相位相同，在三个铁芯柱中不能形成闭合回路，只能通过空气隙和外壳形成回路，使磁路磁阻增大，零序励磁电流也增大，电压互感器将会过热，甚至烧坏。因此，三相三柱式电压互感器一次绕组中性点不能接地，不能作为交流绝缘监察用。

图 8 - 15（d）所示为一台三相五柱式电压互感器的 YNynd 接线，其一次绕组和基本二次绕组接成星形，并且中性点接地，辅助二次绕组接成开口三角形。因此三相五柱式电压互感器可以测量线电压和相对地电压，还可以作为中性点非有效接地系统的对地绝缘监察，以及实现单相接地的继电保护。此接线一般应用在 6～10kV 户内配电装置中。

三相五柱式电压互感器的原理，如图 8 - 16 所示。有五个铁芯柱，三相绕组绕在中间的

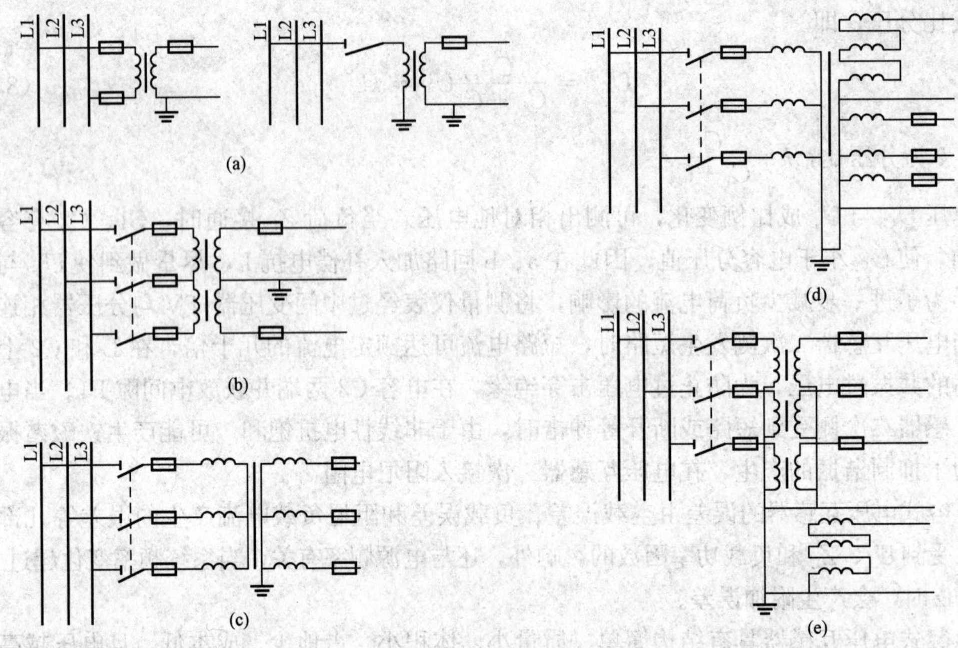

图 8-15　电压互感器的接线方式

（a）一台单相电压互感器接线；（b）Vv 接线；（c）Yyn 接线；（d）三相五柱式电压互感器 YNynd 接线；（e）三台单相三绕组电压互感器接线

三个柱上，如图 8-16（a）所示。当系统中发生单相接地故障时，零序磁通 ϕ_{u0}，ϕ_{v0}，ϕ_{w0} 在铁芯中的回路，如图 8-16（b）所示。零序磁通可通过两边铁芯柱形成回路，磁阻小，零序励磁电流也小。

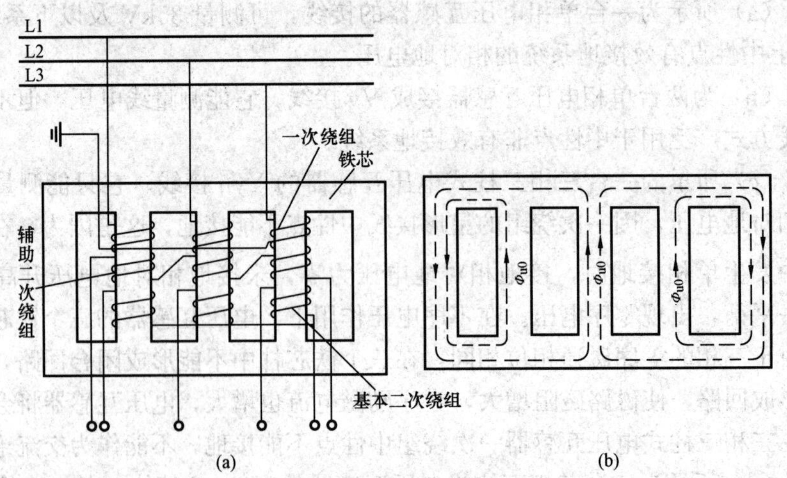

图 8-16　三相五柱式电压互感器原理图

（a）结构原理；（b）零序磁通回路

在中性点非有效接地系统中，正常运行时各相对地电压为相电压，且三相电压的相量和为零，所以开口三角形两端子间电压为零。当发生一相接地时，开口三角形两端子间有电压，为各辅助二次绕组中零序电压的相量和。一般规定开口三角形两端子间的额定电压取为100V，因为各相零序电压大小相等，相位相同，因此辅助二次绕组的额定电压为$\frac{100}{3}$V。

图 8-15（e）所示为三台单相三绕组电压互感器的 YNynd 接线，在中性点非有效接地系统中，情况与三相五柱式电压互感器相同，只是在单相接地时，各相零序磁通以各自的铁芯形成回路。在 110kV 及以上中性点有效接地系统中也采用这种接线方式。其基本二次绕组可测量线电压和相对地电压，辅助二次绕组接成开口三角形，供单相接地保护用。当系统发生单相短路时，非故障相对地电压仍为相电压，开口三角形两端子间的电压为非故障相对地电压的相量和。一般规定开口三角形两端子间的额定电压取为 100V，所以辅助二次绕组各相的额定电压为 100V。

在 380V 的低压配电装置中，电压互感器通过熔断器与电网相连。

在高压配电装置中，电压互感器通过隔离开关和熔断器与电网相连，高压熔断器只能对电压互感器本身及高压侧引线的短路故障起到保护作用，而电压互感器的二次侧的短路故障及过负荷是由二次侧的低压熔断器或低压断路器实现的。110kV 及以上的高压配电装置由于可靠性高，一般电压互感器高压侧只通过隔离开关与电网相连。

第四节 新 型 互 感 器

传统的电磁感应式互感器存在着磁饱和、铁磁谐振、动态范围小、暂态特性差等缺点，随着系统容量的增大、电压等级的提高，将带来绝缘结构复杂、体积庞大等问题，也使继电保护和控制功能集成很难实现，同时，电磁干扰、射频干扰严重影响通信的可靠性。

现代电力系统的特点是容量大、电压等级高、控制保护设备微电子化、智能化。基于这些特点，要求相应的电气设备结构紧凑、体积小、重量轻。用于向保护、测量、控制设备提供电流、电压信息的电流互感器和电压互感器也要适应这一要求，向小型化、轻型化发展。近几年，随着电力电子技术和光纤技术的发展，新型的互感器将被应用。

一、光电传感器

与传统感应式互感器相比，光电传感器具有绝缘强度高，动态范围大、频带宽，抗干扰能力强，不产生饱和与铁磁谐振，体积小，重量轻，造价低等一系列优点。

（一）光电传感器的特点

（1）不会出现饱和现象，且电流越大，准确度越高。

（2）在很大的频带范围内，二次信号与一次电流量保持线性关系。

（3）准确度高，可达 0.2 级，且不受温度、振动等环境条件的影响。

（4）在小变比的情况下，可具有耐受很高短路电流的能力（如额定电流比为 50/5 的光电传感器，可耐受短时热电流 63kA）。

（5）装置简单、可靠、轻便、小型、易于安装，可使用合成绝缘子支撑，甚至无需支撑，装在母线上即可。

（6）安装简单，施工工期短，装置占据空间小，抗振性能好，维护简单、方便。

（7）装置高压部分和电子设备之间采用光纤通信，不受任何电磁干扰的影响。光纤传输距离可超过 2km，解决了高压部分与电子部件的远距离传输问题。

（8）传感器电子部件到继电保护、测量仪表和自动装置等二次设备的连线可采用光纤，也可利用现场数字通信网络。光电传感器的二次负荷、数量和容量不受限制。

（9）由于占用空间小、支撑架构简单轻便、施工方便、二次接线简化、传感器高压部分不需维护，从而使光电传感器的综合经济效益显著。

（二）光电传感器的分类

光电传感器分为光学电流传感器和光学电压传感器，它们均可分为有源传感器和无源传感器两大类。

光学电流传感器按上述分类情况分为有源电流传感器和无源电流传感器。有源电流传感器具有传感线性好、光纤绝缘强度高的特点，光路结构简单，互换性好，但输出信号与原方电流信号呈非线性关系。无源电流传感器具有输入、输出线性关系好，但光路较复杂、机械加工困难。两者各有所长，目前无源电流传感器应用较多，即法拉第磁光效应型。

光学电压传感器也分为有源电压传感器和无源电压传感器，均基于普克斯效应原理。有源电压传感器通过电容分压取得，无源电压传感器直接取得。

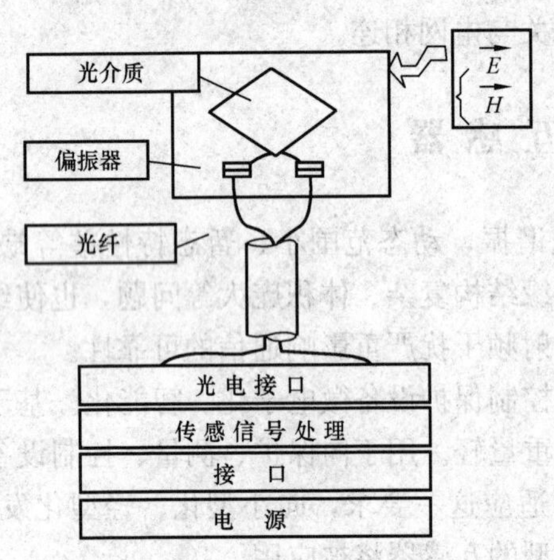

图 8-17 光传感器示意图

（三）光学传感器原理

传感器包括光学传感器、光纤通道和电子部件，如图 8-17 所示。

1. 光电流传感器

光互感器置于待测参数附近，置于一次导体旁边，传感器可由多种方式或材料构成，如全光纤式、光电混合式或块状玻璃晶体。这种材料与被测参数相互作用，可对光的特性参数如强度、波长、相位等进行调制。

光电流传感器基于下述两个基本物理特性。

（1）位于透明光介质中的磁场对透明光介质的影响，即磁光效应，也称为法拉第效应。

（2）电磁感应安培定理：法拉第效应描述磁场对透明介质的影响。磁场可改变介质的电子通道，影响光波的传播方向。即当一束偏振光穿过介质时，若在沿光传播方向上加一磁场 H，则其偏振面将发生旋转。光束偏振面的旋转角 θ 正比于流经导线的电流。由旋转角的大小即可检测电流的强弱，而且旋转角度与附近的其他非环绕导线、导线位置及光回路几何形状的变化等因素无关。

为了将法拉第磁光效应转化为光强度信号，需增加一个偏振检测系统。

目前应用普遍的为环形玻璃式光电传感器，如图 8-18 所示，被测带电导体穿过玻璃中心孔，发光二极管的光束经起偏器形成偏振光射入玻璃。光束在玻璃中经内部折射形成围绕被测导体的环路。导体中被测电流

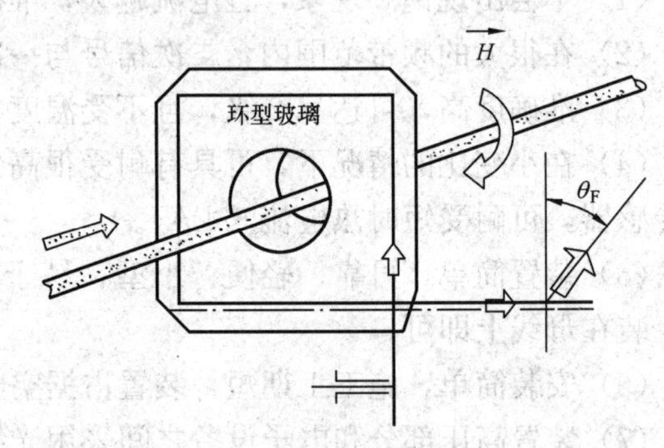

图 8-18 环形玻璃传感器示意图

形成的磁场与光束环路方向相同，从而引起偏振面旋转，并由出口的检偏器将偏振光的偏振面角度变化信息转化为电信号。如果受到磁光效应作用的玻璃被置在二个互成45°角的偏振器之间，则容易看出进入环形玻璃的输入光源将受到流经导线电流的调制。光信号可直接从高压区经光纤送到二次交换器进行处理，不需要在高压区另加电源，即实现所谓无源传感器。此类传感器适于空气绝缘开关设备。

光电传感器的工作过程为：单色光（仅有一个波长的光）通过电子元件制作的发光二极管发射，通过光缆传输到由法拉第灵敏元件的光控传感器，再通过两个偏振器，射入环形玻璃，之后被一次电流调制后的偏振光通过光缆再返回到电子部件，并被转换成与一次电流强度成正比的电信号。电信号通过模/数转换器和信号处理器输出，并通过串行或并行口输入到数/模转换器。最后产生了与一次电流成比例的低电压信号。

2. 混合型光电传感器

除了上述全光型光电传感器外，目前还有一种混合型光电传感器，其光纤仅作为信号传输装置，而不作为传感元器件。如罗戈夫斯基线圈型传感器和电容分压传感器。

基于罗戈夫斯基线圈的混合型电流传感器，和利用电容分压器原理的混合型电压传感器的工作原理如图8-19所示。

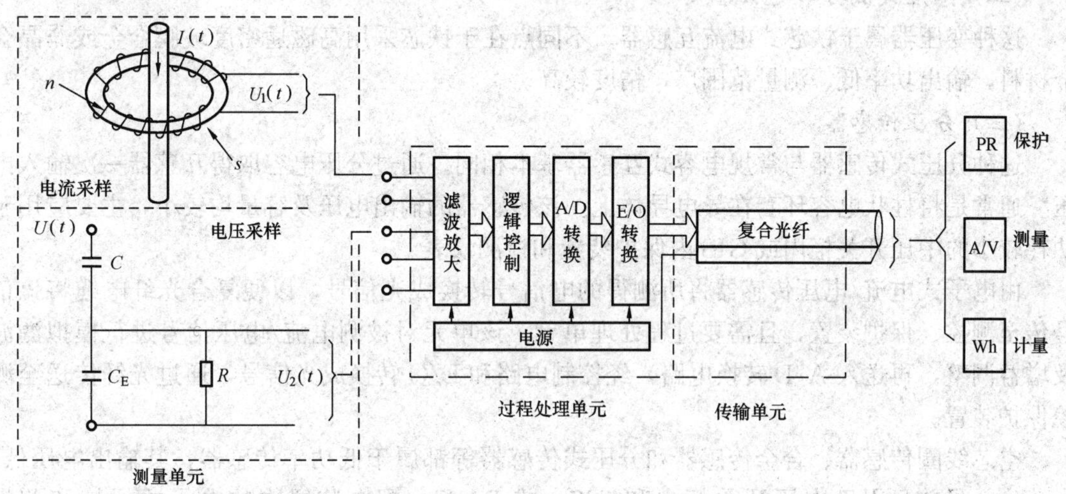

图8-19 电子式传感器工作原理图

将取自罗戈夫斯基线圈的电流信号和取自电容分压器的电压信号经模/数转换和电光转换，再经数据处理系统转换为保护装置或测量仪器所需的电流或电压输入信号。这种混合型传感器绝缘结构简单、体积小、重量轻、无铁磁饱和问题、可靠性高、灵敏度高、测量范围大，具有一定的发展前景。但存在问题是需要辅助电源，辅助电源可用辅助互感器构成，并辅以备用电池。

3. 光电压传感器

光电压传感器基于下述两个基本物理特性：

(1) 存在于晶体中的光传输特性受电场作用的电光效应或普克斯效应影响。

(2) 电流方向上的电压降原理。

在电场作用下，晶体中的原子按照电力线的方向排列，并引起二次线折射，产生单色光偏振。不同的晶体具有不同的取向和不同的偏振。当一次电压作用于晶体、且单色光穿过该晶体时，在晶体输出面的光偏振正比于一次电压值，并且所测的相位移值与光元件的几何形状、其他附近的导体及其电压大小等无关。这里需要说明的是为取得合理的电压，有时需要采用分压器。

光电压传感器的工作过程为：单色光通过电子元件制作的发光二极管发射，通过光缆传输到由普克斯灵敏元件制成的探测器；再通过偏振检测系统，将被一次电压调制后的偏振光转换为光强度信号；然后通过光缆返回到电子部件，转换成电信号；通过模/数转换、通信接口和数/模转换成为低电压信号。

二、其他类型的传感器

应用于现代配电装置中的传感器除光传感器外，还有以下几种传感器。

（一）空芯线圈传感器

这种传感器由非磁性骨架绕在其上的二次绕组构成。其二次绕组输出可使用钢导线，也可采用光信号输出，在高压端一次变换中需要电源。传感器具有线性度好、不会饱和、无磁滞现象、稳定性高、暂态性好的特点。

这种传感器目前仅应用于开关柜内或GIS设备中。

（二）感应式低功率变压器

这种变压器属于铁芯式电流互感器，不同点在于铁芯采用高磁通密度玻膜合金或非晶合金材料，输出功率低、测量范围广，精度较高。

（三）分压传感器

这种分压式传感器与常规电容式互感器基本相同。通过分压电容取得互感器一次输入电压。通常是将柱状电容环套在导电导体上。该传感器的输出电压及容量均较小，主要应用于功耗较小的中压开关柜内或GIS内保护装置和检测仪表。

由电子式电流/电压传感器将所测得的电信号转换成光信号，以便复合光纤电缆将该信号传至测控、保护装置，且需要过程处理单元。该单元对被测电流/电压信号进行模拟滤波及增益调整，再送入A/D转换电路，经控制电路和E/O转换成光信号，通过光纤传送至测控保护装置。

空芯线圈传感器、合金传感器和分压式传感器等都属于低功率传感器，其输出电压低、电流小，目前只用于中压开关柜内和GIS（或PASS）配电装置中的电子式保护和测量装置。

习 题

8-1 互感器的作用有哪些？

8-2 电磁式电流互感器在原理、特点上和电力变压器有哪些区别？

8-3 电流互感器有哪些准确度级？

8-4 电流互感器的准确度级与额定容量有什么关系？

8-5 电流互感器运行中二次为什么不允许开路？在技术上如何防止电流互感器二次侧开路？

8-6 电流互感器的误差是如何规定的？

8-7 试画出测量用电流互感器的典型接线。

8-8 单匝式与多匝式电流互感器有什么不同?

8-9 电压互感器在原理、特点上和电力变压器有哪些区别?

8-10 电压互感器的准确级划分为几种?

8-11 电压互感器的准确度级与额定容量有什么关系?

8-12 电压互感器运行中二次为什么不允许短路?在技术上如何防止电流互感器二次侧短路?

8-13 为什么三相三柱式电压互感器不能监视系统对地电压的情况?

8-14 为什么要采用电容分压式电压互感器?它有哪些特点?

8-15 试画出三相五柱式电压互感器的接线并说明二次绕组的作用。

8-16 试画出三个单相三绕组电压互感器构成的 YNynd 接线并说明二次绕组的作用。

8-17 新型的互感器有什么特点?采用了哪些新的技术?

第九章 变配电站的主接线及配电装置

由发电厂发出的电能一般由各级电压的线路传输到相应的变配电站，由变配电站按照供电距离、供电容量和供用电电压的要求重新分配，供给不同的用户。本章主要介绍变配电站常用的电气主接线形式及特点，以及各种配电装置的种类、布置方式和应用特点等。本章所指的变配电站是指供配电系统中的变配电站。

第一节 变配电站概述

供配电系统中的变电站电压不超过110kV，有个别的电压可达到220kV，其作用是把电力系统高压输电线路输送的电能，经过变电站的变压器降压，变为各种用电设备所需要的电压，然后经过各级电压的配电装置和供配电线路将电能送到用电设备。

配电站的作用是不改变电压的大小，而是经过配电母线重新分配电能，供给不同的用户。

一、变配电站分类

供配电系统中的变电站都是降压变电站。根据它服务的对象可分为工厂企业变电站、矿山（井下）变电站、（铁道）牵引变电站、农村变电站、一般单位变电站等。工厂企业负荷集中，用电量大，变电站内的接线比较复杂，使用的电气设备比较齐全。

在较大型的工矿企业内，变电站可以分为总降压变电站和车间变电站。车间变电站又按其所处的位置分为车间内变电站、附设变电站和独立变电站。附设变电站与车间共用一面或两面墙壁，在车间外或内；独立变电站有独立的建筑物，向一个或几个车间供电。矿山的车间变电站中有井下变电站，设置在矿井底车场或采区附近的洞室内。此外，在市政交通或有的工厂内有变流站，将交流电变为直流电以供使用。对于分散的居民用电或农村用电有柱上变电站，将变压器安装在电杆上或台墩上。在较大型的用户中，常设置配电站。

二、确定变电站位置和数量的一般原则

用户在规划设计时要合理地确定变电站的位置，对较大型的工厂，更要确定总降压变电站的位置和车间变电站的位置与数量。它的原则主要有以下几点：

（1）变电站必须进出线方便、接近负荷中心，以便能够缩短低电压线路的长度，减少有色金属消耗与电能损耗；

（2）避开空气污秽、有剧烈振动的场所；

（3）地势应较高；

（4）尽量建在室内，并与厂房等建筑物合建，使投资减少。

总降压变电站，一般用户只建一个，个别的用户可多于一个。

车间变电站应根据负荷的大小、分布等情况全面进行考虑，以保证供电质量、安全、方便、可靠，以减少年运行费为目的。

变电站的位置和数量是否合理，要列出几个方案，通过技术经济比较确定。

三、对用户功率因数的要求

用户在当地电力网的高峰负荷时，功率因数应达到一定的数值，以使无功功率就地平衡，减少无功功率在电力网中的流动，以保证供电质量、减少电能损耗。

在电力网的高峰负荷时，对用户的功率因数要求如下。

（1）高压供电的工业用户和高压供电装有带负荷调整电压装置的电力用户，功率因数为0.9以上；

（2）其他100kV·A（kW）及以上电力用户和大、中型电力排灌站，功率因数为0.85以上；

（3）趸售和农业用电，功率因数为0.80。

用户在提高用电自然功率因数的基础上，设计和装置无功补偿设备以达到上述要求。无功补偿设备应随负荷和电压的变动，及时投入或切除，以防止无功功率倒送。

此外，用户若有冲击性负荷、不对称负荷和整流用电等，对整个电力网的供电质量和安全经济运行都有影响，也应采取技术措施以减少和消除其影响。

四、变压器的选择

下面以工厂变电站为例介绍变压器的选择。选择项目包括容量、电压（变比）、联结组别、台数、形式等。工厂中可能有总降压变电站和车间变电站，其变压器的选择，还要结合整个工厂的供配电网综合考虑。

（一）变压器容量的选择

确定变压器容量的原则是变压器的额定容量大于计算负荷。对车间变电站而言，其变压器的容量应等于或大于由它供电的计算负荷。对于总降压变电站中的变压器，其总容量应等于或大于全厂的计算负荷。

若变电站中变压器不止一台，则单台变压器的容量要结合台数考虑。

一般一个变电站中变压器的总容量看做是该变电站的容量。变电站对所外系统负荷供电的变压器称为主变压器，此外还有供变电站内用电的变压器，称为所用变压器。一般谈到的变压器都是指主变压器。

（二）变压器电压（变比）的选择

用户变压器一般都是三相双绕组降压变压器。总降压变电站中变压器高压侧的电压，就是电力网对该用户的供电电压。该电压与电力网供电电源点的电压有关，也与变电站的计算负荷和距电源点的距离有关。

（1）计算负荷为200～2000kW，或供电距离为6～20km，则电压为10kV；

（2）计算负荷为1000～10000kW，或供电距离为20～50km，则电压为35kV；

（3）计算负荷为10000kW以上的大型企业，则电压为110kV，甚至220kV。

车间变压器高压侧的电压就是总降压变压器低压侧的电压。该电压由车间（或井下）高压负荷的额定电压和车间的总计算负荷确定，有3、6kV或10kV三种。车间变压器低压侧的电压由低压用设备的额定电压确定，一般为380/220V。在某些大型企业内也可能是660/380V，或1140V。若车间内无高电压负荷，总降压变电站也可直接以上述低压向车间供电。

一般中小用户变压器低压侧的电压都为380/220V级。

（三）变压器台数的选择

在选择车间变电站或总降压变电站的变压器台数时，都应考虑负荷性质，一、二级负荷所占的比例，以及负荷昼夜变化情况。

（1）对一般负荷，可只选一台变压器；

（2）有一、二级负荷，应选用2台变压器，以保证有2个独立电源供电的要求。这时每一台变压器的容量都应大于全部一、二级负荷，或为总计算负荷的60%～80%。负荷昼夜变化较大，或由独立变电站向几个负荷曲线相差较大的车间供电时，考虑到经济运行，变压器也可选2台；

（3）矿山井下等特殊场所，可以选用多台小容量变压器；

（4）当车间中冲击负荷较多时，宜设专用的照明变压器。

（四）变压器其他方面的选择

（1）一般的电力用户都应选用三相油浸式自冷或风冷的普通变压器。

（2）对于人口特别稠密的地方或单位，考虑到防火要求，也可选用干式变压器，或使用不可燃冷却介质的变压器。

（3）有的工业、交通等电力用户，根据生产特点，要选用电炉变压器、矿用变压器、整流变压器等特殊变压器。

变压器的联结组别可根据变比和需要确定。若变压器低压侧电压为380/220V电压级，则变压器的联结组别为Yyn0；若变压器低压侧电压为6～10kV，则其联结组别为Yd11。

第二节　变电站的电气主接线

一、电气主接线概述

变电站的电气主接线是变电站传送、汇集和分配电能的电路。它由变压器、开关电器、避雷器以及母线等电器和载流导体连接而成。这些电器和导体以规定的符号表示，按它们的实际连接关系作成图，就是电气主接线图。电气主接线图都以单线图表示，一根线代表三相。但在三相可能不同的个别地方用三线图表示，这时，一根线就代表一相。例如在电流互感器处就局部用三线图表示。在变电站的控制室内一般都有主接线的模拟屏，并使屏上各开关电器的状态与实际运行状态相对应。要进行操作时，还可根据模拟屏拟定操作次序和进行模拟操作。

电气主接线是电气部分的主体，它的形式决定供电是否可靠，操作是否方便、灵活，是否经济。它对电气设备的选择、配电装置的布置、继电保护和自动装置的配置等都有着密切的关系。拟定主接线是设计变电站的一项重要任务，电气主接线应满足以下要求：

（1）主接线应满足负载对供电可靠性的要求；

（2）主接线要求接线简单，运行操作灵活方便，并能避免运行人员的误操作和确保检修工作的安全；

（3）在保证安全可靠的前提下，应使投资最省、运行费用最低；

（4）有发展的可能性。

各变电站的主接线，一般都由下述一些主接线的基本形式组合而成。

二、线路—变压器单元接线

线路—变压器单元接线，如图9-1所示。这是由单回路、单台变压器供电的用户中，主变压器高压侧普遍采用的接线。

若主变压器容量较大，则线路进入用户后，要经隔离开关1和断路器6再接入变压器，如图9-1（a）所示。对这样以高压供电的用户，在《全国供用电规则》中规定应在变压器高压侧计量电能，故接入电压互感器 4 和电流互感器 5 供计量电能用，电流互感器 7 则供继电保护用。由 10kV 供电的小型变压器的高压侧可用跌落式熔断器 9 代替隔离开关和断路器，在低压侧计量电能。这时，线路—变压器单元接线如图 9-1（b）所示。

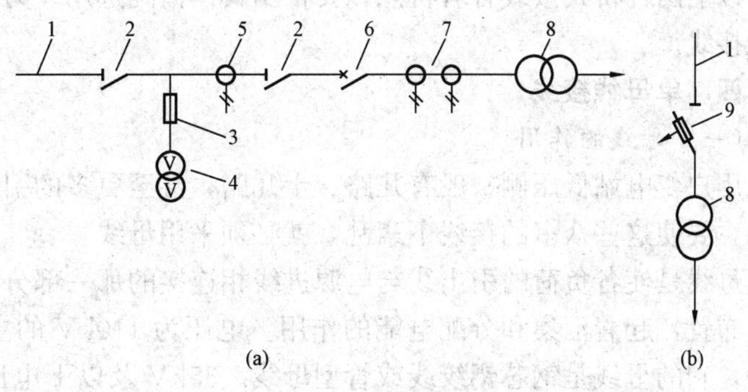

图 9-1　线路—变压器单元接线

（a）在高压侧计量电能的单元接线；（b）中、小用户的单元接线
1—线路；2—隔离开关；3—熔断器；4—电压互感器；5、7—电流互感器；
6—断路器；8—主变压器；9—跌落式熔断器

线路—变压器单元接线简单、清晰，不易误操作，需用设备少，投资少。它的缺点是供电可靠性不高，当线路、变压器或串联的电器中任一个发生故障或检修时，都要全部停电。

三、桥式接线

桥式接线是由 2 条线路、2 台主变压器和 3 台断路器构成的接线。它又分为内桥接线，如图 9-2（a）所示；而外桥接线，如图 9-2（b）所示，可供一、二级负荷用户变电站高电压侧使用。在图 9-2 中未画出计量电能用的互感器。

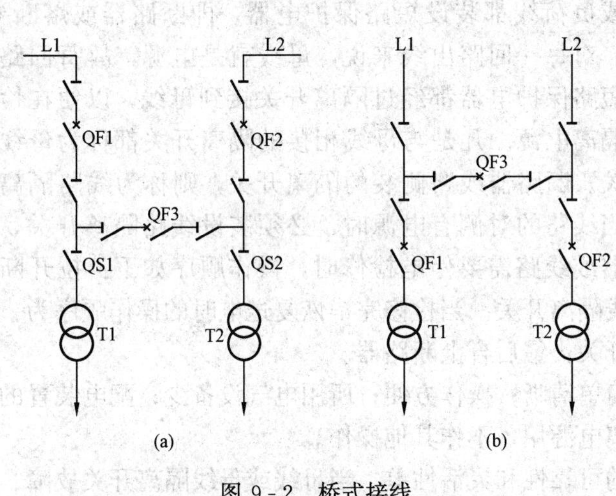

图 9-2　桥式接线

（a）内桥式；（b）外桥式

（一）内桥接线

内桥接线的两回线路 L1 和 L2 来自 2 个独立电源，经过线路断路器 QF1 和 QF2 分别接至变压器 T1 和 T2 的高压侧，断路器 QF3 将两回路连接，称为桥断路器。由于桥断路器 QF3 在线路断路器 QF1 和 QF2 的变压器侧，故这种主接线称为内桥式接线。

内桥接线的特点是线路停送电很方便，但变压器停电时要短时影响相应线路的工作。如线路 L1 要退出运行，只需断路器 QF1 断开，其他三回路仍继续工作。但若变压器 T1 要切除，则必须先断开断路器 QF1、QF3 和变压器 T1 低压侧的断路器（图 9-2 中未画出），再断开隔离开关 QS1，然后接通 QF1 和 QF3 使线路 L1 继续运行，故内桥接线适用于线路长、线路故障多和变压器不需要经常切除的用户。

（二）外桥接线

外桥接线的桥断路器 QF3 跨接在断路器 QF1 和 QF2 的线路侧。

外桥接线的特点是变压器的停送电方便，但线路停电要短时影响相应变压器的工作。故外桥接线适用于变压器需经常操作的情况。

以上两种桥式接线各有特点，要根据具体情况选用。另外桥式接线很容易发展成单母线分段接线。

四、单母线接线

（一）母线的作用

用户变电站低压侧一般有几路、十几路，甚至更多的引出线，它们都要从主变压器获得电能，要使这些众多的接线不紊乱，就必须采用母线。

母线是使各负荷的引出线与电源进线相连接的那一部分导体。它一般与进、出线的方向垂直布置，起着汇集和分配电能的作用。电压为 110kV 的主变压器高压侧的电器一般装在户外，它的母线是钢芯铝绞线或管型母线。35kV 及以下电压的装于户内的母线，一般是矩形截面的铝或铜导线（又称为铝排或铜排）。母线的截面一般不小于各进出线的截面，故阻抗极小。从主变压器套管引到母线的导体和各引出线的开关电器引到母线的导体，一般称为分支线。连接各进出线的母线则称为主母线。

（二）不分段的单母线接线

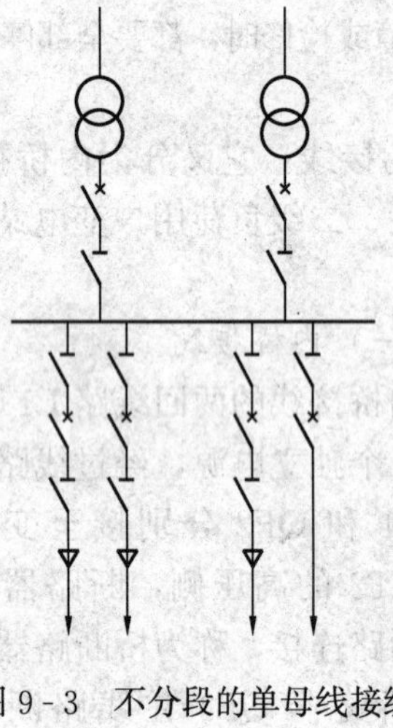

图 9-3 不分段的单母线接线

高压侧接线为线路—变压器单元接线的主变器，其低压侧的接线，一般都是不分段的单母线接线。不分段的单母线接线如图 9-3 所示。一般车间的车间变电站接线也采用这种接线。它的电压可以是 380/220V，也可以是 6～10kV。

不分段单母线接线的特点是：每一回路接到母线的电源线或负荷线都装设短路保护电器，即断路器或熔断器。同时，对每一回路出线来说，母线就是电源，故每回路出线的短路保护电器都经过隔离开关接到母线，以便在检修时能隔离电源。凡是与母线相接的隔离开关都称为母线隔离开关。断路器线路侧装的隔离开关，则称为线路隔离开关。当线路的对侧有电源时，必须装设线路隔离开关，当断路器或线路需要停电检修时，操作顺序如下：拉开断路器，拉开线路隔离开关，最后拉开母线隔离开关。当检修完毕恢复送电时的操作顺序为：先合上母线隔离开关，再合上线路隔离开关，最后合上断路器。

单母线接线的主要优点是：接线简单清晰；操作方便；所用电气设备少；配电装置的建造费用低；隔离开关仅在检修时作隔离电源用，不作其他操作。

单母线接线的不足之处在于供电的可靠性和灵活性差。当母线或母线隔离开关故障、检修时，整个装置停止工作；当引出线回路的断路器检修时，该回路要停止供电。

目前普遍采用成套配电装置，由于它的工作可靠性较高，只要有备用电源，单母线接线也可以向重要用户供电。

（三）用断路器分段的单母线接线

用断路器分段的单母线接线如图 9-4 所示，可简称为单母线分段，它提高了供电的可靠性和灵活性。当母线故障或检修时，只影响一部分停电；当引出线回路的断路器检修时，该回路要停止工作。因此，对于重要负荷，可采用从不同分段引出线的双回线供电。

这种接线可用于有 2 台主变压器的总降压变电站的低压侧，母线电压为 6～10kV。图9-4 中进线处接主变压器的低压套管，变压器 T1 和 T2 为所用变压器，各出线引至各车间。母线电压互感器为 YNyn 开口 d 接线，其二次侧星形接线供仪表和继电保护用，开口三角形接线供绝缘监察之用。这种接线也可以是大型车间变电站的接线，这时变压器 T1 和 T2 就是供给低压负荷的降压变压器，而引出线则是高压负荷的电源线。母线电压互感器仍可为 YNyn 开口 d 接线，以便总降压变电站在已确定本车间发生单相接地故障之后，能找出接地故障的支路。

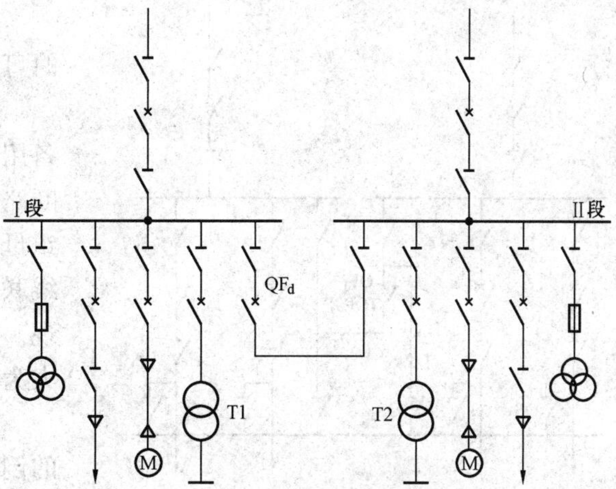

图 9-4　单母线分段接线

接线中的分段断路器 QF_d 处，装有继电保护装置和备用电源自动投入装置。在正常工作时，断路器可以断开运行也可以接通运行。

（四）单母线分段带旁路母线的接线

单母线分段带旁路母线的接线，如图 9-5 所示。除Ⅰ段、Ⅱ段工作母线外，还有一组旁路母线 WP，每段母线装设一台旁路断路器 QF_P 与旁路母线连接，每一回路均装有一组旁路隔离开关 QS_P 与旁路母线连接。

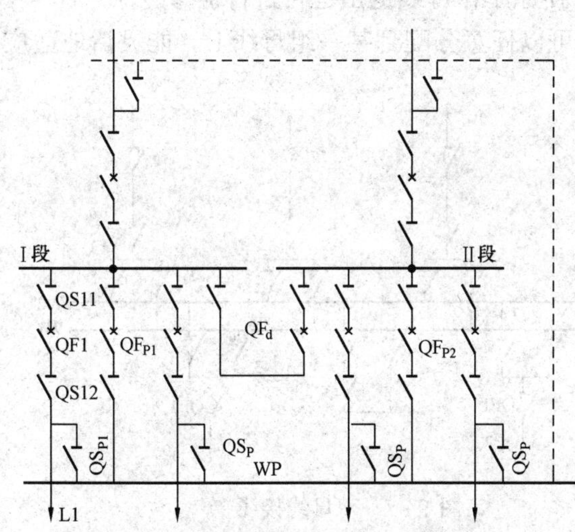

图 9-5　单母线分段带旁路母线的接线

这种接线的优点是旁路断路器可代替线路断路器工作，因而在检修任何一回路的断路器时，该回路可以不停电，提高了供电的可靠性。

正常工作时，旁路断路器 QF_{P1} 和 QF_{P2} 及旁路隔离开关 QS_P 都是断开的。

当检修引出线 L1 的断路器 QF1 时，首先合上旁路断路器 QF_{P1} 两侧的隔离开关，再接通旁路断路器 QF_{P1}，然后接通引出线 L1 的旁路隔离开关 QS_{P1}，最后拉开 QF1 及两侧的隔离开关 QS12 和 QS11。这时由 QF_{P1} 代替 QF1 工作，引出线 L1 并不中断供电。

断路器 QF1 检修完毕后，将旁路断路器 QF_{P1} 退出。恢复正常工作的操作步骤是：首先合上 QF1 两侧的隔离开关 QS11 和 QS12，接通断路器 QF1，然后拉开引出线 L1 的旁路断路器 QF_{P1}、隔离开关 QS_{P1} 和旁路断路器 QF_{P1} 两侧的隔离开关。

这种接线适用于重要负荷多的车间或总降压变电站。它其余的优点与单母线分段相同。

有时，为了少用断路器，节约投资，或者出线回路数不太多时，采用分段断路器兼作旁路断路器的接线，如图 9-6 所示。但这种接线运行操作复杂，断路器与隔离开关之间的闭锁也复杂。

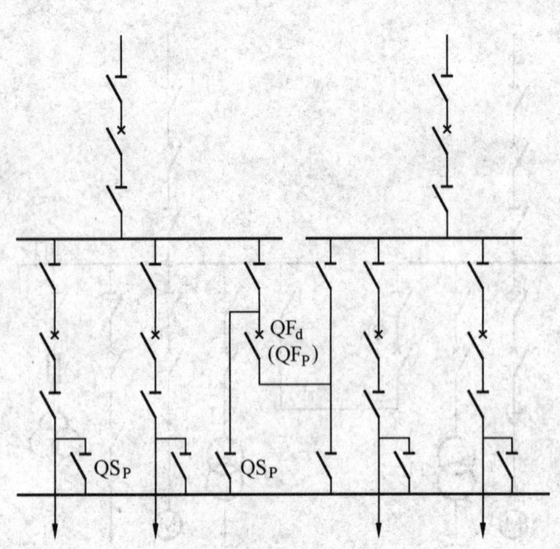

图 9-6　分段断路器兼作旁路断路器的接线

五、双母线接线

当出线数量较多，重要的负荷也比较多时可采用双母线接线，如图 9-7 所示。

双母线接线有两组母线，并且可以互为备用。每一电源和出线的回路，都装有一台断路器，有两组母线隔离开关，可分别与两组母线连接。两组母线之间的联络，通过母线联络断路器（简称母联断路器）QF_c 来实现。有两组母线后，使运行可靠性和灵活性大为提高。其特点如下：

（1）供电可靠。通过两组母线隔离开关的倒闸操作，可以轮流检修一组母线而不致使供电中断；一组母线故障后，能迅速恢复供电；检修任一回路的母线隔离开关时，只需断开此隔离开关所属的一条线路和与此隔离开关相连的该组母线，其他回路均可通过另一组母线继续运行，但其操作步骤必须正确。例如欲检修工作母线，可把全部电源和线路倒换到备用母线上。其步骤是：先合上母联断路器两侧的隔离开关，再合母联断路器 QF_c 向备用母线充电，这时，两组母线等电位，为保证不中断供电，按"先通后断"原则进行操作，即先接通备用母线上的隔离开关，再断开工作母线上的隔离开关，完成母线转换后，再断开母联断路器 QF_c 及其两侧的隔离开关，即可使原工作母线退出运行进行检修。

（2）调度灵活。各个电源和各回路负荷可以任意分配到某一组母线上，能灵活地适应电力系统中各种运行方式调度和潮流变化的需要；通过倒闸操作可以组成各种运行方式。例如：①当母联断路器断开，一组母线运行，另一组母线备用，全部进出线均接在运行母线，即相当于单母线运行。②两组母线同时工作，并且通过母联断路器并联运行，电源与负荷平均分配在两组母线上，即称之为固定连接方式运行。这也是目前运行中常采用的运行方式，其母线继电保护相对比较简单。③有时为了系统的需要，亦可将母联断路器断开（处于热备用状态），两组母线同时运行。此时，这个电厂相当于分裂为两个电厂各向系统送电，这种运行方式常用于系统最大运行方式时，以限制短路电流。

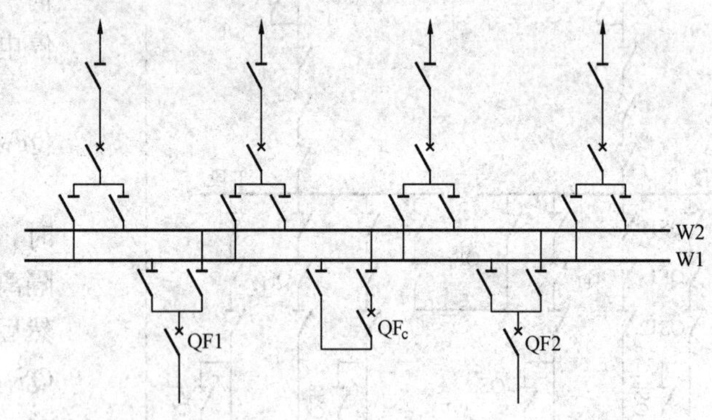

图 9-7　双母线接线

根据系统调度的需要，双母线接线还可以完成一些特殊功能。例如：用母联与系统进行同期或解列操作；当个别回路需要单独进行试验时（如发电机或线路检修后需要试验），可将该回路单独接到备用母线上运行；当线路利用短路方式熔冰时，亦可用一组备用母线作为熔冰母线，不致影响其他回路工作等。

（3）扩建方便。向双母线左右任何方向扩建，均不会影响两组母线的电源和负荷自由组合分配，在施工中也不会造成原有回路停电。

由于双母线接线有较高的可靠性，广泛用于：出线带电抗器的6～10kV配电装置；35～110kV出线数超过8回，或连接电源较大、负荷较大时；110～220kV出线数为5回及以上时。

六、降压变电站的主接线

在不同的情况下，将上述的主接线的各种基本形式加以组合就构成一个个完整的主接线。图9-8为某一工厂总降压变电站的电气主接线图。

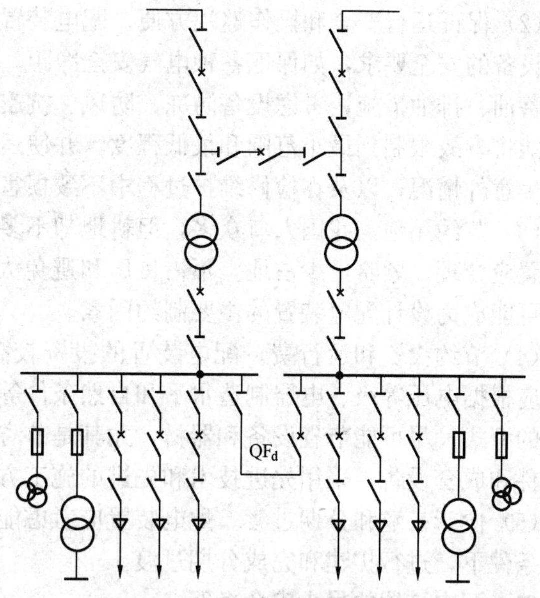

图9-8　降压变电站的主接线

该总降压变电站从两个电源点取得电能，设置两台主变压器，变压器电压为35/6.3kV。高压侧采用内桥式接线，低压侧为单分段母线接线。接线中画出了电压互感器，各支路的电流互感器没有画出。变电站的所用变压器由于容量很小，采用熔断器保护。

第三节　配电装置概述

电气主接线中的电器、导体、继电保护和测量装置、辅助设备以及相应的支柱、构架等电工建筑物，按照一定要求建造的整体，称为配电装置。电气主接线接受、汇集、分配电能的作用是由配电装置来完成的。各级电压配电装置的形式，决定了变电站的总体布置和构成。

按电气设备的安装地点，配电装置可分为户内配电装置和户外配电装置；按电气设备的组装方式，配电装置又分为成套配电装置和装配式配电装置；按照电压等级又可分为××kV配电装置等。

选择配电装置的型式，应考虑所在地区的地理情况及环境条件，因地制宜、节约用地，并结合运行及检修要求，通过技术经济比较确定。

在一般情况下，35kV及以下配电装置宜采用户内布置；2级及以上污秽地区或市区的110kV配电装置宜采用户内型，当技术经济合理时，220kV配电装置也可采用户内型；大城市中心地区或其他环境特别恶劣地区，110kV和220kV配电装置可采用全封闭或混合式SF_6组合电器；地震基本烈度8度及以上地区或土地贫瘠地区，110kV和220kV配电装置可采用户外中型布置。

一、配电装置的基本要求

（1）保证工作的可靠性。配电装置的可靠性，直接反映着故障的可能性及其影响范围。发生故障的可能性和影响范围越小，配电装置的可靠性越高。而配电装置是按照电气主接线所选定的电气设备和连接方式进行布置的，所以要保证配电装置工作的可靠性，必须正确设计电气主接线和继电保护装置，合理地选择电气设备和其他元件，并在运行中严格执行操作规程。

（2）保证运行安全和操作巡视方便。配电装置布置要整齐清晰，并能在运行中满足对人身和设备的安全要求，如保证各种电气安全净距，装设防误操作的闭锁装置，采取防火、防爆和蓄油、排油措施，考虑设备防冻、防风、抗震、耐污等性能、使配电装置一旦发生事故时，能将事故限制到最小范围和最低程度，并使运行人员在正常操作和处理事故的过程中不致发生意外情况，以及在检修维护过程中不致损害设备。

（3）节约用地。我国人口众多，但耕地却不多，因此，在安全可靠的前提下，配电装置的布置应合理、紧凑，少占地，不占良田和避免大量的土石方开挖。在土地紧张的情况下，占地可能成为设计配电装置的主要制约因素。

（4）节约投资和运行费。配电装置的投资较高，其要求和建造条件往往差别很大，因此，应根据电压等级、电器制造水平和自然条件等因素，通过技术经济比较，决定采用配电装置的型式。尽可能节省设备和器材，尤其是节省绝缘材料、有色金属和钢材；尽量选用预制构件和成套设备，采用先进技术和先进的施工方法，尽可能降低投资和运行费用。

（5）便于扩建和分期过渡。配电装置应考虑能够在不影响正常运行和不需要经大规模改建的条件下，进行扩建和完成分期过渡。

二、配电装置的最小安全净距

为了安全可靠，高压配电装置规程中规定了户内外配电装置的安全净距。所谓安全净距是以保证不放电为条件，该级电压允许的在空气中的物体边缘的最小空气距离。它不但保证正常运行的绝缘需要，而且也保证运行人员的安全需要。

我国《高压配电装置设计规范》规定了各种安全净距，其中最基本的是带电部分对接地部分之间和不同相带电部分之间的最小安全净距 A_1 和 A_2 值。在这一距离下，无论是正常最高工作电压或者出现内外过电压，都不会使空气间隙击穿。其他电气距离是在 A 值的基础上再考虑一些实际因素决定的。户内、户外配电装置中各有关部分之间的最小安全净距见表 9-1 和表 9-2。

表 9-1　户内配电装置的最小安全净距　单位：mm

符号	适用范围	额定电压（kV）									
		3	6	10	15	20	35	63	110J	110	220J
A_1	带电部分至接地部分之间；网状和板状遮栏向上延伸线距地 2.3m 处，与遮栏上方带电部分之间	75	100	125	150	180	300	550	850	950	1800
A_2	不同相的带电部分之间；断路器和隔离开关的断口两侧带电部分之间	75	100	125	150	180	300	550	900	1000	2000
B_1	栅状遮栏至带电部分之间；交叉的不同时停电检修的无遮栏带电部分之间	825	850	875	900	930	1050	1300	1600	1700	2550
B_2	网状遮栏至带电部分之间	175	200	225	250	280	400	650	950	1050	1900
C	无遮栏裸导体至地（楼）面之间	2375	2400	2425	2450	2480	2600	2850	3150	3250	4100
D	平行的不同时停电检修的无遮栏裸导体之间	1875	1900	1925	1950	1980	2100	2350	2650	2750	3600
E	通向屋外的出线套管至屋外通道的路面	4000	4000	4000	4000	4000	4000	4500	5000	5000	5500

注　J 指中性点直接接地系统。

表 9-2　**户外配电装置的安全净距**　单位：mm

符号	适用范围	额定电压（kV）								
		3～10	15～20	35	63	110J	110	220J	330J	500J
A_1	带电部分至接地部分之间；网状和板状遮栏向上延伸线距地 2.5m 处，与遮栏上方带电部分之间	200	300	400	650	900	1000	1800	2500	3800
A_2	不同相的带电部分之间；断路器和隔离开关的断口两侧带电部分之间	200	300	400	650	1000	1100	2000	2800	4300
B_1	设备运输时，其外廓至无遮栏带电部分之间；交叉的不同时停电检修的无遮栏带电部分之间；栅状遮栏至绝缘体和带电部分之间；带电作业时的带电部分至接地部分之间	950	1050	1150	1400	1650	1750	2550	3250	4550
B_2	网状遮栏至带电部分之间	300	400	500	750	1000	1100	1900	2600	3900
C	无遮栏裸导体至地面之间；无遮拦裸导体至建筑物、构筑物顶部之间	2700	2800	2900	3100	3400	3500	4300	5000	7500
D	平行的不同时停电检修的无遮栏裸导体之间；带电部分与建筑物、构筑物的边沿部分之间	2200	2300	2400	2600	2900	3000	3800	4500	5800

在实际配电装置中，为考虑短路电流电动力的影响和施工误差等因素，户内配电装置各相带电体之间的距离通常为 A 值的 2～3 倍；对户外配电装置的软母线在短路电动力、风摆、温度等因素作用下，使相间及对地距离减小，通常也比 A 值大。图 9-9 和图 9-10 所示分别为户内和户外配电装置的 A、B、C、D、E 值示意图。

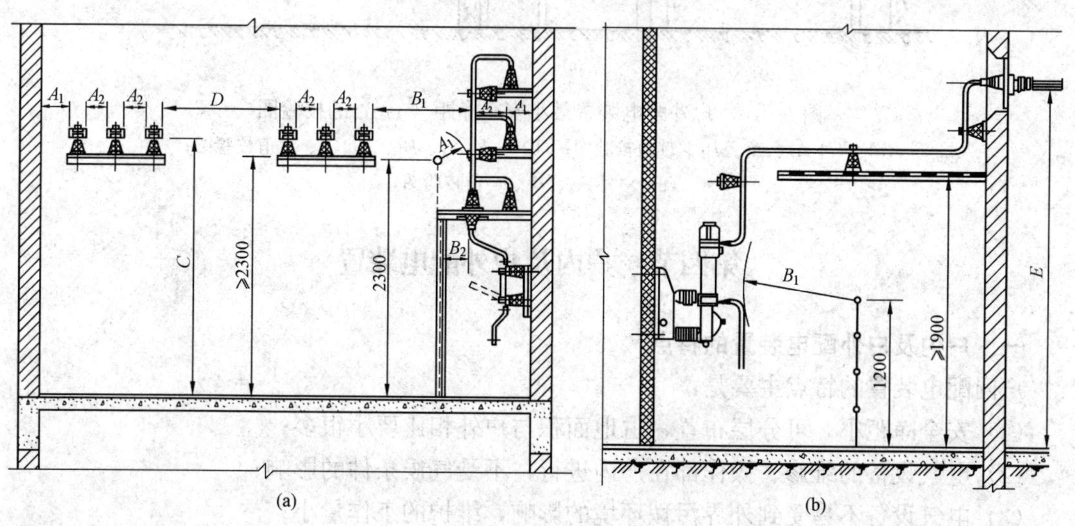

图 9-9　户内配电装置最小安全净距（mm）的校验图

（a）户内 A_1、A_2、B_1、B_2、C、D 值校验图；（b）户内 B_1、E 值校验图

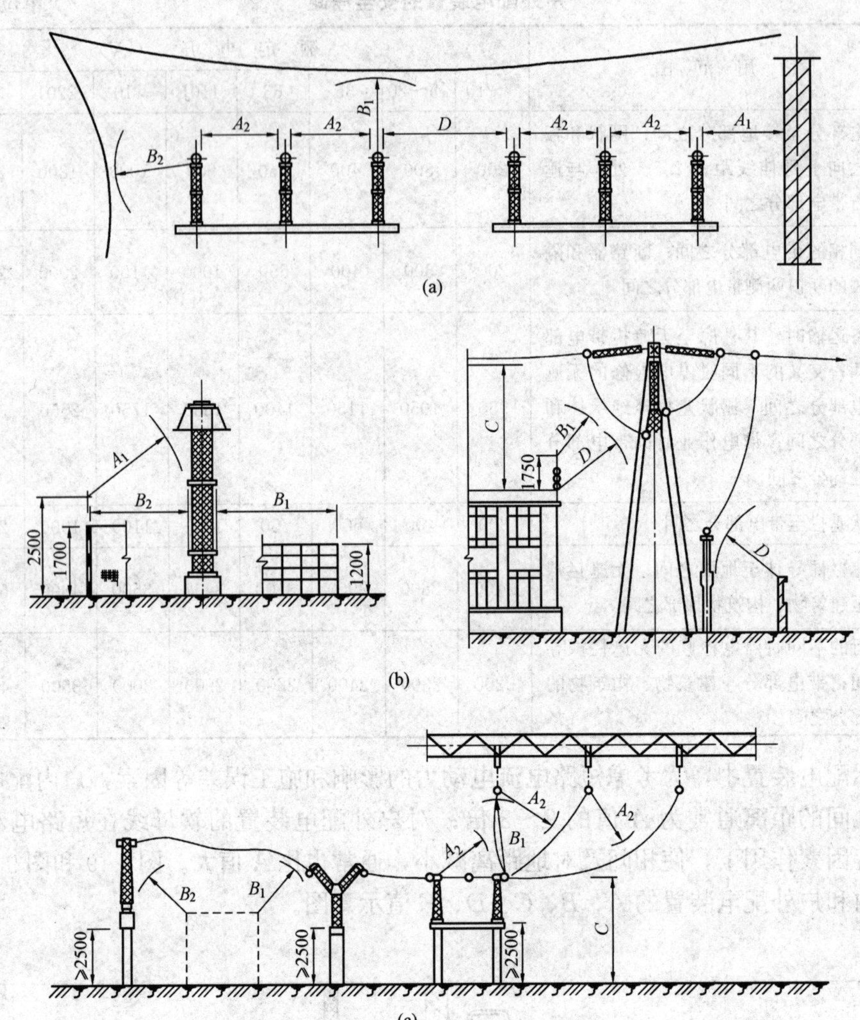

图 9-10　户外配电装置最小安全净距（mm）的校验图

(a) 户外 A_1、A_2、B_1、D 值校验图；(b) 户外 A_1、B_1、B_2、C、D 值校验图；(c) 户外 A_2、B_1、C 值校验图

第四节　户内及户外配电装置

一、户内及户外配电装置的特点

户内配电装置的特点主要是：

(1) 安全净距小，可分层布置，占地面积与户外相比要小很多；

(2) 电气设备的维修、操作都在户内进行，不受气候条件的影响；

(3) 电气设备不易受到外界污秽环境的影响，维护的工作量小；

(4) 电气设备间的距离小，通风散热条件较差，不便于扩建；

(5) 房户建筑投资大，但可采用价格较低的户内型设备，能够减少一些投资。

户外配电装置的特点主要是：

（1）无配电装置室，节省建筑材料和降低土建费用，一般建设周期短；

（2）相邻设备之间的距离大，减少故障蔓延的危险性，且便于带电作业；

（3）巡视设备清楚，且便于扩建；

（4）易受外界气候条件的影响，设备运行条件差，必须加强绝缘；

（5）气候变化给设备维修和操作带来困难；

（6）占地面积大，使整体投资增大。

二、户内配电装置的结构型式

户内配电装置的结构型式与电气主接线、电压等级和采用的电气设备的型式密切有关。且随着新设备新技术的采用，施工、运行、检修经验的不断丰富，以及人们的习惯和观念的改变，其结构型式不断发展，目前户内配电装置的主要型式有装配式和成套式两种结构型式。

为了将设备的故障影响限制在最小范围内，使故障的电路不致影响到相邻的电路，在检修一个电路中的电器时，避免检修人员与邻近电路的电器接触，在户内配电装置中将一个电路内的电器与相邻电路的电器，用防火隔墙隔开形成一个间隔。同一个电路的电器和导体应布置在一个间隔内，并在现场组装，这样的结构型式称为装配式户内配电装置。它适用于6～10kV出线带电抗器的配电装置，布置方式采用三层装配式布置、两层装配式布置以及两层装配与成套式混合布置。三层、两层装配式配电装置通过设计、施工及运行的长期实践，所暴露的问题和缺点较多，如土建结构复杂，留孔及埋件很多，建筑安装的施工工作量大，工期长，运行巡视费时，操作不便，不利于事故处理等。近几年一般采用两层装配与成套式混合布置，使配电装置的结构大为简化，大大减少了建筑安装工作量，缩短了建设周期，便于运行操作。

成套式配电装置是由制造厂成套供应的设备。同一个回路的开关电器、测量仪表、保护电器和辅助设备都由制造厂装配在一个或两个全封闭或半封闭的金属柜中，构成一个回路。一个柜就是一个间隔。按照电气主接线的要求，选择制造厂家生产的各种电路的开关柜组成整个配电装置。从制造厂将成套设备运到现场进行组装即成。成套配电装置分为低压成套配电装置、高压成套配电装置和SF_6全封闭组合电器。

（一）户内低压成套配电装置

户内低压成套配电装置适用于交流50Hz、额定电压在500V以下、额定电流在3150A及以下的三相配电系统中，作动力、照明及配电设备的电能转换、分配与控制之用。每个柜中分别装有闸刀开关、低压断路器、接触器、熔断器、仪用互感器、母线以及测量、信号装置等设备。由制造厂组成多种一次线路方案并进行编号，供给用户选用。

目前，低压配电装置的型式较多，就结构而言，主要有固定式和抽出式两种。固定式低压配电柜的屏面上部安装测量仪表，中部装闸刀开关的操作手柄，柜下部为外开的金属门。柜内上部有继电器、二次端子和电能表。母线装在柜顶，低压断路器和电流互感器都装在柜后。

固定式低压配电柜一般离墙安装，单面（正面）操作，双面维护。如GGD型的低压配电柜，它是本着安全、经济、合理、可靠的原则设计的新型低压配电柜，其分断能力高、动热稳定性好、电气方案灵活、组合方便、实用性强、结构新颖、防护等级高。

GGD型低压配电柜的基本结构采用冷弯型钢和钢板焊接而成。屏面上方为仪表门，宽为1000mm和1200mm柜正面采用不对称的双门结构，600mm和800mm宽的柜采用整门结构，柜体后面采用对称双门结构，既安全，又便于检修，同时也提高了整体的美观性。为加强通风和散热，在柜体的下部、后上部和顶部均有通风散热孔；主母线排列在柜的后上方，柜体的顶盖在需要时可以拆下，便于现场主母线的装配和调整。柜的外形及安装尺寸如图 9-11 所示。

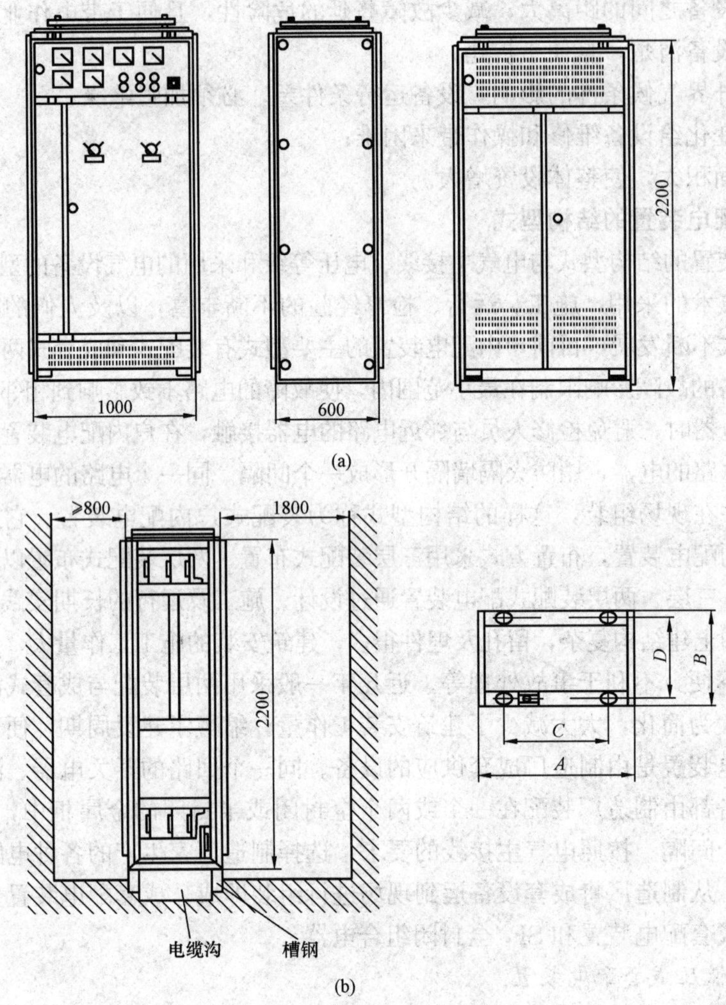

图 9-11 GGD 型交流低压配电柜外形及安装示意图

(a) GGD 型交流低压配电柜外形尺寸；(b) GGD 型交流低压配电柜安装示意图

抽出式低压开关柜为封闭式结构，主要设备均放在抽屉内或手车上。回路故障时，可换上备用手车或抽屉，迅速恢复供电以提高供电的可靠性和便于检修。目前常用的有 MNS 型低压成套开关柜、GCS，GCK 型抽出式开关柜、DOMINO、CUBIC 型组合式低压开关柜等。

户内低压配电装置布置要求为：

(1) 户内低压配电装置的距离应满足规范要求。无遮栏裸导体布置在屏前通道上方，其高度应不小于 2.5m，否则，应加装不低于 2.2m 高的遮栏，若布置在屏后通道上方，其高度不应低于 2.3m，否则应加装不低于 1.9m 高的遮栏。成排布置的配电屏，其屏前和屏后的通道最小宽度应符合表 9-3 的规定。

(2) 低压配电装置的维护通道的出口数目，按配电装置的长度确定。长度不足 6m 时允许设一个出口；长度超过 6m 时，应设两个出口，并布置在通道的两端；当两出口之间的距离超过 15m 时，其间应增设出口。

（3）低压配电室长度超过7m时，应设两个出口，并宜布置在配电室的两端。当低压配电室为楼上和楼下两部分布置时，楼上部分的出口应至少有一个为通向该层走廊或室外的安全出口。

表 9-3　　配电屏前后的通道最小宽度　　单位：mm

配电屏类型		单排布置			双排面对面布置			双排背对背布置			多排同向布置		
		屏前	屏后		屏前	屏后		屏前	屏后		屏前	屏后	
			维护	操作		维护	操作		维护	操作		前排	后排
固定式	不受限制时	1500	1000	1200	2000	1000	1200	1500	1500	2000	2000	1500	1000
	受限制时	1300	800	1200	1800	800	1200	1300	1300	2000	2000	1300	800
抽屉式	不受限制时	1800	1000	1200	2300	1000	1200	1800	1000	2000	2300	1800	1000
	受限制时	1600	800	1200	2000	800	1200	1600	800	2000	2000	1600	800

注　1. 受限制时是指受到建筑平面的限制、通道内有柱等局部突出物的限制。

2. 屏后操作通道是指需在屏后操作运行中的开关设备的通道。

配电室的门均应向外开启，但通向高压配电装置室的门应双向开启。

（二）户内高压成套配电装置

目前，国内生产的3～35kV的高压开关柜系列较多，如JYN系列、KYN系列、GBC系列、KGN系列、XGN系列、XYN系列等。

按主开关的安装方式分为固定式和移开式（手车式）。

按开关柜隔室结构分为铠装型、间隔型和箱型。

按柜内绝缘介质分为空气绝缘和复合绝缘。

高压开关柜内配用的断路器为真空断路器、SF_6断路器和少油断路器。目前少油断路器已逐渐被真空断路器和SF_6断路器取代。柜型和开关的选择，应根据工程设计、造价、使用场所、保护对象来确定。

1. 固定式高压开关柜

固定式高压开关柜以XGN2-12箱型固定式金属封闭开关柜为例。XGN2-12型高压开关柜为角钢或弯板焊接骨架结构，柜内分为母线室、断路器室、继电器室，室与室之间用钢板隔开。该型开关柜为双面维护，从前面可监视仪表，操作主开关和隔离开关，监视真空断路器及开门检修主开关；从后面可寻找电缆故障，检修维护电缆头等。断路器室高度1800mm，电缆头高度780mm，维护人员可方便地站在地面上检修。隔离开关采用旋转式隔离开关，当隔离开关打开至分断位置时，动触刀接地，在主母线和主开关之间形成两个对地断口，带电只可能发生在相间、相对地放电，而不致波及被隔离的导体，从而保证了检修人员的安全。母线室母线呈品形排列，顶部为可拆卸结构，贯通若干台开关柜的长条主母线可方便地安装固定。柜中部有贯穿整个排列的二次小母线及二次端子室，可方便检查二次接线。柜底部有贯穿整个排列的接地母线，保证可靠的接地连接。

XGN2-12箱式柜的断路器、隔离开关、接地开关、柜门之间均采用强制性闭锁方式，具有完善的“五防”功能。主开关传动操作设计与机械连锁装置统筹考虑，结构简单，动作可靠。

根据国家标准要求，高压开关柜的闭锁装置应具有“五防”功能，即防止误拉、误合断路器；防止带负荷拉、合隔离开关或带负荷推入、拉出金属封闭（铠装）式开关柜的手车隔离插头；防止带电挂接地线或合接地开关；防止带接地线或接地开关合闸；防止误入带电间隔，以保证可靠的运行和操作人员的安全。

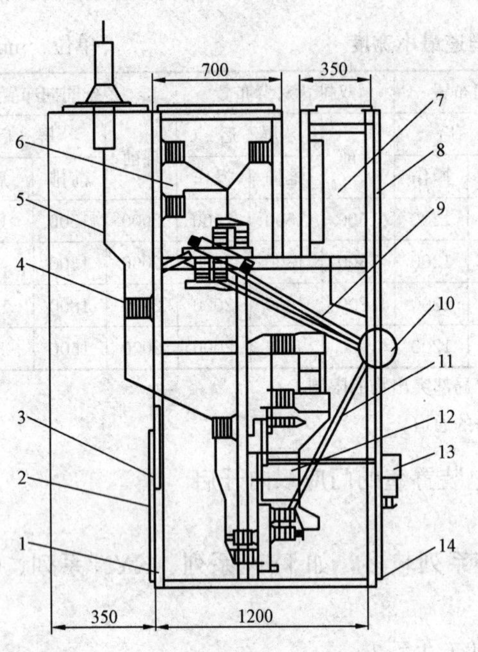

图 9-12　XGN2-12 型高压开关柜结构外形图

1—本体结构；2—后门连锁装配；3—照明灯；4—支持绝缘子；5—架空出线装配；6—母线室装配；7—继电室装配；8—前门元件装配；9—带接地开关的上隔离开关传动装配；10—操作连锁机构；11—下隔离开关传动装配；12—电流互感器装配；13—真空断路器传动装配（电动）；14—接地母线装配

XGN2-12 型高压开关柜的结构如图 9-12 所示。

XGN2-12 箱式开关柜系双面维护，离墙安装，柜前为操作通道，柜后为维护通道；该柜宽为 1100mm（m 型开关为 1200mm）、深为 1200mm（带旁路开关为 1800mm）、高为 2650mm。其布置如图 9-13 所示。

2. 手车式高压开关柜

手车式高压开关柜介绍 JYN1-40.5（Z）型间隔移开式交流金属封闭开关设备。该型开关柜分为柜体和手车两大部分，柜体由型钢及钢板弯焊而成；手车按其用途可分为断路器手车、避雷器手车、隔离手车、Y 形接法电压互感器手车、V 形接法电压互感器手车、单相电压互感器手车和站用变压器手车等。其中断路器手车有 ZN85-40.5 真空断路器手车、ZN23-40.5 真空断路器手车、SF_6 断路器手车、少油断路器手车。

开关设备按用途分隔成若干功能单元。

（1）外壳：由型钢和钢板焊接而成，在开关柜的正面和背面的外壳均设有视察窗，以观察开关设备的运行情况。

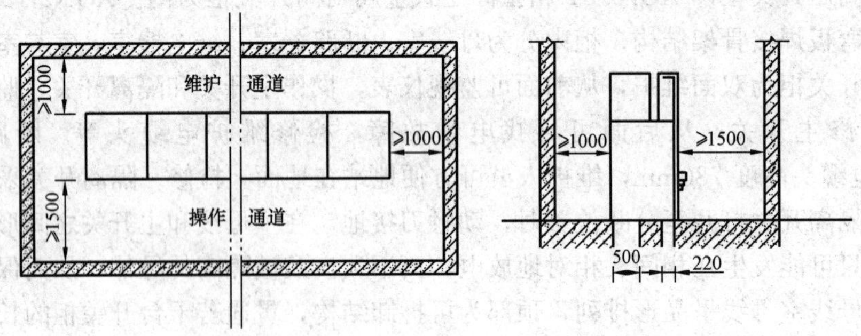

图 9-13　采用 XGN2-12 型高压开关柜的配电装置布置图

（2）手车室：开关柜正面下部两扇大门打开，里面便是手车室。该室与上、下触头室之间有绝缘隔板相隔，与柜顶主母线之间设有金属隔板，手车室底部设有手车轨道，手车接地装置在两轨道的中央。

（3）主母线和上隔离触头室：主母线及上隔离触头室在开关柜上部。主母线呈三角形排列布置在上部倒装的支柱绝缘子上。紧挨主母线下方为上隔离触头座，它可以是电流互感器带触头，也可以是支柱绝缘子或穿墙套管带触头，视主接线方案而定。

(4) 下隔离触头室：下隔离触头室在上隔离触头室的下部，两者之间有隔板相隔，它除供装设电流互感器或支柱绝缘子触头座外，接地开关或联络母线亦设在该室。手车室、隔离触头室和电缆室之间装有绝缘隔板并在其上装有绝缘活门。

接地导体：贯穿于开关柜的整个宽度方向上的铜质接地体装设在开关柜的后下方。两台之间的连接，用制造厂预制并配备于设备内的连接头装上即可。

(5) 仪表和继电器室：仪表和继电器室在开关柜正面上部，该室两侧设有小母线穿越孔和固定控制电缆用的线夹板，左侧设有小母线端子组，上方和下方均装有走线槽。仪表及继电器室与高压间隔有隔板相隔。

(6) 端子室：端子室设在开关柜的正面右侧，辅助回路接线端子组安装在该室的中央。上方为柜内照明灯及其开关，下方设有接地螺栓供辅助回路接地使用。

该型开关柜主开关、手车、接地开关及柜门之间均采用了连锁装置，满足“五防”功能要求。柜体尺寸为宽×深×高，即 1800mm×2400mm×2925mm。其结构如图 9-14 所示。

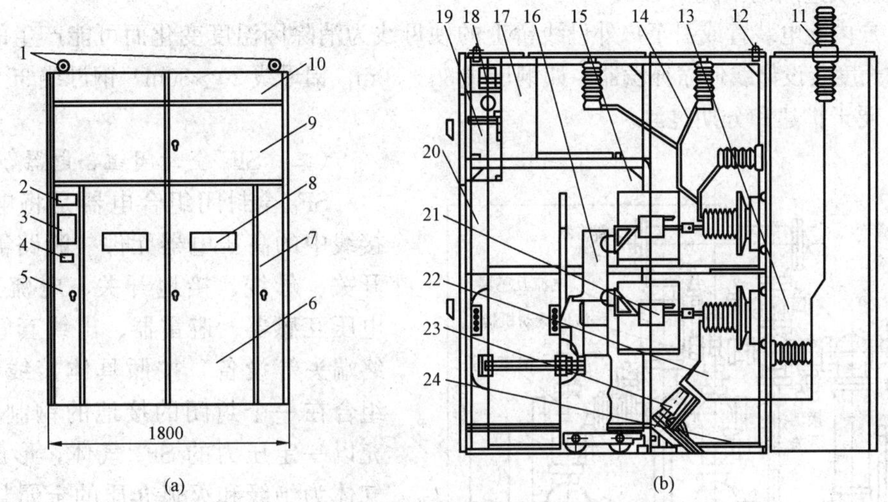

图 9-14　JYN1-40.5 (Z) 型高压开关柜结构图

(a) 正视图；(b) 结构示意图

1—吊攀；2—铭牌；3—主接线标志；4—带电显示；5—左小门；6—手车室门；7—端子门；8—观察窗；9—仪表门；10—盖板；11—穿墙套管；12—吊攀；13—进（出）线及电缆头室（附柜）；14—主母线室；15—手车室；16—断路器手车；17—排气通道；18—二次控制电缆通道；19—继电器及小母线室；20—二次端子室；21—绝缘活门；22—下隔离触头室；23—接地开关；24—接地母线

3. 户内高压成套配电装置的布置要求

(1) 配电装置的布置和设备的安装，应满足在正常、短路和过电压等工作条件时的要求，并不致危及人身安全和周围设备。

(2) 配电装置的绝缘等级，应和电力系统的额定电压相配合。

(3) 户内配电装置的安全净距不应小于表 9-1 所列数值；电气设备外绝缘体最低部位距地小于 2.3m 时，应装设固定遮栏。配电装置中相邻带电部分的额定电压不同时，应按较高的额定电压确定其安全净距。

（4）配电装置的布置应考虑便于设备的操作、搬运、检修和试验。配电装置室内的各种通道应畅通无阻，不得设立门槛，并不应有与配电装置无关的管道通过。通道的宽度应不小于表 9 - 4 中的数值。

表 9 - 4　　配电装置室内各种通道的最小宽度　　单位：mm

布置方式＼通道分类	维护通道	操作通道		通往防爆间隔的通道
		固定式	成套手车式	
一面有开关设备时	800	1500	单车长＋1200	1200
两面有开关设备时	1000	2000	双车长＋900	1200

（5）长度大于 7m 的高压配电装置室，应有两个出口，并宜布置在配电装置室的两端；长度大于 60m 时，宜增添一个出口；当配电装置室有楼层时，一个出口可设在通往户外楼梯的平台处。配电装置室的门应为向外开启的防火门，应装弹簧锁，严禁用门闩，相邻配电装置室之间如有门时应能双向开启；配电装置室可开窗，但应采取防止雨、雪、小动物、风沙及污秽尘埃进入的措施。

（6）户内配电装置或引至户外母线桥上的硬母线为消除因温度变化而可能产生的危险应力，应按长度装设母线伸缩补偿器，如铜母线 30～50m，铝母线 20～30m，钢母线 35～60m。

（7）便于扩建和分期过渡。

（三）SF_6 全封闭组合电器

SF_6 全封闭组合电器是将电气一次接线中的高压电器元件（断路器、隔离开关、母线、接地开关、电流互感器、电压互感器、避雷器、出线套管、电缆终端头等设备）按照具体接线的要求，组合在一个封闭的接地的钢制壳体内，充以一定压力的 SF_6 气体，形成以 SF_6 气体为绝缘和灭弧介质的金属封闭式开关设备，并通过电缆终端、进出线套管或封闭母线与电力系统连接，构成封闭式组合电器的各电器元件，都制成独立标准结构，另有各种过渡元件（二通、三通、波纹管等）可以适应各种电气主接线的要求进行组合和布置。图 9 - 15 为 ZF-220 型进出线回路断面图。

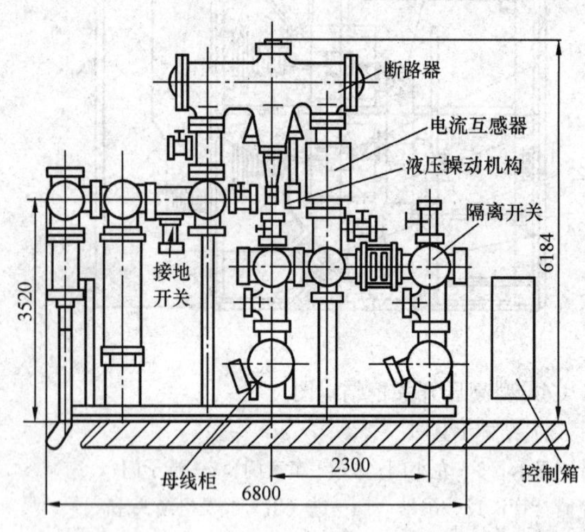

图 9 - 15　ZF-220 型进出线回路断面图

为了支持和检修，母线布置在下部，双断口断路器水平布置在上部，出线用电缆，整个装置按回路顺序布置，结构紧凑。母线采用三相共箱式，母线呈等腰三角形布置，其余元件均采用分箱式，支持带电体的盆式绝缘子将装置按功能与需求分隔成不漏气的隔离室，并分别监控。隔离室可起限制故障范围，在检修、扩建时减小停电范围的作用。在两组母线结合处设有伸缩节，以减少由于温度或安装误差引起的附加应力。外壳上还装有检察孔、窥视孔和防爆盘等设备。

SF_6 全封闭组合电器的优点：

(1) 运行安全、可靠。SF_6 具有很高的介电强度，其绝缘强度与其压力（密度成正比。因而可通过改变 SF_6 的充气压力，达到不同的绝缘耐受等级，且绝缘性能十分稳定。由于其带电体封闭在钢制壳体中，不受大气和尘埃污染而造成事故。SF_6 是不燃的惰性气体，不发生火灾，一般不会发生爆炸事故。

(2) 检修周期长、维护工作量小。全封闭电器由于触头很少氧化，触头开断时烧损也甚微，一般可运行 10 年或切断额定开断电流 15～30 次或正常开断 1500 次。漏气量不大于 1%～3%，且用吸附器保持干燥，补气和换过滤器工作量也很小。

(3) 大量节省配电装置所占面积和空间。全封闭电器比敞开式的比率可近似估算为 $10/U_N$，电压越高，效果越显著。

(4) 土建和安装工作量小，建设速度快并且配置灵活，环境适应性好。

(5) 减小电动力。由于金属外壳的屏蔽作用，消除了无线电的干扰、静电感应和噪声，减少了短路时作用到导体上的电动力。另外，也使工作人员不会偶然触及带电导体。

(6) 抗震性能好。

SF_6 全封闭组合电器的缺点：

(1) SF_6 全封闭电器对材料性能、加工精度和装配工艺要求极高，工件上的任何毛刺、油污、铁屑和纤维都会造成电场不均，使 SF_6 抗电强度大大下降。

(2) 需要专门的 SF_6 气体系统和压力监视装置，且对 SF_6 的纯度和水分都有严格的要求。

(3) 金属消耗量大。

(4) 工程造价高。

三、户外配电装置的结构型式

(一) 户外配电装置的布置型式

根据电器和母线布置高度，户外配电装置可分为中型、半高型和高型三种。

(1) 中型布置是将所有电器安装在一个水平面内，与母线、跳线成三种不同高层的布置方式。设备在一定高度的支架或基础上，使设备的带电部分与地面保持必要的高度，以便于工作人员在地面安全活动。设备布置清晰，巡视检查设备时，视距短而清楚，不易误操作。

(2) 半高型布置是将断路器、电流互感器布置在相邻的一组母线下方，该组母线布置升高的布置方式。

(3) 高型布置是将断路器、电流互感器布置在旁路母线下方，同时两组工作母线重叠布置的布置方式。

半高型、高型布置可以节省占地，但构架消耗较多，且巡视检查不便。因此 220kV 及以下的户外配电装置普遍采用中型布置。只有在土地紧张情况下，110kV 可采用半高型，220kV 可采用高型布置方式。

中型布置分为单列和双列两种形式。单列式是将进、出线的断路器都排成一列布置重在母线一侧，它节省配电装置场地的纵向尺寸，但引线跨数较多；双列式是将进线断路器和出线断路器分别排成两列布置在母线两侧，该布置减少间隔内跨线和跨线门型架构，使配电装置简化。户外配电装置一般采用双列式布置，仅在配电装置场地受到纵向地形限制时才采用单列式布置。

户外配电装置按照电气主接线要求，一般由下列间隔组成：电力变压器间隔（进线间隔）、出线间隔、电压互感器和避雷器间隔、母线分断间隔。每一个间隔应包括该部分电路的全部设备。间隔的横向和纵向尺寸主要有配电装置的电压等级决定。

（二）户外配电装置的布置

1. 户外配电装置的安全净距和基本尺寸

（1）户外配电装置的安全净距应符合表9-5的规定，并应按图9-10校验。有关尺寸可取推荐值。

表9-5　中型配电装置有关尺寸推荐值　单位：m

名称		电压等级（kV）			
		35	63	110	220
弧垂	母线	1.0	1.1	0.9～1.1	2.0
	进出线	0.7	0.8	0.9～1.1	2.0
线间距离	Ⅱ型母线架	1.6	2.6	3.0	5.5
	门型母线架	—	1.6	2.2	4.0
	进出线架	1.3	1.6	2.2	4.0
架构高度	母线架	5.5	7.0	7.3	10.0～10.5
	进出线架	7.3	9.0	10.0	14.0～14.5
	双层架	—	12.5	13.0	21.0～21.5
架构宽度	Ⅱ型母线架	3.2	5.2	6.0	11.0
	门型母线架	—	6.0	8.0	14.0～15.0
	进出线架	5.0	6.0	8.0	14.0～15.0

（2）当电气设备外绝缘体最低部位距地面小于2.5m时，应装设固定遮栏。

（3）配电装置中相邻带电部分的额定电压不同时，应按较高的额定电压确定其安全净距。

（4）户外配电装置带电部分的上面或下面，不应有照明、通信和信号线路架空跨越或穿过。

（5）各级电压配电装置的回路排列和相序排列应尽量一致。一般为面对电源自左向右、由远到近、从上到下按U、V、W相序排列。

2. 户外配电装置的布置

（1）母线和架构。户外配电装置的母线有软母线和硬母线两种。220kV以下软母线主要采用钢芯铝绞线，三相呈水平布置，用悬式绝缘子串悬挂在母线架构上。软母线可选较大的档距，但档距越大，导线的弧垂越大，因而导线相间及对地距离就要增加，母线及跨越线架构的宽度均需加大。故一般采用表9-5所推荐的数值。硬母线常用的有矩形、管型。矩形母线用于35kV及以下的配电装置中；管型母线则用于63kV及以上的配电装置中，用户外支持绝缘子安装在支架上。

户外配电装置的架构可由型钢或钢筋混凝土制成。钢构架经久耐用，便于固定设备，抗震性好，但金属消耗量大，需经常维护。钢筋混凝土构架可以节省钢材，维护简单，坚固耐用，但不便固定设备。用钢筋混凝土环形杆和镀锌钢梁组成的架构兼顾二者的优点，目前在我国220kV及以下的各类配电装置中广泛应用。

（2）电力变压器。电力变压器布置在混凝土或钢筋混凝土基础上，基础高度应保证变压器出线绝缘套管底部对地距离在2.5m以上。基础一般做成双梁并铺以铁轨，轨距等于变压器的滚轮中心距。为了防止变压器发生事故时，燃油流失使事故范围扩大，单个油箱的油量在 1000kg 以上的变压器，应设置能容纳 100％或 20％油量的储油池或挡油墙。设有容纳 20％油量的储油池或挡油墙时，应有将油排到安全处所的设施，且不应引起污染危害。变压器基础应比储油池高 0.1m，储油池四壁应高于户外场地 0.1m。储油池内铺设厚度不小于 0.25m 的卵石层，卵石直径为 0.05～0.08m。

主变压器与建筑物的距离不应小于 1.25m，且距变压器 5m 以内的建筑物，在变压器总高度以下及外廓两侧各 3m 的范围内，不应有门、窗和通风口。

当变压器的油量超过 2500kg 以上时，两台变压器之间的防火净距应满足要求，如布置困难时应设防火墙。

（3）电器的布置。真空断路器、SF_6 断路器和少油断路器有低式和高式布置。低式布置的断路器安装在 0.5～1m 的混凝土基础上，其优点是检修比较方便、抗震性好，但低式布置必须设置围栏，因而影响通道的畅通。一般在中型配电装置中，断路器和互感器多采用高式布置，即将它们安装在较高的混凝土基础上，基础高度应满足：①电器支柱绝缘子最低裙边的对地距离为 2.5m；②电器间的连线对地面距离应符合 C 值要求。

隔离开关和互感器均采用高式布置，一般安装专门的钢筋混凝土支架上，其要求与断路器相同。隔离开关的操动机构装在其靠边一相的基础上，安装高度一般为 1.1～1.3m。

避雷器也有高式和低式两种布置。110kV 及以上的阀型避雷器由于器身细长，多落地安装在 0.4m 的基础上。氧化锌避雷器、磁吹避雷器及 35kV 阀型避雷器形体矮小，稳定性较好，一般采用高式布置。

（4）电缆沟。户外配电装置中电缆沟的布置应使电缆所走的路径最短。一般横向电缆沟布置在断路器和隔离开关之间。电缆沟应有可揭开的盖板，户外电缆沟的盖板应稍高于户外场地标高。电缆沟应有不小于 0.5％的排水坡度且不应排向厂房侧。

（5）通道与围栏。为了运输设备和消防的需要，应在主要设备近旁铺设行车道路。主行车道宽度不小于 3.5m，主厂房前应设回车场。

户外配电装置场地内应设置 0.8～1.0m 宽的环形小道。可利用户外电缆沟兼作运行巡视通道。

配电装置的外围一般设 2～3m 高的围墙。

配电装置中电气设备的遮栏高度，不应低于 1.7m，遮栏网孔不应大于 40×40mm；配电装置中的栅栏高度，不应低于 1.2m，栅栏最低栏杆至地面的净距，不应大于 200mm。围栏应上锁。

（6）场地。户外配电装置的场地必须整平、夯实，以确保地基承载力能满足设备的动、静荷载要求，不应出现塌陷或不均匀沉陷现象。户外配电装置场地的地面，可用混凝土铺面以防杂草生长，场地坡度应不小于 0.5％。

（7）辅助设施。户外配电装置场地四周应设运行巡视和检修照明。当环境温度低于电气设备、仪表和继电器的最低允许温度时，应装设加热装置或其他保温措施。

（三）户外配电装置布置实例

1.35kV 户外配电装置

图 9-16 为某变电站 35kV 户外配电装置的平、断面图。该变电站 35kV 出线两回，为单母线接线，主变压器和 35kV 电气设备采用户外中型双列布置。主变压器两台，油重均超

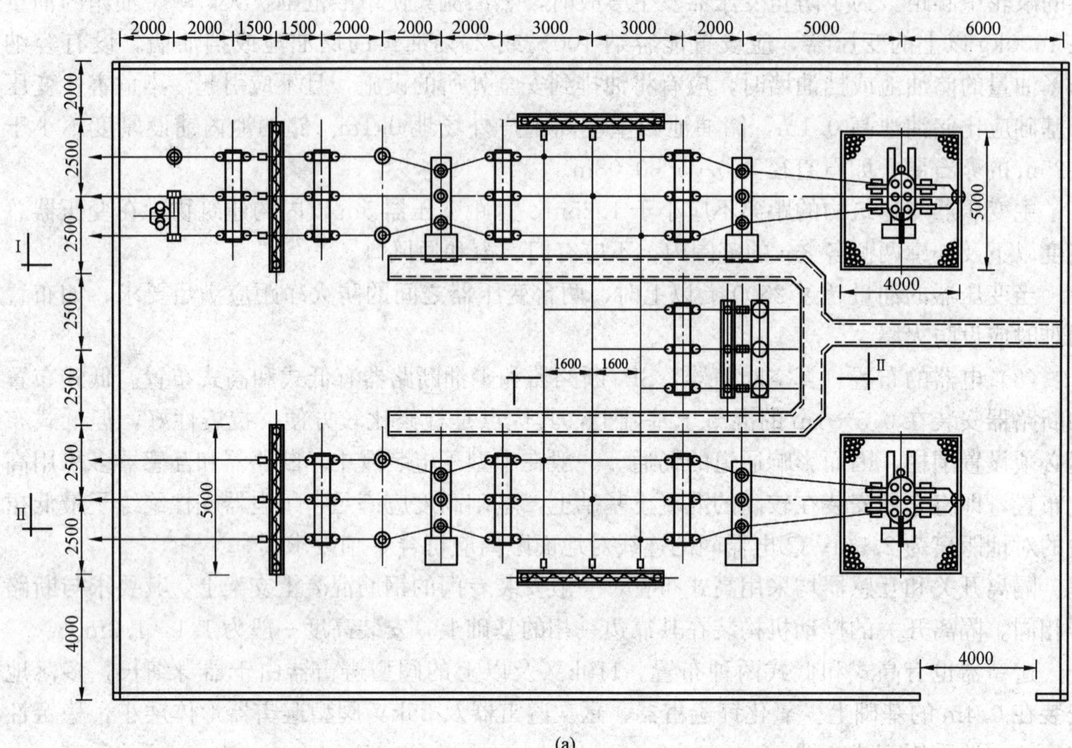

(a)

I—I剖面

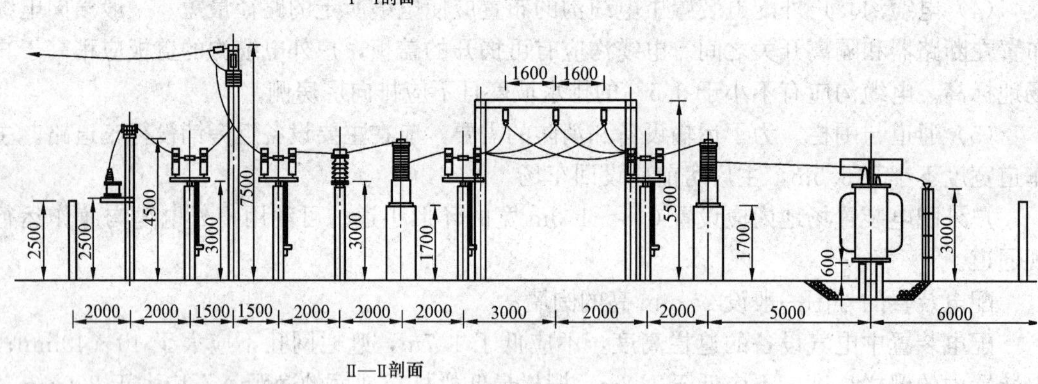

II—II剖面

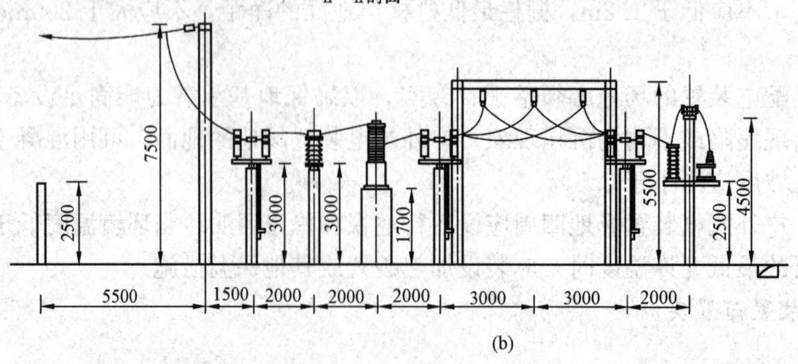

(b)

图 9-16　35kV 户外配电装置的平、断面图

(a) 平面图；(b) 断面图

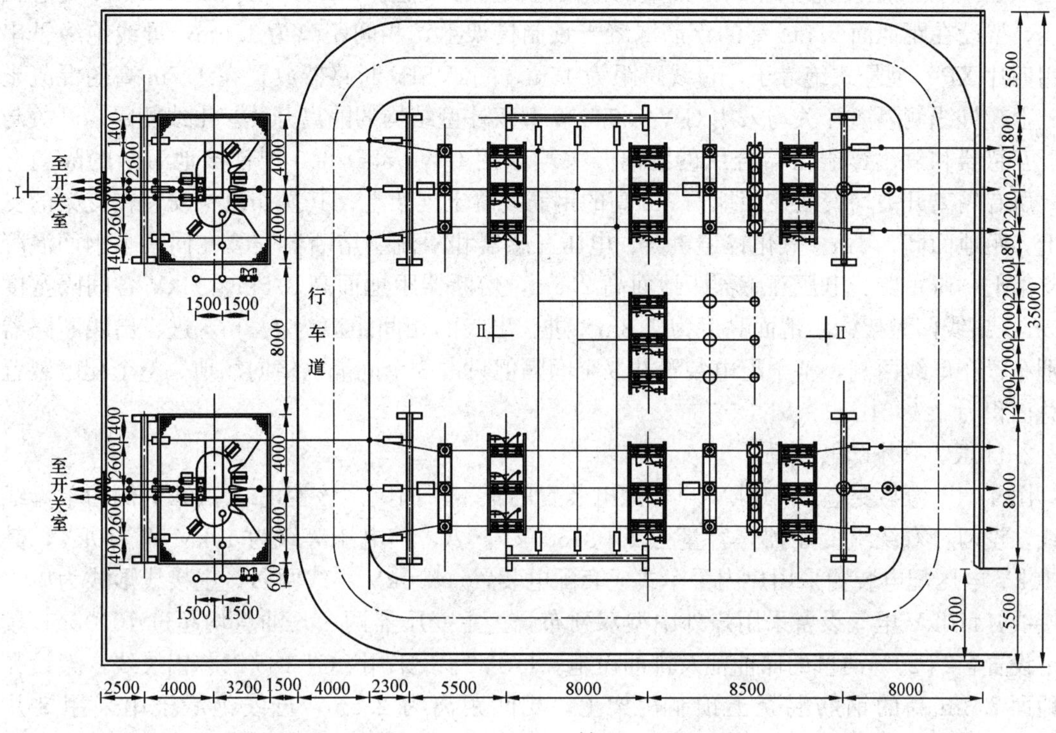

(a)

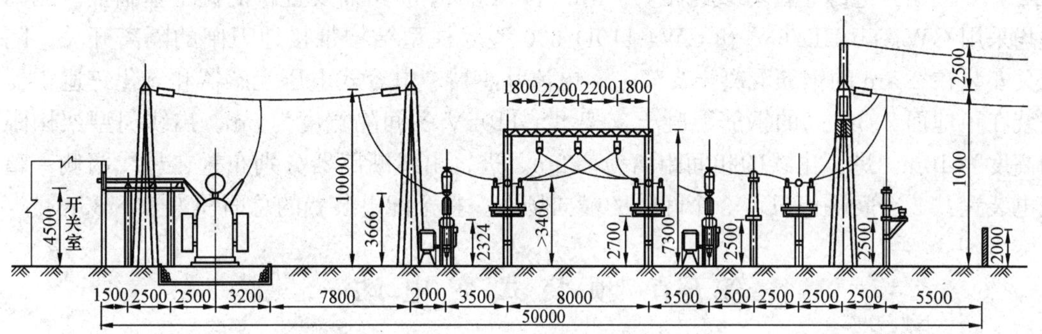

Ⅱ—Ⅱ剖面

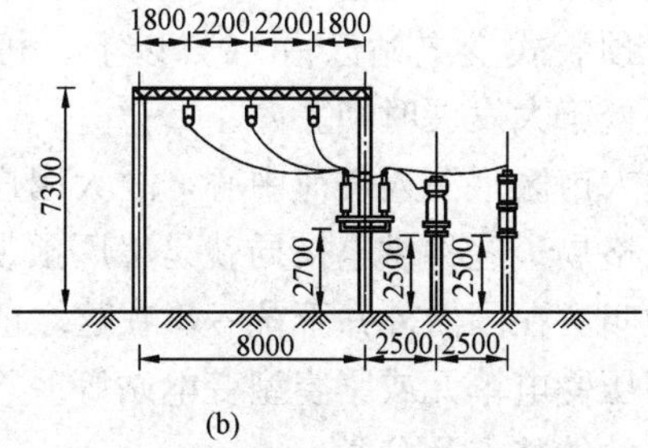

(b)

图 9-17　110kV户外配电装置的平、断面图

（a）平面图；（b）断面图

过 1000kg，按规定设置容纳 20%油量的储油池及排油设施。35kV 母线采用 LGJ-95 钢芯铝绞线，架设在距地面 5.5m 高的钢筋混凝土预制构架上，相间距离为 1.6m，母线绝缘子串采用四片 XP-6 型悬式绝缘子，母线跨距为 15m。35kVSF_6 断路器放置在 1.7m 高的混凝土基础上。母线侧隔离开关均采用 GW4-35/600 型双柱型结构的隔离开关。出线侧隔离开关与电压互感器和氧化锌避雷器合用的隔离开关均采用 GW4-35D/600 型带接地刀闸的隔离开关。所有隔离开关均安装在距地面 3m 高的钢筋混凝土支架上，其操作机构安装在支架的支柱上，距地面高 1.1m。氧化锌避雷器、电压互感器和限流型熔断器安装在同一个钢筋混凝土支架上，避雷器、电压互感器距地面高 2.5m，熔断器距地面高 3.5m。35kV 各间隔宽度为 5m。出线门型架构距地面高度为 7.3m，进、出线的相间距离为 1.3m。进、出线断路器分别布置在母线两侧，整个配电装置共 5 个间隔但只占 3 个间隔的横向场地。整个配电装置的总面积为 $32\times21m^2$。

2.110kV 户外配电装置

图 9-17 为某变电站 110kV 户外配电装置的平、断面图。该变电站 110kV 侧为单母线接线，设两台双绕组变压器，容量为 2×31500kV·A，其电压等级为 10kV 和 110kV，其中 10kV 电压配电装置采用户内手车式成套配电装置。110kV 出线两回，主接线形式为单母线接线，110kV 电气设备采用户外中型双列布置。主变压器两台，油重均超过 1000kg，按规定设置容纳 20%油量的储油池及排油设施。110V 母线采用 LGJ-185 钢芯铝绞线，架设在距地面 7.3m 高的钢筋混凝土预制构架上，相间距离为 2.2m，母线绝缘子串采用 8 片 XWP2—70 型耐张绝缘子，母线跨距为 24m。110kVSF_6 断路器安置在混凝土基础上。隔离开关均采用 GW4-110IID/630 和 GW4-110D/630 型双柱型结构带接地刀闸的隔离开关。隔离开关安装在 2.7m 的钢筋混凝土支架上。电流互感器、电容式电压互感器和氧化锌避雷器均安装在距地面 2.5m 高的钢筋混凝土支架上。110kV 各间隔宽度为 8m。出线门型架构距地面高度为 10m，进、出线的相间距离为 2.2m。进、出线断路器分别布置在母线两侧，整个配电装置共 5 个间隔但只占 3 个间隔的横向场地。整个配电装置的总面积为 $50\times35m^2$。

第五节 预装式变电站

预装式变电站也称箱式变电站，简称箱式所。在 20 世纪 60 年代，预装式变电站在国外兴起，现国外已大量采用预装式变电站。在欧美等国，预装式变电站起步早，制造厂家多，使用广泛。在美国，预装式变电站已占 90%以上。相比国外预装式变电站已进入成熟期，我国预装式变电站还处于大发展时期。

由于高压直接进入市区，深入负荷中心，故大用户的供电方式变成高压受电—变压器降压—低压配电的供电格局。这种供电格局就是工厂预装的变电站。

预装式变电站的叫法在国内外并不统一。在这之前，国内称为组合式变电站、箱式变电站，国外称为箱式高压受电单元或紧凑型变电站等。

一、预装式变电站的特点及分类

预装式变电站不同于常规化土建变电站。其主要特点为：

(1) 预装式变电站在制造厂完成设计、制造与安装，并完成其内部电气接线；

(2) 预装式变电站经过规定的型式试验考核；

(3) 预装式变电站经过出厂试验的验证。

预装式变电站有多种分类方法。如按安装场所，分为户内、户外；按高压接线方式，分为终端接线、双电源接线和环网接线；按箱体结构，分为整体、分体等。

预装式变电站是一种高压开关设备、配电变压器和低压配电装置，按一定接线方案排成一体的工厂预制户内、户外紧凑式配电设备，即将高压受电、变压器降压、低压配电等功能有机地组合在一起。特别适用于城网建设与改造，具有成套性强、体积小、占地少、能伸入负荷中心、提高供电质量、减少损耗、送电周期短、选址灵活、对环境适应性强、安装方便、运行安全可靠及投资少、见效快等一系列优点。总之，预装式变电站有着广阔的使用范围，适用于城市公共配电、高层建筑、住宅小区、公园，还适用于油田、工矿企业及施工场所等，是继土建变电站之后崛起的一种崭新的变电站。

二、预装式变电站的总体结构

预装式变电站的总体结构包括三个主要部分分别为高压开关设备、变压器及低压配电装置。预装式变电站的总体布置主要有两种形式，一种为组合式，另一种为一体式。组合式是指这三部分各为一室而组成“目”字型或“品”字型布置。而一体式是指以变压器为主体，熔断器及负荷开关等装在变压器箱体内，构成一体式布置。组合式布置在采用IEC标准的国家被广泛采用。“目”字型与“品”字型相比，“目”字型接线较为方便，故大多数采用“目”字型布置；但“品”字型结构较为紧凑，特别是当变压器室排布多台变压器时，“品”字型布置较为有利，如图9-18所示。

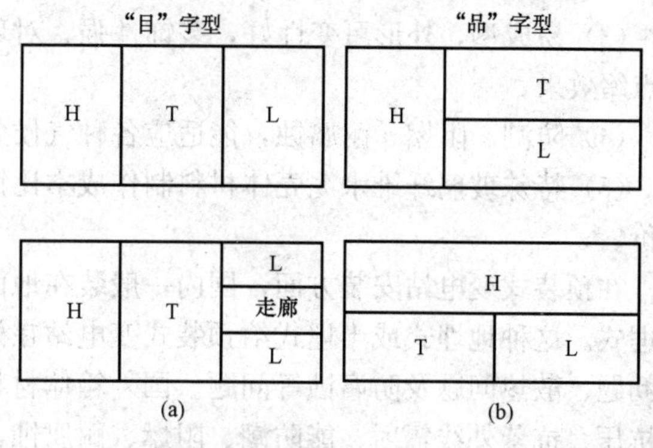

图 9-18 预装式变电站的布置

(a)“目”字型；(b)“品”字型

H—高压室；T—变压器室；L—低压室

预装式变电站一般用于户外，故要从结构上解决许多问题，如防凝露（高压开关和低压开关设备若表面出现凝露，会引起闪络放电）、防发热（变压器发热，会引起出力下降）、防腐蚀（壳体在大气中容易受到腐蚀）、防灰尘（自然通风，会夹杂灰尘，对绝缘不利）、防爆炸（万一发生内部故障电弧）。

三、预装式变电站的箱体

预装式变电站的箱体呈现多样化，这可从箱体的形状、颜色和材质看出。壳体的形状和颜色要尽量与外界环境协调。箱体的存在不应破坏景色，而应成为景色的点缀。箱体的高度一般为2.5m左右。

预装式变电站壳体材质可用普通钢板、热镀锌钢板、水泥预制板、玻璃纤维增强塑料板和铝合金板，以及最新出现的彩色板等。普通钢板造价低些，热镀锌钢板及铝合金板耐腐蚀好，而玻璃纤维增强塑料板则轻巧。

对于预装式变电站的体积一般没有规定，主要取决于装设设备的大小。一般来说，如果装普通开关设备，则预装式变电站体积大；若装 SF_6 开关设备，则体积小。国外预装式变电站内装的多为 SF_6 开关设备，不但缩小了体积，而且提高了设备的安全性和可靠性。我国大多使用普通钢板或铝合金板，内装的高压开关多为空气绝缘。由于我国10kV电网中性点不接地，加上气候条件不利，如高湿、高原、重污秽，因此绝缘很关键。为保证绝缘，对12kV而言，要求相对相和相对地工频耐压42kV，并要求绝缘距离不小于125mm。因此，对预装式变电站来说，不能片面为了缩小尺寸而不适当地减小绝缘距离，否则会在以后的运行中因绝缘故障而造成严重的后果。我国的预装式变电站迟早要顺乎世界潮流发展，大力采用SF_6开关设备，这不仅能缩小开关设备乃至整个预装式变电站的体积，而且能大大提高运行可靠性和安全性。深圳在城网中大量使用SF_6环网供电单元，并取得了良好的运行经验，这是一个具有示范性的先例。

预装式变电站的壳体必须坚固，应能承受因内部故障电弧而引起的冲击力。

在我国，金属板壳体包括普通钢板、热镀锌钢板及铝合金板。近来出现了钢板夹层彩色板、玻璃纤维增强水泥板及玻璃纤维增强塑料板。国内最新推出的玻璃纤维增强水泥板，是用特种玻璃纤维和特种水泥预加工而成。

此种壳体材料的主要特点如下：

（1）该材料机械强度高，耐热抗压，比钢筋水泥结构轻4/5；

（2）抗紫外线辐射、抗曝晒性能好，可避免因外部温度而引起箱内温度升高；

（3）易成型，外形可变性好，装饰性强，对环境具有适应性和协调性，可涂色对环境也有点缀效果；

（4）防潮、阻燃、耐腐蚀，能适应各种气候条件，壳体不会因冷热交变而产生凝露；

（5）特殊玻璃纤维水泥壳体材料制作成本比钢板低，比有色金属材料更低，有利于降低造价。

在预装式变电站安装方面，国内一般装在地面上，而国外为与环境协调，多为地埋式或半埋式。这种地埋式或半埋式给预装式变电站在处理上带来特殊要求，如在结构上要解决渗漏问题、散热问题及防腐蚀等问题。国外箱体材料多用玻纤和水泥的合成材料。这种材料耐热抗压、抗紫外线辐射、能防潮、阻燃、耐腐蚀，不会因冷热交变而产生凝露，同时还易加工成型。

国内企业借鉴国外先进技术，也已开发出玻璃纤维特种水泥结构的箱体。如耐碱玻纤增强水泥及其他添加材料、彩镀钢板聚苯阻燃隔热材料及加强型外保护喷射硬塑装饰材料。这种玻璃纤维特种水泥箱体具有抗冲击、抗拉、抗曝晒、抗腐蚀、隔热、防冻等特点。

图9-19所示为玻璃纤维增强特种水泥预装式变电站，门窗为彩色夹层板。

四、环网供电单元

在预装式变电站中，若为终端接线，使用负荷开关—熔断器组合电器；若为环网接线，则采用环网供电单元（环网柜）。

负荷隔离开关在国外已普遍使用，在我国的使用也越来越多。在工业发达国家（如德国和日本），断路器与负荷开关数量之比为1∶5或6。断路器主要用于一次配电，而负荷开关用于二次配电。负荷开关大量用于负荷开关柜、环网柜及预装式变电站。在我国随着城市电网的建设与改造，高压直接进入市区，深入负荷中心，形成“高压受电—变压器降压—低压配电”的格局。在这里，负荷开关与限流熔断器配合，能更好地保护变压器因而受到重视。

环网柜（环网供电单元）一般由三个间隔组成，即两个环网进出线间隔和一个变压器间隔。预装式变电站则是更大的组合，即高压开关设备（如环网柜）—变压器—低压配电装

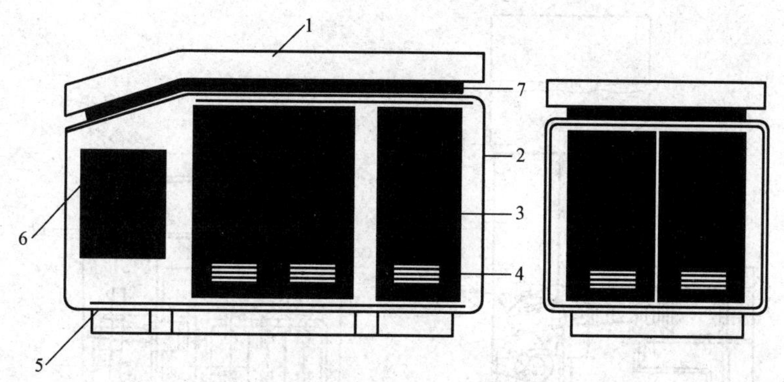

图 9-19 玻璃纤维增强特种水泥预装式变电站

1—顶；2—墙；3—门；4—百页窗；5—槽钢底架；6—外装式计量；7—上通风道

置。在这里，高压开关设备面临对变压器故障（如短路）时的保护问题。变压器的保护一般有两个途径，一个是利用断路器，另一个是利用负荷隔离开关和限流熔断器组合。但实践证明，后者保护效果更好。因此，从国内外环网柜和预装式变电站看，使用负荷开关和限流熔断路器组合电器居多。究其原理有两个，分别是：其一是负荷开关结构简单，造价低；其二是保护特性好，这点更为重要。短路试验表明，当变压器内部发生故障时，为使变压器油箱不爆炸，必须在 20ms 内切除故障，这时若用断路器执行切除故障任务，断路器的全开断时间由三部分组成，即继电保护时间、断路器固有动作时间、燃弧时间，一般需要三周波（60ms）。因此断路器因动作时间长，难以在 20ms 内有效保护变压器，而限流熔断器具有速断功能，能在 10ms 内切除故障，并向负荷开关打出撞击器，令负荷开关三相动作，故能有效地保护变压器。这里的变压器一般为小型变压器，其容量在 1600kV·A 及以下，如图 9-20 所示。

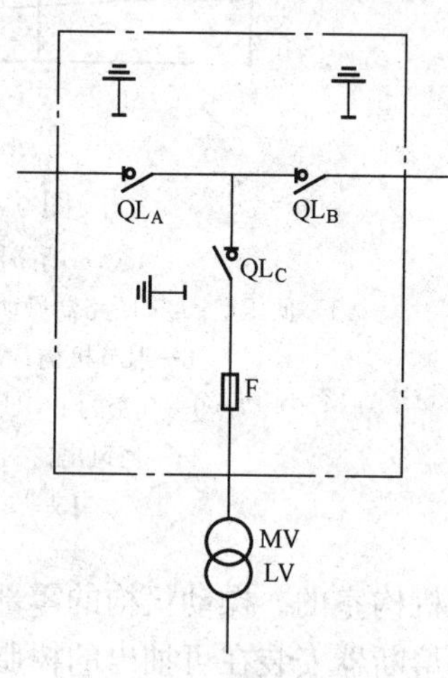

图 9-20 环网供电单元基本布置

QL_A、QL_B—进出线负荷开关；F、QL_C—变压器回路负荷开关与熔断器组合电器；MV、LV—变压器一、二次侧

在负荷开关和熔断器组合电器中，对负荷开关提出更高的要求，负荷开关必须能开断远大于其额定电流的转移和交接电流。现代负荷开关有两个明显的特点，一是三工位，即合、分、接地，完成开断、隔离及接地任务，二是灭弧与载流分开，灭弧系统不承受动热稳定电流，而载流系统不参与灭弧。

负荷开关的结构及特点见本教材第七章内容。

图 9-21 所示为 8DH10 型 SF_6 环网供电单元，柜体由五个功能小室，即开关、母线、电缆、机构、熔断器或仪表小室组合焊接而成。

在不锈钢板密封焊接而成的内充 5kPa SF_6 气体的开关室内，可安装真空断路器和三工位负荷开关。负荷开关的转轴和断路器的驱动杆是通过焊接在开关室前侧板上的金属波纹管

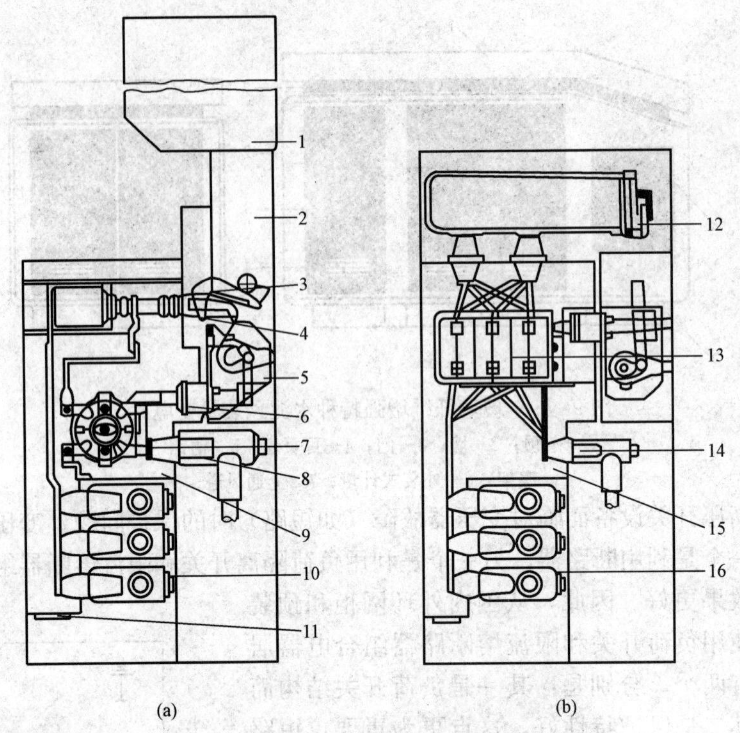

图 9-21 8DH10 型 SF_6 绝缘环网供电单元

(a) 断路器和负荷开关组合；(b) 负荷开关和熔断器组合

1—低压室；2—断路器操动机构；3—波纹管型套管；4—极的端部运动；5—弹簧推动机构；6—肘节机构；7—三工位开关；8—环网电缆终端（400/630A 外锥）；9—气密的 PMU 焊接外壳；10—630A 母线（绝缘导线和硅胶转接器）；11—通风出口；12—熔断器组件；13—三工位开关；14—变压器连接；15—气密的 PMU 焊接外壳；16—630A 插入式母线

进入机构室的。操动机构的零部件是用不会锈蚀的材料制成的，其轴承不需要加润滑油脂。每只熔断器安装在可抽出的树脂浇注的圆形组件内。每个组件的一次隔离触头是通过焊接在熔断器室底板上的套管与负荷开关相连接的。母线室位于柜体的中下部，其内部配置了用硅橡胶绝缘的母线插接的终端装置。这种环网柜还配置了一个特制的气体监测装置，其工作原理如图 9-22 所示。该装置的密封气体的压力盒系统和指示系统分别安装在开关室内外侧的相应位置上。这个装置不会受温度和压力变化的影响，其指针时常指在“可以运行”的位置。一旦开关室的 SF_6 气体的密度变化，该装置随之动作，其指针即指在“没有准备好运行”的位置，以表明开关室的 SF_6 气体已泄漏。这种环网柜外形美观、结构合理、封闭性好。特别是开关室的密封界面，采用了焊接的金属波纹管和套管，这种

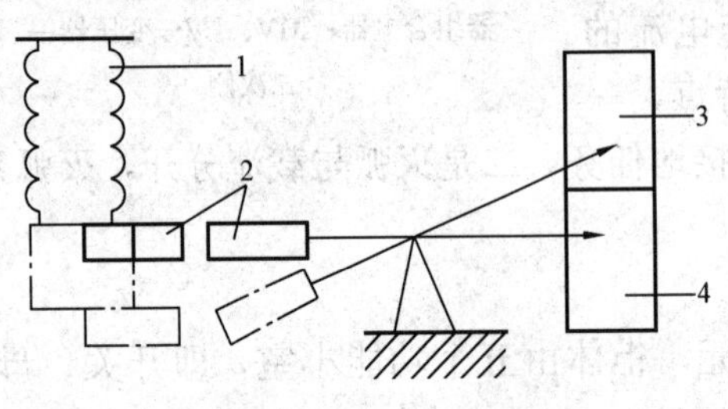

图 9-22 气体监视原理

1—测量盒；2—耦合磁铁；3—红色指示：“没有准备好运行”；4—绿色指示为“准备好运行”

永久性密封的方法，确保了该室的密封胶的性能。

熔断器的结构及触发如图 9-23 所示。

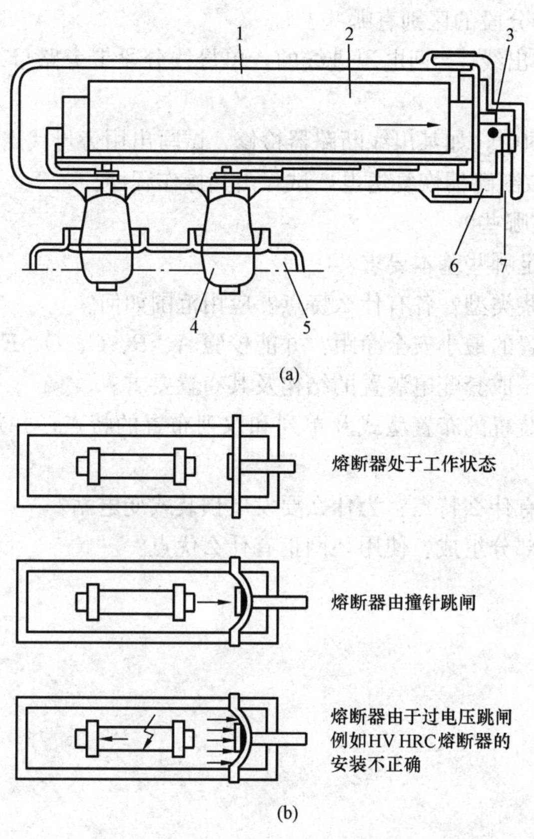

图 9-23　熔断器及触发示意图

(a) 安装熔断器；(b) 熔断器跳闸示意图

1—熔断器箱；2—熔断器；3—撞针；4—绝缘套管；5—气箱；6—气密箱盖；7—弹簧操作/储能机构装置

高压熔断器安装于单极的环氧树脂浇注的小室内，这些小室位于气箱上方通过焊有法兰盘的套管与气箱内的开关相连。

硅橡胶密封，保证抗高压能力及避免外界灰尘及水分进入内部，并使带电部分受到良好的保护。只有当变压器馈线处于接地位置时，熔断器室才可被打开，操作人员无需特殊工具即可更换熔断器。

一相熔断器的撞针运动即可触发三工位开关。熔断器撞针是通过小室前端的硅橡胶罩，与开关的操动机构相连接。另外，由于小室内过热、过压而触发硅橡胶小室盖，也可触发开关。

习　　题

9-1　如何确定变电站变压器的容量、台数、变比？

9-2 电气主接线应满足哪些基本要求？

9-3 线路—变压器单元接线有哪些特点？

9-4 内桥及外桥式接线各有哪些特点？应用有什么不同？

9-5 单母线、单母线分段的区别有哪些？

9-6 试画出有 6 回路出线，2 回电源进线的，单母线分段带旁路母线的接线，分析此接线的特点。

9-7 题 9-6 主接线图中，如某出线断路器检修，试写出用旁母代送电的操作程序。

9-8 题 9-6 中，如该断路器恢复送电，试写出其操作程序。

9-9 双母线的特点有哪些？

9-10 配电装置应满足哪些基本要求？

9-11 配电装置有哪些类型？各有什么特点？应用范围如何？

9-12 什么是配电装置的最小安全净距？并能校验 A、B、C、D、E 值。

9-13 熟悉户内高低压成套配电装置的结构及其布置要求。

9-14 试述户外配电装置的布置型式及单列和双列布置的特点，并熟悉户外配电装置的布置要求。

9-15 预装式变电站有什么特点？为什么要发展预装式变电站？

9-16 环网柜由哪几部分组成？使用环网柜有什么优点？

第十章　供配电线路的基本结构

电力线路按其在电力网中的作用可分为供配电线路和输电线路，按其结构一般分为架空线路和电缆线路。本章内容主要讨论供配电线路的基本结构。架空线路是将导线悬挂在杆塔上；电缆线路是将电缆敷设在地下、水底、电缆沟、电缆桥架、电缆隧道或排管中。由于架空线路具有投资省，施工、维护和检修方便等优点，因此被广泛应用。但架空线路绝大多数采用裸导线，易受有害气体腐蚀，架空线路不能跨越大江、海域，影响城市美化等缺点，所以在一些特殊地区也同时采用电缆线路。

第一节　供配电架空线路

一、架空线路的基本构成

架空线路是由导线、避雷线、杆塔、绝缘子和金具等元件组成。它们的作用分别是：导线用来传导电流，输送电能；避雷线用来将雷电流引入大地，使电力线路免遭雷电波的侵袭；杆塔用来支持导线和避雷线；绝缘子用来使导线与杆塔之间保持绝缘；金具是用来固定、悬挂、连接和保护架空线路的主要元件。

由于架空线的档距很大，线径相对很小，悬挂在杆塔之间的导线，形状近似为一条悬链线，如图 10-1 所示。

相邻杆塔间的水平距离称为线路档距（又称跨距）。在一个档距内导线的最低点与两悬挂点连线间的垂直距离，称为弧垂（又称弛度、弛垂）。两个悬挂点不等高时，对应两个悬挂点有两个弧垂。导线各点对地面及其他设施（水面、建筑物、电力线、通信线、树木等）的安全垂直距离、水平距离及导线对杆塔本体的最小距离，称为限距（又称最小安全距离）。

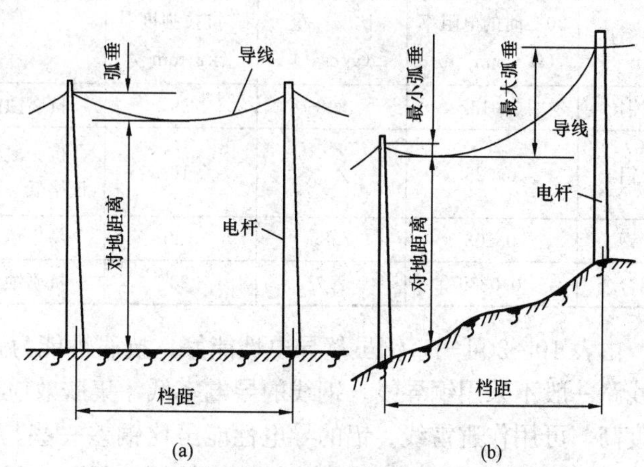

图 10-1　两杆塔之间的悬链曲线

(a) 平地，杆塔等高，只有一个弧垂；(b) 坡地，杆塔不等高，有两个弧垂，地面无构筑物时，对地限距为对地距离

由于地形的影响，架空线路既可能跨越铁路、公路、河流，也可能跨越电力线路和通信线路等障碍物，但是线路的限距不得小于规程规定的最小值，因此，限距是架空线路设计和安全运行的依据，当线路的电压等级被确定后，限距的规定值也就被确定下来。在一个档距内，杆塔高度总是大于或等于限距和弧垂的总和。导线的弧垂是导线自重、覆冰重以及风压等作用的结果。由于导线的张力不能超过允

许值，因此，当档距增大时，必须加大弧垂，这将增加杆塔高度并导致线路的造价增高；当线路的档距缩小时，可以减小弧垂，从而降低杆塔高度，但是缩小档距，杆塔数必然增多，线路的造价也会增高。因此，对应一定的电压等级，有一个技术上、经济上均较合理的档距。各电压等级供用电线路的经济档距如表 10－1 所列。

表 10－1　各级电压供用电线路的经济档距

额定电压（kV）	0.380/0.220	6～10	35	110～220
档距（m）	30～50	40～100	100～150（水泥杆）	150～400（水泥杆） 或 150～500（铁塔）

二、导线和避雷线

架空线路的导线和避雷线都架设在空气中，要受到自重、风压、覆冰和温度变化等的作用和空气中有害物质的侵蚀。所以导线和避雷线应具有较高的机械强度和抗化学腐蚀的能力。导线还应有良好的导电性能。

导线按结构分为裸导线和绝缘导线两大类。绝缘导线常用的绝缘材料一般为 PVC（聚氯乙烯）、PE（聚乙烯）、HDPE（高密度聚乙烯）、XLPE（交联聚乙烯）。目前普遍采用的是 XLPE（交联聚乙烯）。绝缘导线一般用于低压架空线路，以利于人身和设备的安全。10kV 及以上架空线路一般采用裸线，它的散热性能好，载流量大，又节省绝缘材料。

裸导线按其结构分，有单股线和多股绞线。当导线截面大于 16mm^2 时，均采用多股绞线。采用绞线是为了增加导线的可绕性，便于生产、运输及安装。导线主要由铝、钢、铜、铝合金等材料制成，避雷线则一般用钢线。这四种材料的物理性能如表 10－2 所示。

表 10－2　导线材料的物理性能

材　料	20℃时的电阻率（Ω·mm^2/m）	比　重（g/cra^3）	抗拉强度（kg/mm^2）	其　他　特　点
铜	0.0182	8.9	39	抗腐蚀能力强，价格高
铝	0.029	2.7	16	抗一般化学腐蚀性能好，但易受酸、碱、盐的腐蚀，价格低
钢	0.103	7.85	120	易生锈、镀锌后不易生锈
铝合金	0.0339	2.7	30	抗腐蚀性能好，受振动时易损坏

由表 10－2 可知，铜虽然导电性能好，抗腐蚀能力强，但因价格贵，除特殊需要外，架空线路一般不采用铜导线。钢线的导电率低，集肤效应显著，不宜用作导线。但钢线的机械强度高，可用作避雷线。铝的导电性能虽比铜差一些，但因质轻、价廉，广泛应用于 10kV 及以下的线路上。由于铝线的机械强度较低，所以 35kV 及以上的线路则广泛应用钢芯铝绞线。对于重冰区或大跨越地段宜使用加强型钢芯铝绞线。钢芯铝绞线是充分利用了铝线的导电性能和钢线的机械强度制成的导线。它是将铝线绕在单股或多股钢线外层作主要载流部分，机械荷载则由钢线和铝线共同承担。钢芯铝绞线按不同的需要，铝、钢截面的比可不同。架空线路的导线和避雷线型号用汉语拼音字母表示，在 GB1175—83 标准中统称 LGJ 钢芯铝绞线。LJ-70 表示标称截面积为 70mm^2 的铝绞线；TJ-35 表示标称截面积为 35mm^2 的铜绞线；LGJ-240/30 表示标称截面积铝线为 240mm^2，钢芯为 30mm^2 的钢芯铝绞线。另

外，在一些特殊场合还有用防腐型钢芯铝绞线（LGJF）、钢芯稀土铝绞线（LGJX）、铝合金绞线（HLJ）、钢芯铝合金绞线（HLGJ）等。

避雷线安装在杆塔顶部，通过金属杆塔或引下线接地，用来吸引和泄放雷电荷，保护输电线路免遭雷击。由于避雷线对导电率要求不高，所以一般都采用镀锌钢绞线。在利用避雷线载波通信时，一般采用钢芯铝绞线等导电性较好的导线，并用绝缘子与杆塔绝缘，以提高通信质量。在避雷线绝缘子上加装保护间隙，当雷击时避雷线承受雷击，击穿保护间隙，对地泻放雷电流，从而保护了下面的导线。

三、杆塔

架空线路的杆塔型式很多，按使用的材料不同可分为木杆、钢筋混凝土杆水泥杆、铁塔和钢管杆。木杆强度低，易腐朽，加上森林资源宝贵，因此木杆已逐渐被钢筋混凝土杆替代。水泥杆取材和制造都方便，经久耐用、维护容易，因此在我国使用的最普遍。为了防止钢筋混凝土杆产生裂缝，可采用预应力混凝土杆，既能提高电杆的机械强度，又节约钢材。铁塔坚固可靠、寿命长，但钢材消耗量大、造价高、施工复杂、维护工作量大，因此，铁塔主要用于超高压线路及高压线路的耐张、跨越杆塔中，而在供用电网中使用的不多。钢管杆具有美观耐久、性能优良等特点，但造价较高，近年在城镇电网中使用较多。杆塔也可按导线在杆塔上的排列方式不同进行分类。常见的导线排列方式有三种，即垂直排列、水平排列和三角形排列，如图 10-2 所示。

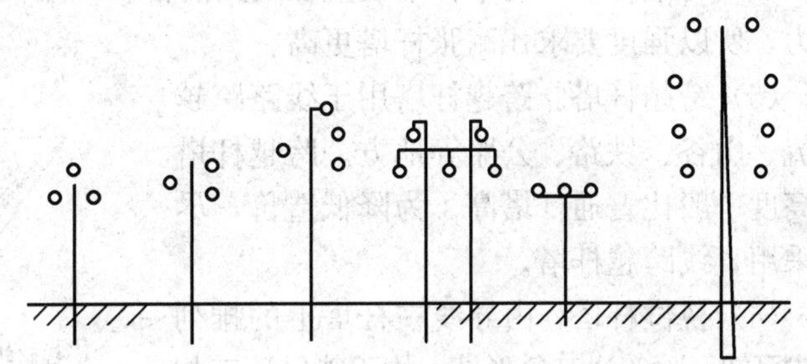

图 10-2 导线排列方式示意图

垂直排列适用于双回线路，倒伞形排列也属于这一类型。这种排列结构紧凑、节省投资，但是杆塔较高、增加了雷击机会，上下层导线容易相互接近而发生相间闪络，因此这种排列的运行可靠性较低。水平排列投资较高，但是对于重冰区、重雷区的单回线路必须采用这样的排列，以提高运行的可靠性。三角形排列是介于垂直与水平两种之间的排列方式，110kV 以下的单回高压线路采用它最经济。低压线路一般采用水平排列。城区的高、低压配电线路，为节省投资，宜同杆架设。为了保证线路具有一定的绝缘水平，导线与导线间、导线与杆塔间应保持一定的距离，使之在任何情况下，不致因相互接近而闪络，同时还要考虑带电作业的可能性。

下面按不同用途对架空线路的杆塔进行介绍。

（1）直线杆塔。直线杆塔约占杆塔总数的 80%左右，布置在相邻两耐张杆塔之间，用来支持导线、避雷线和承受侧面的风力。在直线杆塔上，绝缘子串和导线互相垂直。

（2）耐张杆塔。耐张杆塔用来支撑导线与避雷线，并能承受单侧导线的拉力作用，因此，机械强度要求较高，结构也较复杂。耐张杆塔将全线分成若干个耐张段，如 35kV 以上送电线路耐张段长度为 3～5km，10kV 配电线路耐张段长度在 2km 以内，这样会使断线故障的影响范围限制在该断线点的耐张段内，以便于施工和检修。在耐张杆塔上，绝缘子串和导线在同一曲线上，接近水平位置，耐张杆塔两侧的导线通过跳线连接起来，如图 10-3 所示。

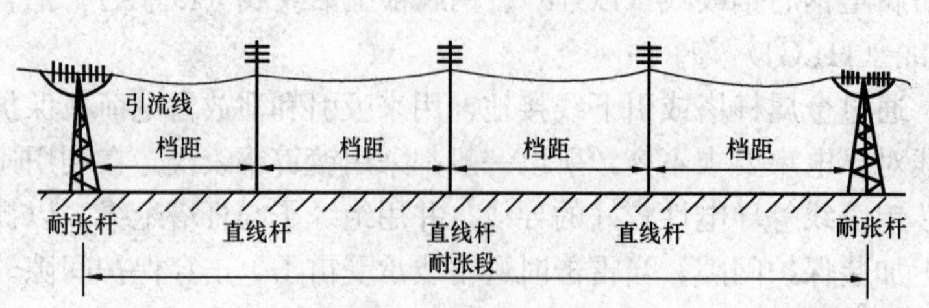

图 10-3 一个耐张段示意图

（3）转角杆塔。转角杆塔用在线路转角处，除支持导线的质量和侧面的风压外，还要承受两侧导线不同方向拉力的合力。转角杆塔的转角角度值用线路转向内角的补角表示，如图 10-4 所示。转角杆塔有两种形式，外形相似于耐张杆塔的称为耐张型，外形相似于直线杆塔的称为直线型。耐张型用在转角大、合力大的地方。

（4）终端杆塔。终端杆塔设置在线路的首、末端，因为它在正常运行时承受导线单侧的拉力，所以强度要求比耐张杆塔更高。

（5）跨越杆塔。跨越杆塔用于线路跨越河流、山谷、铁路、公路等地方。跨越杆塔的高度一般比普通杆塔高。为降低造价，尽量采用直线跨越杆塔。

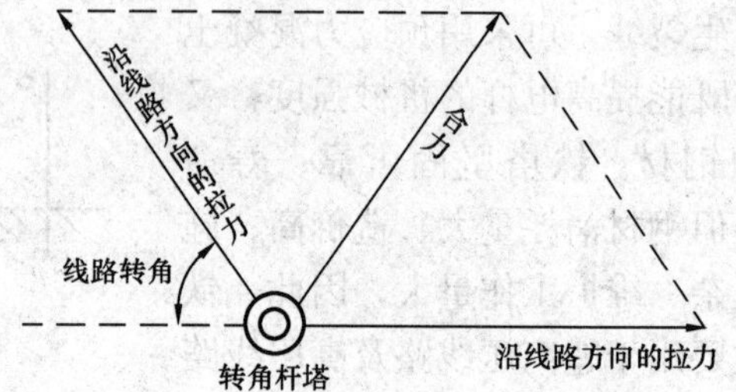

图 10-4 转角杆塔受力示意图

（6）换位杆塔。由导线在杆塔上的排列方式可知，除等边三角形外，均不能保证三相导线间的线间距离相等。为了减少三相参数的不平衡，架空线路的三相导线应进行换位。根据《架空线路设计技术规程》规定，在中性点直接接地的电力网中，长度超过 100km 的线路均应换位，换位循环长度不宜大于 200km。

经过换位的线路，三相导线在空间每一位置的长度总和相等时，称为完全换位。进行一次完全换位称为一个换位循环，如图 10-5 所示。换位后的线路，各相阻抗、导纳的参数相等。根据需要可用直线换位杆塔和耐张杆塔。

四、绝缘子

架空线路的绝缘子必须具有足够的机械强度和绝缘强度。常用的绝缘子有针式、悬式、蝶式、瓷横担及棒式五种，如图 10-6 所示。按照使用材料的不同可分为瓷质绝缘子、钢化玻璃绝缘子和硅橡胶合成绝缘子等。

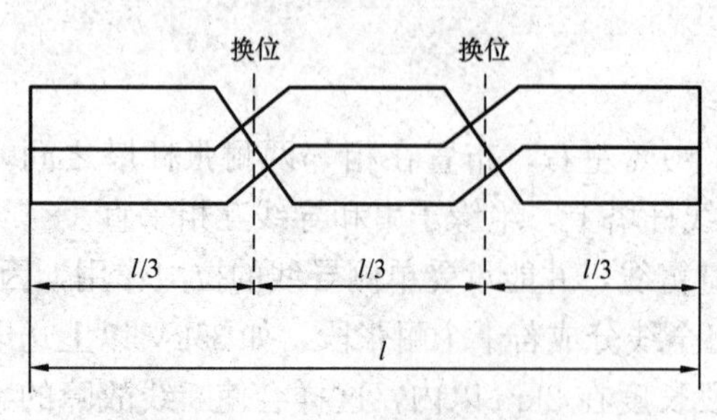

图 10-5 换位循环示意图

（1）针式绝缘子用于 35kV 及以下的架空线路。380V 低压架空线路上使用针式绝缘子最多。它将绝缘子固定在直线杆或转角小的转角杆上，将导线放在绝缘子的顶槽或边槽后，用绑线扎起来。针式绝缘子型号的高压有 ZP 型，低压有 PD 型。

（2）悬式绝缘子多组成绝缘子串，用于 10kV 及以上的架空线路，如 XP—7 型悬式绝缘子，其机械破坏荷载为 70kN，用它来组成绝缘子串时，35kV 不少于 3 片，110kV 不少于 7 片，220kV 不少于 12 片。相同

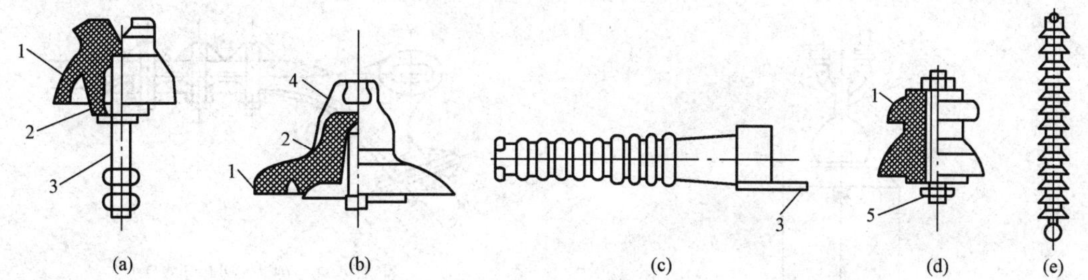

图 10-6　架空线路的绝缘子
(a) 针式；(b) 悬式；(c) 瓷横担；(d) 蝶式；(e) 棒式
1—瓷体；2—水泥；3—铁脚；4—钢帽；5—螺杆

的电压等级，用在耐张杆塔上的悬式绝缘子比用在直线杆塔上的多 1～2 片。在污秽地区使用也要增加绝缘子串的片数，或采用型号为 XW 的防污型悬式绝缘子。

(3) 瓷横担是一端带有金属构件的瓷棒。它既能起到绝缘子的绝缘作用，又能起到横担的支持作用。因此，采用瓷横担可降低线路的造价。一般瓷横担多用于 35kV 及以下的线路，型号为 CD。

(4) 蝶式绝缘子，常用于低压（如 400V）耐张杆上。

(5) 棒式绝缘子可以代替悬式绝缘子使用。为带有多层裙边的高分子棒式整体结构，具有节约钢材、重量轻、长度短、不易发生闪络等优点，但抗老化能力不如瓷质和钢化玻璃绝缘子。棒式绝缘子由硅橡胶材料制成的伞套保证其外绝缘，高强度环氧玻璃钢芯提供内绝缘和承受机械负荷，是一种较新型的绝缘子产品。

常见的 110kV 及以下供配电架空线路绝缘子型号及片数，可参见表 10-3。

表 10-3　　110kV 及以下供用电架空线路绝缘子的型号和片数

电　压 (kV)	直　线　杆　塔		耐张杆塔或终端杆塔	
	类型和型号	每相片数	类型和型号	每相片数
110	悬式（XP-7）	7 片	悬式（XP-7）	8 片
35	瓷横担（CD35）	1 个	悬式（XP-7）	4 片
	悬式（ZPDI-35）	1 个		
	悬式（XP-7）	3 片		
6～10	瓷横担（CD10）	1 个	悬式（XP-4C）1 片加蝶式［E-10（6）］1 个组合或悬式（XP-4C）2 片	
	针式（ZPB-10）	1 个		
0.38/0.22	低压针式（PD）	1 个	低压蝶式（ED）	1 个

五、金具

架空线路的常用金具有悬垂线夹、耐张线夹、接续金具、防振金具和连接金具等。

(1) 悬垂线夹。悬垂线夹装在直线杆塔上，用来将导线固定在悬垂绝缘子串上或将避雷线固定在杆塔上。悬垂线夹分为固定型和释放型两种，图 10-7 所示为固定型悬垂线夹。

(2) 耐张线夹。耐张线夹安装在非直线杆塔上，用来将导线固定在耐张绝缘子串上或将避雷线固定在杆塔上。耐张线夹分螺栓型、压接型和楔型等。图 10-8 所示为螺栓型耐张线夹。

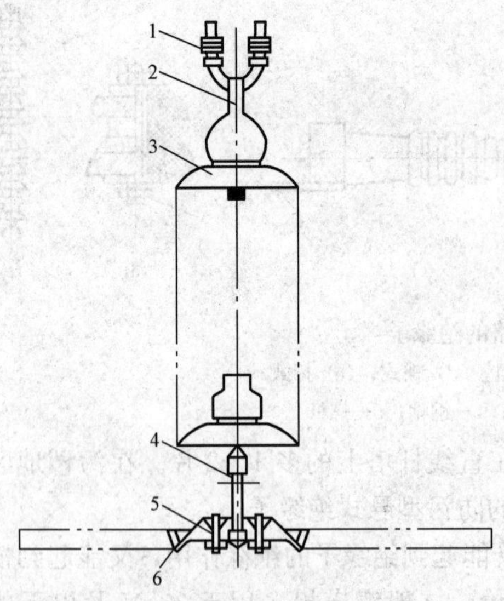

图 10-7　固定型悬垂线夹

1—U 形吊环；2—球头挂环；3—绝缘子；4—铁夹挂架；5—线夹船体；6—铝包带

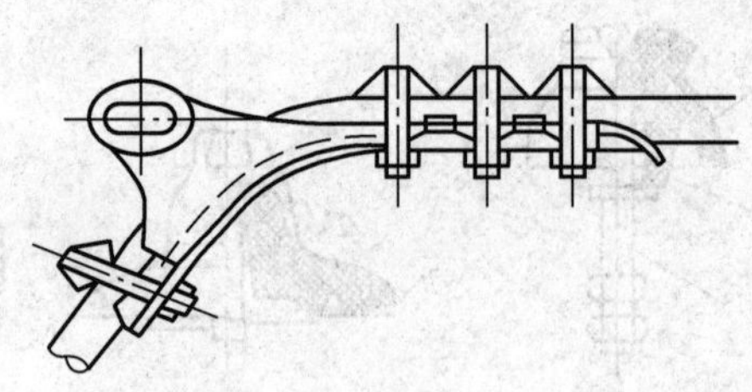

图 10-8　螺栓型耐张线夹

（3）接续金具。接续金具的作用是将两段导线或避雷线连接起来，有压接管和钳接管两种，如图 10-9 所示。

（4）防振金具。防振金具是用来防止导线或避雷线受风力引起周期性振动而断裂的金具，有护线条、阻尼线和防振锤等类型。护线条（锥形护线条或预绞丝护线条）可以减小导线振动时的机械应力；阻尼线和防振锤可以在导线振动时产生阻尼力，此阻尼力与导线的振动方向相反，从而削弱了导线的振动幅度。其结构如图 10-10 所示。

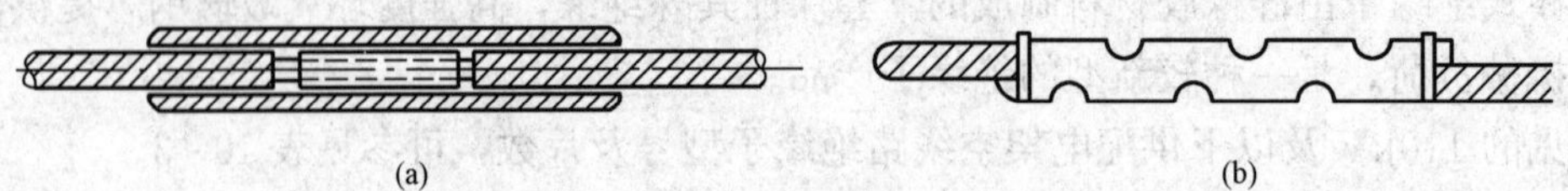

图 10-9　接续金具

（a）压接管；（b）钳接管

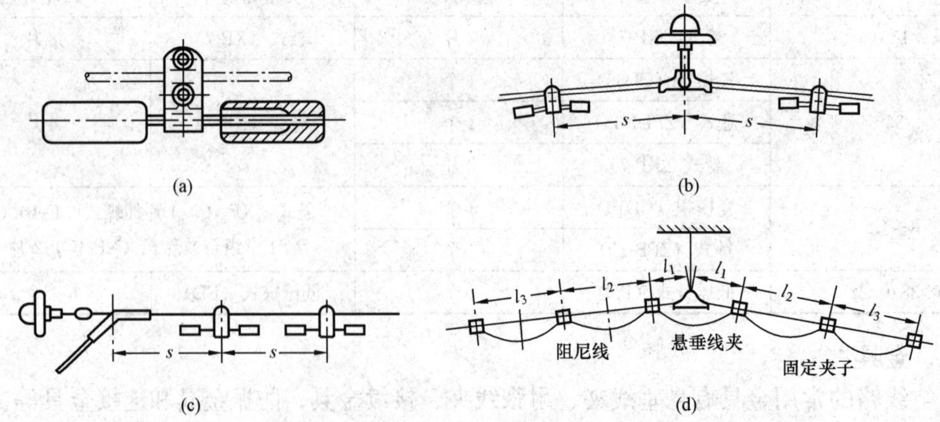

图 10-10　防振金具

（a）防振锤；（b）悬垂两侧的防振锤；（c）终端或耐张的防振锤；（d）阻尼线

（5）连接金具。连接金具用来将绝缘子组装成串，或将线夹、绝缘子串、杆塔、横担之间相互连接的金属附件。

第二节 电 缆 线 路

电缆线路是将电缆敷设在地下、水底、电缆沟、电缆桥架、电缆隧道或排管中的电力线路，具有造价高（电压等级越高，造价增加的比例越大），且检修线路不方便的缺点。但是它又具有运行安全可靠、线路阻抗小、不需要架设杆塔、占地面积小、不碍观瞻、基本不受外力破坏及气象条件的影响、有利于改善网络电压水平的优点。所以电缆线路得到了日趋广泛的应用，适用于污秽地区、易燃易爆场所、城市高层建筑群、发电厂和变电站内部及穿过江河、海峡等不方便使用架空线路的地方。

一、电缆的构造

电力电缆的构造主要包括导体、绝缘层和保护层三大部分，如图 10 - 11 所示。

（1）导体常用多股铜绞线或铝绞线，以增加电缆的柔性。根据电缆中导体数量的不同，可分为单芯电缆、三芯电缆和四芯电缆。

（2）绝缘层是用来使各导体之间及导体与包皮之间绝缘的，使用的材料有橡胶、沥青、聚乙烯、交联聚乙烯、黄麻和浸渍矿物油的油浸纸等。

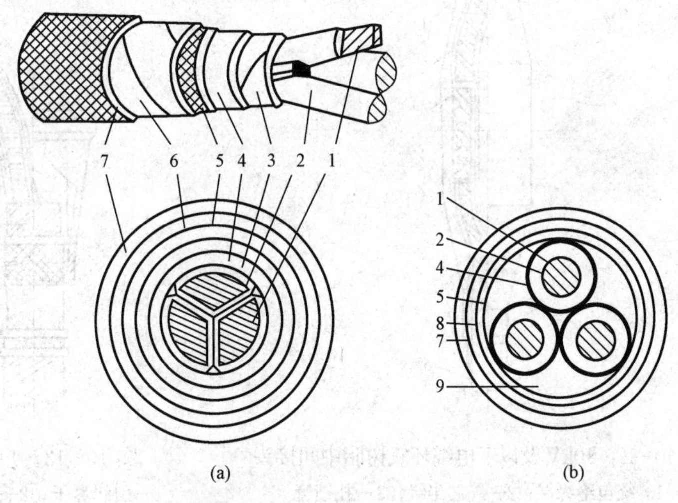

图 10 - 11 电缆结构示意图

（a）三相统包型；（b）分相铅包型

1—导体；2—相绝缘；3—纸绝缘；4—铅包皮；5—麻衬；6—钢带铠甲；7—麻被；8—钢丝铠甲；9—填充物

（3）保护层分内护层和外护层。内护层由铅、铝或塑料制成，用来保护绝缘层，使之在运输、安装和运行中防止外部水分浸入和内部绝缘油外流。外护层由内衬层、铠装层和外被层组成，用来防止外界的机械损伤和化学腐蚀。内衬层一般由麻绳、麻布带经沥青浸渍后制成，作铠装的衬垫，避免钢带或钢丝损伤内护层。铠装层由钢带或钢丝缠绕而成，是外护层主要部分。外被层与内衬层同样制作，用来防止钢带或钢丝锈蚀。塑包电缆的内衬层为塑料，铠装层外的外被层也由塑料带缠制。

二、电缆的附件

电缆附件主要有连接头（盒）和终端头（盒），统称电缆头。对充油电缆还有一套供油系统。电缆连接头是用来连接两段电缆的部件，电缆终端头则是电缆线路末端用以保护缆芯绝缘并将缆芯导体与其他电气设备相连的部件。按安装位置分有户内电缆头和户外电缆头，按施工工艺分有预制电缆头和现场制作电缆头，按材质分有铸铁电缆头和环氧树脂电缆头。图 10 - 12 是环氧树脂中间接头盒。图 10 - 13 是户内式环氧树脂终端头。环氧树脂浇注的电缆头具有绝缘和密封性能好、体积小、质量小、成本低等优点，曾广泛用于10kV及以下的系统中。我国现在生产一种利用热缩材料做成的电缆头，施工简便，性能优越，目前已被推广应用。

运行经验表明，电缆头是电缆线路中的薄弱环节，电缆线路的大部分故障都发生在电缆接头处。由于电缆头本身的缺陷或者安装质量上的问题，往往造成短路故障，引起电缆头爆炸，破坏电缆线路的正常运行。因此电缆头的安装质量十分重要，密封要好，其耐压强度不应低于电缆本身的耐压强度，要有足够的机械强度，且尽可能体积小、结构简单、安装方便。

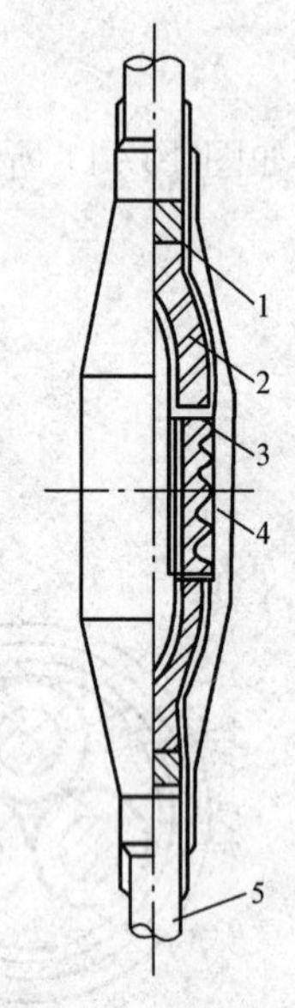

图10-12　10kV及以下电缆环氧树脂中间接头

1—统包绝缘层；2—缆芯绝缘；3—扎锁管（管内两线芯对接）；4—扎锁管涂包层；5—铅包

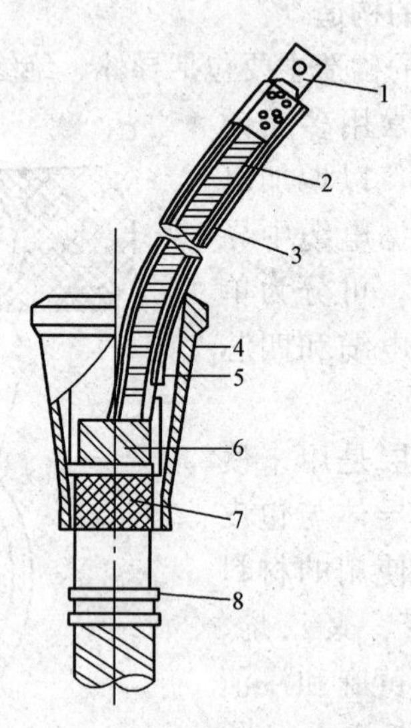

图10-13　户内式环氧树脂终端头

1—引线鼻子；2—缆芯绝缘；3—缆芯（外包绝缘层）；4—预制环氧外壳（可代以铁皮模具）；5—环氧树脂胶（现场浇注）；6—统包绝缘；7—铅包；8—接地线卡子

三、电力电缆的分类和特点

电力电缆经常用作发电厂、变电站以及工矿企业的动力引入或引出线，当需跨越江河、铁路等时也常用它。而随着城市用电剧增，又希望减少线路走廊用地，不少国家还将电力电缆用作城市的输配电线路。

目前电力电缆已应用于交流500kV及以下的电压等级。

下面对电力电缆的分类和特点作简要介绍。

（一）电力电缆的种类

电力电缆按绝缘材料性质、结构特征和敷设环境，可分为不同的种类。

1. 按绝缘材料性质分类

（1）油纸绝缘电缆：包括黏性浸渍纸绝缘型（统包型、分相屏蔽型）、不滴流浸渍纸绝缘型（统包型、分相屏蔽型）、有油压、油浸渍纸绝缘型（自容式充油电缆和钢管充油电缆）。

(2) 塑料绝缘电缆：包括聚氯乙烯绝缘型、聚乙烯绝缘型、交联聚乙烯绝缘型。

(3) 橡胶绝缘电缆：包括天然橡胶绝缘型、乙丙橡胶绝缘型。

2. 按结构特征分类

(1) 统包型：在各缆线芯外包有统包绝缘，并置于同一内护套内。

(2) 分相型：分相屏蔽，一般用在 10～35kV 电缆，有油纸绝缘和塑料绝缘两种。

(3) 扁平型：三芯电缆的外形呈扁平状，一般用于较长的水下和海底电缆。

(4) 自容型：护套内部有压力的电缆，如自容式充油电缆。

3. 按敷设环境分类

(1) 直埋式：将电缆埋在地中或沟内，并加沙土覆盖。

(2) 构架式：将电缆敷设在沟内或隧道内的支架上。

(3) 水下敷设：将电缆敷设在湖泊、海洋和河流内。

(二) 各种电力电缆的特点

1. 油纸绝缘电缆

(1) 黏性浸渍纸绝缘电缆。此类产品开发较早，制造质量比较稳定，具有较长的制造和运行经验，工作寿命长。缺点是：油易滴流，不宜作高落差敷设；允许工作场强较低，不适于太高电压等级使用。

(2) 不滴流浸渍纸绝缘电缆。此种电缆浸渍剂在工作温度下不滴流，适宜高落差敷设，工作寿命较黏性浸渍纸绝缘电缆更长，有较高的绝缘稳定性，但成本较黏性浸渍纸绝缘电缆高。

2. 塑料绝缘电缆

(1) 聚氯乙烯绝缘电缆。其工艺性能好、易于加工、化学稳定性高（耐油、耐酸、耐碱和耐腐蚀）、非延燃性、生产效率高、价格低廉、敷设维护简单。在低压电缆方面已有取代油浸纸绝缘电缆的趋势。

(2) 聚乙烯绝缘电缆。这种电缆有良好的介电性能，介质损耗小，绝缘电阻高；工艺性能好，易于加工，耐湿性好，比重小。但其抗电晕及耐热性能较差，受热易变形或开裂，用于较高的工作电压等级时，必须加入特殊添加剂。

(3) 交联聚乙烯绝缘电缆。这种电缆电气性能好、击穿电场强度高、介质损耗小、绝缘电阻高，且有较高的耐热性能和耐老化性能，允许工作温度高，载流量大，适于高落差与垂直敷设，是一种很有发展前途的高压电缆。

3. 橡胶绝缘电缆

橡胶绝缘电缆的种类很多，主要是天然橡胶加不同的添加剂组成的各种橡胶，都具有良好的柔软性，易弯曲，在很大的温度范围内具有弹性，有较好的电气性能和化学稳定性，但耐电晕、耐臭氧、耐油性较差，一般适用于 1kV 及以下电压等级的线路，但人工合成的乙丙橡胶可用于 35kV 及以下的电缆。

习　　题

10-1　架空线路由哪几部分组成？各部分的作用是什么？

10-2　档距、弧垂、限距的含义各是什么？

10-3　架空线路的杆塔有哪些类型？各自的作用是什么？

10-4　架空线路为什么要进行换位？

10-5　线路绝缘子有哪些类型？各自的适用的范围是什么？

10-6　线路金具有哪些类型？各自的作用是什么？

10-7　电力电缆由哪几部分组成？各部分的作用是什么？

10-8　塑料电缆有哪些类型？各自的特点是什么？

第十一章 电 气 设 备 选 择

供配电系统中的电气设备和载流导体，在正常运行和发生短路故障时，都必须可靠的工作。为了保证电气装置的可靠性和经济性，必须正确选择电气设备和载流导体，从事供配电系统工作的人员应该掌握常用电气设备和载流导体的选择条件，以便保证它们在允许条件下可靠工作。本章主要介绍常用电气设备、载流导体选择及校验的原则和方法。

第一节 短 路 电 流 效 应

当电气设备和载流导体在短时间内通过短路电流时，会同时产生电动力和发热两种效应，使电气设备和载流导体受到很大的电动力的作用，同时使它们的温度骤然升高，有可能使电气设备及其绝缘损坏。

一、短路电流的电动力效应

短路电流的电动力效应是指在短路电流通过三相导体时，由于各相导体都处于相邻相电流所产生的磁场中，且短路电流的数值很大，导体将受到巨大电动力的作用。尤其是冲击短路电流通过时，电动力的数值会更大。如果导体的机械强度不够，导体将会变形或损坏。因此，要求电气设备和载流导体必须具有足够的机械强度，使其能够承受短路时电动力的作用。一般将电气设备和载流导体能够承受短路电流电动力作用的能力，称为电动力稳定，简称动稳定。

（一）两根平行载流导体间的电动力

当任意截面的两根平行导体中分别通过电流 i_1 和 i_2 时，考虑到导体的尺寸和形状的影响，导体间相互作用力的大小，可以计算如下

$$F = 2Ki_1i_2\frac{l}{a}10^{-7} \tag{11-1}$$

式中 i_1、i_2——两根平行导体中电流的瞬时值，A；

l——平行导体的长度，m；

a——两平行导体轴线间的距离，m；

K——形状系数；

F——电动力，N。

电动力的方向与两导体电流的方向有关，电流同向时，电动力为引力使 a 减小；电流反向时，电动力为斥力使 a 增大。两根平行载流导体间的电动力如图 11-1 所示。电动力实际是沿导体长度均匀分布的，图中 F 是作用于导体中点的合力。

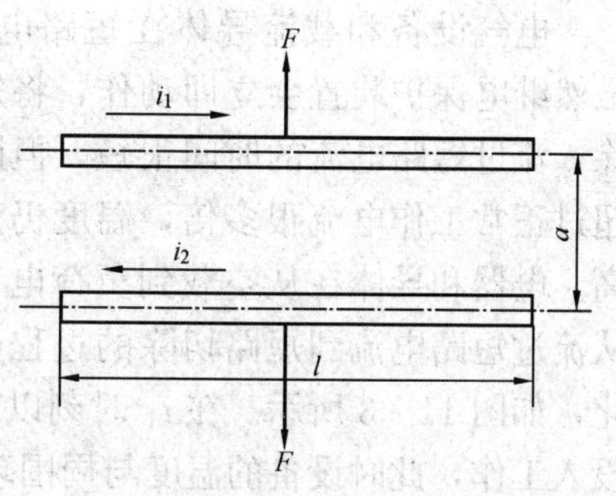

图 11-1 两根平行载流导体间的电动力

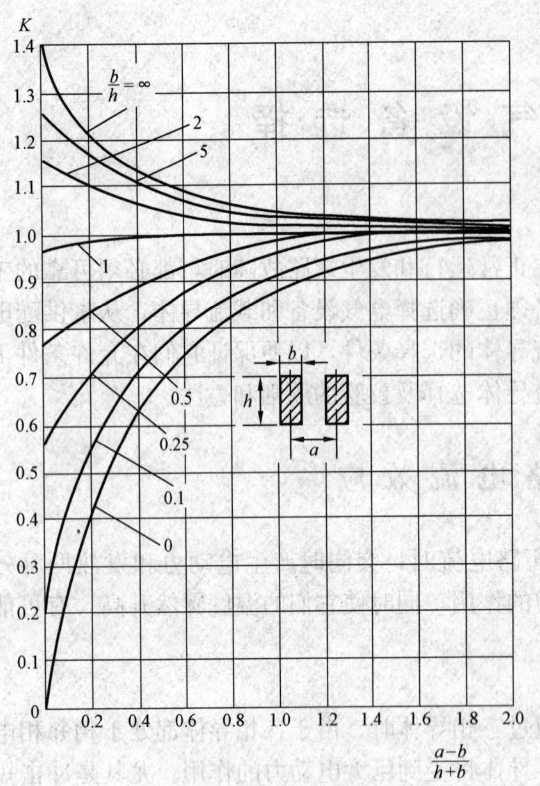

图 11-2 矩形截面导体的形状系数曲线

形状系数 K 与导体截面形状、尺寸及相间距离有关。供配电系统中 35kV 及以下母线大都采用矩形截面导体。对于矩形截面的导体，如截面的宽度为 h，厚度为 b，则对于不同的厚度与宽度的比值 $m=\dfrac{b}{h}$，形状系数 K 随$\dfrac{a-b}{b+h}$而不同，变化曲线如图 11-2 所示。由图中可见，当 $m<1$ 时，$K<1$；当$\dfrac{a-b}{b+h}$增大，即导体间的净距增大，K 趋近于 1；当导体间的净距足够大，即当$\dfrac{a-b}{b+h}\geqslant 2$时，$K\approx 1$，这相当于电流集中在导体的轴线上，导体截面的形状对电动力无影响。

对于圆形截面的导体，其形状系数$K=1$。

（二）短路时的电动力

一般在同一地点发生两相或三相短路时，三相短路电流大于两相短路电流，所以在选择电气设备和载流导体时，应采用三相短路电流进行动稳定校验。

三相短路时，如三相导体平行布置在同一平面内，中间相所受到的电动力最大，其关系式为

$$F^{(3)} = 1.73K(i_{\mathrm{imp}}^{(3)})^2 \frac{l}{a} 10^{-7} \tag{11-2}$$

式中 $i_{\mathrm{imp}}^{(3)}$——三相短路时的冲击短路电流，A；

$F^{(3)}$——三相短路的电动力，N。

二、短路电流的热效应

电气设备和载流导体在短路电流通过时，虽然继电保护装置会立即动作，将短路电流切除，流过短路电流的时间很短，但因短路电流超过正常工作电流很多倍，温度仍然上升得很高。电器和导体在从空载到负荷电流流过，再从流过短路电流到短路切除的过程中的温度变化，如图 11-3 所示。在 t_1 时刻以前，设备未投入工作，此时设备的温度与周围环境温度 T_a 相同；从时刻 t_1 到时刻 t_2 设备投入工作，负荷电流 I_L 使其温度上升，稳定在 T_L；t_2 时刻发生短路，短路电流使其温度急剧上升；到 t_3 时刻短路切除时，温度达到最高值 T_{max}；t_3 时

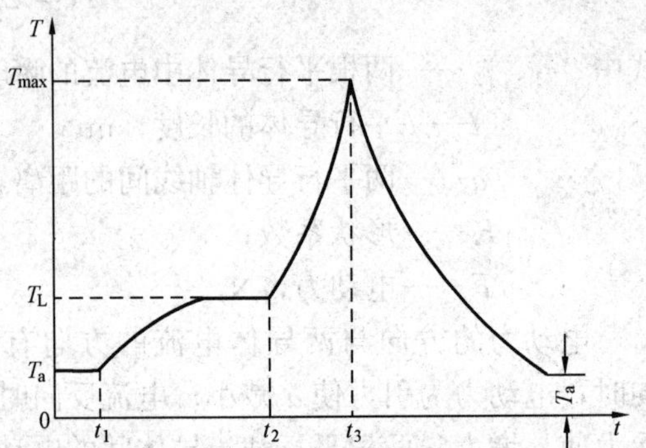

图 11-3 负荷电流及短路电流流过导体时的温度变化情况

刻以后，设备退出工作，则其温度下降到 T_a。

（一）长期负荷电流的发热

负荷电流长时间通过设备和导体，引起的发热称为长期发热。长期发热的特点是能够达到热平衡，当导体中产生的热量与向周围发散的热量相等时，导体的温度稳定在 T_L。若电流增大，发热量大于散热量，导体就会吸热使温度升高；若电流变小，发热量小于散热量，导体温度就要降低。

我国生产的各种电器设备，除熔断器、消弧线圈和避雷器外，基准环境温度为 40℃，长期发热允许温度按 80℃考虑。

裸导体、电线、电缆及电器中的载流部分，根据与其接触的绝缘材料的不同，导体接头连接方式的不同，以及导体本身材料的不同等因素，有不同的长期发热允许温度，见表11 - 1。

（二）短路电流的发热

短路电流流过导体的时间很短，该段时间为自短路开始到短路切除为止，即等于电路中的保护动作时间与断路器的全分闸时间之和。由于短路电流作用时间很短，发热量很大，导体来不及散发更多的热量，可以认为全部的热量都被导体吸收，达到最大值 T_{max}。T_{max} 应低于电气设备和载流导体的短时最高允许温度，见表 11 - 1。

表 11 - 1　导体的长期允许工作温度和短时最高允许温度

导体种类和材料		导体长期允许工作温度（℃）	短路时导体最高允许温度（℃）	热稳定系数 c 值
母线	铝	70	200	87
	铜	70	300	171
交联聚乙烯绝缘电缆	铝芯	90	200	80
	铜芯	90	230	135
聚氯乙烯绝缘导线和电缆	铝芯	65	130	65
	铜芯	65	130	110
橡皮绝缘导线和电缆	铝芯	65	150	74
	铜芯	65	150	112

一般把电气设备和载流导体在短路时，能承受短路电流发热的能力，称为热稳定。对于电气设备，一般只给出有关热稳定的参数，而不给出最高允许温度。

电流 I 流过电气设备或导体的发热量与持续时间 t 和 I^2 的大小有关，由 I^2t 代表，我们把 I^2t 称为电流的热效应。由于短路电流有周期分量和非周期分量，而且其数值随时间变化，故短路电流热效应的表达式为

$$Q_k = \int_0^{t_k} i_{kt}^2 \mathrm{d}t = Q_p + Q_\alpha \tag{11 - 3}$$

式中　t_k——短路电流持续时间，见图 11 - 3 中的 $t_3 - t_2$，s；

i_{kt}——短路电流的瞬时值，A；

Q_p——短路电流周期分量热效应，A^2s；

Q_α——短路电流非周期分量热效应，A^2s。

在工程中，短路电流热效应的实用计算方法如下：

（1）周期分量热效应的计算

$$Q_{\mathrm{p}}=\frac{(I'')^{2}+10I_{\mathrm{p}\frac{t_{\mathrm{k}}}{2}}^{2}+I_{\mathrm{pt_{k}}}^{2}}{12}t_{\mathrm{k}} \tag{11-4}$$

式中 I''——次暂态短路电流，A；

$I_{\mathrm{p}\frac{t_{\mathrm{k}}}{2}}$——时间为$\frac{t_{\mathrm{k}}}{2}$时的周期分量有效值，A；

$I_{\mathrm{pt_{k}}}$——短路切除时的周期分量有效值，A；

t_{k}——短路电流持续时间，s。

在供配电系统中，由于短路点与电源的电气距离很远，大多数情况下，可按无限大容量系统进行计算，故式（11-4）可简化为

$$Q_{\mathrm{p}}=(I'')^{2}t_{\mathrm{k}} \tag{11-5}$$

（2）非周期分量热效应的计算。对于用户变电站，非周期分量热效应应计算为

$$Q_{\alpha}=0.05(I'')^{2} \tag{11-6}$$

若短路电流持续时间 $t_{\mathrm{k}}>1\mathrm{s}$ 时，导体的发热量由周期分量热效应决定。在此情况下，可以不考虑非周期分量热效应的影响。

第二节 高压电器设备选择

一、高压电器设备选择的原则

电气设备在工作时，要承受各种电压的作用，包括电源电压的波动与冲击电压的作用，应保证带电部分之间以及带电部分与地之间的绝缘。当负荷电流长期通过设备时，其发热不应超过允许值。绝缘问题是电力系统的基本问题。与绝缘有关的是温度、湿度等环境条件和工作电压、工作电流等电气设备的正常工作条件。当短路电流通过设备时，设备应能够承受可能的最大短路电流的作用，而保证其动、热稳定。因此，选择电气设备的普遍原则是按正常工作条件选择电气设备，按短路条件校验其动、热稳定。

（一）按正常工作条件选择

1. 高压电器使用的环境条件

高压电器使用的环境条件，有以下几方面：

（1）环境温度，户内为－5～＋40℃；户外的下限一般不低于－30℃，高寒地区为－40℃；

（2）海拔高度，一般使用条件为海拔高度不超过 1000m，海拔超过 1000m 地区称为高原地区；

（3）风速，不大于 35m/s；

（4）户内相对湿度，不大于 90％；

（5）地震烈度，不超过 8 度；

（6）无严重污秽、化学腐蚀及剧烈振动等。

高压电器分为普通型、高原型、防污型、湿热带型等型式。在选择时应根据使用地区的环境条件选择合适的类型。在选择高压电器的类型时，首先应区分户内型和户外型。在长江

以南和沿海地区，如海南省、云南省的西双版纳地区、广东省的雷州半岛等地区，当相对湿度超过一般产品使用标准时，应选用湿热带型。其他地区可选用普通型。

在污秽地区，如距海岸1～2km以内的盐雾地区及污染严重企业附近空气中含有二氧化硫、硫化氢、氨、氯等腐蚀性和导电性物质地区使用的电器，应选用能适应相应污秽等级的防污型电器。

对容易引起爆炸的矿山、井下以及有大量易燃、易爆气体或粉尘的工厂等，应选用防爆型电器。

2. 按工作电压选择

电气设备的额定电压应不低于设备安装处电网的额定电压。电气设备除具有额定电压的规定外，还有最高工作电压的规定。一般情况下，当额定电压满足工作条件时，最高工作电压也能满足要求。

3. 按工作电流选择

电气设备的额定电流应不小于流过设备的计算电流。工作电流使设备发热，温度升高。设备工作时的温度与环境温度有关，当周围环境温度 T_a 和电器的额定环境温度 T_N 不等时，电器的长期允许电流 I_{pT} 可修正如下

$$I_{pT} = KI_N \tag{11-7}$$

$$K = \sqrt{\frac{T_p - T_a}{T_p - T_N}} \tag{11-8}$$

式中　K——实际环境温度和海拔高度有关的修正系数，裸导体的修正系数见书后附表9；

I_N——电器的额定电流，A；

T_p——电器的长期允许工作温度，℃。

当环境温度低于40℃时，每降低1℃可增加额定电流0.5%，但最大负荷不得超过额定电流的20%；当环境温度高于40℃时，每升高1℃，额定电流减少1.8%。

（二）按最大短路电流校验

1. 热稳定校验

对于一般电器，如开关电器等要求短路电流的热效应不大于设备允许发热，即

$$Q_k \leqslant I_t^2 t \tag{11-9}$$

式中　I_t——ts内设备允许通过的热稳定电流的有效值，A；

t——设备允许的热稳定电流作用时间，一般为1、2s或4s。

对于母线、电缆和绝缘导线通常采用最小热稳定截面进行校验。应满足以下条件

$$S_{min} \geqslant \frac{\sqrt{K_S Q_k}}{C} \tag{11-10}$$

式中　S_{min}——满足热稳定的导体实际截面，mm^2；

K_S——集肤效应系数，见附表8；

C——导体的热稳定系数，$A \cdot s^{-2} \cdot mm^2$，见表11-1。

校验裸导体的热稳定时，短路电流持续时间一般采用主保护动作时间加断路器全分闸时间。如主保护有死区时，则应采用能对该死区起作用的后备保护动作时间，并采用在该死区短路时的短路电流。

校验电气设备及电缆热稳定时，短路电流持续时间一般采用后备保护动作时间加断路器

全分闸时间。

对于断路器的全分闸时间，如无具体数据时，一般高速断路器为 0.1s、中速断路器为 0.15s、低速断路器为 0.2s。

2. 动稳定校验

通过设备的最大可能的短路电流应不大于设备额定动稳定电流峰值，即

$$i_{imp}^{(3)} \leqslant i_{Ns} \tag{11-11}$$

式中 i_{Ns}——设备的额定动稳定电流（极限通过电流）峰值，kA。

3. 短路电流的计算条件

供配电系统中，校验短路稳定时，电源容量一般按无限大容量系统考虑，可以使计算简化，而且短路类型按三相短路进行考虑。

计算短路电流时短路计算点的选择原则是，应使所选择的电气设备和载流导体，通过最大可能的短路电流。

二、高压断路器的选择

（1）选择高压断路器的种类和型式。6～220kV 电压的断路器可选用真空断路器、SF_6 断路器或少油断路器。

（2）根据安装地点选择户内型或户外型。

（3）断路器的额定电压不小于断路器安装地点的电网额定电压，即

$$U_N \geqslant U_{NS} \tag{11-12}$$

（4）断路器的额定电流不小于通过断路器的计算电流，即

$$I_N \geqslant I_C \tag{11-13}$$

（5）断路器的额定开断电流不小于通过断路器的次暂态短路电流，即

$$I_{Nbr} \geqslant I'' \tag{11-14}$$

当在电源附近短路时，短路电流的非周期分量可能超过周期分量，因此需要进行验算。如计算结果非周期分量超过 20%以上时，订货时要向制造厂家提出要求。

（6）短路电流热效应不大于断路器在规定时间内的允许热效应，见式（11-9）。

（7）动稳定校验。冲击短路电流不大于断路器的额定动稳定电流峰值，见式（11-11）。

（8）选择关合电流。断路器的额定关合电流 i_{Nc} 不小于冲击短路电流，即

$$i_{imp}^{(3)} \leqslant i_{Nc} \tag{11-15}$$

（9）操动机构及有关参数的选择。6～220kV 的真空断路器、SF_6 断路器及少油断路器一般配用电磁式或弹簧式操动机构，应根据具体情况选择它的操作电源的性质（DC 或 AC）及电压，某些情况下也可以选择液压操动机构。

【例 11-1】 已知某变压器参数如下：$S_N=31.5$MV·A，变比为 63/10.5kV，变压器主保护动作时间 $t_{pr1}=0.05$s，后备保护动作时间 $t_{pr2}=1.5$s，10kV 配电装置户内最高温度＋40℃，在 10.5kV 侧三相短路时，$I''=24$kA，试选择该变压器 10.5kV 侧断路器。

解 该变压器 10.5kV 侧计算电流为

$$I_C=\frac{1.05S_N}{\sqrt{3}U_N}=\frac{1.05\times 31500}{\sqrt{3}\times 10.5}=1819\ \text{(A)}$$

根据变压器额定电压、计算电流和户内安装的要求，查附录 12。可选择 3AH3 型真空断路器，该断路器额定电压 12kV，额定电流 2000A，额定开断电流为 25kA，分闸时间为 0.06s。

短路电流持续时间　$t_k=1.5+0.06=1.56$（s）由于 $t_k>1$s，故可不计非周期分量的影响。

短路电流热效应　$Q_k=24^2\times1.56=323$（kA^2s）

冲击电流　$i_{imp}^{(3)}=2.55\times24=61.2$（kA）

表 11-2 列出 3AH3 型真空断路器的相关参数，与计算结果进行比较。由表中可见各项条件均满足要求，故所选择断路器合格。

表 11-2　断路器选择结果表

计算数据		3AH3	
U_N	11.5kV	U_N	12kV
I_C	1819A	I_N	2000A
I''	24kA	I_{Nbr}	25kA
$i_{imp}^{(3)}$	61.2kA	i_{Ns}	63kA
Q_k	323kA²s	I_t^2t	$25^2\times4=2500$kA²s
$i_{imp}^{(3)}$	61.2kA	i_{Nc}	63kA

三、隔离开关的选择

隔离开关除不选开断电流及关合电流外，其余与断路器的选择和校验相同。

供配电系统的隔离开关一般采用手动操动机构，电压等级较高时也可以配用电动或气动操动机构。

【例 11-2】　选择例 11-1 中变压器 10.5kV 侧隔离开关。

解　根据例 11-1 计算结果，查附表 13，选择 GN2-10/2000 型隔离开关，见表 11-3，由表中可见各项条件均满足要求，故所选择隔离开关合格。

表 11-3　隔离开关选择结果表

计算数据		GN2-11/2000	
U_N	11kV	U_N	11kV
I_C	1819A	I_N	2000A
$i_{imp}^{(3)}$	61.2kA	i_{Ns}	85kA
Q_k	323kA²s	I_t^2t	$51^2\times5=13005$kA²s

四、负荷开关的选择

（1）选择负荷开关的类型。选择负荷开关时除按环境条件外，还要考虑操作的频繁程度和操作方式，负荷开关除可以三相联动外，还可以逐相操作。

（2）负荷开关的额定电压不小于负荷开关安装地点的电网的额定电压。

（3）负荷开关的额定电流不小于通过负荷开关的计算电流。

（4）负荷开关的短路电流热效应不大于负荷开关在规定时间内的允许热效应。

（5）动稳定校验，即冲击短路电流不大于负荷开关的额定动稳定电流峰值。

（6）负荷开关的额定关合电流不小于冲击短路电流。

（7）操动机构的选择。负荷开关操动机构是采用手动式、手动储能式还是动力操作，操作电路或电动机的电压、气压或液压的参数等，都要根据使用单位的具体条件来选择。配用手动操动机构的负荷开关，仅限于 10kV 及以下，其关合电流峰值不大于 8kA。

五、高压熔断器的选择

（1）按环境条件选择。安装地点选择户内型或户外型。

（2）熔断器的额定电压应等于或高于安装处的电网额定电压。但若选择户内限流熔断器或户外限流熔断器，其额定电压必须等于电网的额定电压。原因是这种熔断器熔断时将产生过电压，若将其用于低于它的额定电压的电网中，过电压倍数可达 $3.5\sim4U_p$，有可能使电网中的其他设备损坏。若将其用于高于它的额定电压的电网中，则熔断时产生的过电压将引起电弧重燃，并难以熄灭，会导致熔断器爆炸损坏。当用在等于它的额定电压的电网中，熔断时的过电压倍数仅为 $2\sim2.5U_p$，比设备线电压稍高一些，其他的设备可以承受，不会造成设备损坏。

RN2、RN6 型和 RW10-35/0.5、RXW10-35/0.5 型等限流熔断器专供电压互感器高压侧的短路保护用，其他 RN 和 RW 型作为小容量变压器、电力线路和配电系统的短路及过负荷保护用。

（3）按额定电流选择。按额定电流选择包括熔管和熔体的额定电流。

熔管的额定电流应大于或等于熔体的额定电流，以保证熔断器不致损坏。

选择熔体时，应保证前后两级熔断器之间的选择性配合。对于保护 35kV 及以下电力变压器的熔断器，其熔断体额定电流可选择如下

$$I_{NFU}=KI_C \tag{11-16}$$

式中 I_{NFU}——熔断体的额定电流，A；

I_C——变压器回路计算电流，A；

K——可靠系数，不考虑电动机自起动时，取 $K=1.1\sim1.3$；考虑电动机自起动时，取 $K=1.5\sim2.0$。

对于保护电力电容器的高压熔断器，为防止电路中由于电网电压升高及电容器投入和断开时产生的充、放电涌流而误动作，熔体的额定电流可选择如下

$$I_{NFU}=KI_N \tag{11-17}$$

式中 I_N——电力电容器回路的额定电流，A；

K——可靠系数，对于跌落式高压熔断器，取 $K=1.2\sim1.3$；对于限流式高压熔断器，当有一台电力电容器时，取 $K=1.5\sim2.0$，当有一组电力电容器时，取$K=1.3\sim1.8$。

（4）熔断器开断电流校验。限流熔断器有最大开断电流和最小开断电流，流过熔断器的可能最大短路电流应小于其最大开断电流。当电源在最小运行方式时，短路电流要大于其最小开断电流，熔断器才能起保护作用。

户外跌落式熔断器的断路能力，也以断流容量的上限和下限表示。通过熔断器的最大短路电流应在熔断器开断电流的上限和下限之间。

（5）由熔断器保护的导体和电气设备的动稳定及热稳定校验。由熔断器保护的导体和电气设备，可不验算热稳定。校验动稳定时，若熔断器为非限流型，则用最大非对称短路电流校验由其保护的导体和电气设备；若熔断器为限流型，则用熔断器开断极限短路电流时的最大电流峰值，对由其保护的导体和电气设备进行校验。

六、电流互感器的选择

（1）按环境条件选择。根据安装地点（户内、户外）、安装使用条件等选择电流互感器

的类型。35kV以下户内配电装置，采用瓷绝缘结构或树脂浇注绝缘结构；35kV及以上配电装置一般采用油浸瓷箱式绝缘结构的独立式电流互感器。在有条件时，如回路中有变压器套管、穿墙套管时，优先采用套管式电流互感器，以节约投资、减少占地。

（2）电流互感器的额定电压不小于电流互感器安装地点的电网额定电压。

（3）测量用电流互感器的一次额定电流不小于通过电流互感器的最大工作电流，并尽量接近最大工作电流，使设备在正常最大负荷运行时，电气仪表的指针能在标度尺的2/3以上。这样就会使误差减小，便于读数。继电保护用电流互感器的一次额定电流按继电保护的要求选择。

（4）选择电流互感器的准确级。电流互感器的准确级不得低于所供测量仪表的准确级，以保证测量的准确度。对于各重要回路的电度表，应为0.5～1级，相应的电流互感器的准确度应为0.5级。运行监视和控制盘上的电流表、功率表一般采用1～1.5级，相应的电流互感器的准确级应为1级。当仪表只供估计电气参数时，电流互感器可用3级。当用于继电保护时，应根据继电保护的要求选用P或TP级。

（5）校验电流互感器的二次负荷并选择二次导线的截面。电流互感器在一定的准确级下工作时，规定有相应的二次额定负荷，即在此准确级下允许的二次负荷最大值。当实际二次负荷超过此数值，准确度将下降。为保证电流互感器能在选定的准确级下工作，二次所接的负荷应不大于选定准确级下的二次额定负荷。电流互感器二次侧的导线截面应满足所选准确级对二次负荷数值的要求。二次侧导线采用铜芯控制电缆，考虑到机械强度的要求，导线的截面积不小于1.5mm^2。

选择表用电流互感器的二次导线截面时的计算步骤如下。

1）首先作出电流互感器所接负荷的三相电路图。

2）由电路图确定所接仪表最多的一相。该相二次总的负荷为

$$Z_{2L}=r_a+r_{re}+r_L+r_c \tag{11-18}$$

式中 r_a——电流互感器二次侧所接仪表电流线圈电阻，Ω；

r_{re}——电流互感器二次侧所接继电器电流线圈电阻，Ω；

r_c——接触电阻，一般取0.01Ω；

r_L——二次连接导线电阻，Ω。

3）由$S=\dfrac{\rho L_C}{r_L}$确定在满足电流互感器准确级额定容量要求下的二次导线最小允许截面为

$$S\geqslant\frac{I_{2N}^2\rho L_C}{S_{2N}-I_{2N}^2(r_a+r_{re}+r_c)}=\frac{\rho L_C}{Z_{2N}-(r_a+r_{re}+r_c)}\ (\mathrm{mm}^2) \tag{11-19}$$

4）式11-19中L_C与仪表到互感器的实际距离L及电流互感器的接线方式有关。当采用图8-6（a）的接线时，$L_C=2L$；采用图8-6（b）的接线时，$L_C=L$；当采用图8-6（c）的接线时，$L_C=\sqrt{3}L$。

（6）热稳定校验。要求短路电流热效应不大于电流互感器在规定时间内的允许热效应。电流互感器的热稳定能力也可以用热稳定倍数K_{ts}表示。热稳定倍数K_{ts}等于规定时间内的热稳定电流I_t与一次额定电流I_{1N}之比。

（7）动稳定校验。内部动稳定校验时要求，通过电流互感器的最大可能的短路电流应不大于设备额定动稳定电流峰值，有时也用动稳定倍数K_{Ns}表示。动稳定倍数K_{Ns}等于电流互

感器内部额定动稳定电流峰值 i_{Ns} 与一次额定电流 I_{1N} 之比。

短路电流不仅在电流互感器内部产生作用力，根据安装情况，相与相之间也将产生作用力到绝缘瓷瓶帽上。要求该作用力不大于电流互感器绝缘瓷瓶帽端部的允许作用力 F_p，相间作用力为

$$F^{(3)} = 0.5 \times 1.73 (i_{imp}^{(3)})^2 \frac{a}{l} 10^{-7} \tag{11-20}$$

式中 a——电流互感器安装处母线的相间距离，m；

l——绝缘瓷瓶帽到最近的支柱绝缘子的距离，m。

系数 0.5 是考虑作用力的分布，认为在距离 l 上的作用力中只有一半由电流互感器承受，另一半由支柱绝缘子承受。

七、电压互感器的选择

(1) 按环境条件选择。根据安装地点（户内、户外）、安装使用条件等选择电压互感器的类型。6～35kV 配电装置一般采用油浸绝缘结构，在高压开关柜或位置狭窄的地方，可采用树脂浇注绝缘结构。35～110kV 配电装置一般采用油浸绝缘结构电磁式电压互感器，当容量和准确度满足要求时，可以采用电容式电压互感器。63kV 及以上线路侧的电压互感器当线路上装有载波通信设备时，统一选用电容式电压互感器。

(2) 电压互感器一次侧的额定电压 U_{1N} 应大于或等于所接电网的额定电压 U_{NS}。电网的额定电压的变动范围应满足

$$1.1U_{1N} > U_{NS} > 0.9U_{1N} \tag{11-21}$$

(3) 选择电压互感器的变比及结构形式。

1) 若负荷需要如图 8-15（a）或图 8-15（b）所示的接线，则电压互感器的一次额定电压，变比为 $U_{1N}/0.1$kV，一般 $U_{1N} \leqslant 35 \sim 63$kV。

2) 若负荷需要如图 8-15（c）或图 8-15（d）所示的接线，对于中性点有效接地的 110kV 及以上系统，图 8-15（c）中每个单相电压互感器的变比是 $\frac{U_{1N}}{\sqrt{3}}\Big/\frac{0.1}{\sqrt{3}}\Big/0.1$kV；对于中性点不接地或经消弧线圈接地的 35～63kV 系统，图 8-15（c）中每个单相电压互感器的变比是 $\frac{U_{1N}}{\sqrt{3}}\Big/\frac{0.1}{\sqrt{3}}\Big/\frac{0.1}{3}$kV；对于 6～10kV 系统，可以用三相五柱式电压互感器，只需使其一次电压等于电网额定电压即可，也可以用三个单相电压互感器，每相变比同 35～63kV 系统。

(4) 选择电压互感器的准确级。电压互感器准确级选择的原则参照电流互感器准确级的选择。选定准确级后，要求在此准确级下的二次额定容量不小于电压互感器的二次负荷。

八、导体和架空线的选择

（一）裸导体的选择

裸导体的选择及校验项目有如下几项。

1. 选择导体材料、类型和敷设方式

常用导体材料有铜、铝和铝合金。铜的电阻率低、强度大、抗腐蚀性强，是很好的导体材料。但它的用途广泛，况且我国铜的储量不多，价格高。因此，铜导体只用在持续工作电流大，且出线位置特别狭窄或污秽对铝有严重腐蚀而对铜腐蚀较轻的场所。铝的电阻率虽为

铜的1.7～2倍，但密度只有铜的30%。我国铝的储量丰富、价格低廉，因此，一般采用铝或铝合金材料作为导体材料。常用的硬导体截面有矩形、槽形和管形。矩形导体散热条件较好，便于固定和连接，但集肤效应较大。为避免集肤效应系数过大，单条矩形截面最大不超过1250mm²。当工作电流超过最大截面单条导体允许载流量时，可将2～4条矩形导体并列使用，但多条导体并列的允许电流并不成比例增加，故一般避免采用4条矩形导体并列使用。矩形导体一般只用于35kV及以下，电流在4000A及以下的配电装置中。槽形导体机械强度好，载流量大，集肤效应系数较小。槽形导体一般用于4000～8000A的配电装置中。管形导体集肤效应系数小，机械强度高，管内可以通水或通风，因此，可用于110kV及以上配电装置。矩形导体的散热和机械强度与导体的布置方式有关。图11-4（a）与图11-4（b）相比，前者散热较好，载流量大，但机械强度较低，而后者则反之。图11-4（c）的布置方式兼顾了图11-4（a）和图11-4（b）的优点，但配电装置的高度有所增加。因此，导体的布置方式应根据载流量的大小、短路电流水平和配电装置的具体情况而定。

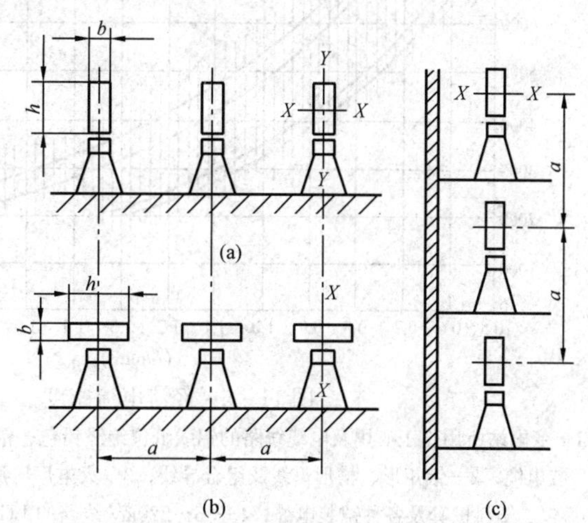

图11-4 矩形导体的布置方式

(a) 三相水平布置，导体竖放；(b) 三相水平布置，导体平放；(c) 三相垂直布置，导体竖放

常用的软导线有钢芯铝绞线、组合导线、分裂导线和扩径导线，后者多用于330kV及以上配电装置。

2. 导体截面选择

导体截面可按长期发热允许电流或经济电流密度选择。除配电装置的汇流母线外，对于年负荷利用小时数大，传输容量大，长度在20m以上的导体，其截面一般按经济电流密度选择。

（1）按导体长期发热允许电流选择，即

$$I_{C} \leqslant I_{pT} \tag{11-22}$$

式中 I_C——导体所在回路中最大持续工作电流（计算电流）；

I_{pT}——长期允许电流，见式（11-7）、式（11-8）。

（2）按经济电流密度选择。按经济电流密度选择导体截面可使年计算费用最低。对应不同种类的导体和不同的最大负荷利用小时数 T_{max}，将有一个年计算费用最低的电流密度，称为经济电流密度 J。各种铝导体的经济电流密度如图11-5所示。导体的经济截面为

$$S = \frac{I_{C}}{J} \tag{11-23}$$

应尽量选择接近式（11-23）计算的标准截面，当无合适规格的导体时，为节约投资，允许选择小于经济截面的导体。按经济电流密度选择的导体截面的允许电流还必须满足式（11-22）的要求。

3. 电晕电压校验

电晕放电将引起电晕损耗、无线电干扰、噪声和金属腐蚀等许多不利影响。对于110kV

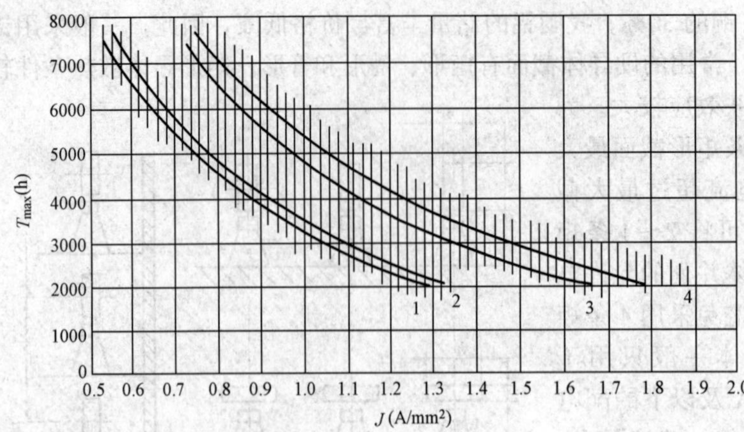

图 11-5 经济电流密度

1—变电站所用、工矿用及电缆线路的铝线纸包绝缘铅包、铝包、塑料护套及各种铠装电缆；2—铝矩形、槽形母线及组合导线；3—火电厂厂用铝芯纸绝缘铅包、铝包、塑料护套及各种铠装电缆；4—35～220kV 线路的 LGJ、LGJQ 型芯铝纹线

及以上裸导体，可按晴天不发生全面电晕条件校验，即裸导体的临界电压 U_{cr} 应大于最高工作电压 U_{max}，即

$$U_{cr} > U_{max} \tag{11-24}$$

当所选软导线型号和管形导体外径不小于下列数值时，可不进行电晕校验，即：110kV，LGJ-70/ϕ20；220kV，LGJ-300/ϕ30。

4. 热稳定校验

由热稳定决定的导体最小截面见式（11-10），所选截面应不小于 S_{min}。

其他情况下裸导体的 C 值见表 11-4。

表 11-4 不同工作温度下裸导体的 C 值

工作温度	40	45	50	55	60	65	70	75	80	85	90
硬铝及铝锰合金	99	97	95	93	91	89	87	85	83	82	81
硬 铜	186	183	181	179	176	174	171	169	166	164	161

5. 硬导体的动稳定校验

各种形状的硬导体通常都安装在支柱绝缘子上，短路冲击电流产生的电动力将使导体发生弯曲，因此导体应按弯曲情况进行应力计算。矩形导体应力计算包括单条矩形和多条矩形两种。

（1）单条矩形导体构成母线的应力计算。按照导体在支柱绝缘子上固定的形式，通常假定导体为自由支撑在绝缘子上的多跨距、匀载荷梁，在电动力的作用下，导体所受的最大弯矩 M 为

$$M = \frac{f^{(3)} l^2}{10} \quad (\text{N} \cdot \text{m}) \tag{11-25}$$

式中 $f^{(3)}$——单位长度导体上所受相间电动力，N；

l——导体支柱绝缘子间的跨距，m。

当跨距数等于 2 时，导体所受最大弯矩为

$$M = \frac{f^{(3)} l^2}{10} \quad (\text{N} \cdot \text{m}) \tag{11-26}$$

导体最大相间计算应力

$$\sigma_{ph} = \frac{M}{W} = \frac{f^{(3)} l^2}{10W} \quad (\text{Pa}) \tag{11-27}$$

式中　W——导体垂直于作用方向轴的截面系数，如表 11-5 所示。

表 11-5　相间应力计算时的导体截面系数

导体布置方式			截面系数 W
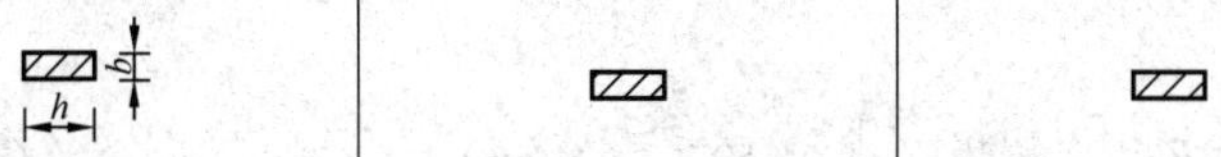			$bh^2/6$
			$b^2h/6$
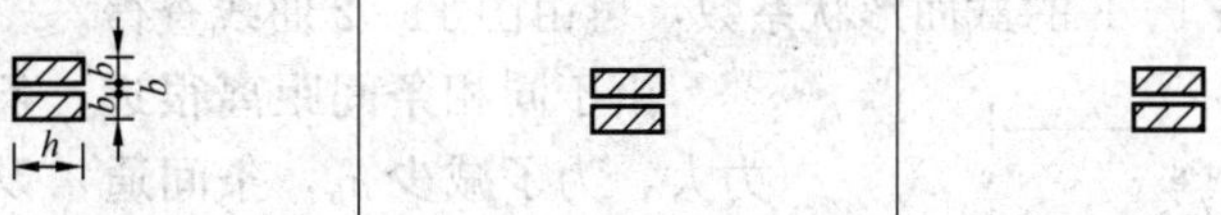			$0.333bh^2$
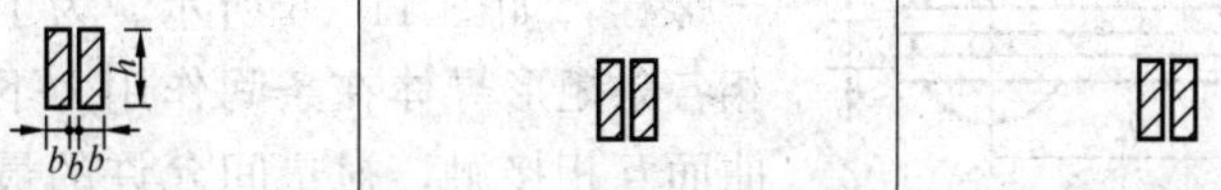			$1.44b^2h$
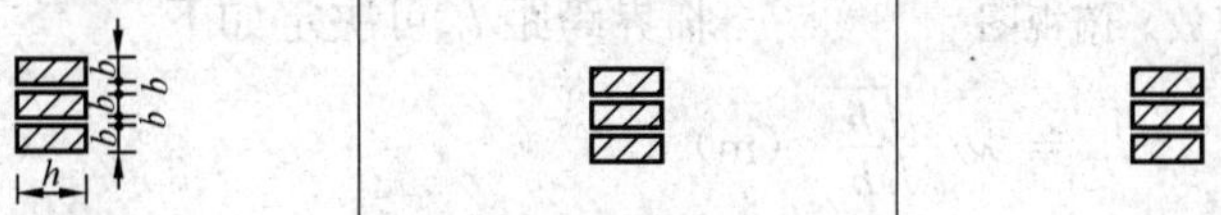			$0.5bh^2$
			$3.3b^2h$

按式（11-27）求出的导体应力不应超过导体材料允许应力 σ_{al}，见表 11-6，即

$$\sigma_{ph} \leqslant \sigma_{al} \tag{11-28}$$

为了便于计算和施工，设计中常根据材料最大允许应力来确定绝缘子间最大允许跨距，由式（11-27）可得

$$l_{max} = \sqrt{\frac{10\sigma_{al}W}{f^{(3)}}} \quad (m) \tag{11-29}$$

表 11-6　导体最大允许应力

导体材料	最大允许应力 σ_{al}(Pa)	导体材料	最大允许应力 σ_{al}(Pa)
硬铝	70×10^6	硬铜	140×10^6

当矩形导体平放时，为避免导体因自重而过分弯曲，所选跨距一般不超过 1.5～2m。考虑到绝缘子支座及引下线安装方便，三相水平布置的汇流母线常取绝缘子跨距等于配电装置间隔宽度。

（2）多条矩形导体构成母线的应力计算。当同相母线由多条矩形导体组成时，母线中最大机械应力由相间应力和同相条间应力叠加而成，即

$$\sigma_{max} = \sigma_{ph} + \sigma_b \tag{11-30}$$

其中，相间应力 σ_{ph} 仍用式（11-27）计算，但 W 应为多条组合导体的截面系数，见表

11-5。

计算条间作用力 f_b 时，应注意同相各条导体的形状系数及电流分配。当同相由双条导体组成时，可以认为相电流在两条中平均分配；若同相有三条导体组成时，可以认为中间条通过20%相电流，两侧条各通过40%相电流。当条间中心距离为2b时，可以导出条间作用力。当同相为两条时为

$$f_b = 2K_{12}\left[\frac{1}{2}i_{imp}^{(3)}\right]^2\frac{1}{2b}\times 10^{-7}\quad (N/m) \tag{11-31}$$

当每相为三条时，边条受力最大。条1受力为条2、3对条1作用力之和为

$$f_b = f_{b1-2} + f_{b1-3} = 8(K_{12}+K_{1-3})[i_{imp}^{(3)}]^2\frac{1}{b}\times 10^{-9}\quad (N/m) \tag{11-32}$$

式中 K_{12}、K_{13}——条1、2和条1、3的截面形状系数，可由图11-2曲线查得。

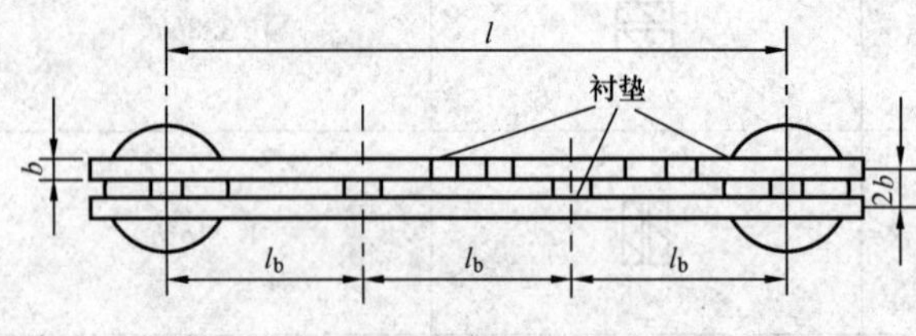

图11-6 双条矩形导体（竖放）俯视图

由于同相条间距离很近，条间作用力大，为了减少 σ_b，条间通常设有衬垫一螺栓，如图11-6所示。为了防止同相各条矩形导体在条间作用力下产生弯曲而互相接触，衬垫间允许的最大跨距—临界跨距 l_{cr} 可决定如下

$$l_{cr} = \lambda b\sqrt[4]{\frac{h}{b}}\quad (m) \tag{11-33}$$

式中 b、h——矩形导体的宽和高，m；

λ——系数，铜：双条为1774，三条为1355；铝：双条为1003，三条为1197。

所选衬垫跨距应满足 $l_b < l_{cr}$，但过多增加衬垫的数量会使导体散热条件变坏，根据经验一般每隔30～50cm设一衬垫。

根据导体结构情况，边条导体所受弯矩可按两端固定的匀载荷梁计算：

$$M_b = \frac{f_b l_b^2}{12}\quad (N/m) \tag{11-34}$$

条间作用应力

$$\sigma_b = \frac{M_b}{W} = \frac{f_b l_b^2}{12W}\quad (Pa) \tag{11-35}$$

因为垂直于条间作用力的截面系数 $W=b^2h/6$，故式（11-35）可写成

$$\sigma_b = \frac{f_b l_b^2}{2b^2h}\quad (Pa) \tag{11-36}$$

若多条组成母线的最大应力 $\sigma_{max}=\sigma_{ph}+\sigma_b \leqslant \sigma_{al}$，则母线满足动稳定要求。

为了简化计算，也可根据条间允许应力 $\sigma_{bal}=\sigma_{al}-\sigma_{ph}$ 来决定最大允许衬垫跨距，由式（11-35）可得

$$l_{bmax} = \sqrt{\frac{12\sigma_{bal}W}{f_b}} \tag{11-37}$$

若所取的 $l_b < l_{bmax}$ 则导体满足动稳定要求。

设计中也常根据所给条件，先选定条间衬垫的跨距，算出条间应力，然后按允许相间应力来确定绝缘子间允许最大跨距。

6. 导体共振校验

对于重要回路（如发电机、变压器及汇流母线等）的导体应进行共振校验。可计算导体的一阶自振频率 f_1，当 f_1 无法限制在共振频率之外时，导体受力必须乘以动应力系数。f_1 还可写成

$$l_{max}=\sqrt{\frac{N_f}{f_1}\sqrt{\frac{EI}{m}}}\quad(\text{m})\qquad(11-38)$$

当已知导体材料、形状、布置方式和应避开自振频率（一般可取 $f_1=160\text{Hz}$）时，可由式（11-38）计算导体不发生共振的最大绝缘子跨距 l_{max}，当所取绝缘子跨距 $l<l_{max}$，即满足不共振的要求。

【例 11-3】 选择某 10kV 户内配电装置汇流母线。已知该母线 $I_C=1819\text{A}$，三相导体垂直布置，相间距离 $a=0.75\text{m}$，绝缘子跨距为 1.2m。母线保护时间 $t_{pr}=0.05\text{s}$，断路器全开断时间 $t_{ab}=0.1\text{s}$，母线短路电流 $I''=24\text{kA}$，$I_{\frac{tk}{2}}=21\text{kA}$，$I_{tk}=20\text{kA}$，环境温度+30℃，铝导体弹性模量 $E=7\times10^{-7}\text{Pa}$。

解 （1）按长期发热允许电流选择截面。查附表 8，选用单条 125mm×10mm 矩形铝导体，平放允许电流为 2063A，集肤效应系数 $K_S=1.12$，当环境温度为 30℃时，查附表 9 或按式（11-8）计算出温度修正系数 $K=0.94$，则

$$I_{al30℃}=0.94\times2063=1939.2\ (\text{A})>1819\ (\text{A})$$

（2）热稳定校验。短路持续时间为

$$t_k=t_{pr}+t_{ab}=0.05+0.10=0.15\ (\text{s})$$

周期分量的热效应由式（11-4）得

$$Q_p=\frac{24^2+10\times21^2+20^2}{12}\times0.15=67.3\ (\text{kA}^2\text{s})$$

因 $t_k<1\text{s}$，故应计算非周期分量热效应，由式（11-5）得

$$Q_\alpha=0.05\times24^2=28.8\ (\text{kA}^2\text{s})$$

故 $Q_k=Q_p+Q_\alpha=67.3+28.8=96.1\ (kA^2s)$。

正常运行时导体温度为

$$T=T_a+(T_p-T_a)\frac{I_C^2}{I_{pT}^2}=30+(70-30)\times\frac{1819^2}{1939.2^2}=65.2\ (℃)$$

查表 11-4，$C=89$。满足发热时的最小导体截面，由式（11-10）得

$$S_{min}=\frac{\sqrt{K_SQ_k}}{C}=\frac{\sqrt{1.12\times96.1\times10^6}}{89}=116.6<1250\ (\text{mm}^2)$$

满足热稳定的要求。

（3）动稳定校验。导体共振计算忽略。

母线短路时的冲击系数取 $K=1.8$。则 $i_{imp}^{(3)}=1.8\sqrt{2}I''=2.55\times24=61.2\ (\text{kA})$。

由于选择的是单条母线，只计算相间应力。

$$f^{(3)}=\frac{1.73\times10^{-7}\times(61.2\times10^3)^2}{0.75}=863.9\ (\text{N/m})$$

抗弯力矩查表 11-5 为 $W=\frac{bh^2}{6}=\frac{0.01\times(125\times10^{-3})^2}{6}=26\times10^{-6}\ (\text{m}^3)$

相间应力由式（11-26）得 $\sigma_{ph}=\frac{863.9\times1.2^2}{10\times26\times10^{-6}}=4.78\times10^6\ (\text{Pa})<70\times10^6\ (\text{Pa})$，动稳定

合格。

（二）电力电缆的选择

电力电缆应按下列条件选择和校验：

1. 电缆芯线材料及型号选择

电缆芯线有铜芯和铝芯，国内工程一般选用铝芯电缆。电缆的型号很多，应根据其用途、敷设方式和使用条件进行选择。例如：供用电网络一般采用聚氯乙烯绝缘电缆（PVC）、聚乙烯电缆（PE）和交联聚乙烯电缆（XLPE）等；除 110kV 及以上采用单相充油电缆外，一般采用三相铝芯电缆；动力电缆通常采用三芯或四芯（三相四线）；高温场所宜用耐热电缆；重要直流回路或保安电源电缆宜选用阻燃型电缆；直埋地下一般选用钢带铠装电缆；潮湿或腐蚀地区应选用塑料护套电缆；敷设在高差大的地点，应采用不滴流电缆或塑料电缆。

2. 电缆电压的选择

电缆的额定电压 U_N 应不小于所在电网的额定电压 U_{NS}，即 $U_N \geqslant U_{NS}$。

3. 截面选择

电力电缆截面一般按长期发热允许电流选择，当电缆的最大负荷利用小时 $T_{max} >$ 5000h，且长度超过 20m 时，则应按经济电流密度选择。电缆截面选择方法与裸导体基本相同，可按式（11 - 22）或式（11 - 23）计算。值得指出的是式（11 - 22）用于电缆选择时，其修正系数 K 与敷设方式和环境温度有关，即

$$K = K_t K_1 K_2 \text{ 或 } K = K_t K_3 K_4 \tag{11 - 39}$$

式中 K_t——温度修正系数，可由式（11 - 8）计算，但电缆芯线长期发热最后允许温度 T_p 与电压等级、绝缘材料和结构有关；

K_1、K_2——空气中多根电缆并列和穿管敷设时的修正系数，当电压在 10kV 及以下、截面为 95mm^2 及以下 K_2 取 0.9，截面为 120～185mm^2，K_2 取 0.85；

K_3——直埋电缆因土壤热阻不同的修正系数；

K_4——土壤中多根并列修正系数。

K_t、K_1、K_3，K_4 及 T_p 值可查附表 10、11、17、18。

为了不损伤电缆绝缘及保护层，敷设时电缆应保持一定的弯曲半径，如多芯纸绝缘铅包电缆的弯曲半径应不小于电缆外径的 15 倍。

4. 允许电压降校验

对供电距离较远、容量较大的电缆线路，应校验其电压损失 $\Delta U\%$。一般应满足 $\Delta U\% \leqslant 5\%$。对于三相交流，计算公式为

$$\Delta U\% = \frac{173 I_C L (r_0 \cos\varphi + x_0 \sin\varphi)}{U} \tag{11 - 40}$$

式中 U、L——线路工作电压（线电压）和长度；

$\cos\varphi$——功率因数；

r_0、x_0——电缆单位长度的电阻和电抗。

5. 热稳定校验

由于电缆芯线一般系多股绞线构成，截面在 400mm^2 以下时，$K_S \approx 1$，满足电缆热稳定的最小截面可简化为

$$S_{min} = \frac{\sqrt{Q_k}}{C} \tag{11-41}$$

电缆的热稳定系数C用下式计算（或查表11-1）

$$C = \frac{1}{\eta}\sqrt{\frac{4.2Q}{K\rho_{20}\alpha}\ln\frac{1+\alpha(T_k-20)}{1+\alpha(T-20)}} \times 10^{-2} \tag{11-42}$$

式中 η——计及电缆芯线充填物热容量随温度变化以及绝缘散热影响的校正系数，对于3～6kV厂用回路取0.93，35kV及以上回路可取1.0；

Q——电缆芯单位体积的热容量，铝芯取0.59J/（cm^3℃）；

α——电缆芯在20℃时的电阻温度系数，铝芯为0.00403（1/℃）；

K——20℃时导体交流电阻与直流电阻之比，$S \leqslant 100mm^2$ 的三芯电缆 $K=1$，$S=120$～$240mm^2$ 的三芯电缆 $K=1.005$～1.035；

ρ_{20}——电缆芯在20℃时的电阻系数，铝芯取 0.031×10^{-6}，$\Omega cm^2/cm$；

T——短路前电缆的工作温度，℃；

T_k——电缆在短路时的最高允许温度，对10kV及以下普通黏性浸渍纸绝缘及交联聚乙烯绝缘电缆为200℃，有中间接头（锡焊）的电缆最高允许温度为120℃。

（三）架空线的选择

母线一般是硬母线，而架空线则是软导体。架空线的选择与母线大致相同，但也有其特殊之处。

（1）按经济电流密度选择架空导线的截面，与母线选择相同。

（2）按最大长期工作电流选择导线截面，与母线选择相同。

（3）电晕电压校验，与母线选择相同。

（4）导线截面应保证一定的机械强度，由于架空线在运行时要承受一定的机械负荷，所以要求导线截面不可过小。否则难以保证应有的机械强度。通常根据重要程度将架空线分成三个等级：35kV以上为Ⅰ类线路，1～35kV为Ⅱ类线路，1kV以下为Ⅲ类线路。对不同等级的线路按机械强度条件所要求的导体的最小截面或直径如表11-7所示。

表11-7　允许的导线最小截面积（mm^2）或直径（mm）

导线结构	导线材料	线路等线		
		Ⅰ	Ⅱ	Ⅲ
单股线	铜	不允许	10	6
	青铜		ϕ3.5	ϕ2.5
	钢		ϕ3.5	ϕ2.75
	铜及其合金		不允许	10
多股线	铜	16	10	6
	青铜	16	10	6
	钢	16	10	10
	铝及其合金	25	16	16

由于110kV及其以上按电晕条件所选截面远大于按机械强度所选截面，所以只有35kV

及其以下架空线才考虑按机械强度选择截面。

(5) 热稳定校验，与母线选择相同。

(6) 电压损耗校验，与电缆选择相同。

(7) 按允许电压损耗选择导线截面，在地方电力网中，为了保证负荷端的电压偏移不超过容许范围，就必须按电压损耗来选择导线截面。一般的配电网，特别是农村电网其导线截面均按容许电压损耗选择。

九、电抗器的选择

电抗器有普通电抗器和分裂电抗器两种。下面介绍普通电抗器的选择方法。

(1) 电抗器的额定电压不小于电抗器安装地点的电网的额定电压。

(2) 电抗器的额定电流不小于通过电抗器的计算电流。

(3) 选择电抗百分数。一般按照将短路电流限制到一定数值的要求来选择。

如将短路电流限制到 I''，则电源到短路点的总电抗标幺值 $x_{*\Sigma}$ 为

$$x_{*\Sigma}=\frac{I_b}{I''} \tag{11-43}$$

式中 I_b——基准电流。

所需电抗器的电抗标幺值 x_{*L} 为

$$x_{*L}=x_{*\Sigma}-x'_{*\Sigma} \tag{11-44}$$

式中 $x'_{*\Sigma}$——电源至电抗器前的系统电抗标幺值。

电抗器在其额定参数下的百分比电抗为

$$x_L\%=\left(\frac{I_b}{I''}-x'_{*\Sigma}\right)\frac{I_N U_b}{I_b U_N}\times 100\% \tag{11-45}$$

式中 U_b——基准电压。

(4) 电压损失 $\Delta U\%$ 校验。要求正常运行时电抗器的 $\Delta U\%\leqslant 5\%$，考虑到电抗器电阻很小，且 ΔU 主要是由电流的无功分量产生。因此电压损失为

$$\Delta U\%\approx x_L\%\frac{I_{Lmax}}{I_N}\sin\varphi\leqslant 5\% \tag{11-46}$$

式中 φ——负荷的功率因数角，一般 $\cos\varphi=0.8$。

(5) 母线剩余电压校验。要求当在线路电抗器后短路时，母线剩余电压 $\Delta U_{re}\%$ 应不低于电网额定电压的 60%～70%，即

$$\Delta U_{re}\%=x_L\%\frac{I''}{I_N}\geqslant 60\%\sim 70\% \tag{11-47}$$

如不满足要求，可装设快速保护或在正常电压损失允许范围内加大电抗。

第三节 低压电器设备选择

一、概述

(一) 低压电器设备的选择原则

低压电器设备选择的一般原则与高压电器设备的选择原则相同，既要使所选电器在正常时可靠运行，又要能够承受短路电流的破坏作用。

选择低压电器时应注意所有低压电器都应满足的共同条件，即正常工作条件、工作制、

使用类别、安装类别、防污等级、外壳防护等级、防触电等级、电流种类与额定频率和额定电压等。

（二）短路点的确定

在选择低压电器设备时，要校验设备的通断能力，必须采用流过设备的最大可能的短路电流，因此短路点的确定原则和高压电路相同。不同点是在低压回路中，几十米长的电缆也能显著影响短路电流的数值，因此在同一变压器供电的回路中，对不同的分支线路，由于电缆的截面、长度等的不同，要分别取短路点计算短路电流。

（三）低压电器的配置

每一用电设备及配电电路都要配置适当的配电电器和控制电器。按照它们的作用一般分为正常操作电器、过载保护电器、短路保护电器和检修时用的隔离电器。隔离用电器传统为闸刀开关，新产品为隔离器，这两种电器当额定电流较小时一般具有接通、断开额定电流的能力，兼有正常操作电器和隔离电器的作用。短路保护电器有低压断路器和熔断器，操作电器为适于频繁操作的接触器或起动器。低压断路器和起动器具有过负荷保护的性能。

在配电线路和电动机回路中一般采用如图 11-7 所示的电器。

对于不重要的配电线路、不频繁起动的小容量电动机，常配置如图 11-7（a）所示的电器。用闸刀开关 Q 正常操作，熔断器 FU 作为过负荷保护和短路保护电器。

对于配电线路和不频繁起动的电动机一般采用如图 11-7（b）所示电器。低压断路器 QF 起过负荷保护和短路保护作用。对于照明分支干线经常采用一台低压断路器而不用闸刀开关。

对于频繁起动的电动机，常配置如图11-7（c）或图 11-7（d）所示的电器。KM 为接触器或起动器，供频繁操作之用。

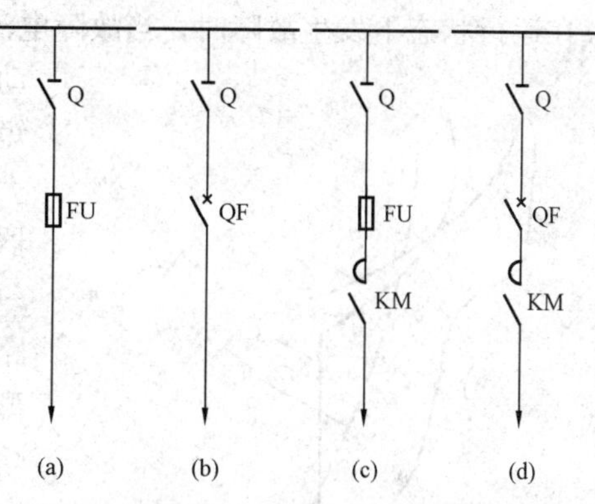

图 11-7 低压电器的配置

（a）闸刀开关 Q 和熔断器 FU 串联的电路；（b）闸刀开关 Q 和低压断路器 QF 串联的电路；（c）闸刀开关 Q、熔断器 FU 和接触器 KM 串联的电路；（d）闸刀开关 Q、低压断路器 QF 和接触器 KM 串联的电路

（四）低压电器间的配合

当低压电路发生故障或事故时，要求装于同一处的过负荷保护和短路保护之间或上下级短路保护之间应该有选择性地动作，尽可能地把事故限制在最小的范围内，使电路中非故障部分仍能继续工作，并将导体、电气设备损伤及火灾的危险限制到最小程度。

当相邻串联的短路保护电器为熔断器时，要求上下级熔断器的额定电流之比不小于过电流选择比，即可满足选择性。当相邻串联的短路保护电器为低压断路器，或下级为熔断器，上级为低压断路器，要求同一坐标上的下级电器的时间-电流特性应在上级的特性之下，相隔一定的距离且无交点，如图 11-8 所示。

在低压电路中，装于同一处的过负荷保护和短路保护可以是一台低压断路器，既能起过负荷保护作用，又能起短路保护作用。电动机装有起动器，另配有断路器或熔断器作为短路保护电器，起动器起过负荷保护作用，如图 11-7（c）、（d）所示，这时起动器与短路保护电器的时间-电流特性应有交点，这样才能在全部电流范围内有连续的保护动作特性，并且

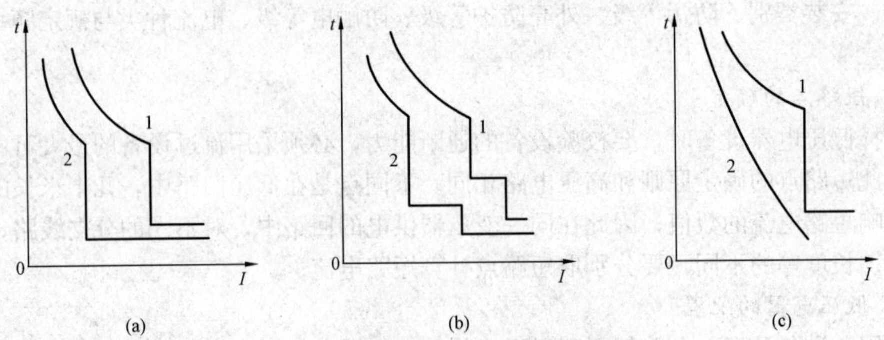

图 11-8　上下级短路保护电器保护特性的配合

（a）断路器的两段式时间-电流特性的配合；（b）断路器的三段式时间-电流特性的配合；

（c）熔断器（下级）和断路器的配合

1—上级电器的特性；2—下级电器的特性

此合成的动作特性应高于电动机的起动电流曲线，电动机起动时才不会动作，如图 11-9 所示。在运行状态下发生故障时，当故障电流小于图 11-9 中 a 或 b 所对应的电流时，起动器动作断开电路；当故障电流大于交点的对应值时，短路保护电器动作断开电路。如交点对应的数值过大，在短路保护电器动作前，短路电流可能使起动器损坏。根据负荷的重要程度，交点对应的电流值一般可选择为：电动机端子处短路时，起动器与短路保护电器为 c 型配合，起动器出线端短路时为 a 型或 b 型配合。b 型配合除允许触头有轻度烧伤、熔焊外，还允许起动器的过负荷继电器的特性发生永久性改变。

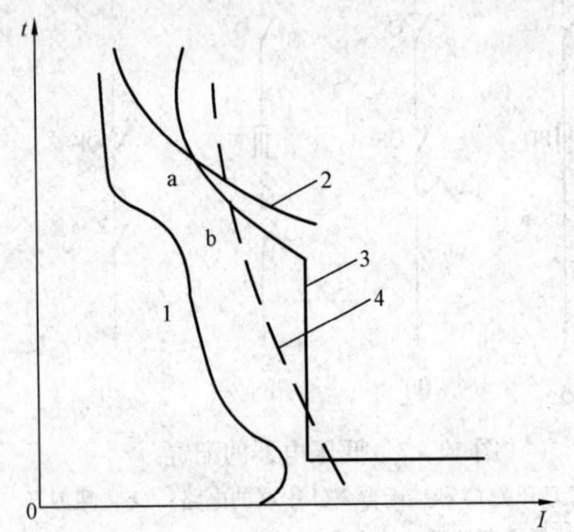

图 11-9　起动器与短路保护电器特性的配合

1—电动机的起动电流；2—起动器的动作特性；3—断路器的动作特性；4—熔断器的动作特性

随着配电变压器容量的增大，有些低压断路器的断路能力可能不够。这时可选择熔断器作为低压断路器的短路后备保护。两者动作特性曲线交点对应的电流应小于断路器的极限断路电流，也就是小于此值的短路电流由断路器断开，大于此值的短路电流由熔断器断开。

二、低压断路器的选择

（一）配电用低压断路器的选择

1. 按电流选择

断路器脱扣器的额定电流 I_N 不小于线路的计算电流 I_C，不大于断路器的壳架等级额定电流 I_{Nm}，即

$$I_{Nm} \geqslant I_N \geqslant I_C \tag{11-48}$$

2. 选择欠电压脱扣器

低压断路器欠电压脱扣器额定电压等于线路额定电压。欠电压脱扣器的释放电压和吸合电压，通常由产品自定。一般释放电压为额定电压的 35%～40%及以下，吸合电压为额定电压的 70%及以上。

3. 选择分励脱扣器和操动机构的电压

低压断路器分励脱扣器的额定电压等于控制电源电压，电动操动机构的工作电压等于控制电源电压。

4. 过电流脱扣器的动作电流整定

当配电变压器低压侧出口到用电设备之间有多级断路器串联使用时，必须保证在过负荷或短路时有选择性地动作。低压断路器一般都具有反时限动作特性的过电流脱扣器、瞬时动作的过电流脱扣器和固定延时动作的过电流脱扣器。断路器选择时按式（11-48）整定的动作电流不能满足选择性的要求时，需重新选择。

（1）反时限过电流脱扣器整定值可在所选断路器的整定值范围内确定，大于线路的计算电流，但一般不大于该线路导线允许载流量的 1.1 倍。3 倍长延时动作电流的可返回时间应大于线路中有最大起动电流的电动机的起动时间。

（2）短延时（固定延时）过电流脱扣器动作电流整定值为

$$I_{set(s)} \geqslant 1.2[I_{st1} + I_{C(n-1)}] \tag{11-49}$$

式中 $I_{set(s)}$——短延时过电流脱扣器电流整定值，A；

1.2——可靠系数，考虑统计计算负荷的误差、电动机起动电流误差、脱扣器动作电流误差；

I_{st1}——回路中起动电流最大的电动机的起动电流，A；

$I_{C(n-1)}$——减去 I_{st1} 以后的线路计算电流，A。

短延时过电流脱扣器的动作时间一般分为 0.2、0.4、0.6s 三种，按前后保护装置保护选择性要求来整定，应使前一级保护的动作时间比后一级保护的动作时间长一个时间级差。

（3）瞬时过电流脱扣器动作电流整定值为

$$I_{set(0)} \geqslant 1.2[1.7I_{st1} + I_{C(n-1)}] \tag{11-50}$$

式中 $I_{set(0)}$——瞬时过电流脱扣器动作电流整定值，A；

1.7——系数，考虑起动电流中的非周期分量。

5. 校验低压断路器的断路能力

（1）对动作时间 0.02s 以上的万能式断路器，其额定开断电流 I_{Nbr} 应不小于通过它的三相短路电流周期分量有效值 $I_p^{(3)}$，即

$$I_{Nbr} \geqslant I_p^{(3)} \tag{11-51}$$

（2）对动作时间 0.02s 及以下的塑壳式断路器，其极限分断电流 I_{Nbr} 或 i_{Nbr} 应不小于通过它的三相短路的冲击电流 $I_{imp}^{(3)}$ 或 $i_{imp}^{(3)}$，即

$$I_{Nbr} \geqslant I_{imp}^{(3)} \text{ 或 } i_{Nbr} \geqslant i_{imp}^{(3)} \tag{11-52}$$

6. 校验低压断路器动作的灵敏性和选择性

灵敏性以灵敏系数 K_{sen} 衡量。灵敏系数为被保护线路末端短路的最小短路电流，与断路器的瞬时或延时过电流脱扣器整定电流之比。对于中性点有效接地系统以单相接地短路电流校验灵敏性；对于中性点非有效接地系统，则以两相短路校验灵敏性。要求灵敏系数 K_{sen} 不小于 1.5。

校验动作的灵敏性后，在相邻串联的断路器之间还要校验动作的选择性。

低压断路器可不校验动稳定和热稳定，但其保护的母线应校验动稳定和热稳定，保护的绝缘导线和电缆应校验热稳定。绝缘导线和电缆的短时过负荷系数，对瞬时和短延时脱扣器

可取 4.5；对长延时脱扣器，作短路保护时取 1.1，只作过负荷保护时取 1。

（二）电动机用低压断路器的选择

保护电动机用的低压断路器与保护配电线路用的低压断路器的不同之处在于两者的反时限特性不同。保护电动机的低压断路器的整定方法如下：

（1）长延时电流整定值等于电动机额定电流；

（2）6 倍长延时电流整定值的可返回时间应不小于电动机的实际起动时间；

（3）瞬时动作电流整定值为：保护鼠笼式电动机的低压断路器可取 8～15 倍电动机额定电流，或考虑起动电流中的非周期分量，可定为 $1.7I_{st}$；保护绕线式电动机的低压断路器可取 3～6 倍电动机额定电流。

（三）照明电路用低压断路器的选择

低压断路器长延时动作特性曲线的起点为在约定时间内的约定不脱扣电流，约定不脱扣电流用标幺值表示，它是流过断路器的试验电流与电流整定值的比。约定不脱扣电流的值一般为 1.05，即约定不脱扣电流$=\dfrac{试验电流}{整定电流值}=1.05$。若电路的计算负荷电流等于试验电流，则在约定时间内（一般为 1 或 2h）断路器不脱扣。当计算负荷电流确定时，若整定电流值稍大，则计算负荷电流与整定电流的比值要小于约定不脱扣电流（1.05），断路器就不会脱扣。当电路过载时，脱扣时间由长延时动作特性确定。故脱扣器长延时动作电流整定值应略大于$\dfrac{1}{1.05}$倍的计算负荷电流，瞬时动作值等于 3 倍或 6 倍计算负荷电流。

【例 11-4】　已知电动机回路中绝缘电缆长度为 30m，芯线截面 $95mm^2$，允许载流量 220A。电动机参数为：$P_N=100kW$，$I_N=182.4A$，$I_{st*}=6.5$，不频繁轻负荷起动。电缆首端短路电流 $I_{k1}=19.2kA$，末端短路电流 $I_{k2}=12.3kA$。试选择电缆首端的低压断路器，并进行整定。

解　由于电动机为不频繁的轻负荷起动，可选择电动机用断路器作为起动、过负荷保护用电器。

已知计算电流 $I_C=182.4A$，最大短路电流分别为 19.2kA 和 12.3kA。查找产品样本（见附表 22、23、24）选电动机保护用 DZ20Y-200 型三极塑料外壳式断路器，脱扣器额定电流 $I_N=200A$。额定断路电流 $I_{Nbr}=25kA$，6.0 倍额定电流可返回时间大于 3s，瞬时脱扣器整定电流值为 $8I_N$ 和 $12I_N$，断开时间 20ms。

长延时脱扣器动作电流可按计算电流 182.4A 整定为 200A，小于 1.1 倍导线允许电流 $1.1\times220=242A$。6.0 倍额定电流可返回时间大于 3s。

瞬时脱扣器动作电流整定为 $1.7I_{st}=1.7\times6.5\times182.4=2020A$，取为 $12I_e=12\times200=2400A$。

低压断路器断路能力校验，25kA>19.2kA，满足要求。

以线路末端两相短路电流校验灵敏性，则灵敏系数为

$$K_{sen}=\frac{0.866\times12.3}{24}=4.44>1.5$$

满足要求。

【例 11-5】　有一条采用 BLX-500-1×$50mm^2$ 铝芯橡皮绝缘线明敷的 380V 三相三线制配电线路，计算电流为 145A，瞬时最大负荷电流为 260A；线路首端的短路电流 $I_{k1}=5.5kA$，末端短路电流 $I_{k2}=2.7kA$。当地环境温度为 30℃。试选择此线路首端装设的 DW15 型低压断路器及其

过电流脱扣器参数，并进行校验。

解 已知I_C＝145A，查附表20初步选择DW15-200型低压断路器，其额定电流I_N＝200A。

（1）整定过电流脱扣器。其瞬时脱扣器整定值范围为600～2000A，选择电子式，其整定值为1.2×1.7×260＝530.4A，取为$I_{set(0)}$＝600A。长延时脱扣器选择热脱扣器，整定值范围128、160、200A，计算电流按I_C＝145A选择，整定为160A。

（2）校验低压断路器的断路能力。由附表20查得DW15-200的I_{Nbr}＝20kA，大于配电线路首端故障电流I_{k1}＝5.5kA，满足断路要求。

（3）校验低压断路器的保护的灵敏性。以线路末端两相短路电流考虑，则灵敏系数$K_{sen}=\frac{0.866\times2.7}{0.6}=3.9>1.5$,故满足灵敏性要求。

（4）校验低压断路器保护与导线的配合。查附表25可知，导线BLX-500-1×50mm^{2}明敷时的允许载流量，在30℃时为163A，设绝缘导线的短时过负荷倍数为4.5，则绝缘导线的允许短时过负荷电流为4.5×163＝733.5A，瞬时脱扣器整定值为$I_{set(0)}$＝600A，可见满足配合要求。

三、低压熔断器的选择

选择低压熔断器时应注意的问题有以下几点。

（1）根据使用对象是专职人员使用，还是非熟练人员使用来选择熔断器的结构形式。

（2）注意非限流型和限流型的区别，常见的插入式（RC型）为非限流型，熔体的额定电流不大于熔断器的额定电流。

（3）选择熔体的额定电流后，还要选择熔体的尺码。每一型号熔器熔断体都分为几个尺码，每一尺码包括了额定电流不同的几个熔体，它们的尺寸相同，都可装在与该尺码对应的熔断器支持件内。不同尺码的熔体可以有相同的额定电流。额定电流相同但尺码不同的熔体，因尺寸不同，不能互相代替。如RT14系列有填料封闭管式圆筒形熔断器的熔体有三个尺码，即10×38、14×51、22×58。尺码10×38有额定电流分别为2、4、6、10、16、20A的熔体；尺码14×51有2、4、6、10、16、20、32A的熔体；尺码22×58有10、16、20、25、32、40、50、63A的熔体。又如刀形触头熔断器按标准规定熔体的尺码分为00、0、1、2、3、4共六档。

（4）注意熔体分断电流的范围和使用类别，若选用不当，则熔体的保护特性和被保护设备的热特性就不能很好配合，将达不到保护作用。

（5）非限流熔断器的额定电压一般等于或高于安装处电网的额定电压，但限流熔器的额定电压若高于安装处电网的额定电压，则灭弧时产生的过电压可能使设备损坏。

（6）串联相邻两级熔体的额定电流之比应不小于该型熔体的过电流选择比，才能保证动作的选择性。

（7）熔体选择后必须校验分断能力，其额定分断能力应不小于线路可能出现的最大短路电流。

（一）熔体额定电流的选择

（1）熔体额定电流I_{NFU}不小于线路的计算电流I_C，以使熔体在线路正常最大负荷下运行时也不致熔断，即

$$I_{NFE}\geqslant I_C \tag{11-53}$$

（2）熔体额定电流还应躲过线路的瞬时最大负荷电流，以使熔体在线路出现瞬时最大负

荷电流时不致熔断。应满足以下条件

$$I_{NFE} \geqslant KI_{C} \tag{11-54}$$

式中 K——小于1的计算系数。

对于单台电动机的线路，如起动时间 $t_{st}>3s$（轻载起动），一般取 0.25～0.35；$t_{st}\approx 3\sim 8s$（重载起动），一般取 0.35～0.5；$t_{st}>8s$ 及频繁起动或反接制动，一般取 0.5～0.6。对多台电动机的线路，视线路上最大一台电动机的起动情况、线路的计算电流与瞬时最大负荷电流的比值及熔断器的特性而定，一般取 0.5～1；如线路的计算电流与瞬时最大负荷电流的比值接近于1，则取 $K=1$。

（3）熔断器保护还应与被保护的线路相配合，使之不致发生因线路过负荷或短路而引起绝缘导线、电缆过热，甚至燃烧而熔体不熔断的事故，即满足下列条件

$$I_{NFE} \leqslant K_{L} I_{pl} \tag{11-55}$$

式中 I_{pl}——绝缘导线和电缆的允许载流量，A；

K_{L}——绝缘导线和电缆的允许短时过负荷系数。

当熔断器只作短路保护时，对电缆和穿管绝缘导线，K_{L} 取 2.5；对于明敷绝缘导线，K_{L} 取 1.5。如熔断器不止作短路保护还要求做过负荷保护时，如居住建筑、重要仓库和公共建筑中的照明线路，有可能长时间过负荷的动力线路以及在可燃建筑物构架上明敷的有延燃性外皮的绝缘导线线路，K_{L} 应取 1。

若按式（11-53）和式（11-54）两个条件选择的熔体电流不满足式（11-55）的配合要求，则应改选熔断器的型号规格，或者适当增大导线和电缆线芯的截面。

（二）其他参数的选择和校验

（1）熔断器的额定电压 U_{NFU} 应不小于安装地点的电网额定电压 U_{NS}，即

$$U_{NFU} \geqslant U_{NS} \tag{11-56}$$

（2）熔断器的额定电流 I_{NFU} 应不小于其本身的熔体的额定电流 I_{NFE}，即

$$I_{NFU} \geqslant I_{NFE} \tag{11-57}$$

（3）熔断器的断路能力校验。对限流熔断器，由于可以在短路电流达到冲击值之前灭弧，应满足以下条件

$$I_{Nbr} \geqslant I''^{(3)} \tag{11-58}$$

式中 I_{Nbr}——熔断器的断路电流，A；

$I''^{(3)}$——熔断器安装地点的三相次暂态短路电流有效值，A。

对于非限流熔断器，由于它不能在短路电流达到最大瞬时值之前灭弧，应满足以下条件

$$I_{Nbr} \geqslant I_{imp}^{(3)} \tag{11-59}$$

式中 $I_{imp}^{(3)}$——熔断器安装地点三相短路时的冲击短路电流有效值，A。

低压熔断器的动稳定、热稳定校验参考高压熔断器的选择部分。

（4）熔断器保护的灵敏性校验。为保证熔断器在其保护范围内发生最小故障时能可靠的熔断，要求灵敏系数 K_{sen} 不小于 4。

【例 11-6】 某异步电动机，额定电压 380V，额定容量为 18.5kW，额定电流为 35.5A，起动电流倍数为 7。采用 $10mm^2$ 的铝芯塑料线穿硬塑料管对电动机配电。采用 RM10 型熔断器作短路保护。$I''^{(3)}=2000A$。当地环境温度为 30℃。试选择熔断器及其熔体的额定电流，并进行校验。

解 首先选择熔断器熔体电流及熔断器电流，计算电流为 $I_C=35.5A$，瞬时最大负荷电流 $KI_C=0.3\times35.5\times7=74.55A$。查找产品样本（见附表 34），选择 RM10-100 型熔断器，其 $I_{NFU}=100A$，而 $I_{NFE}=80A$。

校验熔断器的断路能力。从附表 34 查得 $I_{Nbr}=10kA$，由于 RM10-100 为非限流型，则 $I_{imp}^{(3)}=1.09\times2=2.18kA$。10kA>2.18kA，该熔断器的断路能力满足要求。

校验导线与熔断器保护的配合。假设该电动机安装在一般车间内，熔断器只作短路保护用，由已知条件查找产品样本，见附表 27，导线 BLV-500-1×10mm² 允许载流量为 $I_{pl}=35A$（30℃）。导线的允许短时过负荷电流为 $2.5\times35=87.5A$，大于熔体的额定电流 80A，满足配合要求。

四、接触器、热继电器和起动器的选择

（一）交流接触器的选择

接触器的选择除了按电压等一般条件外，主要按电流选择，但应注意以下几方面内容。

（1）接触器的额定电流或额定接通、分断能力都和使用类别有关；

（2）接触器的额定电流还与工作制有关，同一接触器用于不同的工作制时，允许电流是不相同的；在断续工作制当中，负荷因数不同，额定电流和分断能力也不同；

（3）用于断续工作制，特别是点动工作制的接触器，由于其接通或断开的负荷电流都可能比负荷的额定电流大，所以还要校验接触器的通断能力；

（4）根据被控设备每小时的操作次数校验接触器的使用期限（电寿命）是否满足要求；

（5）根据控制电源的性质与参数选择接触器线圈的参数。

（二）热继电器的选择

在选择热继电器时，如果仅以电动机的额定电流作为选择的依据是不恰当的。因为电动机的型式、起动特性、负载情况等，都会影响热继电器的保护作用。

一般情况下，选择热继电器时应注意以下问题：

（1）电动机的型号、规格和特性。从原则上说，热继电器是按电动机的额定电流来选择，但对过载能力较差的电动机，其配用的热继电器的额定电流就要适当小些，一般取电动机额定电流的60%～80%。

（2）定子绕组的联结方式。当三相异步电动机的绕组为星形联结时，需要选择一般的三极热继电器即可。若绕组为三角形联结，则必须选用带断相运行保护装置的热继电器。

（3）正常起动时的起动特性。为保证热继电器在电动机起动过程中不会误动作，在非频繁起动的场合，若起动电流倍数为 6，起动时间 6s，一般可按电动机的额定电流选择。

（4）电动机的使用条件和其所驱动机械的性质。对于驱动不允许停车的机械所用的电动机，即使过载会使其寿命缩短，也不宜让热继电器贸然动作，以免生产上造成比电动机价格高许多倍的损失。这时应采用由热继电器和其他保护电器组合的装置，而且只有在最危险的过载时，才考虑脱扣。

（5）电动机负载的性质。在断续周期工作制时，应确定热继电器的允许操作频率。作可逆运行和密接通断的电动机，不宜用热继电器来保护，而应选择半导体电阻的装入式温度继电器。

（三）起动器的选择

起动器一般由接触器和热继电器组成，制造时已考虑了接触器和热继电器的参数配合，

制造厂将热继电器按额定电流与接触器配合后列成表供用户选用。选用起动器时应注意以下问题：

（1）根据使用环境确定起动器是开启式（无外壳）的还是保护式（有外壳）的。

（2）根据线路的要求确定起动器是可逆式的或不可逆式的，是有热保护的还是无热保护的。

（3）根据被控电动机的功率确定起动器级别，而不是根据电动机额定电流选择。产品样本中所列的额定电流是从发热方面规定的。如果是保护式产品，由于散热条件较差，应使起动器在额定电流方面留有裕度。

（4）在各种工作制中都可应用起动器，但其操作频率在带热继电器时通常不得超过 60 次/h；在不带热继电器且通电持续率不大于 40%时，额定负载下允许 600 次/h，如降低容量使用，允许提高到 1200 次/h。

（5）起动器是否具有断相保护功能，取决于其所配用的热继电器是否具有这项功能。

五、闸刀开关的选择

闸刀开关、隔离器以及它们与熔断器的组合电器都可以按电路中的计算电流选择，要求其额定电流不小于电路的计算电流。但是，当闸刀开关被用于控制电动机时，考虑到其起动电流达 6～7 倍额定电流，闸刀开关的额定电流一般取电动机额定电流的 3 倍左右。例如，电压 380V，4kW 的电动机要配用 30A 闸刀开关，5.5kW 电动机配用 60A 闸刀开关。

若电路中不是以熔断器作为短路保护电器，或者短路保护电器是非限流熔断器，这时应校验闸刀开关、隔离器承受短路电流的能力。

组合电器中的熔断器仍按熔断器的选择方法进行选择。

六、低压载流导体的选择

（一）低压母线的选择

低压母线的选择原则和方法与高压母线基本相同。

（二）低压导线的选择

1. 低压导体类型的选择

（1）导体材料的选择。绝缘导线及电缆一般采用铝线芯。对于移动设备或有剧烈振动的场合、对铝有严重腐蚀而对铜腐蚀轻微、有爆炸危险或重要的操作回路，应采用铜芯绝缘导线或电缆。

（2）绝缘及护套的选择。低压配电线路常用的绝缘导线有以下几种。

1）塑料绝缘导线。其绝缘性能良好，制造工艺简便，价格较低，无论明敷或穿管都可取代橡皮绝缘导线。缺点是塑料绝缘对气候适应性较差，低温时容易变硬变脆，高温或日照下绝缘老化加快，因此，塑料绝缘导线不宜在户外敷设。

2）橡皮绝缘导线。氯丁橡皮绝缘电线耐油性好、不易燃、适应气候环境好、老化过程缓慢、适宜在户外敷设。

3）架空绝缘导线。其耐压水平较高，对于解决树木与导线间的绝缘及导线与建筑物的间隔距离非常有利。当发生断线时，仅在断线的两个端头有电，减轻了对外界的危险程度。低压绝缘线可采用集束性敷设方式。

4）地埋线。其主要用于农村低压线路。同架空线相比，有节省投资、使用安全、抗御自然灾害的侵袭等优点。缺点是发生故障时寻找故障点困难。白蚁、鼠类等地下小动物活动频繁的地区，若埋深不够或无防范措施，会受到损害。

5）聚氯乙烯绝缘及护套电力电缆，也称为全塑电缆。其主要优点是制造工艺简便，对敷设高度差没有限制，质量轻，弯曲性能好，接头制作简便，价格低。

6）橡皮绝缘电力电缆。其弯曲性能较好，能够在严寒气候下敷设，特别适用于敷设线路水平落差大或垂直敷设的场合。它不仅适用于固定敷设的线路，也可用于定期移动的固定敷设线路。移动式电气设备的供电回路应采用橡皮绝缘橡皮护套软电缆。

（3）在低压配电系统中，对三相四线制供电线路，若第四芯为保护中线（PEN线）时，应采用四芯型电缆而不得采用三芯电缆加单芯电缆组合的方式；当保护线（PE线）作为专用而与带电导体中性线（N线）分开时，则应采用五芯型电缆，若无五芯型电缆，可用四芯型电缆加单芯电缆线捆扎组合的方式。PE线也可利用电缆的屏蔽层、铠装等金属外护层。分支单相回路带PE线时，应采用三芯电缆。如果是三相三线制系统，则采用四芯型电缆，第四芯为PE线。

（4）铠装选择。对直埋敷设的电缆，在土壤可能发生位移的地段，如流沙、回填土及大型建筑物、构筑物附近应选用能承受机械张力的钢丝铠装电缆。塑料电缆直埋敷设时，若使用中可能承受较大压力和存在机械损伤危险时，应选用钢带铠装。电缆金属套或铠装外面应具有塑料防腐蚀外套。在导管或排管中敷设，宜选用塑料外护套或加强型铅保护套。

2. 低压导线和电缆的截面选择

根据设计经验，对于低压动力线路，一般先按发热条件来选择截面，然后校验机械强度和电压损耗。对于低压照明线路，由于对电压水平要求较高，所以一般先按允许电压损耗来选择截面，然后校验发热条件和机械强度。导线的截面应不小于最小允许截面，见附表28和附表29。由于电缆的机械强度较好，因此电缆不必校验机械强度，但需要校验短路热稳定。

（1）按发热条件选择相线截面。按发热条件选择三相线路中的相线截面S时，应使其长期允许电流 I_{pl} 不小于相线的计算电流 I_C，即

$$I_{pl} \geqslant I_C \tag{11-60}$$

导体的长期允许电流 I_{pl} 的计算可参考式（11-7）。按规定，选择导体所用的温度的原则是：在户外（含户外电缆沟），采用当地最热月的日最高气温平均值；在户内（含户内电缆沟），采用当地最热月的日最高气温平均值另加5℃；直埋式电缆，采用埋深处的最热月平均地温，或近似地取当地最热月平均气温。

应注意的是按发热条件选择的导体还应校验与其保护装置（熔断器或低压断路器）是否配合得当，否则应改选保护装置或适当增大导体截面。

（2）中性线、保护线和保护中性线截面的选择。按规定，三相四线制（TN或TT）线路中的中性线（N线）的允许电流不应小于线路中的最大不平衡负荷电流，同时应考虑谐波电流的影响。一般三相负荷基本平衡电线路中的中性线截面 S_o，应不小于相线截面 S 的50%，即

$$S_o \geqslant 0.5S \tag{11-61}$$

对于三次谐波电流突出的三相线路，由于各相的三次谐波电流都要通过中性线，使得中性线电流可能接近或等于甚至超过相电流，这时，应使中性线截面与相线截面相等。

对于由三相线路分出的两相三线线路和单相双线线路中的中性线，由于其中性线的电流

与相电流完全相等，因此中性线截面应与相线截面相等。

低压系统中的保护线（PE 线），当其材质与相线相同时，其最小截面应符合表 11-8 的要求。

表 11-8　保护线（PE 线）的最小截面

相线芯线截面	$S\leqslant 16mm^2$	$16mm^2<S\leqslant 35mm^2$	$S>35mm^2$
PE 线芯线截面	$S_{PE}=S$	$S_{PE}=16mm^2$	$S_{PE}=S/2$

低压系统中的保护中线（PEN 线）的截面，应同时满足上述中性线（N 线）和保护线（PE 线）选择的条件，即

$$S_{PEN}=(0.5\sim 1)S \tag{11-62}$$

当采用单芯导线为 PEN 干线时，铜芯截面不应小于 $10mm^2$，铝芯截面不应小于 $16mm^2$；采用多芯电缆的芯线为 PEN 干线时，截面不应小于 $4mm^2$。

【例 11-7】 有一条采用 BLV-500 型铝芯塑料线明敷的 220/380V 的 TN-S 线路，计算电流为 86A，敷设地点的环境温度为 35℃。试按发热条件选择此线路的导线截面。

解 此 TN-S 线路为具有单独 PE 线的三相四线制线路，包括相线、N 线和 PE 线。

相线截面的选择。查附表 25 可知，35℃时明敷的 BLV-500 型铝芯塑料线 $S=25mm^2$ 的 $I_{pl}=95A$，而 $I_C=86A$，满足发热条件，故选择 $S=25mm^2$。

N 线截面的选择。按式（11-61），选择 $S_o=16mm^2$。

PE 线截面的选择。按表 11-8，选择 $S_{PE}=16mm^2$。

该线路所选择导线型号可表示为 BLV-500-(3×25＋1×16＋PE16)。

3. 按电压损失选择导线截面

按电压损失选择导线截面参考第四章有关内容。

习　　题

11-1　短路电流通过设备和导体时，会产生什么效应？有哪些危害？

11-2　载流导体长期发热和短路时的发热各有什么特点？为什么要规定发热的允许温度？长期发热和短时发热的允许温度为什么不同？

11-3　导体中通过短路电流时，哪一相的短路电流最大？如何计算？

11-4　什么是电气设备选择的一般条件？包括哪些内容？

11-5　保护电力变压器的熔断器的熔体额定电流如何选择？保护电压互感器熔断器的熔体额定电流如何选择？

11-6　限流熔断器和非限流熔断器的断路能力各按什么条件校验？

11-7　选择熔断器熔体电流时为什么要与被保护线路配合？如何配合？

11-8　低压断路器的瞬时过电流脱扣器、短延时过电流脱扣器和长延时过电流脱扣器各作什么保护？其动作电流如何整定？

11-9　高压负荷开关和高压断路器的断路能力各满足什么条件？

11-10　电压互感器、电流互感器选择及校验的条件有哪些？

11-11　选择导线及电缆截面应满足哪些条件？

11-12 普通限流电抗器的选择条件有哪些？

11-13 已知某变压器参数：S_N=31500kV·A，变比为110/11kV，变压器主保护动作时间t_{pr1}=0.05s，后备保护动作时间t_{pr2}=1.5s，10kV配电装置户内最高温度+40℃，在10.5kV侧三相短路时，I''=19kA，试选择该变压器高压侧和低压侧的断路器和隔离开关。

11-14 选择某10kV户内配电装置汇流母线。已知该母线I_C=475A，三相导体垂直布置，相间距离a=0.75m，绝缘子跨距为1.0m。母线保护时间t_{pr}=0.05s，断路器全开断时间=0.1s，母线短路电流I''=19kA，$I_{\frac{tk}{2}}$=17kA，I_{tk}=16kA，环境温度+30℃。

11-15 某380V线路的计算电流为57A，瞬时最大负荷电流为230A。该线路首端三相短路电流周期分量有效值为12.8kA。试选择该线路所装RT0型熔断器及其熔体的额定电流。

11-16 某380V线路的计算电流为150A，瞬时最大负荷电流为780A。该线路首端和末端的三相短路电流周期分量有效值分别为15.8kA和6.8kA。试选择线路首端装设的DW15型低压断路器，并选择和整定其瞬时动作的电磁脱扣器，检验其保护的灵敏性。

11-17 已知380V供电回路的计算电流为320A，导线的长期允许载流量为335A（已考虑温度修正）。回路中最大一台电动机的额定电流为80A，起动电流倍数为6。线路首端的三相短路功率为14.5MVA，i_{imp}=380A，I_{imp}=23kA；线路末端三相短路电流周期分量有效值为11kA。试选择用于线路首端的低压断路器型号，并进行整定和校验。

11-18 试按发热条件选择220/380V的TN-S线路中的相线、N线和PE线截面（导线采用BLV型）和埋地敷设的穿线塑料管（VG）的内径。已知线路的计算电流为145A，敷设地点环境温度为30℃。

11-19 有一条380V的TN-C线路，供电给10台7.5kW、cosφ=0.85、η=0.87的Y型电动机，环境温度为35℃。试按发热条件选择此明敷的BLV-500导线截面，并校验其机械强度。

11-20 某配电变压器容量为800kV·A，变比为10/0.4kV，试选择高低压侧熔断器及熔体的参数；如高压侧熔断器配合负荷开关使用，则选择负荷开关的参数。

附录 各类型设备的技术参数及特性

附表 1 **LJ 型铝绞线计算参数**

标称截面 (mm^2)	16	25	35	50	70	95	120	150	185	210	240	300	400
计算截面 (mm^2)	15.89	25.41	34.36	49.48	71.25	95.14	121.21	148.07	182.80	209.85	238.76	297.57	387.83
外 径 (mm)	5.1	6.45	7.50	9.00	10.80	12.48	14.25	15.75	17.50	18.75	20.00	22.40	25.90
计算质量 (kg/km)	43.5	69.6	94.1	135.5	195.1	260.5	333.5	407.4	503.0	577.4	656.9	820.4	1097

附表 2 **LGJ 型钢芯铝绞线计算参数**

标称截面 (铝/钢，mm^2)	计算截面 总 计 (mm^2)	外 径 (mm)	计算拉 断 力 (N)	计算质量 (kg/km)	标称截面 (铝/钢，mm^2)	计算截面 总 计 (mm^2)	外 径 (mm)	计算拉 断 力 (N)	计算质量 (kg/km)
35/6	40.67	8.16	12630	141.0	185/25	211.29	18.90	59420	760.1
50/8	56.29	9.60	16870	195.1	185/30	210.93	18.88	64320	732.6
50/30	80.32	11.60	42620	372.0	185/45	227.83	19.60	80190	848.2
70/10	79.39	11.40	23390	275.2	210/10	215.48	19.00	45140	650.7
70/40	114.40	13.60	58300	511.6	210/25	236.12	19.98	65990	789.1
95/15	109.72	13.61	35000	380.8	210/35	246.09	20.38	74250	853.9
95/20	113.96	13.87	27200	408.9	210/50	258.06	20.86	90830	960.9
95/55	152.81	16.00	78110	707.7	240/30	275.96	21.60	75620	922.2
120/7	125.50	14.50	27570	379.0	240/40	277.75	21.66	83370	964.3
120/20	134.49	15.07	41000	466.8	240/55	297.57	22.40	102100	1108
120/25	146.73	15.74	74880	562.6	300/15	312.21	23.01	68060	939.8
120/70	193.40	18.00	98370	895.6	300/20	324.33	23.43	75680	1002
150/8	152.80	16.00	32860	461.4	300/25	333.31	23.76	83410	1058
150/20	164.50	16.67	46630	549.4	300/40	338.99	23.94	92220	1133
150/25	173.11	17.10	54110	601.0	300/50	348.36	24.26	103400	1210
150/35	181.62	17.50	65020	676.2	300/70	376.61	25.20	128000	1402
185/10	193.40	18.00	40880	584.0					

附表 3　LJ、TJ 型架空线路导线的电阻及感抗　单位：Ω/km

导线型号	电阻（LJ 型）	几何均距（m）										电阻（TJ 型）	导线型号
		0.6	0.8	1.0	1.25	1.5	2.0	2.5	3.0	3.5	4.0		
		感抗											
LJ-16	1.98	0.358	0.377	0.391	0.405	0.416	0.435	0.449	0.460			1.2	TJ-16
LJ-25	1.28	0.345	0.363	0.377	0.391	0.402	0.421	0.435	0.446			0.74	TJ-25
LJ-35	0.92	0.336	0.352	0.366	0.380	0.391	0.410	0.424	0.435	0.445	0.453	0.54	TJ-35
LJ-50	0.64	0.325	0.341	0.355	0.365	0.380	0.398	0.413	0.423	0.433	0.441	0.39	TJ-50
LJ-70	0.46	0.315	0.331	0.345	0.359	0.370	0.388	0.399	0.410	0.420	0.428	0.27	TJ-70
LJ-95	0.34	0.303	0.319	0.334	0.347	0.358	0.377	0.390	0.401	0.411	0.419	0.20	TJ-95
LJ-120	0.27	0.297	0.313	0.329	0.341	0.352	0.368	0.382	0.393	0.403	0.411	0.158	TJ-120
LJ-150	0.21	0.287	0.312	0.319	0.333	0.344	0.363	0.377	0.388	0.398	0.406	0.123	TJ-150

附表 4　LGJ 型架空线路导线的电阻及感抗　单位：Ω/km

导线型号	电阻	几何均距（m）														
		1.0	1.5	2.0	2.5	3.0	3.5	4.0	4.5	5.0	5.5	6.0	6.5	7.0	7.5	8.0
		感抗														
LGJ-35	0.85	0.366	0.385	0.403	0.417	0.429	0.438	0.446								
LGJ-50	0.65	0.353	0.374	0.392	0.406	0.418	0.427	0.435								
LGJ-70	0.45	0.343	0.364	0.382	0.396	0.408	0.417	0.425	0.433	0.440	0.446					
LGJ-95	0.33	0.334	0.353	0.371	0.385	0.397	0.406	0.414	0.422	0.429	0.435	0.44	0.445			
LGJ-120	0.27	0.326	0.347	0.365	0.379	0.391	0.400	0.408	0.416	0.423	0.429	0.433	0.438			
LGJ-150	0.21	0.319	0.340	0.358	0.372	0.384	0.398	0.401	0.409	0.416	0.422	0.426	0.432			
LGJ-185	0.17				0.365	0.377	0.386	0.394	0.402	0.409	0.415	0.419	0.425			
LGJ-240	0.132				0.357	0.369	0.378	0.386	0.394	0.401	0.407	0.412	0.416	0.421	0.425	0.429
LGJ-300	0.107										0.399	0.405	0.410	0.414	0.418	0.422

附表 5　LGJ、LGJJ 及 LGJQ 型架空线路导线的容纳（$\times 10^{-6}$）　单位：S/km

导线型号		几何均距（m）														
		1.5	2.0	2.5	3.0	3.5	4.0	4.5	5.0	5.5	6.0	6.5	7.0	7.5	8.0	8.5
LGJ	35	2.97	2.83	2.73	2.65	2.59	2.54									
	50	3.05	2.91	2.81	2.72	2.66	2.61									
	70	3.12	2.99	2.88	2.79	2.73	2.68	2.62	2.58	2.54						
	95	3.25	3.08	2.96	2.87	2.81	2.75	2.69	2.65	2.61						
	120	3.31	3.13	3.02	2.92	2.85	2.79	2.74	2.69	2.65						
	150	3.38	3.20	3.07	2.97	2.90	2.85	2.79	2.74	2.71						
	185			3.13	3.03	2.96	2.90	2.84	2.79	2.74						
	240			3.21	3.10	3.02	2.96	2.89	2.85	2.80	2.76					
	300									2.86	2.81	2.78	2.75	2.72		

附表 6　　6～10kV SL7 系列三相双绕组电力降压变压器部分技术数据

型　号	S_N (kV·A)	U_N（kV）		U_K (%)	联结组标号	损耗（W）		I_0 (%)
		高　压	低　压			空　载	短　路	
SL7-100/10	100	10 6	0.4	4.0	Yyn0	324	2021 2040	2.3
SL7-125/10	125	10 6	0.4	4.0	Yyn0	378	2396 2481	2.2
SL7-160/10	160	10 6	0.4	4.0	Yyn0	460	2900 2902	2.1
SL7-200/10	200	10 6	0.4	4.0	Yyn0	545	3419 3426	2.1
SL7-250/10	250	10 6	0.4	4.0	Yyn0	630	4038 4002	2.0
SL7-315/10	315	10 6	0.4	4.0	Yyn0	773	4761 4889	2.0
SL7-400/10	400	10 6	0.4	4.0	Yyn0	899	5919 6810	1.9
SL7-500/10	500	10 6	0.4	4.0	Yyn0	1073	6917 6847	1.9
SL7-630/10	630	10 6	0.4	4.5	Yyn0	1308	8151 8189	1.8
SL7-800/10	800	10 6	0.4	4.5	Yyn0	1513	9988 9968	1.5
SL7-1000/10	1000	10 6	0.4	4.5	Yyn0	1799	11250 11556	1.2
SL7-1250/10	1250	10 6	0.4	4.5	Yyn0	2240	13521 14030	1.2
SL7-1600/10	1600	10 6	0.4	4.5	Yyn0	2645	16358 16461	1.1
SL7-2000/10	2000	10	6.3	5.5	Yd11	3115.5	20108	1.0
SL7-2500/10	2500	10	6.3	5.5	Yd11	3710	23355	1.0
SL7-3150/10	3150	10	6.3	5.5	Yd11	4448	27117	0.9
SL7-4000/10	4000	10	6.3	5.5	Yd11	5344	32396	0.8
SL7-5000/10	5000	10	6.3	5.5	Yd11	6373	36632	0.8
SL7-6300/10	6300	10	6.3	5.5	Yd11	7662	41582	0.7

附表 7　35kV SL7 系列三相双绕组电力降压变压器部分技术数据

型号	S_N (kV·A)	U_N (kV)		U_K (%)	连接组标号	损耗 (W)		I_0 (%)
		高压	低压			空载	短路	
SL7-50/35	50	35	0.4	6.5	Yyn0	264	1302	2.8
SL7-100/35	100	35	0.4	6.5	Yyn0	367	2237	2.6
SL7-125/35	125	35	0.4	6.5	Yyn0	416	2570	2.5
SL7-160/35	160	35	0.4	6.5	Yyn0	476	3166	2.4
SL7-200/35	200	35	0.4	6.5	Yyn0	542	3740	2.2
SL7-250/35	250	35	0.4	6.5	Yyn0	636	4395	2.0
SL7-315/35	315	35	0.4	6.5	Yyn0	762	5370	2.0
SL7-400/35	400	35	0.4	6.5	Yyn0	920	5329	1.9
SL7-500/35	500	35	0.4	6.5	Yyn0	1083	7540	1.9
SL7-630/35	630	35	0.4	6.5	Yyn0	1245	9222	1.8
SL7-800/35	800	35	0.4	6.5	Yyn0	1520	10801	1.5
SL7-1000/35	1000	35	0.4	6.5	Yyn0	1830	13620	1.4
SL7-1250/35	1250	35	0.4	6.5	Yyn0	2193	16047	1.2
SL7-1600/35	1600	35	0.4	6.5	Yyn0	2594	19728	1.1
SL7-2000/35	2000	35	10.5 6.3	6.5	Yd11	3411	19567	1.1
SL7-2500/35	2500	35	10.5 6.3	6.5	Yd11	4030	23317 23523	1.1
SL7-3150/35	3150	35	10.5 6.3	7	Yd11	4844	26843 27062	1.0
SL7-4000/35	4000	35	10.5 6.3	7	Yd11	5680	31244 31513	1.0
SL7-5000/35	5000	35	10.5 6.3	7	Yd11	6768	36977 37254	0.9
SL7-6300/35	6300	35	10.5 6.3	7.5	Yd11	8250	41075 42461	0.9

附表 8　矩形铝母线长期允许载流量

导体尺寸 $h\times b$ (mm^2)	单条			双条			三条			四条		
	平放 (A)	竖放 (A)	集肤效应系数	平放 (A)	竖放 (A)	集肤效应系数	平放 (A)	竖放 (A)	集肤效应系数	平放 (A)	竖放 (A)	集肤效应系数
25×4	292	308										
25×5	332	350										
40×4	456	480		631	665	1.01						
40×5	515	543		719	756	1.02						
50×4	565	594		779	820	1.01						
50×5	637	671		884	930	1.03						

续表

导体尺寸 $h\times b$ （mm^2）	单条			双条			三条			四条		
	平放（A）	竖放（A）	集肤效应系数	平放（A）	竖放（A）	集肤效应系数	平放（A）	竖放（A）	集肤效应系数	平放（A）	竖放（A）	集肤效应系数
63×6.3	872	949	1.02	1211	1319	1.07						
63×8	995	1082	1.03	1511	1644	1.1	1908	2075	1.2			
63×10	1129	1227	1.04	1800	1954	1.14	2170	2290	1.26			
80×6.3	1110	1193	1.03	1517	1649	1.18						
80×8	1240	1358	1.04	1858	2020	1.27	2355	2560	1.44			
80×10	1411	1535	1.05	2185	2375	1.3	2806	3050	1.6			
100×6.3	1363	1481	1.04	1840	2000	1.26						
100×8	1547	1682	1.05	2259	2455	1.3	2778	3020	1.5			
100×10	1663	1807	1.08	2613	2840	1.42	3284	3570	1.7	3819	4180	2.0
125×6.3	1693	1840	1.05	2276	2474	1.28						
125×8	1920	2087	1.08	2670	2900	1.4	3206	3485	1.6			
125×10	2063	2242	1.12	3512	3426	1.45	3903	4243	1.8	4506	4960	2.2

附表 9　　裸导体在不同海拔及环境温度下的综合修正系数

导体最高允许温度（℃）	适用范围	海拔（m）	实际环境温度（℃）						
			+20	+25	+30	+35	+40	+45	+50
+70	户内矩形、槽形及管形导体及不计日照的户外软导线		1.05	1.00	0.94	0.88	0.81	0.74	0.67
+80	计及日照的户外软导线	1000 及以下 2000 3000 4000	1.05 1.01 0.97 0.93	1.00 0.96 0.92 0.89	0.95 0.91 0.87 0.84	0.89 0.85 0.81 0.77	0.83 0.79 0.75 0.71	0.76	0.69
+80	计及日照的户外管形导体	1000 及以下 2000 3000 4000	1.05 1.01 0.95 0.91	1.00 0.94 0.90 0.86	0.94 0.88 0.84 0.80	0.87 0.81 0.76 0.72	0.80 0.74 0.69 0.65	0.72	0.63

附表 10　　不同土壤热阻系数时载流量的校正系数 K_3

导线截面（mm^2）	不同土壤热阻系数时载流量校正系数				
	60（℃）·cm/W（3.33m·K/W）	80（℃）·cm/W（3.53m·K/W）	120（℃）·cm/W（3.93m·K/W）	160（℃）·cm/W（4.33m·K/W）	200（℃）·cm/W（4.73m·K/W）
2.5～16	1.06	1.0	0.9	0.83	0.77
25～95	1.08	1.0	0.88	0.80	0.73
120～240	1.09	1.0	0.86	0.78	0.71

注　土壤热阻系数的选取：潮湿地区取 60～80，普通土壤取 120，干燥土壤取 160～200。

附表 11　电线电缆在土壤中多根并列埋设时载流量的校正系数 K_4

线缆间净距（mm）	不同敷设根数时的载流量校正系数				
	1根	2根	3根	4根	6根
100	1.0	0.88	0.84	0.8	0.75
200	1.0	0.90	0.86	0.83	0.80
300	1.0	0.92	0.89	0.87	0.85

注　敷设时电线电缆相互间净距应不小于100mm。

附表 12　常用高压断路器技术参数

型号	额定电压（kV）	额定电流（A）	开断电流（kA）	动稳定电流（kA）	热稳定电流（kA）	关合电流（kA）	分闸时间（s）	合闸时间（s）	配用操动机构型号
SN10-10Ⅰ	10	630 1000	16	40	16（2s）	40	≤0.06	≤0.2	CD10Ⅰ CT7 CT8
SN10-10Ⅱ	10	1000	31.5	80	31.5（2s）	80	≤0.06	≤0.2	CD10Ⅱ
SN10-10Ⅲ	10	1250 2000 3000	43.3	130	43.3（2s）	125	≤0.06	≤0.2	CD10Ⅱ CD10Ⅲ CD10Ⅲ
ZN12-12	12	1250 1600 2000 2500	31.5	80	31.5（4s）	80	≤0.06	≤0.075	专用弹簧操动机构
		1600 2000 3150	40	100	40（4s）	100			
		2000 3150	50	125	50（4s）	125			
3AH3	12	1250 2000 2500	25	63	25（4s）	63	≤0.06	≤0.075	专用弹簧操动机构
		1250 2000 2500	31.5	80	31.5（4s）	80			
		1600 2500 3150	40	100	40（3s）	100			
		1250 2500 3150	50	125	50（3s）	125			
SW2-35	35	1500	25	63	25（4s）	63	≤0.06	≤0.4	CT2-XG CD3-XG
SW2-35Ⅳ		1600							
SW2-35Ⅴ		2000							

续表

型　号	额定电压（kV）	额定电流（A）	开断电流（kA）	动稳定电流（kA）	热稳定电流（kA）	关合电流（kA）	分闸时间（s）	合闸时间（s）	配用操动机构型号
LW6-35	35	2500	40	100	40（3s）	100	≤0.06	≤0.09	专用液压操动机构
LW8-35	35	1600 2000	20 25 31.5	50 63 80	20（4s） 25（4s） 31.5（4s）	50 63 80	≤0.06	≤0.1	CT14
		1600 2000 2500	25 31.5 40	63 80 100	25（4s） 31.5（4s） 40（4s）	63 80 100			
LW6-63Ⅰ	63	2500	31.5	100	40（4s）	100		≤0.09	专用液压操动机构
LW6-63Ⅱ			40						
LW11-63P	63	2000	31.5 40	80 100	31.5（3s） 40（3s）	80 100	≤0.06	≤0.12	CQ-XⅢ
LW6-110	110	3150	50	125	50（3s）	125	≤0.06	≤0.09	专用液压操动机构
LW14-126	110	2000 2500 3150	31.5 40	80 100	31.5（4s） 40（4s）	80 100	≤0.06	≤0.1	CQ6-Ⅱ
LW17-110	110	2500	31.5	80	31.5（3s）	80	≤0.05	≤0.12	专用气动操动机构
LW6-220	220	3150	50	125	50（3s）	125	≤0.06	≤0.09	专用液压操动机构
LW17-220	220	3150 4000	50	125	50（3s）	125	≤0.05	≤0.12	专用气动操动机构

附表 13　　常用隔离开关技术参数

型　号	额定电压（kV）	额定电流（A）	动稳定电流（kA）	热稳定电流（kA）	配用操动机构型号
GN6-6T GN8-6T	6	200 400 600	25.5 40 52	10（5s） 14（5s） 20（5s）	CS6-1T （CS6-1）
GN6-10T GN8-10T	10	200 400 600 1000	25.5 40 52 75	10（5s） 14（5s） 20（5s） 30（5s）	CS6-1T （CS6-1）
GN2-10	10	2000 3000	85 100	51（5s） 70（5s）	CS6-2 CS7

续表

型　号	额定电压 (kV)	额定电流 (A)	动稳定电流 (kA)	热稳定电流 (kA)	配用操动机构型号
GN19-10 GN19-10C1	10	400 630 1000 1250	31.5 50 80 100	12.5 (4s) 20 (4s) 31.5 (4s) 40 (4s)	CS6-1T
GN22-10	10	2000 3150	100 126	40 (2s) 50 (4s)	CS6-2
GN□-10D	10	400 630 1000 1250	31.5 50 80 100	12.5 (5s) 20 (5s) 31.5 (5s) 40 (5s)	
JN□-10	10	400	80	31.5 (2s)	CS6-1
JN1-10Ⅱ/20 JN1-10Ⅲ/31.5	10	630 1250	50 80	20 (2s) 31.5 (2s)	CS6-1
JN-35	35		50	20 (4s)	
GW4-35 GW4-35D	35	600 1000 2000	50 80 100	15.8 (4s) 23.7 (4s) 46 (4s)	CS11G CS8-6D
GW5-35G GW5-35GD GW5-35GK	35	600 1000	72 83	16 (4s) 25 (4s)	CS17 CS1-XG
GW5-63GD GW5-63GK	63	600 1000	72 83	16 (4s) 25 (4s)	CS17 CS1-XG
GW5-110GD GW5-110GK	110	600 1000	72 83	16 (4s) 25 (4s)	CS17 CS1-XG

附表 14　　部分负荷开关技术参数

型　号	额定电压 (kV)	额定电流 (A)	动稳定电流 (kA)	热稳定电流 (kA)	关合电流 (kA)	灭弧方式
FN12-10D	10	100 630	50	20 (4s)	50	压气式
FN11-10D	10	100 630	50	20 (2s)	50	压气式
FN5-10RD	10	100			100	产气式
FN7-10	10	400 630	31.5 50	12.5 (4s) 20 (4s)	31.5 50	产气式
ZFN□-10	10	100 400 630	50 50 40	16 (2s) 20 (2s)	50 40 50	真空

附表 15　　**电力变压器配用的高压熔断器技术参数**

变压器容量（kV·A）		100	125	160	200	250	315	400	500	630	800	1000
I_{1NT}（A）	6kV	9.6	12	15.4	19.2	24	30.2	38.4	48	60.5	76.8	96
	10kV	5.8	7.2	9.3	11.6	14.4	18.2	23	29	36.5	46.2	58
RN1 I_{NFU}/I_{NFE}（A）	6kV	20/20		75/30		75/40	75/50	75/75		100/100	200/150	
	10kV	20/15			20/20	50/30		50/40	50/50	100/75		100/100
RW4 I_{NFU}/I_{NFE}（A）	6kV	50/20		50/30	50/40		100/75			100/100	200/150	
	10kV	50/15		50/20		50/30	50/40		50/50	100/75		100/100
BDGHC	6kV				31.5	40	50	63	80	90		
	10kV				20	25	31.5	40	50	63	71	90
SDL.J	10kV	16	16	16	20	25	31.5	40	50	63	80	80

附表 16　　**电流互感器技术参数**

型　号	额定电压（kV）	额定一次电流（A）	额定二次电流（A）	热稳定电流（kA）	动稳定电流（kA）	次级组合	额定输出（V·A）
LFZB-10	10	5～300	5	0.45～24（1s）	1.15～61	0.5/10P	10/15
LDZB2-10	10	300～1000	5	24～50（1s）	61～127	0.5/10P	10/15
LMZB6-10	10	1500～4000	5			0.5/10P	50～60/50～60
LZZB8-10	10	50～3000	1/5	7～63（2～3s）	17.5～157.5	0.5/5P/5P	15/15/20
LZW-12	10	50～800	5	25～60（1s）	63～150	0.2/10P	10（15）/10（15）
LZZBJ71-10	10	5～1500	5	0.75～80（1s）	1.9～200	0.2/10P	15/25
LDZB7-35	35	400～2000	5	45	112.5	0.5/10P/10P	25～40/20～40/20～40
LZZB8-35D	35	5～1250	5	100×额定一次电流（1s）	2.5×热稳定电流	0.2/5P	15～20/30
LZW-35	35	20～2000	5	2.5～190（1s）	6.25～475	0.2/5P	20/50/50
LZBBJ71-35	35	5～1500	5	0.75～80（1s）	1.9～200	0.2/10P	15/30
LBWB5-35	35	2×200	5	13～26（1s）	24～48	0.2/10P/10P	50/50/50
LB-63	63	2×200	5	20～40（1s）	50～100	0.2/10P/10P	50/50/50
LCWB6-110	110	2×300	5	2×22.5（1s）	2×57	10P/10P/0.5/0.2	50/50/50/50
LVB-110	110	2×600	5	2×25（3s）	2×62.5	0.2/0.5/5P/5P/5P	50/50/50/50/50

附表 17　　**环境温度变化时电缆载流量的校正系数 K_t**

缆芯工作温度（℃）	不同环境温度（℃）下载流量的校正系数								
	+5	+10	+15	+20	+25	+30	+35	+40	+45
+80	1.17	1.13	1.09	1.04	1.0	0.954	0.905	0.853	0.798
+60	1.22	1.17	1.12	1.06	1.0	0.935	0.865	0.791	0.707
+60	1.25	1.20	1.13	1.07	1.0	0.926	0.845	0.756	0.655
+50	1.34	1.26	1.18	1.09	1.0	0.895	0.775	0.623	0.447

附表 18　　**电线电缆在空气中多根并列敷设时载流量的校正系数 K_1**

线缆根数		1	2	3	4	6	4	6
排列方式		⊙	⊙⊙	⊙⊙⊙	⊙⊙⊙⊙	⊙⊙⊙⊙⊙⊙	⊙⊙ ⊙⊙	⊙⊙⊙ ⊙⊙⊙
线缆中心距离	$s=d$	1.0	0.9	0.85	0.82	0.80	0.8	0.75
	$s=2d$	1.0	1.0	0.98	0.95	0.90	0.9	0.90
	$s=3d$	1.0	1.0	1.0	0.98	0.96	1.0	0.96

注　d—线缆外径；s—线缆中心距离。

附表 19　　**电压互感器技术参数**

型　号	额定电压比（kV）	准确度等级和额定输出（V·A）		剩余电压绕组（V·A）	极限输出（V·A）
		测量二次	保护二次		
JDZ8-10	10/0.1	同一绕组			1000
		0.2	40		
		1	240		
		3	600		
JDZ3-10	10/0.1	同一绕组			400
		0.2	25		
		1	80		
		3P	200		
JDZF7-10	10/0.1/0.1	0.2，25	0.5，25		150
JDZF9-10	10/0.1/0.1	0.2，25	0.5，25		
JZW-12	10/0.1	0.2，40	—		300
JDZX8-10	$\frac{10}{\sqrt{3}}/\frac{0.1}{\sqrt{3}}/\frac{0.1}{3}$	同一绕组		6P，100	600
		0.2	25		
		1	80		
		3P	200		
JSZG-10	$\frac{10}{\sqrt{3}}/\frac{0.1}{\sqrt{3}}/\frac{0.1}{\sqrt{3}}/\frac{0.1}{3}$	同一绕组		6P，40	3×400
		0.5，3×50	—		
JDZX8-35	$\frac{35}{\sqrt{3}}/\frac{0.1}{\sqrt{3}}/\frac{0.1}{3}$	同一绕组		6P，100	600
		0.2	30		
		1	180		
		3P	500		
JZXW-35	$\frac{35}{\sqrt{3}}/\frac{0.1}{\sqrt{3}}/\frac{0.1}{3}$	同一绕组		6P，100	600
		0.2	0		
		1	360		
		3P	1000		
JCC5-60	$\frac{66}{\sqrt{3}}/\frac{0.1}{\sqrt{3}}/\frac{0.1}{3}$	同一绕组		3P，100	2000
		0.2	150		
		3P	300		

续表

型号	额定电压比（kV）	准确度等级和额定输出（V·A）		剩余电压绕组（V·A）	极限输出（V·A）
		测量二次	保护二次		
JDCF-63	$\frac{66}{\sqrt{3}}/\frac{0.1}{\sqrt{3}}/\frac{0.1}{\sqrt{3}}/\frac{0.1}{3}$	同一绕组		3P，100	2000
		0.2	50		
		3P	400		
JDCF-110	$\frac{110}{\sqrt{3}}/\frac{0.1}{\sqrt{3}}/\frac{0.1}{\sqrt{3}}/0.1$	0.2，100	3P，400	3P，300	2000
JCC6-110	$\frac{110}{\sqrt{3}}/\frac{0.1}{\sqrt{3}}/0.1$	同一绕组		3P，300	2000
		0.2	150		
		3P	450		
JDCB-110	$\frac{110}{\sqrt{3}}/\frac{0.1}{\sqrt{3}}/0.1$	同一绕组		3P，300	2000
		0.2	150		
		3P	150		
JDX1-110	$\frac{110}{\sqrt{3}}/\frac{0.1}{\sqrt{3}}/\frac{0.1}{\sqrt{3}}/0.1$	0.2，100	3P，500	3P，300	2000

附表 20　　DW15 系列万能式低压断路器的通断能力

I_N（A）	极限通断能力（kA）				延时通断能力（kA）			机械寿命（千次）	电寿命（千次）			
	额定电压（V）			cosφ	延时（s）	380V	cosφ		配电用（V）			电动机用
	380	660	1140						380	660	1140	
200	20	10		0.25		4.4		20	5			10
400	25	15	10	0.25	0.2	8.8	0.5	10	2.5	1.5	1	5
630	30	20	12	0.3		13.2		10	2.5	1.5	1	5
1000	40			0.25		30	0.25	10	2.5			
1500	40			0.25		30	0.25	10	2.5			
2500	60			0.2	0.4	40	0.25	5	0.5			
4000	80			0.2		60	0.2	5	0.5			

附表 21　　DW15-200～630 型低压断路器过流脱扣器的额定电流及整定值

型号	过电流脱扣器额定电流（A）		过电流脱扣器整定值（A）				
			长延时动作整定值		短延时动作整定值	瞬时动作整定值	
	热式电磁式	电子式	热式	电子式	电子式	电子式	电磁式
DW15-200	100	100	64，80，100	40～100	300～1000	300～1000	1000
						800～2000	1200
	160	—	102，128，160	—	—	—	1600
							1920
	200	200	128，160，200	80～200	600～2000	600～2000	2000
						1600～4000	2400

续表

型　号	过电流脱扣器额定电流（A）		过电流脱扣器整定值（A）				
			长延时动作整定值		短延时动作整定值	瞬时动作整定值	
	热式电磁式	电子式	热　式	电子式	电子式	电子式	电磁式
DW15-400	—	200	—	80～200	600～2000	600～2000	—
						1600～4000	
	315	—	201.6，252，315			—	3150
							3780
	400	400	256，320，400	160～400	1200～4000	1200～4000	4000
						3200～8000	4800
DW15-630	315	315	201.6，252，315	126～315	945～3150	945～3150	3150
						2520～6300	3780
	400	400	256，320，400	160～400	1200～4000	1200～4000	4000
						3200～8000	8000
	630	630	403.2，504，630	252～630	1890～6300	1890～6300	6300
						5040～12600	7560

附表 22　　DZ20 系列塑料外壳式断路器通断能力

壳架等级 I_N（A）	断路器 I_N（A）	额定短路分断能力（kA）					瞬时脱扣器整定电流值		1h 操作频率（次）	电寿命（次）	机械寿命（次）
		代号	AC		DC						
			380V	cosφ	380V	cosφ	配电用	电动机用			
100	16、20、32、40、50、63、80、100	Y	18	0.3	10	10	$10I_N$（最小500A）	$12I_N$（最小500A）	240	4000	4000
		J	35	0.25	15	10					
		G	75	0.2	20	10					
200	100、125、160、180 220、225	Y	25	0.3	20	10	$5I_N$ 和 $10I_N$	$8I_N$ 和 $12I_N$	120	2000	6000
		J	35	0.25	20	10					
		G	70	0.2	25	15					
400	200、250、315、350、400	Y	30	0.25	25	15	$10I_N$	$12I_N$	600	1000	4000
		J	42	0.25	25		$5I_N$ 和 $10I_N$				
		G	80	0.2	30						
630	200、250、315、350、400、500、630	Y	30	0.25	25						
		J	40								
1250	630、700、800、1000、1250	Y	50		30		$4I_N$ 和 $7I_N$		30	500	2500

注　Y 为一般型；G 为最高型；J 为较高型。

附表 23　　配电用 DZ20 系列断路器的反时限特性

试验电流名称	试验电流 I	I_N（A）					起始状态
		16～63	80～100	100～225	200～630	630～1250	
		约定试验时间					
约定不脱扣电流	$1.05I_N$	1h	2h				冷　态
约定脱扣电流	$1.25I_N$	＜1h	＜2h				冷　态
	$3I_N$ 可返回时间	＞3s	＞5s	＞5s	＞8s	＞8s	冷　态

注　1. 当 I_N＝16～63A 时，约定脱扣电流为 $1.35I_N$。

2. 热态是指以约定不脱扣电流到规定约定试验时间不动作，再使电流上升到约定脱扣电流时的状态。

附表 24　　电动机用 DZ20 系列断路器的反时限特性

试验电流名称	试验电流 I	I_N（A）				起始状态
		16～63	80～100	100～225	400Y 型	
		约定试验时间				
约定不脱扣电流	$1.05I_N$	2h				冷　态
约定脱扣电流	$1.2I_N$	＜2h				热　态
	$6I_N$ 可返回时间	＞1s	＞3s		＞5s	冷　态

注　DZ20Y 型的全开断时间 t＜20ms；J 型 t＜14ms；G 型 t＜8～10ms。

附表 25　　BLX 型和 BLV 型铝芯绝缘导线明敷、穿钢管和穿塑料管时的允许载流量　　单位：A

线心截面（mm²）	BLX 型铝芯橡皮线 环境温度（℃）				BLV 型铝芯塑料线 环境温度（℃）			
	25	30	35	40	25	30	35	40
2.5	27	25	23	21	25	23	21	19
4	35	32	30	27	32	29	27	25
6	45	42	38	35	42	39	36	33
10	65	60	56	51	59	55	51	46
16	85	79	73	67	80	74	69	63
25	110	102	95	87	105	98	90	83
35	138	129	119	109	130	121	112	102
50	175	163	151	138	165	154	142	130
70	220	206	190	174	205	191	177	162
95	265	247	229	209	250	233	216	197
120	310	280	268	245	283	266	246	225
150	360	336	311	284	325	303	281	257
185	420	392	363	332	380	355	328	300
240	510	476	441	403	—	—	—	—

附表 26　　BLX 型和 BLV 型铝芯绝缘导线穿钢管时的允许载流量　　单位：A

导线型号	线芯截面（mm²）	2 根单芯线 环境温度				2 根穿管 管径（mm）		3 根单芯线 环境温度				3 根穿管 管径（mm）		4～5 根单芯线 环境温度				4 根穿管 管径（mm）		5 根穿管 管径（mm）	
		25℃	30℃	35℃	40℃	G	DG	25℃	30℃	35℃	40℃	G	DG	25℃	30℃	35℃	40℃	G	DG	G	DG
BLX	2.5	21	19	18	16	15	20	19	17	16	15	16	20	16	14	13	12	20	25	20	25
	4	28	26	24	22	20	25	25	23	21	19	20	25	23	21	19	18	20	25	20	25
	6	37	34	32	29	20	25	34	31	29	26	20	25	30	28	25	23	20	25	25	32

续表

导线型号	线芯截面(mm²)	2根单芯线环境温度				2根穿管管径(mm)		3根单芯线环境温度				3根穿管管径(mm)		4～5根单芯线环境温度				4根穿管管径(mm)		5根穿管管径(mm)	
		25℃	30℃	35℃	40℃	G	DG	25℃	30℃	35℃	40℃	G	DG	25℃	30℃	35℃	40℃	G	DG	G	DG
BLX	10	52	48	44	41	25	32	46	43	39	36	25	32	40	37	34	31	25	32	32	40
	16	66	61	57	52	25	32	59	55	51	46	32	32	52	48	44	41	32	40	40	(50)
	25	86	80	74	68	32	40	76	71	65	60	32	40	68	63	58	53	40	(50)	40	
	35	106	99	91	89	32	40	94	87	81	74	32	(50)	83	77	71	65	40	(50)	50	
	50	133	124	115	105	40	(50)	118	110	102	93	50	(50)	105	98	90	83	50		70	
	70	164	154	142	130	50		150	140	129	118	50		133	124	115	105	70		70	
	95	200	187	173	158	70		180	168	155	142	70		160	149	138	126	70		80	
	120	230	215	198	181	70		210	196	181	166	70		190	177	164	150	70		80	
	150	260	243	224	205	70		240	224	207	189	70		220	205	190	174	80		100	
	185	295	275	255	233	80		270	252	233	213	80		250	233	216	197	80		100	
BLV	2.5	20	18	17	15	15	15	18	16	15	14	15	15	15	14	12	11	15	15	15	20
	4	27	25	23	21	15	15	24	22	20	18	15	15	22	20	19	17	15	20	20	20
	6	35	32	30	27	15	20	32	29	27	25	15	20	28	26	24	22	20	25	25	25
	10	49	45	42	38	20	25	44	41	38	34	20	25	38	35	32	30	25	25	25	32
	16	63	58	54	49	25	25	56	52	48	44	25	32	50	46	43	39	25	32	32	40
	25	80	74	69	63	25	32	70	65	60	55	32	32	65	60	56	51	32	40	32	(50)
	35	100	93	86	79	32	40	90	84	77	71	32	40	80	74	69	63	40	(50)	40	
	50	125	116	108	98	40	50	110	102	95	87	40	(50)	100	93	86	79	50	(50)	50	
	70	155	144	134	122	50	50	143	133	123	113	40	(50)	127	118	109	100	50		70	
	95	190	177	164	150	50	(50)	170	158	147	134	50		152	142	131	120	70		70	
	120	220	205	190	174	50	(50)	195	182	168	154	50		172	160	148	136	70		80	
	150	250	233	216	197	70		225	210	194	177	70		200	187	173	158	70		80	
	185	285	266	246	225	70		255	238	220	201	70		230	215	198	181	80		100	

附表 27　BLX 型和 BLV 型铝芯绝缘导线穿硬塑料管时的允许载流量　单位：A

导线型号	线芯截面(mm²)	2根单芯线环境温度				2根穿管管径(mm)	3根单芯线环境温度				3根穿管管径(mm)	4～5根单芯线环境温度				4根穿管管径(mm)	5根穿管管径(mm)
		25℃	30℃	35℃	40℃		25℃	30℃	35℃	40℃		25℃	30℃	35℃	40℃		
BLX	2.5	19	17	16	15	15	17	15	14	13	15	15	14	12	11	20	25
	4	25	23	21	19	20	23	21	19	18	20	20	18	17	15	20	25
	6	33	30	28	26	20	29	27	25	22	20	26	24	22	20	25	32
	10	44	41	38	34	25	40	37	34	31	25	35	32	30	27	32	32
	16	58	54	50	45	32	52	48	44	41	32	46	43	39	36	32	40
	25	77	71	66	60	32	68	63	58	53	32	60	56	51	47	40	40
	35	95	88	82	75	40	84	78	72	66	40	74	69	64	58	40	50
	50	120	112	103	94	40	108	100	93	85	50	95	88	82	75	50	50
	70	153	143	132	121	50	135	126	116	106	50	120	112	103	94	50	65
	95	184	172	159	145	50	165	154	142	130	65	150	140	129	118	65	80
	120	210	196	181	166	65	190	177	164	150	65	170	158	147	134	80	80
	150	250	233	216	197	65	227	212	196	179	75	205	191	177	162	80	90
	185	282	263	243	223	80	255	238	220	201	80	232	216	200	183	100	100

续表

导线型号	线芯截面（mm^2）	2根单芯线环境温度				2根穿管管径（mm）	3根单芯线环境温度				3根穿管管径（mm）	4～5根单芯线环境温度				4根穿管管径（mm）	5根穿管管径（mm）
		25℃	30℃	35℃	40℃		25℃	30℃	35℃	40℃		25℃	30℃	35℃	40℃		
	2.5	18	16	15	14	15	16	14	13	12	15	14	13	12	11	20	25
	4	24	22	20	18	20	22	20	19	17	20	19	17	16	15	20	25
	6	31	28	26	24	20	27	25	23	21	20	25	23	21	19	25	32
	10	42	39	36	33	25	38	35	32	30	25	33	30	28	26	32	32
BLV	16	55	51	47	43	32	49	45	42	38	32	44	41	38	34	32	40
	25	73	68	63	57	32	65	60	56	51	40	57	53	49	45	40	50
	35	90	84	77	71	40	80	74	69	63	40	70	65	60	55	50	65
	50	114	106	98	90	50	102	95	88	80	50	90	84	77	71	65	65
	70	145	135	125	114	50	130	121	112	102	50	115	107	99	90	65	75
	95	175	163	151	138	65	158	147	136	124	65	140	130	121	110	75	75
	120	206	187	173	158	65	180	168	155	142	65	160	149	138	126	75	80
	150	230	215	198	181	75	207	193	179	163	75	185	172	160	146	80	90
	185	265	247	229	209	75	235	219	203	185	75	212	198	183	167	90	100

注 1. BX型和BV型铜芯绝缘导线的允许载流量约为同截面的BLX型和BLV型铝芯绝缘导线允许载流量的1.3倍。

2. 附表26中的穿线管G为焊接钢管，管径按内径计；DG为电线管，管径按外径计。

3. 附表26和附表27中4～5根单芯线穿线管的载流量，是指TN-C系统、TN-S系统及TN-C-S系统中的相线载流量，而其N线或PEN线中可有不平衡电流通过。如果是供电给三相平衡负荷，而另一导线为单纯的PE线，则此线路虽有4根线穿管，但其载流量应该只按3根线穿管的载流量考虑，而管径则仍按4根线穿管来选择。

4. 管径的国际单位制（SI制）与英制管径的近似对照（见下表）

SI制（mm）	15	20	25	32	40	50	65	70	80	90	100
英制（in）	$\frac{1}{2}$	$\frac{3}{4}$	1	$1\frac{1}{4}$	$1\frac{1}{2}$	2	$2\frac{1}{2}$	$2\frac{3}{4}$	3	$3\frac{1}{2}$	4

附表28　架空裸导线的最小截面积

导线种类	最小允许截面（mm^2）			备　注
	35kV	3～10kV	低　压	
铝及铝合金线	35	34	16*	*与铁路交叉跨越时应为35mm^2
钢心铝绞线	35	25	16	

附表29　绝缘导线线芯的最小截面积

<table>
<tr><th colspan="3" rowspan="2">导线用途或敷设方式</th><th colspan="2">线芯最小截面（mm²）</th></tr>
<tr><th>铜　芯</th><th>铝　芯</th></tr>
<tr><td colspan="3">照明用灯头引下线</td><td>1.0</td><td>2.5</td></tr>
<tr><td rowspan="5">敷设在绝缘支持件上的绝缘导线的支持点间距L</td><td>室　内</td><td>L≤2m</td><td>1.0</td><td>2.5</td></tr>
<tr><td rowspan="4">室　外</td><td>L≤2m</td><td>1.5</td><td>2.5</td></tr>
<tr><td>2m<L≤6m</td><td>2.5</td><td>4</td></tr>
<tr><td>6m<L≤16m</td><td>4</td><td>6</td></tr>
<tr><td>16m<L≤25m</td><td>6</td><td>10</td></tr>
<tr><td colspan="3">穿管敷设，槽板，护套线轧头明敷，线槽</td><td>1.0</td><td>2.5</td></tr>
<tr><td rowspan="2">PE线和PEN线</td><td colspan="2">有机械保护时</td><td>2.5</td><td>2.5</td></tr>
<tr><td colspan="2">无机械保护时</td><td>4（干线10）</td><td>4（干线16）</td></tr>
</table>

附表 30　RT0、RT12、RT14、RT15 系列低压熔断器的技术数据

型　号	额定电流（A）		极限分断能力（kA）
	熔断器	熔　体	
RT0-50	50	5、10、15、20、30、40、50	50（交流 380V） 25（直流 440V）
RT0-100	100	30、40、50、60、80、100	
RT0-200	200	80*、100*、120、150、200	
RT0-400	400	150*、200*、250、300、350、400	
RT0-600	600	350*、400*、450、500、550、600	
RT0-1000	1000	700、800、900、1000	
RT12-20	20	4、6、10、16、20	80 （交流 415V，$\cos\varphi$=0.1～0.2）
RT12-32	32	20、25、32	
RT12-63	63	32、40、50、63	
RT12-100	100	63、80、100	
RT14-20	20	2、4、6、10、16、20	100 （交流 380V，$\cos\varphi$=0.1～0.2）
RT14-32	32	2、4、6、10、16、20、25、32	
RT14-63	63	10、16、20、25、32、40、50、63	
RT15-100	100	40、50、63、80、100	80 （交流 415V）
RT15-200	200	125、160、200	
RT15-315	315	250、315	
RT15-400	400	350、400	

注　表中带 * 号的熔体尽量不采用。

附表 31　RL 系列低压熔断器的技术数据

1. RL1 系列螺旋式熔断器技术数据

型　号	额定电流（A）		$\cos\varphi \geqslant 0.3$ 时的极限分断能力（kA）	
	支持件	熔　断　体	380V	500V
RL1-15	15	2、4、6、10、15	2	2
RL1-60	60	20、25、30、35、40、50、60	5	3.5
RL1-100	100	60、80、100		20
RL1-200	200	100、125、150、200		50

2. RL6 系列螺旋式熔断器技术数据

型　号	额定电压（V）	额定电流（A）		额定分断能力（kA）
		支持件	熔　断　体	
RL6-25	500V	25	2、4、6、10、16、20、25	50 （500V、$\cos\varphi$=0.1～0.2）
RL6-63		63	35、50、63	
RL6-100		100	80、100	
RL6-200		200	125、160、200	

3. RL7 系列螺旋式熔断器技术数据

型　号	额定电压（V）	额定电流（A）		额定分断能力（kA）
		支持件	熔　断　体	
RL7-25	660V	25	2、4、6、10、20、25	25 （660V、$\cos\varphi$=0.1～0.2）
RL7-63		63	35、50、63	
RL7-100		100	80、100	

附表 32　　RC1A 系列熔断器的技术数据

型　号	额定电流（A）		熔体材料	$1.1U_N$ 时的分断能力（A）
	熔断器	熔　体		
RC1A-5	5	2、5	锡锑合金丝	250（cosφ=0.8）
RC1A-10	10	2、4、6、10		500（cosφ=0.8）
RC1A-15	15	15		
RC1A-30	30	20、25、30	铜　丝	1500（cosφ=0.7）
RC1A-60	60	40、50、60		3000（cosφ=0.6）
RC1A-100	100	80、100		
RC1A-200	200	120、150、200	变截面铜片	

附表 33　　RS0、RS3、RLS2 系列低压熔断器的技术数据

型　号	额定电压（V）	额定电流（A）		极限分断能力（kA）	熔断时间
		熔断器	熔　体		
RS0-50	250	50	30、50	50（cosφ>0.3）	$1.1I_N$ 时，4h 内熔断；$4I_N$ 时，0.05～0.3s 内熔断；$6I_N$ 时，100～500A 的产品在 0.02s 内熔断；$7I_N$ 时，10～80A 的产品在 0.02s 内熔断
RS0-100		100	50、80		
RS0-200		200	150		
RS0-350		350	320		
RS0-500		500	400、480		
RS0-50	500	50	30、50	40（cosφ>0.3）	
RS0-100		100	50、80		
RS0-200		200	150		
RS0-350		350	320		
RS0-500		500	400、480		
RS0-350	750	400	320	30（cosφ>0.3）	
RS3-50	500	50	10、15、20、25、30、40、50	25（cosφ=0.3）	$1.1I_N$ 时，5h 内不熔断；$3.5I_N$ 时，0.06s 内熔断；$4I_N$ 时，100A 以上的产品在 0.02s 内熔断；$4.5I_N$ 时，100A 及以下的产品在 0.02s 内熔断
RS3-100		100	80、100	50（cosφ=0.3）	
RS3-200		200	150、200		
RS3-300		300	250、300		
RS3-200	750	200	150		
RS3-300		300	250		
RLS2-30	500	30	16、20、25、30	50（100）cosφ=0.1～0.2	
RLS2-63		63	35、45*、50、63		
RLS2-100		100	75*、80、90*、100		

注　表中带 * 号的熔体尽量不采用。

附表 34　　RM7、RM10 系列低压熔断器的技术数据

型　号	额定电压（V）	额定电流（A）		分断能力（kA）
		熔　断　器	熔　　体	
RM7-15	500	15	6、10、15	2（$\cos\varphi$=0.7）
RM7-60		60	10、15、20、25、30、40、50、60	5（$\cos\varphi$=0.55）
RM7-100		100	60、80、100	20（$\cos\varphi$=0.4）
RM7-200		200	100、125、160、200	
RM7-400		400	200、240、260、300、350、400	20（$\cos\varphi$=0.35）
RM7-600		600	400、450、500、550、600	
RM10-15	380、500	15	6、10、15	1.2
RM10-60		60	15、20、25、35、45、60	3.5
RM10-100		100	60、80、100	10
RM10-200		200	100、125、160、200	
RM10-350		350	200、225、260、300、350	
RM10-600		600	350、430、500、600	
RM10-1000		1000	600、700、850、1000	12

附表 35　　用电设备组的需要系数、二项式系数及功率因数值

用电设备组名称	需要系数 K_d	二项式系数		大容量设备台数 x①	$\cos\varphi$	$\tan\varphi$
		b	c			
小批生产的金属冷加工机床电动机	0.16～0.2	0.14	0.4	5	0.5	1.73
大批生产的金属冷加工机床电动机	0.18～0.25	0.14	0.5	5	0.5	1.73
小批生产的金属热加工机床电动机	0.25～0.3	0.24	0.4	5	0.6	1.33
大批生产的金属热加工机床电动机	0.3～0.35	0.26	0.5	5	0.65	1.17
通风机、水泵、空压机及电动发电机组电动机	0.7～0.8	0.65	0.25	5	0.8	0.75
非连锁的连续运输机械及铸造车间整砂机械	0.5～0.6	0.4	0.2	5	0.75	0.88
连锁的连续运输机械及铸造车间整砂机械	0.65～0.7	0.6	0.2	5	0.75	0.88
锅炉房和机加、机修、装配等类车间的吊车（ε=25%）	0.1～0.15	0.06	0.2	3	0.5	1.73
铸造车间的吊车（ε=25%）	0.15～0.25	0.09	0.3	3	0.5	1.73
自动连续装料的电阻炉设备	0.75～0.8	0.7	0.3	2	0.95	0.33
实验室用的小型电热设备（电阻炉、干燥箱等）	0.7	0.7	0	—	1.0	0
工频感应电炉（未带无功补偿设备）	0.8	—	—	—	0.35	2.68
高频感应电炉（未带无功补偿设备）	0.8	—	—	—	0.6	1.33

续表

用电设备组名称	需要系数 K_d	二项式系数		大容量设备台数 x①	$\cos\varphi$	$\tan\varphi$
		b	c			
电弧熔炉	0.9	—	—	—	0.87	0.57
点焊机、缝焊机	0.35	—	—	—	0.6	1.33
对焊机、铆钉加热机	0.35	—	—	—	0.7	1.02
自动弧焊变压器	0.5	—	—	—	0.4	2.29
单头手动弧焊变压器	0.35	—	—	—	0.35	2.68
多头手动弧焊变压器	0.4	—	—	—	0.35	2.68
单头弧焊电动发电机组	0.35	—	—	—	0.6	1.33
多头弧焊电动发电机组	0.7	—	—	—	0.75	0.88
生产厂房及办公室、阅览室、实验室照明②	0.8～1	—	—	—	1.0	0
变配电站、仓库照明②	0.5～0.7	—	—	—	1.0	0
宿舍（生活区）照明②	0.6～0.8	—	—	—	1.0	0
室外照明、应急照明②	1	—	—	—	1.0	0

① 如果用电设备组的设备总台数 $n<2x$ 时，则取 $x=n/2$，且按“四舍五入”的修约规则取其整数。

② 这里的 $\cos\varphi$ 和 $\tan\varphi$ 值均为白炽灯照明的数值。如为荧光灯照明，则取 $\cos\varphi=0.9$，$\tan\varphi=0.48$；如为高压汞灯或钠灯，则取 $\cos\varphi=0.5$，$\tan\varphi=1.73$。

参 考 文 献

1. 邓泽远. 供配电系统与电气设备. 北京：中国电力出版社，1996
2. 刘介才，戴绍基. 工厂供电. 北京：机械工业出版社，2000
3. 李俊. 供用电网络及设备（第二版）. 北京：中国电力出版社，2007
4. 张炜. 供用电设备（第二版）. 北京：中国电力出版社，2006
5. 上海超高压输变电公司. 常用中高压断路器及其运行. 北京：中国电力出版社，2004
6. 上海市电力公司市区供电局. 配电网新设备新技术问答. 北京：中国电力出版社，2001
7. 王仁祥. 常用低压电器原理及其控制技术. 北京：机械工业出版社，2001
8. 凌子恕. 高压互感器技术手册. 北京：中国电力出版社，2005
9. 白忠敏. 电力用互感器和电能计量装置设计选型与应用. 北京：中国电力出版社，2004
10. 林梓. 现代高压电器技术. 北京：机械工业出版社，2002
11. 李建基. 高中压开关实用技术. 北京：机械工业出版社，2001
12. 李建基. 高压开关实用技术. 北京. 中国电力出版社，2005
13. 王季梅. 高压交流负荷开关. 北京：机械工业出版社，1997
14. 李润先. 中压电网接地实用技术. 北京：中国电力出版社，2002
15. 周裕厚. 工厂企业变电站实用技术. 北京：中国物资出版社，1997
16. 王章启，顾霓鸿. 配电自动化开关设备. 北京：中国电力出版社，1995
17. 要焕年，曹梅月. 电力系统谐振接地. 北京：中国电力出版社，2000
18. 姜日洪. 配网设备的特性与选型. 北京：中国电力出版社，2002
19. 余健明. 供电技术. 北京：机械工业出版社，1998
20. 罗毅，丁毓山，李占柱. 配电网自动化实用技术. 北京：中国电力出版社，1999
21. 熊泰昌. 真空开关电器. 北京：中国水利水电出版社，2002
22. 连理枝. 低压断路器及其应用. 北京：中国电力出版社，2002
23. 熊信银，朱永利. 发电厂电气部分（第三版）. 北京：中国电力出版社，2004
24. 孙成宝. 配电技术手册（低压部分）. 北京：中国电力出版社，2000
25. 阎士琦. 农村配电设计手册. 北京：中国电力出版社，2001
26. 陆安定. 发电厂变电站及电力系统的无功功率. 北京：中国电力出版社，2003
27. 吴靓，谢珍贵. 发电厂及变电站电气设备. 北京：中国水利水电出版社，2004
28. 黄静. 电力系统. 北京：中国电力出版社，2002